国家双高“铁道机车专业群”系列（活页工作手册式立体化教材）
——铁道机车运用与维护专业

# 现代列车网络技术


主　编 ◎ 毕红雪　李建龙
副主编 ◎ 海　方　党建猛　吕娜玺
主　审 ◎ 刘汉峰



西南交通大学出版社
·成　都·

图书在版编目（CIP）数据

现代列车网络技术 / 毕红雪，李建龙主编. —成都：西南交通大学出版社，2023.8
ISBN 978-7-5643-9410-3

Ⅰ. ①现… Ⅱ. ①毕… ②李… Ⅲ. ①计算机网络－应用－高速列车－高等职业教育－教材 Ⅳ. ①U292.91-39

中国国家版本馆 CIP 数据核字（2023）第 140733 号

Xiandai Lieche Wangluo Jishu
现代列车网络技术

主　编 / 毕红雪　李建龙
责任编辑 / 王　旻
特邀编辑 / 王玉珂
封面设计 / 何东琳设计工作室

西南交通大学出版社出版发行
（四川省成都市金牛区二环路北一段 111 号西南交通大学创新大厦 21 楼　610031）
发行部电话：028-87600564　028-87600533
网址：http://www.xnjdcbs.com
印刷：四川森林印务有限责任公司

成品尺寸　185 mm×260 mm
印张　20.25　　字数　489 千
版次　2023 年 8 月第 1 版　　印次　2023 年 8 月第 1 次

书号　ISBN 978-7-5643-9410-3
定价　56.00 元

课件咨询电话：028-81435775

# Preface 前言

高速列车网络技术是随着轨道交通列车控制技术和计算机网络技术的发展而发展起来的。高速列车网络技术是列车控制系统技术发展的需要，也是列车控制系统技术发展的必然，而计算机网络技术的发展则为列车通信网络技术的发展提供了技术基础。

计算机网络技术的发展，已经引发了控制技术的深刻变革，并导致与之相应的新的控制理论的研究和发展。控制系统结构的网络化、控制系统体系的开放性、控制技术与控制方式的智能化，是当前控制技术发展与创新的方向与主要潮流。计算机网络技术不仅实现了管理层的数据通信与共享，同时也应用于控制现场的设备层，并将控制与管理综合化、一体化。计算机网络技术在轨道交通列车上的运用推动了轨道交通列车智能化的发展，是轨道交通列车技术发展的动力之一，同时也为轨道交通列车乃至整个轨道交通系统展示了技术的发展前景。

本书以列车通信网络的产生、现状和发展趋势为主线，以一般到具体为原则，以 TCN 通信网络协议的系统结构和应用为典型，从通用的计算机网络通信原理到列车通信网络的基本原理；从列车通信网络的一般结构到各种不同网络的系统结构，比较系统地介绍了高速列车通信网络的技术及运用现状，并结合作者长期在该领域开展研究工作的经验和体会，使读者比较全面、深入地理解高速列车通信网络的基本理论、各种通信网络的性能和特点，从而更好地掌握和运用高速列车网络技术。

本书主要介绍高速列车中 $HX_D1$、$HX_D3$ 型电力机车网络技术，包括信息网络系统的技术基础、基本概念、基本原理、功能特点、拓扑结构、设备组成和功能，高速列车网络系统的构成、功能、操作及故障应急处理等相关内容。

本书可作为铁路高职院校高速列车驾驶和检修类专业教材，也可作为其他高等院校、中等职业院校和职工岗位培训教材，以及相关工程技术人员的参考用书。

本书由郑州铁路职业技术学院毕红雪、李建龙任主编，郑州铁路职业技术学院海方、党建猛，天津铁道职业技术学院吕娜玺任副主编，郑州铁路局郑州机务段刘汉峰任主审。具体编写分工如下：毕红雪编写了项目一、项目五、学习情境 1、学习情境 2，李建龙编写了项目四、项目六、学习情境 6，海方编写了项目二、学习情境 8，党建猛编写了项目三、学习情境 7，吕娜玺编写学习情境 3、学习情境 4。

在本书的编写过程中，编者得到了西南交通大学、郑州铁路职业技术学院、天津铁道职业技术学院等单位领导和专家的大力支持和帮助，在此表示衷心的感谢。

由于编者水平所限，本书难免存在不足和疏漏之处，恳请各位读者和专家提出宝贵意见。

**编　者**

2023 年 5 月

# 《现代列车网络技术》数字资源目录

Contents 目 录

## 上篇 理论篇

## 下篇　实训篇

# 上篇 理论篇

# 项目一 绪 论

## 思政素质目标

（1）培养学生精益求精的大国工匠精神，激发学生科技报国的家国情怀和使命担当。

（2）具有正确的世界观、人生观、价值观，遵纪守法，诚信做人，踏实做事。

（3）具有良好的职业道德和公共道德。

## 职业素质目标

（1）具有高速列车专业必需的文化基础。

（2）拥有健康的体魄，能适应高速列车专业岗位对体质及心理素质的要求。

（3）具有健康的心理和乐观的人生态度。

（4）具有勇于创新、敬业乐业、严谨务实的工作作风，具有安全意识、责任意识。

（5）具有文明、友善和团队协作精神。

（6）具有严格执行工作程序、工作规范、工作标准和安全操作规程的意识和质量意识。

## 学习任务

认知列车通信网络结构,学习网络技术对列车通信和检修智能化的重要意义。

## 工具设备

多媒体设备课件、图片、示教板、计算机多媒体设备等。

## 教学环境

多媒体教室，列车智能网络控制仿真实训中心。

# 任务一　列车通信网络概述

## 专业能力目标

（1）掌握列车通信网络结构。

（2）掌握网络分布式控制方式。

（3）掌握列车检修网络化发展方向。

## 基础知识

轨道交通列车系统通信网络是随着轨道交通列车控制技术和计算机网络技术的发展而发展起来的。列车控制技术的发展是对列车通信网络技术的需求，也是技术发展的必然，计算机网络技术的发展则为列车通信网络的发展提供技术基础。

计算机网络技术的发展，正引发着控制技术的深刻变革，并导致与之相应的新的控制理论的研究和发展。控制系统结构的网络化、控制系统体系的开放性、控制技术与控制方式的智能化、高速化、自动化、舒适化的发展方向已经成为必然趋势。列车通信网络已成为高速列车控制系统的关键技术，是当前控制技术发展与创新的方向和主要潮流。

计算机网络技术不仅实现管理层的数据通信与共享，同时应用于控制现场的设备层，并将控制与管理综合化、一体化。计算机网络技术在轨道交通列车上的运用推动了轨道交通列车智能化的发展，是轨道交通技术发展的动力，也为轨道交通列车乃至整个轨道交通系统展示了技术的发展前景。

### 一、列车通信网络概况

现代微机控制系统由于其控制的先进性和可靠性已经成为城市地铁和轻轨列车安全、准点运行的重要保障。除此之外，列车通信系统也在为旅客提供有效的信息服务方面有着重要作用。列车通信网络结构由多个单元和总线相连接而成，如图 1-1 所示。轨道交通列车的微机控制系统是一个多微机控制系统，一般包括牵引控制单元、制动控制单元、辅助系统控制单元、车门控制单元、空调控制单元、车辆控制单元、列车控制单元（又称中央控制单元）以及轴温检测、故障诊断存储单元和列车自动控制（ATC）等采用微机系统的功能控制单元。这些微机之间及微机与人机接口之间的信息传输和工作协调则需要微机系统的功能控制单元通过直接连线方式或通信网络来实现。

轨道交通列车通信网络的产生与发展是技术发展的产物，是技术发展的必然，其产生与发展主要有 3 个直接的推动因素，即列车控制系统技术发展的要求、轨道交通列车信息化的技术需求和轨道交通列车运行控制技术发展的要求。

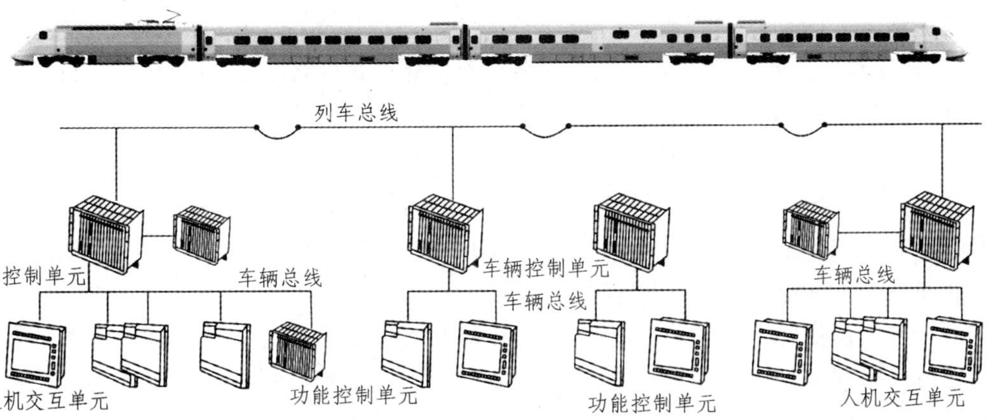


图 1-1　列车通信网络结构

1. 列车的微机控制系统技术由集中方式向分布方式发展

轨道交通列车控制系统是从单个微机控制单元发展起来的，当列车或车辆内的微机控制单元发展为多个微机控制单元时，这些微机控制单元间的消息交换和信息共享就成为技术发展的必然需求。由于这些微机控制单元分散在列车的各个位置或车辆内的不同位置，具有固有的位置分散性，于是串行通信就成为各微机控制单元之间信息交换的最适合的技术手段，而计算机网络则是串行通信的技术发展。计算机通信网络的运用从根本上改变了列车控制系统的性质，即从集中式控制方式发展成分散式控制方式，进而为实现分散控制的高级方式——分布式控制方式打下了基础。多微机控制系统的优点在于系统的风险分散，单个微机的失效不会造成整个系统的瘫痪，规避了集中式控制系统的风险集中的弊病，提高了控制系统的可用性（Availability），即计算机通信网络起到隔离故障的作用。

计算机通信网络的运用也使列车控制系统的控制领域扩大，从而使系统可以较大限度地扩大。列车控制系统的控制范围可以深入到各个子系统，特别是计算机网络的运用为列车中各种电气设备的状态检测和故障诊断提供了条件。近年来，随着各种传感元件的发展，采用现场总线连接构成的传感器网络，为列车控制系统的拓展开辟了新的空间。

计算机网络的传输介质可以是双绞线、同轴电缆或光纤，不论采用哪一种传输介质，计算机网络的运用都极大地减少了微机控制单元之间信号传送的连接线。根据可靠性原理的分析，其传输方式的可靠性比信号连接线传输方式的可靠性要提高很多，从而也提高了整个列车控制系统的可靠性。另外，由于连接线的减少使车辆和列车的质量也得以减轻。有国外的车辆制造企业在列车控制网络采用的初期曾经计算过，其制造的列车上采用网络通信后，列车减重达 4 000 kg，工业以太网和无线网络的发展为列车通信网络的未来发展提供了更好的技术支持。

2. 列车信息的传输要求通信技术的网络化发展

随着列车运行对控制系统的性能要求不断提高，控制的策略和控制的方法即各种新的控制理论和控制手段得到了运用，这些控制理论和控制手段一般需要较多的信息和数据才能实现，因此大信息量传输的需求直接推动了通信技术及通信网络的发展。推动通信技术和通信网络发展的另一个因素是信息和数据的可信性（Creditability）和安全性（Safety）要求。在列车控制过程中需要运行控制的命令（包括来自乘务员的命令及列车自动控制ATC的命令）和当前的实时状态信息，如列车速度、网压、电机电压、电机电流、空气制动系统的压力值、设备和器件的温度等信息。这些信息直接影响控制命令的形成和列车运行状态的改变，从而影响列车的运行安全。计算机通信网络的机制和协议的规范可以提高数据传输的可靠性、可信性和安全性，相比一般的串行通信，计算机通信网络中传输的数据其可靠性和可信性能够提高几个数量级。

由于列车通信网络一般均采用国际标准的通信协议，因此具有较好的扩展性。这种标准化的协议和接口规范使得不同企业生产的智能化设备能够非常简单地实现互联互通，为车辆制造企业的系统集成提供了极大的便利，并使成本降低，同时也为系统的优化提供了较大的空间和可能性。

3. 列车通信网络是对检修作业及其自动化的最好支持

列车和车辆的检修作业需要大量的运行状态数据和故障记录，只有在实现列车通信网络的条件下，才能获得这样大量实时记录的数据和故障状态记录。因此，列车和车辆的检修作业需求也是推动列车通信网络发展的动力之一，特别是在提出“检修作业自动化”的概念后，列车通信网络就成为实现这个目标的基本和必需的措施之一。根据检修作业自动化的概念，列车运行中的状态数据是检修作业的重要依据，因此，列车各功能单元必须记录和保存运行过程中的各种状态数据和故障情况，并通过通信网络传送到列车所指定的记录单元，以便列车返回检修基地时，由检修人员读取这些信息后，在地面检修系统中分析、保存列车的状态并确定检修作业的流程及部件和设备的维修项目等。另一方面运用列车的状态信息还可以开展动态维修作业。列车在运行过程中通过网络获取列车中的设备或部件的故障，并将该信息传至地面运行控制中心，由该控制中心发出指令，在列车运行的后续站做好必要的准备工作、当列车到达后续站时，检修人员可以迅速地实行检修作业或设备更换，使列车在运行过程中始终保持良好的状态，大大提高了列车的安全性。

当前轨道交通列车的通信网络已经成为列车运行安全、可靠的重要技术手段，并且该通信网络在旅客信息系统（PIS）和列车运行控制系统（ATC或CTCS）中也有重要的作用。

## 二、列车通信网络特点

列车通信网络属于局域网的范畴，具有一般局域网的特性，但其是在列车特定的环境条件下，在列车控制系统中使用的一种数据通信网络，因此它同时具有非常鲜明的控制网络的特点和符合列车环境要求的特色。列车通信网络一般具有以下主要特点。

1. 网络结构相对简单

相对于互联网或一般局域网而言，列车通信网络的结构比较简单，这主要是因为列车空间及通信节点的数量有限。另外，出于实时性要求的考虑，在构筑列车通信网络时也尽可能地采用简单的结构形式，以减少数据传输中的路由环节。

列车通信网络一般可分为列车总线（Train Bus）和车辆总线（Vehicle Bus），列车总线连接各个车厢内的节点构成网络，网络的拓扑结构主要为总线型，也可以是环形。车辆总线连接各车厢内的节点（功能单元）构成网络，网络的拓扑结构一般可以是总线型或星形，列车总线与车辆总线之间采用网关（Gatewav）连接，一般来说，列车总线在各车厢内的节点同时也是列车总线和车辆总线之间的网关。

2. 数据传输量小且采用短结构

列车通信网络中传输的数据主要可分为 3 类，即控制命令、状态信息和网络管理命令或信息，这 3 类数据本身都可以采用单字节或双字节形式表示，更有一些状态信息仅为一位或二位的布尔变量，采用组合成字节来传送，因此数据帧短小。列车通信网络中一般不需要传送大容量的文件或图片，所以与一般的局域网或互联网相比，列车通信网络的传输量小得多。再者，列车通信网络的带宽小，也不允许传送大容量的信息。

无论是列车总线还是车辆总线其数据都有一个确定的最大长度，用以保证在一个确定的时间范围内每个节点都能发送信息和命令。例如，TCN 标准的多功能车辆总线 MVB，其变量传输数据帧的最大长度只有 32 个字节。

3. 数据传输的实时性与突发性

在局域网的通信协议和规范中数据的实时传送成随机传送（发送数据传输）机制是由数据链路层中的介质存取控制子层 MAC（Media Acress Control）协议决定的。根据局域网协议，这两种机制是相互不兼容的，即一个网只能有一种传送机制，但列车通信网络通过一定的技术手段将这两种机制进行了融合，即列车信网络既能传送实时性数据，又能在需要时传送突发性数据。列车通信网络融合了实时性和突发性，这是列车通信网络的一大特色，也是有别于其他控制网络或局域网的技术特色。这个特点既体现了控制网络的要求（实时传送），又体现了列车运行需求的特点。

然而，列车通信网络在融合实时传送和突发性传输的技术时是付出了代价的，这个代价就是牺牲了网络效率的（这里的网络效率是指在单位时间内传输的数据量），但这并不影响列车通信网络的正常运行和完成必要的功能。

4. 列车通信网络具有自组网能力

自组网能力是列车总线所具有的性能特点。一般的通信网络在有新节点入网时需要进行设置，而且这种设置基本上是在静态条件下进行的，但列车运行的条件却常常不允许列车总线进行这种静态的设置，如列车进行重新编组，特别是在不同制造商的车辆之间进行连挂，甚至是不同国家间的车辆进行编组连挂时，就要求列车总线能够自动组网，即一旦车辆连挂成功，列车总线就能组合成网，实现列车通信。这是列车通信网络所特有的功能，也是列车通信网络有别于其他网络的另一个显著的特色。

自组网能力主要应用于那些在运行过程中可能发生列车解编、重新编组的干线铁路列车上，尤其是国际列车上的通信网络系统中，而对于那些采用固定编组的动车组、城市地铁、轻轨列车等，自组网能力就不是必要的了。

5. 列车通信网络具有较好的扩展性

网络的扩展性是控制网络的基本特性之一，列车通信网络应用于列车控制系统，因此也必然需要具备良好的扩展性。列车通信网络的扩展性为列车控制系统的扩充、升级和完善提供了基本的条件，也为车辆电气设备和控制设备的制造企业提供了机遇，为列车和车辆的制造企业扩大了系统集成的空间。

扩展性是依赖于系统的标准化来实现的，只有标准化的系统才能实现扩展。因此，列车通信网络基本上都是采用国际标准的网络协议，如国际电工技术委员会（IEC）标准、美国电子和电气工程师协会（IEC 标准、国际路联盟 UIC 标准）等。

6. 列车通信网络的可用性强

列车通信网络的运用环境和工作条件要求网络具有强可用性，其一般采用冗余技术来达到要求的强可用性，而且是热备冗余。无论是列车总线还是车辆总线都使用 A 线和 B 线的双线方式，网络接口单元 NIU（Network Interface Unit）以一个预定的方式或规律控制收发器在 A、B 线之间来回切换使用，以保证通信网络的正常工作，为此，列车通信网络的每个节点通常同时在两条线上发送信息，而接收信息则在 A, B 线之间切换。在环形网络中则是采取双环的结构，且信息的传送在两个环上按相反的方向同时进行，以保证信息的可靠传送。

为了避免“主/从”方式下的主节点故障而导致网络瘫痪，列车通信网通常还设有多个备用主节点，按一定的规则和方法使通信网络的控制权在这些主节点之间转移、获得控制权的主节点为当前的控制主节点，而未获得控制权的主节点只是网络上的普通节点。

# 任务二　列车通信网络的发展与现状

## 专业能力目标

（1）掌握国内外各种类型列车网络的使用和发展情况。
（2）掌握我国列车通信网络在机车上的应用情况。
（3）掌握我国列车通信网络在动车上的应用情况。
（4）掌握我国城轨列车通信网络结构图。

## 基础知识

列车通信网络是随着列车控制系统的发展而发展起来的，当机车和列车上采用计算机或微处理器实现智能化控制的部件或装置越来越多，即由单个微机控制器发展为多处理机控制和分布式控制系统时，各微机控制器间的协调和信息交换就显得越来越重要，因此，列车内的数据通信就成为列车控制系统的一项关键技术。

列车通信网络的发展与现状

## 思考题

1. 列车通信网络的特点是什么?
2. 简述国外列车通信网络的发展。
3. 简述我国电力机车网络的发展。
4. 简述我国内燃机车网络发展情况。
5. 画出 $HX_N3$ 型内燃机车通信网络的结构。
6. 画出 $HX_N5$ 型内燃机车通信网络的结构。
7. 分析我国列车通信网络在机车上的应用情况。
8. 分析和谐系列动车组通信网络运用情况。
9. 画出 $HX_D1$ 型电力机车网络拓扑结构。
10. 画出 CR400AF 复兴号网络拓扑结构。
11. 分析我国铁路发展强国的目标是什么。

# 项目二　数据通信基础

## 思政素质目标

（1）培养学生精益求精的大国工匠精神，激发学生科技报国的家国情怀和使命担当。

（2）具有正确的世界观、人生观、价值观，遵纪守法，诚信做人，踏实做事。

（3）具有良好的职业道德和公共道德。

## 职业素质目标

（1）具有轨道交通相关专业必需的文化基础。

（2）拥有健康的体魄，能适应铁道机车专业岗位对体质及心理素质的要求。

（3）具有健康的心理和乐观的人生态度。

（4）具有勇于创新、敬业乐业、严谨务实的工作作风，具有安全意识、责任意识。

（5）具有文明、友善和团队协作精神。

（6）具有严格执行工作程序、工作规范、工作标准、安全操作的意识和质量意识。

## 学习任务

（1）熟悉并掌握通信系统相关的专业术语，学习数据通信系统的组成、作用以及它们对列车控制的重要意义。

（2）理解并掌握通信系统中常用的 4 种编码方法。

（3）掌握通信系统中常用的数据传输技术及其工作原理。

（4）掌握通信系统中常用的数据交换技术，熟悉其工作过程。

（5）理解并掌握常用的 4 种多路复用技术。

（6）掌握差错产生的原因以及差错现象。

（7）掌握常见的检错、纠错方法以及差错控制方法。

## 工具设备

多媒体设备课件、图片、示教板、计算机多媒体设备等。

## 教学环境

多媒体教室、列车智能网络控制仿真实训中心。

# 任务一　数据通信系统概述

## 专业能力目标

（1）掌握数据通信系统相关的专业术语。
（2）掌握数据通信系统的组成和作用。
（3）建立通信系统的整体概念。

## 基础知识

数据通信是将通信技术和计算机技术结合起来而产生的一种新的通信方式。其目的是通过通信系统将数据以某种信号形式从一处发出并安全、可靠地传输到另一处。

若想在两地间传输信息以达到通信的目的，就必须要有传输信道，根据传输媒介的不同，数据通信可以分为两种主要类型：有线数据通信与无线数据通信。其实它们都是通过传输信道将数据终端与计算机连接起来，使不同地点的数据终端实现软、硬件和信息资源的共享。

### 一、数据通信网络常用概念

#### 1. 信　息

信息是对客观事物特征和运动状态的描述，其形式可以是数字、文字、声音、图形、图像等多种形式。

#### 2. 数　据

数据（data）是传输信息的实体，通信的目的是传送信息，传送之前必须先将信息用数据表示出来。数据可以分为两种形式：模拟数据和数字数据。用于描述连续变化量的数据称为模拟数据，如声音、温度等；用于描述不连续变化量（离散量）的数据称为数字数据，如文本信息、整数等。

#### 3. 信　号

信号（signal）是数据在传输过程中的电磁波表示形式。常见的信号形式包括模拟信号和数字信号两种。模拟信号是一种连续变化的信号，其最常见的波形是连续的正弦波，其波形如图 2-1（a）所示；数字信号是一种离散信号，最常见也是最简单的数字信号是二进制信号，即用数字“1”表示高电平，用数字“0”表示低电平，其波形是一种不连续的方波，其波形如图 2-1（b）所示。

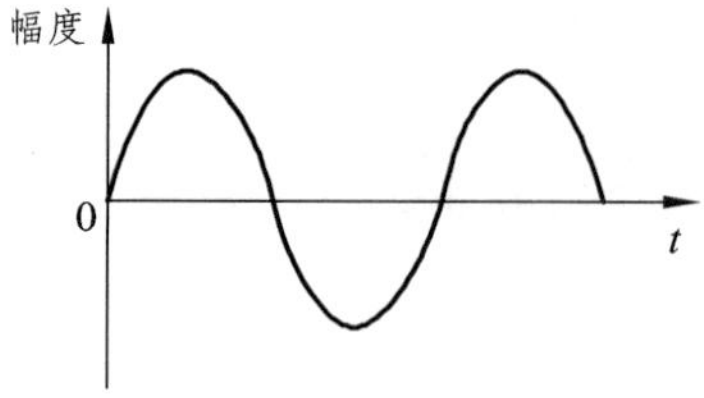

（a）模拟信号

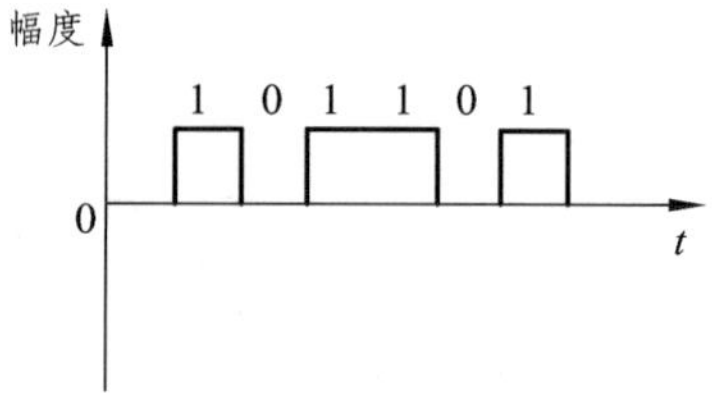

（b）数字信号

图 2-1　模拟信号和数字信号

4. 码　元

码元（symbol）是对数字信号中每一位的统称。例如二进制数字 1010011 是由 7 个码元组成的序列，通常称为“码字”。

5. 信　道

信道是传输信号的通道，由传输介质及其相应的附属信号设备组成。

信道可以分为逻辑信道和物理信道。一条线路可以是一条信道（一般称为物理信道），但这条线路上可以有多条逻辑信道。例如，一条光纤可以供上千人通话，就有上千个逻辑信道。我们通常讲的信道都是指逻辑信道。根据信道传输信号的不同，又将信道分为模拟信道和数字信道。

6. 带　宽

通常所讲的带宽主要包括信号带宽和信道带宽两种。数字信号传输时，信号的能量或功率的主要部分集中的频率范围称为信号带宽。若通信线路能够不失真地传输 2 MHz 或者 10 MHz 的信号，则该通信线路的带宽为 2 MHz 或者 10 MHz。信道上能够传送信号的最大频率范围称为信道的带宽。一般认为，信道的带宽必须大于信号的带宽。

7. 总　线

总线是将信息从一个或多个源部件传送到一个或多个目的部件的一组传输线。通俗地说，总线就是多个部件间的公共连线，用于在各个部件之间传输信息，常以 MHz（兆赫）来描述总线中所传输的信号的频率。

## 二、通信系统的组成

在我们的生活中，当人们提到通信时，自然会想到传递消息最常用的电话、手机等通信方式。在这些通信方式中，都是用电信号来传递消息的，因而称之为电信。这些产生、传输电信号以及在接收端把电信号恢复为原信号的设备的总体，就构成了一个通信系统。

通信的目的是传输信息，通信系统的作用就是将信息从信源发送到一个或多个目的地。对于电信系统来说，首先要把消息转变成电信号，然后经过发送设备，将信号送入信道，在接收端利用接收设备对接收到的信号进行相应的处理，然后送给接收者。这一过程可用图 2-2 所示通信系统的基本模型来描述。

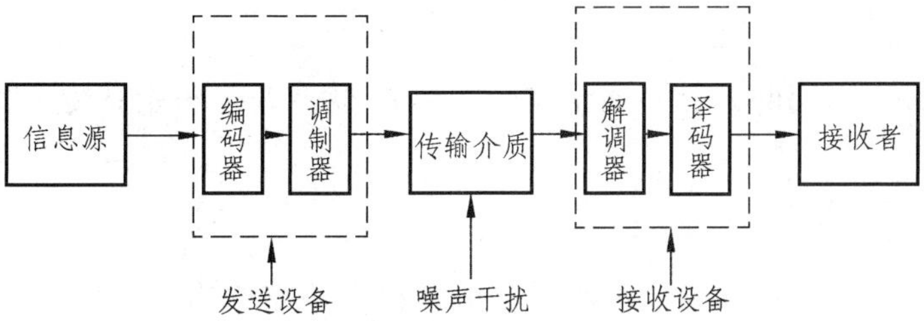


图 2-2　通信系统的基本模型

从图 2-2 中可以看出，通信系统是由信息源、发送设备、传输介质、接收设备和信息接收者等几个部分组成的。各个部分的作用如下。

1. 信息源

信息源是信息的来源，是信息的产生者，其作用是把各种可能的信息通过相应的传感器转换成原始的电信号（称为基带信号）。根据输出信号性质的不同，可以将信息源分为模拟信息源和离散信息源。

模拟信息源输出幅度连续变化的电信号，如电话线上传送的就是按照声音的强弱幅度连续变化的电信号。离散信息源输出的是离散的数字信号，如计算机所产生的电信号就是用两种不同的电平去表示 0 和 1 序列的电压脉冲信号。此外，模拟信号源可以通过抽样和量化变换为离散信息源。随着计算机和数字通信技术的发展，离散信号源的种类和数量越来越多。

2. 发送设备

发送设备通常包括编码器和调制器等设备，其功能是将信息源和传输介质匹配起来，即将信息源输出的原始电信号变换为适合在信道中传输的信号。

对于数字通信系统来说，发送设备的编码常常又可分为信源编码与信道编码两大部分。信源编码是把连续的模拟信号变换为离散的数字信号，即模数转换（A/D 转换）；而信道编码则是为了克服数字信号在信道传输时，由于噪声、衰减以及热干扰引起的差错，按一定的规则在传输的信息码元中加入监督码元，进行差错控制编码。接收端的信道译码器按相应的逆规则进行译码，从中发现错误或纠正错误，从而提高通信系统的抗干扰能力。

3. 传输介质

传输介质指发送设备到接收设备之间信号传递所经媒介。它可以是无线的，也可以是有线的（例如光纤）。有线和无线均有多种传输介质，如电磁波、红外线等是无线传输介质；各种电缆、光缆、双绞线等为有线传输介质。

信息在传输介质中进行传输，其传输过程中必然会引起某些干扰，如热噪声、脉冲干扰、衰减等。介质的固有特性和干扰特性直接关系到变换方式的选取。

4. 接收设备

接收设备主要包括解调器和译码器等设备，其基本功能是完成信息的反转换，即进行解调、译码、解密等。它的任务是将正常信息从带有干扰的信号中恢复出原始信号。对于多路复用信号，还包括解除多路复用，实现正确分路。

5. 噪声源

噪声源不是人为加入的，而是通信系统中各种设备以及传输介质中噪声与干扰的集中表示。

6. 信息接收者

信息接收者是信息的使用者。在数字通信系统中传输的信息是数据，是数字化的信息。这些信息可能是原始数据，也可能是经计算机处理后的结果，还有可能是某种指令或标志。

## 三、模拟通信与数据通信

在实际的通信中，由于通信业务的多样性，消息的来源也是多种多样的，但基本可以分为两大类：连续的和离散的。连续的消息，如话音，声波振动的幅度是随时间连续变化的，若把它转换为随时间连续变化的电压信号，则信号幅度是时间连续函数，这样的信号被称作模拟信号；而离散消息，如打字机产生的消息，输出的消息符号个数是有限的，如信号的参数与离散消息对应而离散取值，这就是数字信号。所以，根据信号类型的不同，通信可分为模拟通信和数字通信。

如图 2-3 所示，模拟通信系统是利用连续的模拟信号来传递信息的通信系统，数字通信系统是利用离散的数字信号来传递信息的通信系统。

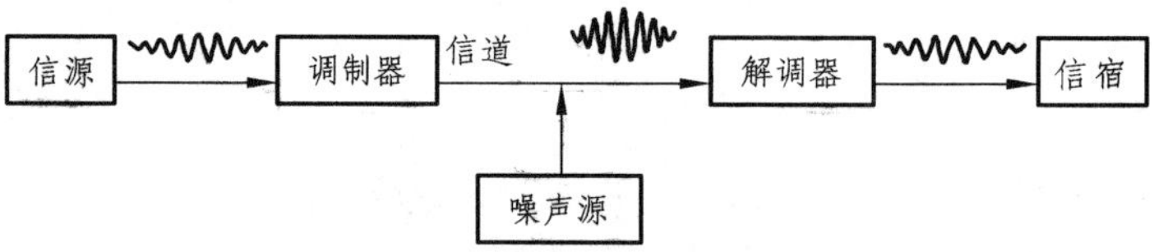


（a）模拟通信系统

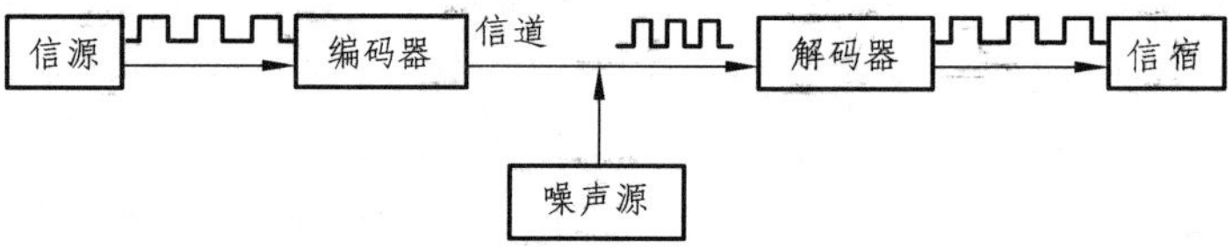


（b）数字通信系统

图 2-3　模拟通信系统与数字通信系统

数字通信与模拟通信相比，具有明显的优点：

（1）抗干扰、抗噪声能力强。在传输过程中模拟信号和叠加的噪声很难分离，噪声会随着信号被传输、放大，严重影响通信质量。而数字通信是采用再生中继方式，能够消除噪声，再生的数字信号和原来的数字信号一样，可继续传输下去，这样通信质量便不受距离的影响，可高质量地进行远距离通信。此外，数字通信中的信息是包含在脉冲的有无之中的，只要噪声绝对值不超过某一门限值，接收端便可判别脉冲的有无，以保证通信的可靠性。

（2）数字信号易于加密，信息传输比较安全。数字信号的特殊形式，使得信息加密变得十分容易。例如，把信息比特按一定的长度分组，再用相同长度的一个比特序列（称为密钥）与这些分组进行模二加，便完成了信息的加密。在接收端，用相同的密钥与接收到的序列进行模二加，便可得到原来的信息序列。数字移动通信 GSM 系统就是采用这方法对信息加密的。模拟信号虽然也可以加密，但操作起来要复杂得多。

（3）数字通信设备的产品重复性好，有利于生产。与数字通信系统相比，模拟通信系统也有自己的优点：设计较简单，电路的功率消耗一般比较低。

目前，模拟通信系统还在使用，但由于人们对各种通信业务的需求迅速增加，数字通信系统正向着小型化、智能化、高速和大容量的方向迅速发展，最终必将取代模拟通信。

## 四、总线的基本术语

### 1. 总线与总线段

从广义来说，总线就是传递信号或信息的公共路径，是遵循统一技术规范的连接与操作方式。一组设备通过总线连接在一起称为“总线段”。可以通过总线段相互连接，把多个总线段连接成一个系统。

### 2. 总线主设备

能在总线上发起信息传输的设备称为“总线主设备”。也就是说，主设备具备在总线上发起通信的能力，又被称为命令者。

### 3. 总线从设备

不能在总线上主动发起通信，只能挂接在总线上，对总线信息进行接收的查询设备称为“总线从设备”，也称基本设备。在总线上可能有多个主设备，这些主设备都可以主动发起信息传输。某一设备既可以是主设备也可以是从设备，但不能既是主设备又是从设备。被总线主设备连上的从设备被称为“响应者”，它参与命令者发起的数据传送。

### 4. 控制信号

总线上的控制信号通常有三种类型。一类控制连接在总线上的设备，让它进行所规定的操作，如设备清零、初始化、启动和停止等。一类用于改变总线操作的方式，如改变数据流的方向、选择数据字段的宽度和字节等。还有一些控制信号表明地址和数据的含义，如对于地址，可用于指定某一地址空间，或表示出现了广播操作；对于数据，可用于指定它能否转译成辅助地址或命令。

### 5. 总线协议

管理主、从设备使用总线的一套规则被称为“总线协议”。这是一套事先规定的、必须共同遵守的规定。

## 五、总线操作的基本内容

### 1. 总线操作

总线上命令者与响应者之间的连接、传输数据、脱开的这一操作序列被称为一次总线交易，或者叫作一次总线操作。脱开是指完成数据传送操作以后，命令者断开与响应者的连接。命令者可以在做完一次或多次总线操作后放弃总线占有权。

微机系统各部件之间的信息交换是通过总线操作周期完成的，一个总线周期通常分为以下四个阶段：

（1）总线请求和仲裁阶段。当有多个模块提出总线请求时，必须由仲裁机构仲裁，确定将总线的使用权分配给哪个模块。

（2）寻址阶段。取得总线使用权的模块，经总线发出本次要访问的存储器或 I/O 端口的地址和有关命令。

（3）传送数据阶段。主模块（指取得总线控制权的模块）与其他模块之间进行数据的传送。

（4）结束阶段。主模块将有关信息从总线上撤除，主模块交出对总线的控制权。

2. 总线传送

一旦命令者与一个或多个响应者连接上以后，就可以开始数据的读写操作了。读数据的操作是读来自响应者的数据，写数据的操作是向响应者写数据。读写操作都需要在命令者和响应者之间传递数据。为了提高数据传送操作的速度，有些总线系统采用了块传送和管线方式，加快了长距离传送数据的速度。

3. 通信请求

通信请求是由总线上某一设备向另一设备发出的请求信号，要求后者给予注意并提供某种服务。它们有可能要求传送数据，也有可能要求完成某种操作。

4. 寻　址

寻址过程是命令者与一个或多个从设备建立起联系的一种总线操作。通常有以下 3 种寻址方式：

（1）物理寻址。用于选择某一总线段上某一特定位置的从设备作为响应者。由于大多数从设备都包含多个寄存器，因此物理寻址常常有辅助寻址，以选择响应者的特定寄存器或某一功能。

（2）逻辑寻址。用于指定存储单元的某一通用区，而并不顾及这些存储单位在设备中的物理分布。某一设备检测到总线上的地址信号，看其是否与分配给它的逻辑地址相符，如果相符，它就成为响应者。物理寻址与逻辑寻址的区别在于前者是选择与位置有关的设备，而后者是选择与位置无关的设备。

（3）广播寻址。广播寻址用于选择多个响应者。命令者把地址信息放在总线上，从设备将总线上的地址信息与其内部的有效地址进行比较，如果相符，则该从设备被连上。能使多个从设备连上的地址称为广播地址。为了确保命令者所选的全部设备都能响应，系统需要有适应这种操作的定时机构。

每一种寻址方法都有其优点和适用范围。逻辑寻址一般用于系统总线，而现场总线则较多地采用物理寻址和广播寻址。不过，现在一些系统总线常常具备上述两种甚至三种寻址方式。

5. 总线仲裁

系统中多个设备或模块同时申请对总线的使用权时，为避免产生总线冲突，需由总线仲裁机构合理地控制和管理系统中需要占用总线的申请者，以一定的优先算法仲裁哪个应获得对总线的使用权。

总线判优控制按照仲裁控制机构的设置可分为集中控制和分散控制两种。集中式总线仲裁的控制逻辑基本集中在一处，需要中央仲裁器决定总线的使用权。分布式仲裁不需要中央仲裁器，每个潜在的主方功能模块都有自己的仲裁号和仲裁器。当它们有总线请求时，把它们唯一的仲裁号发送到共享的仲裁总线上，每个仲裁器将仲裁总线上得到的号与自己的号进行比较。如果仲裁总线上的号大，则它的总线请求不予响应，并撤销它的仲裁号。最后，获胜者的仲裁号保留在仲裁总线上。显然，分布式仲裁是以优先级仲裁策略为基础的。

6. 总线定时

总线操作与“定时”信号同步。定时信号用于指明总线上的数据和地址在什么时候是有效的。大多数总线标准都规定命令者可发起控制信号，用来指定操作的类型，还规定响应者要回送从设备状态响应信号。主设备获得总线控制权以后，就进入总线操作，即进行命令者和响应者之间的信息交换，这种信息可以是地址和数据。定时信号就是用于指明这些信息何时有效，它分为同步和异步两种。

7. 出错检测

信息在总线上传送时会因噪声和串扰而出错，因此在高性能的总线中一般设有出错码产生和校验机构，以实现传送过程的出错检测。传送地址时，奇偶出错会使要连接的设备连接不上。传送数据时如果有奇偶出错，通常是再发一次。也有一些总线由于出错率很低而不设检错机构。

8. 容　错

设备在总线上传送信息出错时，如何减少故障对系统的影响，提高系统的重配置能力是十分重要的。例如，故障对分布式仲裁的影响就比菊花链式仲裁小。后者在设备出故障时，会直接影响它后面设备的工作。总线系统应能支持软件利用一些新技术，如动态重新分配地址，把故障隔离开来，关闭或更换故障单元。

有几种新的总线在其标准中规定了串行总线出故障时如何利用备用路径来代替的条款。这种备用总线在主串行总线正常工作时，可用于传递通信请求信号，并监测主串行总线的工作状态，在主串行总线出现故障时就代替它。

9. 多段总线操作

在一些总线标准中，允许多个段互连，组成段互连总线系统。在这种系统中能实现多段并行操作，提高系统的性能。利用这种段总线互连技术，可以组成网络式复杂系统。

## 六、数据通信的主要性能指标

通信系统的任务是快速、准确地传递信息，因而信息传输的有效性和可靠性是通信系统最主要的性能指标。有效性指通信系统传输消息的“速率”问题，即快慢问题。可靠性指通信系统传输消息的“质量”问题，即好坏问题。

数字通信系统的有效性可用传输速率来衡量，可靠性可用差错率来衡量。

### 1. 有效性指标

1）数据的传输速率

码元传输速率 $R_B$ 简称“传码率”，又称符号速率等。它表示单位时间内传输码元的数目，单位是波特（Baud），记为 B。例如，若 1s 内传 2 400 个码元，则传码率为 2 400 B。数字信号有多进制和二进制之分，但码元速率与进制数无关，只与传输的码元长度 T 有关。

信息传输速率 $R_b$ 简称“传信率”，又称比特率。它表示单位时间内传递的平均信息量或比特数，单位是比特/秒，可记为 bit/s。

在讨论信道特性，特别是传输频带宽度时通常采用波特率；在涉及系统实际的数据传送能力时，则使用比特率。

每个码元或符号通常都含有一定比特数的信息量，因此码元传输速率和信息传输速率没有确定的关系，只是表示了两个不同的概念而已，是通信时两个不同的特征。码元的速率并不可以表示信息的传输速率。例如，二进制的码元传信率和传码率在数值上是相等的，而四进制的码元有 4 个电平，一个四进制码元的信息量相当于两个二进制码元的信息量，同样一个八进制的码元含有的信息量相当于 3 个二进制码元的信息量。即

$$R_b = R_B \times \log_2 N$$

2）频带利用率

频带利用率$\eta$是指单位频带内的传输速度。比较不同通信系统的有效性时，单看它们的传输速率是不够的，还应看在这样的传输速率下所占的信道的频带宽度。所以，真正衡量数字通信系统传输效率的应当是单位频带内的码元传输速率。数字信号的传输带宽 $B$ 取决于码元速率 $R_B$，而码元速率和信息传输速率 $R_b$ 有着确定的关系。为了比较不同系统的传输效率，可定义频带利用率为

$$\eta = \frac{R_b}{B}$$

3）协议效率

协议效率是衡量通信系统软件有效性的指标之一。协议效率是指所传输的数据包中有效数据位与整个数据包长度的比值。

4）通信效率

通信效率是数据帧的传输时间同用于发送报文的所有时间之比。

### 2. 可靠性指标

衡量数字通信系统可靠性的指标是差错率，常用误码率和误信率表示。在二进制中，

两者是相等的。误码率（码元差错率）$P_e$是指发生差错的码元数在传输总码元数中所占的比例。更确切地说，误码率是码元在传输系统中被传错的概率，即

$$P_e = \frac{\text{错误码元数}}{\text{传输总码元数}}$$

计算机通信的误码率要小于 $10^{-6}$。

【例】 已知某八进制数字通信系统的信息传输速率为 3 000 bit/s，在接收端 10 min 内共测得出现 18 个错误码元，试求该系统的误码率。

解：依题意

$$R_b = 3\ 000 \text{ bit/s}$$

则

$$R_B = \frac{R_b}{\log_2 8} = 1\ 000\ (\text{B})$$

$$P_e = \frac{18}{1\ 000 \times 10 \times 60} = 3 \times 10^{-5}$$

# 任务二 数据编码技术

**专业能力目标**

（1）理解数据编码的概念。

（2）掌握通信系统中常用的数据编码技术。

**基础知识**

## 一、数据通信的标准代码

通信系统在传送数据时，不能直接传送数据的十进制数值、字符或控制字符，而是将这些数据或字符信息用适合传输的代码来传输。通过编码的方法，把一种组合与一种确定的内容联系起来。例如，两位二进制的 4 种不同组合 00、01、10、11 可以分别用来表示断开、闭合、出错、不可用等 4 种不同的状态。常见的编码形式有 BCD 码和 ASCII 码。BCD 码（Binary-Coded Decimal）也被称为二进码十进数或二-十进制代码，它是用 4 位二进制数为 1 位十进制数编码，即用 4 位二进制数来表示 1 位十进制数。

字母和各种字符也必须按照特定的规则用二进制编码才能在计算机中表示。编码方式可以有很多种，其中 ASCII 码是最常见的一种。ASCII 码（American Standard Code for Information Interchange，美国标准信息交换码）是由美国国家标准局（ANSI）制定的，它已被国际标准化组织（ISO）定为国际标准，称为 ISO 646 标准，也是目前计算机中用得最广泛的字符集及其编码。

ASCII 码使用指定的 7 位或 8 位二进制数组合来表示 128 或 256 种可能的字符。标准 ASCII 码也叫基础 ASCII 码，使用 7 位二进制数来表示所有的大写和小写字母，数字 0 到 9、标点符号，以及在美式英语中使用的特殊控制字符。ASCII 码常用来在计算机中表示各种字符和字母，而 BCD 码则是用来方便地表示十进制数。

## 二、数据编码的类型

数据编码分为两大类：模拟数据编码和数字数据编码。模拟数据和数字数据都可以编码成模拟信号或数字信号，编码方案取决于具体的要求和所用的传输媒体及通信设备。根据承载数据的信号的不同，具体可分为 4 种编码方式，即模拟数据的模拟信号编码、数字数据的模拟信号编码、模拟数据的数字信号编码、数字数据的数字信号编码。其编码过程的示意图如图 2-4 所示。

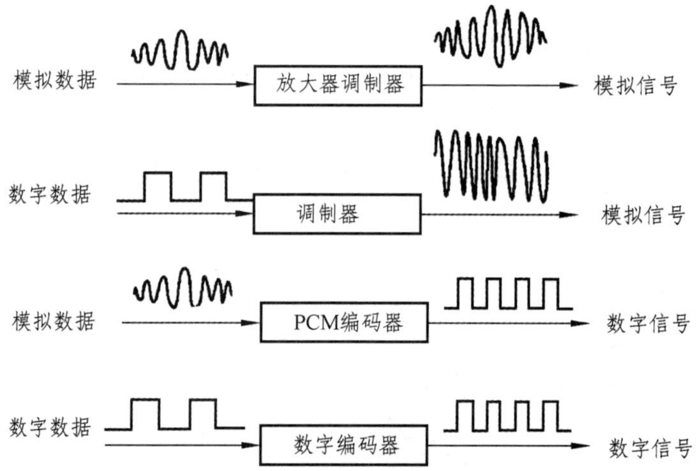

图 2-4　数字编码类型示意图

### 1. 模拟数据的模拟信号编码和数字数据的模拟信号编码

若模拟数据或数字数据采用模拟信号传输，需要采用调制解调技术。在实际应用中，数字信号通常采用模拟通信系统传输，如通过传统电话线上网时，数字信号就是通过模拟通信系统（公用电话网）传输，其传输过程如图 2-5 所示。

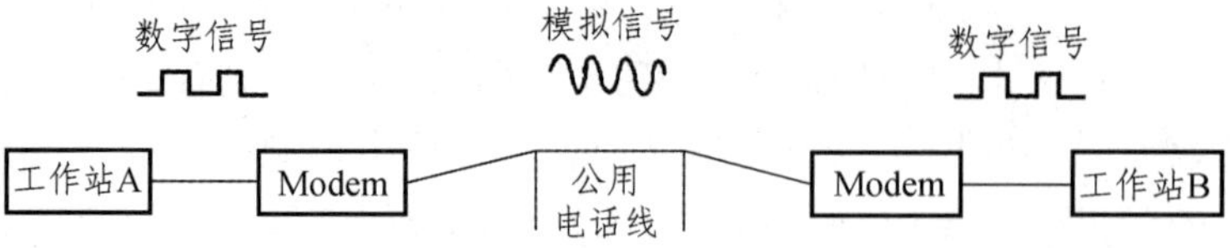

图 2-5　数字信号通过模拟通信系统的传输情况

传统的电话通信信道是为传输语音信号设计的，用于传输 300 ~ 3 400 Hz 的音频模拟信号，不能直接传输数字数据。为了利用模拟语音通信的传统电话网实现计算机之间的远程通信，必须将发送端的数字信号转换成能够在公用电话网上传输的模拟信号，这个过程称调制；经传输后在接收端将话音信号逆转换成对应的数字信号，这个过程称解调。实现数字信号与模拟信号互换的设备称为调制解调器（Modem）。

1）模拟数据的模拟信号编码

利用这种编码方式的通信设备有很多，例如电话机和本地局交换机之间所传输的信号采用的就是这种编码方式。模拟声音数据需要加载到模拟的载波信号中进行传输。图 2-6（a）和图 2-6（b）所示分别是常见的原始信号波形和载波信号波形。

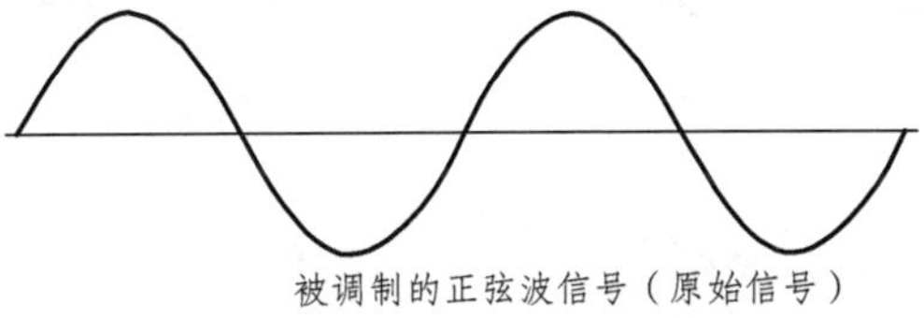


（a）原始信号波形

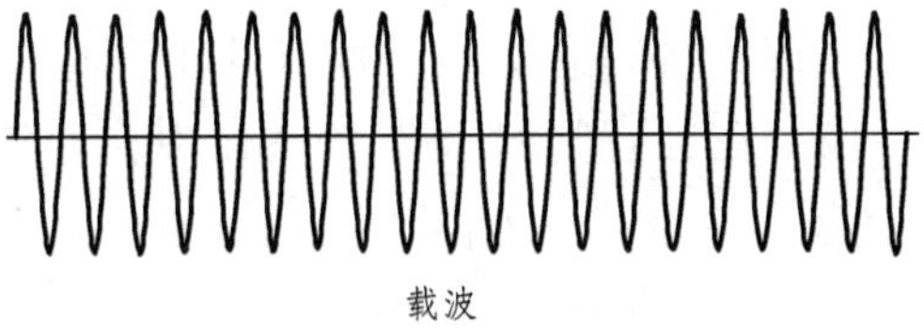


（b）载波信号波形

图 2-6　常见的原始信号和载波信号波形

模拟数据编码采用模拟信号来表示数据的 0、1 状态。幅值、频率和相位又是描述模拟信号的参数，在调制过程中可以通过改变这 3 个参数实现对模拟信号的编码，经过调制后的典型波形如图 2-7 所示。

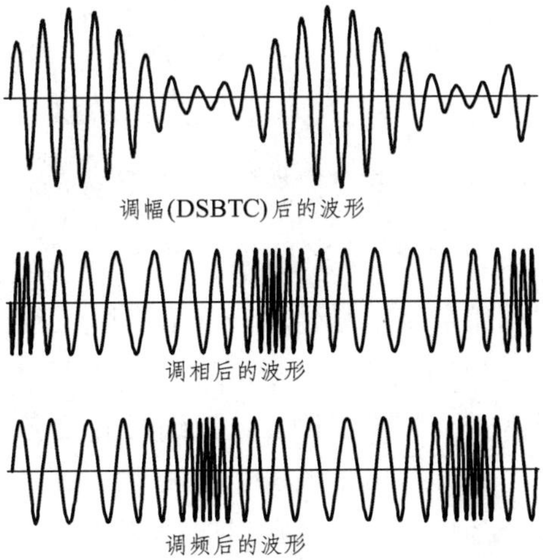


图 2-7　模拟数据的模拟信号编码调制后的波形

2）数字数据的模拟信号编码

数字数据的模拟信号编码是采用模拟信号来表达数据的 0、1 状态，主要有 3 种基本技术：振幅键控、频移键控和相移键控。众所周知，振幅、频率和相位是描述模拟信号的参数，实质上，这 3 种基本技术正是通过调整这 3 个参数来实现模拟数据编码的。

振幅键控（Amplitude Shift Keying，ASK）方式下，载波信号的频率、相位不变，幅值随调制信号变化。例如一个二进制数字信号，在调制后的波形表达式是：

$$S_A = a_n A \cos \omega_c t$$

式中，$A$ 是载波信号的幅度、$\omega_c$ 是载波的频率，$a_n$ 代表二进制数字 0 或 1，当 $a_n$ 为 1 时，$S_A$ 所描述波形代表的数字是 1；当 $a_n$ 为 0 时，$S_A = 0$，代表的数字就是 0。图 2-8（b）所示是振幅键控调制后的波形。

频移键控 FSK（Frequency-shift keying）中，载波信号的频率随着调制信号而变化，而载波信号的幅度、相位不变。例如，在二进制频移键控 FSK 中，可定义信号 0 对应的载波频率大，信号 1 对应的载波频率小，调制后信号波形如图 2-8（c）所示。

相移键控 PSK（phase-shift keying）中，载波信号的相位随着调制信号而变化，但载波信号的幅度、频率不变。例如，在二进制相移键控 PSK 中，通常用载波的初相位为 0° 和 180° 表示 1 或 0，调制后信号的典型波形如图 2-8（d）所示。

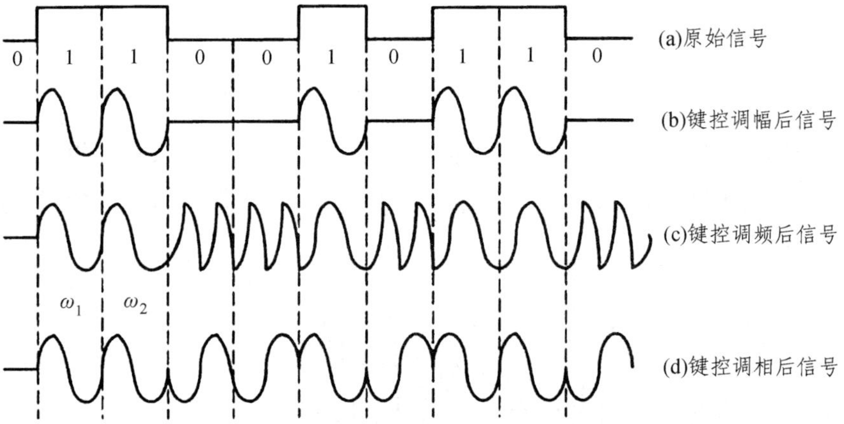


图 2-8　数字数据的模拟信号编码

2. 模拟数据的数字信号编码和数字数据的数字信号编码

若模拟数据或数字数据采用数字信号传输，须采用编码和解码技术。

1）模拟数据的数字信号编码

在数字通信系统中，通常需要将模拟语音数据编码成数字信号后再进行传输。常用的一种方法称为脉冲编码调制（Pulse Code Modulation，PCM）技术。脉冲编码调制技术以采样定理为基础，对连续变化的模拟信号进行周期性采样，根据香农采样定理，需要以有效信号最高频率的两倍或两倍以上的速率对该信号进行采样，通过低通滤波器可不失真地从这些采样值中重新构造出有效信号。

采用脉冲编码调制把模拟信号数字化的 3 个步骤如下。

（1）采样：以采样频率把模拟信号的值采样出来，如图 2-9 所示。

（2）量化：使连续模拟信号变为时间轴上的离散值。如在图 2-10 中采用 8 个量化级，每个采样值用 3 位二进制数表示。

（3）编码：将离散值变成一定位数的二进制码，如图 2-11 所示。

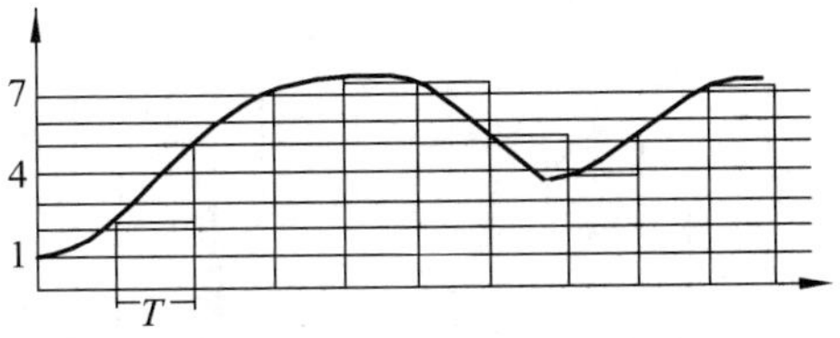


图 2-9　采样过程的示意图

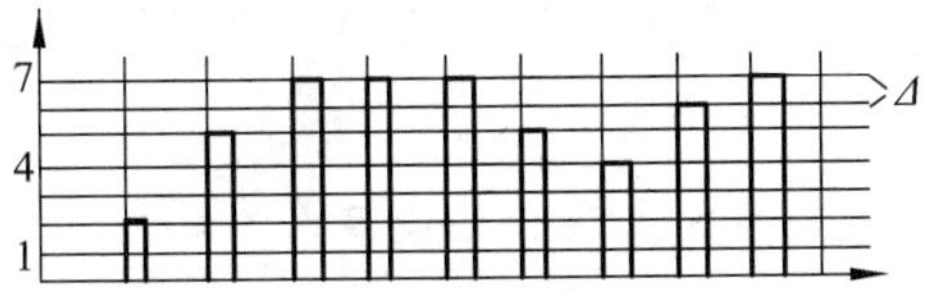


图 2-10　量化过程的示意图

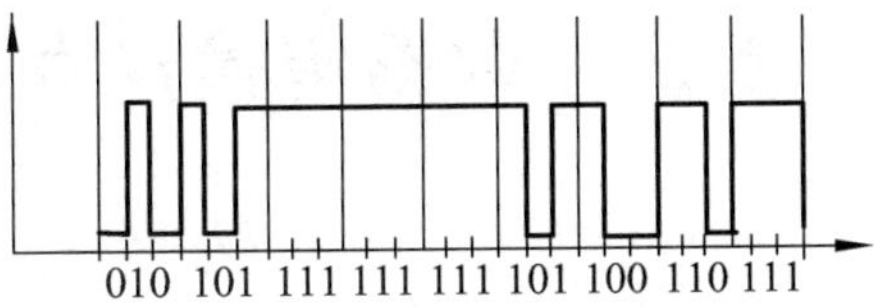


图 2-11　编码过程的示意图

2）数字数据的数字信号编码

数字信号可以直接采用基带传输，基带传输就是在线路中直接传送数字信号的电脉冲，是一种最简单的传输方式，近距离通信的局域网都采用基带传输。基带传输需要解决的问题是数字数据的数字信号表示及收发两端之间的信号同步两个方面。

数据的数字信号编码方式主要有 3 种：不归零码（Non-Return to Zero，NRZ）、曼彻斯特编码（Manchester）和差分曼特斯特编码（Difference Manchester），其编码形式如图 2-12 所示。

不归零码可以用负电平表示逻辑“0”，用正电平表示逻辑“1”，反之亦然。不归零码的缺点是发送方和接收方不能保持同步，需采用其他方法保持收发同步。

曼彻斯特编码每一位的中间有一跳变，位中间的跳变既作时钟信号，又作数据信号；从高到低跳变表示“1”，从低到高跳变表示“0”。

差分曼特斯特编码每位中间的跳变仅提供时钟定时，用每位开始时有无跳变来表示数据信号，有跳变为“0”，无跳变为“1”。

两种曼彻斯特编码是将时钟和数据包含在数据流中，在传输信息的同时，也将时钟同步信号一起传输到对方，每位编码中有一跳变，不存在直流分量，因此具有自同步能力和良好的抗干扰性能。但每一个码元都被调成两个电平，所以数据传输速率只有调制速率（码元速率）的一半。

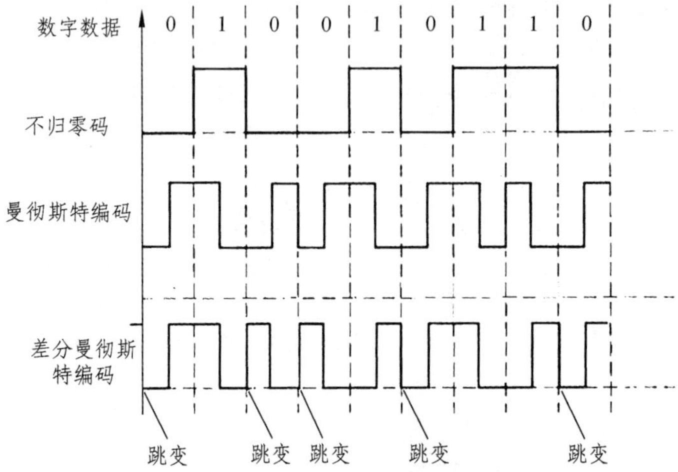


图 2-12　数字信号编码的 3 种形式

# 任务三　数据传输技术

## 专业能力目标

掌握通信系统中常用的数据传输技术。

## 基础知识

数据的传输方式根据不同的分类标准可以做不同的分类。在数字通信中，按每次传送的数据的位数分类，传输方式可分为：并行传输和串行传输两种。按照数据传输的同步方式分类，传输方式可以分为同步传输和异步传输两种。

### 一、并行传输与串行传输

#### 1. 并行传输

采用并行传输方式时，多个位数据同时在通信设备间的多条通道上传输，并且每一位数据都有自己专用的通道。例如用 ASCII 码编码的符号是由 8 位二进制数表示的，则并行传输的用 ASCII 码编码的符号就需要 8 个传输信道，才能够使表示一个符号的所有数据位能同时沿着各自的信道并排传输。并行传输时，一次可以传一个字符，收发双方不存在同步的问题，数据传输速率相对较快，控制方式简单。从原理上看，并行传输需要多个物理通道，该传输方式也更适用于在近距离、要求传输速度快的场合。图 2-13 描述了通信设备之间具有 8 条传输通道时并行传输的工作情况。

2. 串行传输

采用串行传输时，数据将按照顺序一位接着一位地在通信设备之间的一条通道上传输。由于设备内部往往以并行方式传输数据，所以在数据传输到线路上之前先被送入发送端的并/串行转换器，通过这个转换器，数据将逐位传至线路上。在数据到达目的地时，数据则需要先进入接收端的串/并行转换器完成逆转换过程，使数据传输从串行方式转换为并行方式，如图 2-14 所示。

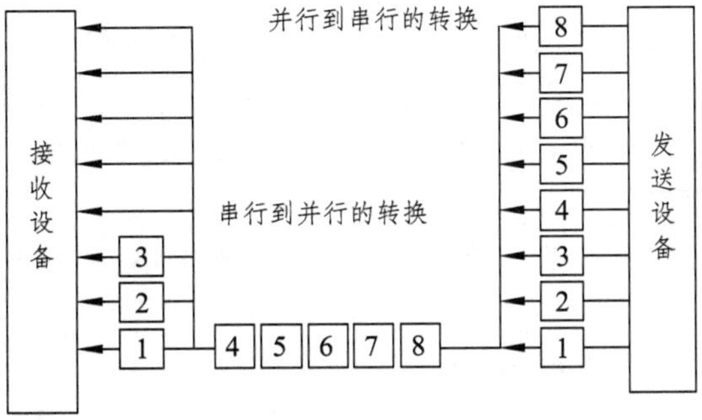


图 2-13 串行传输

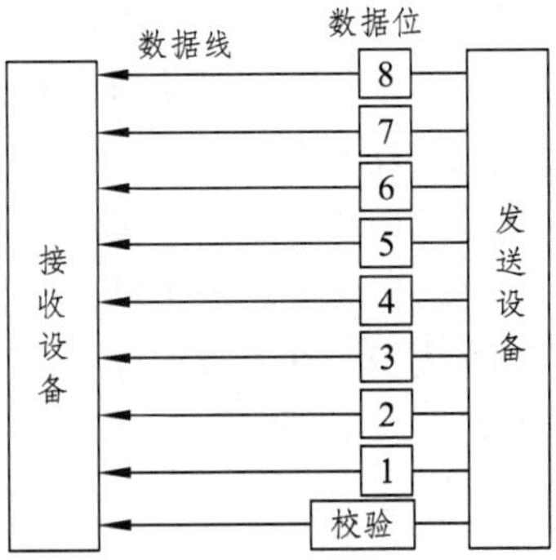


图 2-14 并行传输

串行传输相对并行传输而言，只需一条物理信道，线路投资小，易于实现，特别适合远距离且对传输速度要求不高的场合。随着技术的发展，现在串口通信的优势强于并行通信。计算机上的串口也越来越多，USB 接口就是典型的串口。

## 二、同步传输与异步传输

在同步传输的过程中，数据是一位一位依次传输，而且每一位数据的发送和接收均需要时钟脉冲的控制。发送端通过发送时钟确定数据位的起始和结束，而接收端为了正确识别数据，则需要以适当的时间间隔在适当的时刻对数据流进行采样。即接收端和发送端必须保持步调一致，否则会出现漂移现象，最终导致数据传输出现错误。但是，要严格保证每个独立的时钟同步并不容易。目前，经常采用两种方法来解决这个问题：同步传输和异步传输。

1. 同步传输

同步传输方式各字符没有起始位和停止位，采用位同步的同步技术。位同步就是接收端接收的每一位数据信息都要和发送端准确地保持同步。实现位同步的方法包括：外同步和自同步两种方式。

外同步法是在发送数据之前，发送端向接收端发送一串同步字符 SYN 或者一个同步字节。自同步法是数据信号波形本身提取同步信号的方法，时钟信号和传输信息同时传输到接收端。如数字信号采用曼彻斯特编码或差分编码，这两种编码本身都是自同步编码。

由于同步方式比异步方式传输效率高，更适用于高速传输要求，一般在高速传输数据的系统中采用同步方式。采用同步传输方式时，其数据格式如图 2-15 所示。

图 2-15　同步传输时的数据格式

2. 异步传输

异步传输方式又称起止（start-stop）同步方式，这是在计算机通信中常用的同步方式，目前广泛应用在低速通信系统中。异步方式中，并不要求收发双端在传送代码的每一比特（位）都同步。例如在字符同步的异步方式传输中，在一串数字字符前，设置一个启动用的起始位，预告字符的信息代码即将开始，在信息代码和校验信号（一般为 8 位）结束后，也设置 1 ~ 2 位的终止位，表示该字符已结束。当从不传输信息状态转到起始位状态时，在接收端将检测出极性状态的改变，利用这种改变，就可启动定时机构，实现同步。接收端收到终止位，就将定时机构复位，准备接收下一个字符代码。

综上所述，采用异步传输时，传输的数据包括起始位、数据位、校验位和终止位，其具体格式如图 2-16 所示。

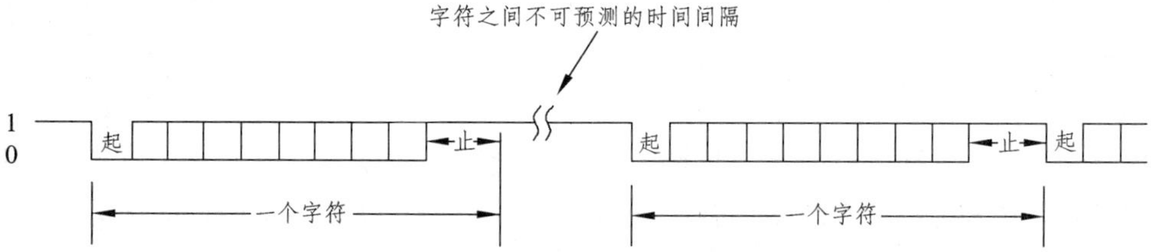


图 2-16　异步传输时的数据格式

字符长度 = 数据（信息位和校验位）+ 起始位 + 终止位（终止位有 1 bit、1.5 bit、2 bit，共 3 种形式）。

在异步方式中，一般采用偶校验方式。异步方式实现起来简单容易，频率的漂移不会积累，每个字符都为该字符的位同步提供了时间基准，对线路和收发器要求较低。但缺点是线路效率低，因为每个字符需多传输 2 ~ 3 位非数据位。

以上内容讨论了数据传输的基本方式。实际上，通信信号的传输都必须借助通信线路。根据数据在通信线路上的传输方向与时间的关系，常见的通信线路的工作方式有 3 种，分别是单工方式、半双工方式和全双工方式。此外，不同通信的频率是不同的，为了实现各种频率的通信信号都能在线路中传输，要求通信线路能够传输的信号的频率范围也是不同的。根据通信线路能够传输信号的频率来分，通信信号的传输方式可以分为基带传输、频带传输和宽带传输。

## 三、通信线路的工作方式

### 1. 单工方式

单工通信方式是指消息只能单方向传输的工作方式，其通信信道是单向信道，发送端和接收端的身份是固定的，发送端只能发送信息，不能接收信息；接收端只能接收信息，不能发送信息，数据信号仅从一端传送到另一端，即信息流是单方向的。如图 2-17 所示，对于站点 A、B 而言，只有站点 A 能够向传输线路上发送数据，而 B 只能从线路上接收数据。也就是说，在这种方式下数据的流向只能是从 A 到 B，而不能从 B 到 A。

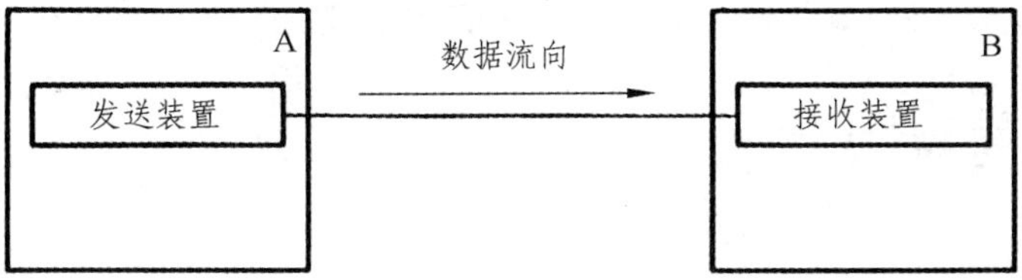


图 2-17　单工通信方式时的数据流向示意图

2. 半双工方式

半双工方式允许数据在两个方向上传输，但在某一具体的时刻，数据只被允许在一个方向上传输。如图 2-18 所示，采用半双工方式时，数据可以由 A 传向 B，也可以由 B 传向 A。从这个角度来讲，这种方式似乎是双向工作方式，但由于 A、B 之间只有一个传输通道，所以信号只能分时传送。换言之，在某一时刻只能进行一个方向的信号传输，而不能进行双向传输，故将其称为半双工方式。在这种工作方式下，可以是 A 发送数据，由 B 进行接收；也可以是 B 发送数据，由 A 接收。当不工作时，令 A、B 均处于接收方式，以便随时响应对方的呼叫。图中的收发转换开关并不是物理开关，而是由软件控制的电子开关。

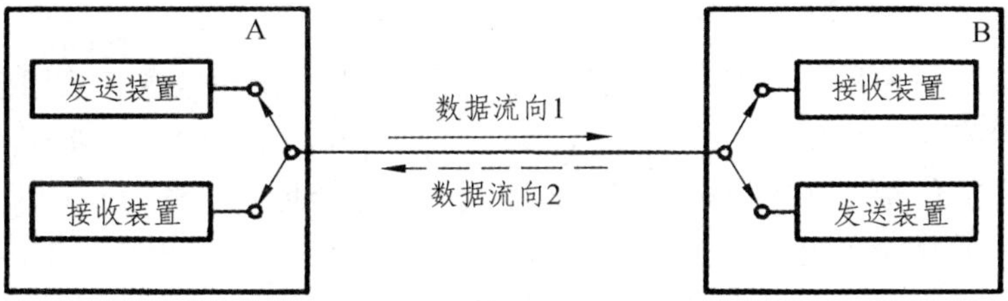


图 2-18　半双工通信方式时的数据流向示意图

3. 全双工方式

虽然半双工方式比单工方式灵活，但其效率依然较低，这是因为发送方式和接收方式之间的切换将花费一定的时间，一般需要几毫秒。重复线路切换又将引起较大的延迟积累。另外，采用半双工方式时，同一时刻只能工作在一种方式下的特点也是该方式效率不高的根本原因。解决的方法就是增加一条传输通道，允许数据同时在两个方向上传输，这种方式就是全双工方式。

图 2-19 所示的站点 A、B 均可以同时接收和发送数据，正是因为全双工方式下存在两条传输通道，所以不再通过开关的切换便可实现双向传输，从而提高了传输效率。

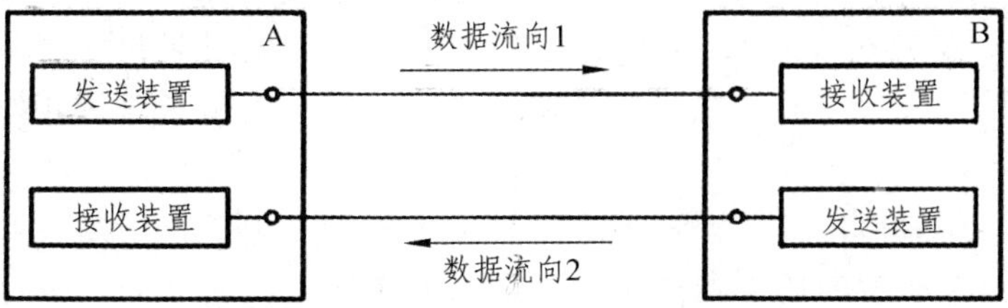


图 2-19　全双工通信方式时的数据流向示意图

全双工与半双工相比，信号传输速率虽然有很大提高，但这是以增加一条传输通道为代价的，系统的成本也将增加。在实际应用中，特别是在异步通信中，大多数情况是采用半双工方式，虽然系统发送效率较低，但线路简单、实用。

## 四、通信信号的传输方式

### 1. 基带传输

在数据通信中，表示数字数据信号的二进制比特序列通常是典型的矩形脉冲信号，矩形脉冲信号所占用的固有频带称为基本频带，简称为基带，矩形脉冲信号也被称为基带信号。基带传输是指在线路上直接传输基带信号或略加整形后的基带信号。在发送端，要传输的数据经过编码器变换后转化为可以直接传输的基带信号，例如曼彻斯特编码或差分曼彻斯特编码信号。在接收端，由解码器恢复成与发送端相同的矩形脉冲信号。

基带传输是一种最简单、最基本的传输方式。基带传输过程简单，设备费用低，基带信号的功率衰减不大，适用于近距离传输的场合。在局域网中通常使用基带传输技术。

### 2. 频带传输

远距离通信信道多为模拟信道，例如，传统的电话（电话信道）只是用于传输音频范围 300 ~ 3 400 Hz 的模拟信号，不适合用于直接传输频带很宽、但能量集中在低频段的数字基带信号。

频带传输就是一种采用调制、解调技术的传输形式。在发送端，采用调制手段，对数字信号进行某种变换，将代表数据的由数字“1”和“0”组成的二进制序列变换成具有一定频带范围的模拟信号，以适应在模拟信道上传输。在接收端，通过解调手段进行反变换，把模拟的调制信号复原为由“1”和“0”组成的二进制序列。常用的调制方法有：频率调制、振幅调制和相位调制。具有调制、解调功能的装置称为调制解调器。信号的频率有高有低，就像声音有高有低一样，低频到高频的范围叫频带，不同的信号有不同的频带。

### 3. 宽带传输

所谓宽带，就是指比音频带宽还要宽的频带，简单地说，就是包括了大部分电磁波频谱的频带。使用这种宽频带进行传输的系统称为宽带传输系统，它几乎可以容纳所有的广播，并且还可以进行高速率的数据传输。

借助频带传输，一个宽带信道可以被划分为多个逻辑信道，把声音、图像和数据信息的传输综合在一个物理信道中进行，以满足用户对网络的更高要求。总之，宽带传输一定是采用频带传输技术的，但频带传输不一定就是宽带传输。

“带宽”和“宽带”：带宽是指数据信号传送时所占据的频率范围。描述带宽的单位为“比特/秒”。例如，带宽是 10 M，实际上是指 10 Mbit/s。宽带是指比音频带宽还要宽的频带，使用这种宽频带进行传输的系统称为宽带传输系统。宽带是一种相对概念，并没有绝对的标准。

“宽带线路”与“窄带线路”：宽带线路是指每秒钟有更多比特从计算机注入线路。宽带线路和窄带线路上比特的传播速率是一样的。如果用“汽车运货”来比喻“宽带线路”

和“窄带线路”，它们的关系如图 2-20 所示。

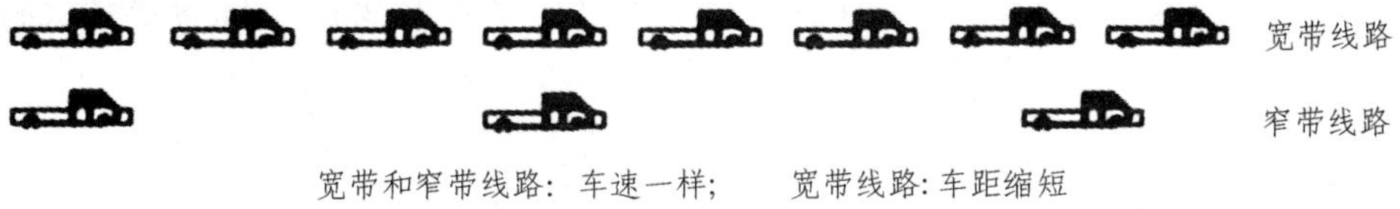


图 2-20　宽带线路和窄带线路的对比

“宽带线路”与“并行传输”：有人把宽带线路比喻成“多车道”，说数据在宽带线路中传输就像汽车在多车道上跑。这其实是不正确的，汽车在多车道公路上跑，相当于“并行传输”，而在通信线路上数据通常都是“串行传输”，如图 2-21 所示。

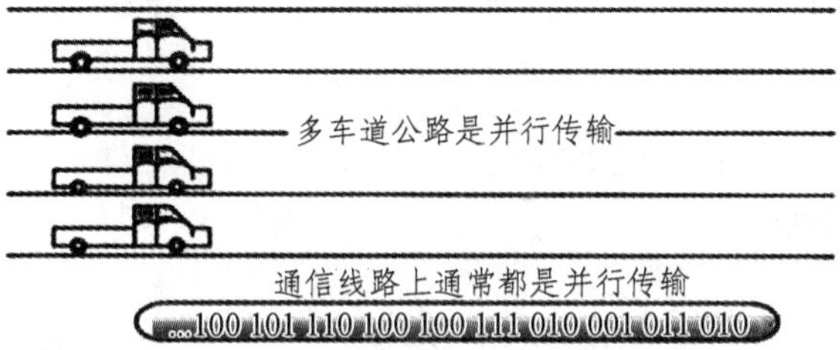


图 2-21　宽带线路与并行传输的对比

4. 异步传输模式

异步传输模式（Asynchronous Transfer Mode，ATM）是一种新的传输与交换数字信息的技术，也是实现高速网络的主要技术，被规定为宽带业务综合数字网（B-ISDN）的传输模式。支持多媒体通信，包括数据、语音和视频信号，按需分配频带，具有低延迟特性，速度可达 155 Mbit/s ~ 2.4 Gbit/s，也有 25 Mbit/s 和 50 Mbit/s 的异步传输模式技术。

# 任务四　数据交换和多路复用技术

## 专业能力目标

（1）掌握通信系统中的数据交换技术及其工作过程。

（2）理解并掌握多路复用技术。

## 基础知识

在数据通信系统中，数据经过编码后在通信线路上进行传输，最简单的形式是用传输介质将两个端点直接连接起来进行数据传输。但是，每个通信系统都采用将收发两端直接相连的形式是不可能的，一般都要通过一个由多个节点组成的中间网络来把数据从源点转发到目的点，以此实现通信。简而言之，收发系统之间的传输通路就是通过通信网络中若干节点转接而成的所谓“交换线路”。

在任意一种拓扑结构的数据通信网络中，通过网络节点的某种转接方式来实现从任意一端系统到另一端系统的接通并实现数据传输的技术，被称为数据交换技术。数据交换技术有电路交换技术和存储转发交换技术。其中存储转发交换又分为报文交换和分组交换。

## 一、数据交换技术

### （一）电路交换技术

数据通信中的电路交换方式是指两台计算机或终端在相互通信之前，需预先建立起一条实际的物理链路，在通信中自始至终使用该条链路进行数据信息传输，并且不允许其他计算机或终端同时共享该链路，通信结束后再拆除这条物理链路。

#### 1. 电路交换的 3 个阶段

采用电路交换方式，数据通信需经历 3 个阶段：建立电路（即建立一条实际的物理链路）、传输数据和电路拆除。

1）建立电路

在传输任何数据之前，要先经过呼叫过程建立一条端到端的电路。如图 2-22 所示，若 H1 站要与 H2 站连接，H1 站先要向与其相连的 A 节点提出请求，然后 A 节点在有关联的路径中找到下一个支路 B 节点，在此电路上分配一个未用的通道，并告诉 B 节点它还要连接 C 节点；接着用同样的方法到达 D 节点完成所有的连接。再由主机 H2（被叫用户）发出应答信号给主叫用户主机 H1，这样，通信链路就接通了。

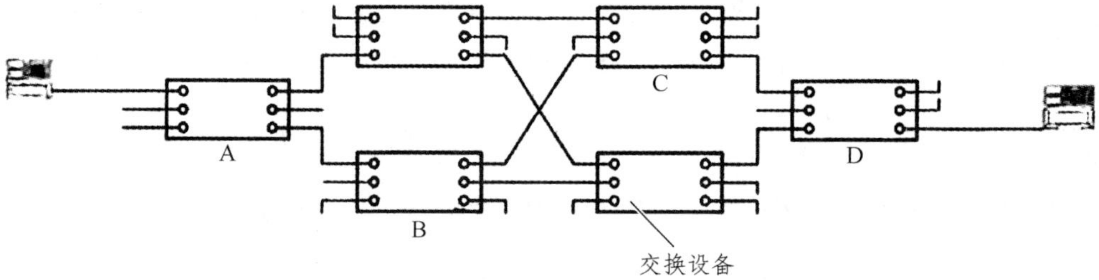

图 2-22　通信双方电路的建立过程示意图

只有当通信的两个站点之间建立起物理链路之后，才允许进入数据传输阶段。电路交换的这种“连接”过程所需时间（即建立时间）的长短，与连接的中间节点的个数有关。

2）传输数据

电路 A-B-C-D 建立以后，数据就可以从 A 发送到 B，再由 B 发送到 C，再由 C 发送到 D。当然数据也可以由 D 经过 C、B 传向 A。在整个数据传输过程中，所建立的电路必须始终保持连接状态。

3）拆除电路

数据传输结束后，由某一方（H1 或 H2）发出拆除请求，然后逐步拆除到对方节点。

#### 2. 电路交换技术的特点

（1）在数据传送开始之前必须先设置一条专用的通路。

（2）一旦电路建立，用户就可以以固定的速率传输数据，中间节点不对数据进行其他缓冲和处理，传输实时性好，透明性好。数据传输可靠、迅速，不会丢失且保持原来的顺序。这种传输方式适用于系统间要求高质量的大量数据传输的情况，常用于电话通信系统中。目前的公众电话网（PSTN 网）和移动网（包括 GSM 网和 CDMA 网），采用的都是电路交换技术。

（3）在电路释放之前，该电路由一对用户完全占有，即使没有数据传输也要占用电路，因此线路利用率低。

（4）电路建立延迟较大，对于突发式的通信，电路交换效率不高。

（5）电路交换既适用于传输模拟信号，也适用于传输数字信号。

### （二）存储转发交换技术

存储转发交换技术（Store And Forward Switching）是指一种数据帧在被转发到适当的端口之前已经被完全处理的技术。这些处理包括：计算循环冗余码校验（CRC）和检测目的地地址等。另外，帧数据必须被暂时存储，直到网络资源可用时再转发这条信息。存储转发方式可以分为报文交换和分组交换。

存储转发交换技术的优缺点如下所述。

优点：可靠性好，因为它把输入端口的数据帧先存储在交换机的缓存中并进行 CRC 检查。若检测到该帧出现差错，则丢弃该帧，否则取出该帧的目的地址，通过查找 MAC 地址表获得输出端口，再转发出该数据帧。该存储转发交换方式还支持不同传输速度端口间的转换，方便高速端口和低速端口之间的协调工作；通信控制器有路选功能，可以提高系统效率，实现信道的分时共享。

缺点：存储转发交换方式的数据处理时延时较大，主要原因是输入输出端都要经过串并转换，而且存到高速缓存中，整个过程耗时较多。

1. 报文交换

报文交换方式的数据传输单位是报文，报文就是站点一次性要发送的数据块，其长度不限且可变，携带有目标地址、源地址等信息。

在交换过程中，交换设备将接收到的报文先存储，待信道空闲时再转发给下一节点，一级一级中转，直到目的地。这种数据传输技术称为“存储-转发”。在报文交换方式中是以报文为单位接收、存储和转发信息。

为了准确地实现转发报文，一份报文应包括 3 个部分：报头或标题——它包括发信站地址，终点收信地址和其他辅助控制信息等；报文正文——传输用户信息；报尾——表示报文的结束标志，若报文长度有规定，则可省去此标志。

报文交换的特点：在传送报文时，一个时刻仅占用一段通道，大大提高了线路利用率；报文交换系统可以把一个报文发送到多个目的地；可以建立报文的优先权，优先级高的报文在节点可优先转发；报文大小不一，因此存储管理较为复杂；大报文造成存储转发的延时过长，对存储容量要求较高；出错后整个报文必须全部重发；报文交换只适用于传输数字信号。实际应用中，报文交换主要用于传输短报文且实时性要求较低的通信场合。

2. 分组交换

1）分组交换的原理

分组交换又称包交换。为了更好地利用信道容量，降低节点中数据量的突发性，应将报文交换改进为分组交换。分组交换方式吸取了报文交换的优点，且仍然采用“存储-转发”的方式，但它不像报文交换那样以报文为单位交换，而是把报文截成若干比较短的，规格化了的“分组”（或称包）进行交换和传输。由于分组长度较短，具有统一的格式，便于在交换机中存储和处理，“分组”进入交换机后只在主存储器中停留很短的时间，进行排队和处理，一旦确定了新的路由，就很快输出到下一个交换机或用户终端。

2）分组交换的两种方式

（1）数据报。

在数据报分组交换中，每个分组自身携带足够的地址信息，可以独立地确定路由（即传输路径）。由于不能保证分组按序到达，所以目的站点需要按分组编号重新排序和组装。如图 2-23 所示，主机 A 先后将分组 1 与分组 2 发送给主机 B，分组 2 经过 S1、S4、S5 先到达主机 B；分组 1 经过 S1、S2、S3、S5 后到达主机 B，主机 B 必须对分组重新排序后，然后才能获得有效数据。

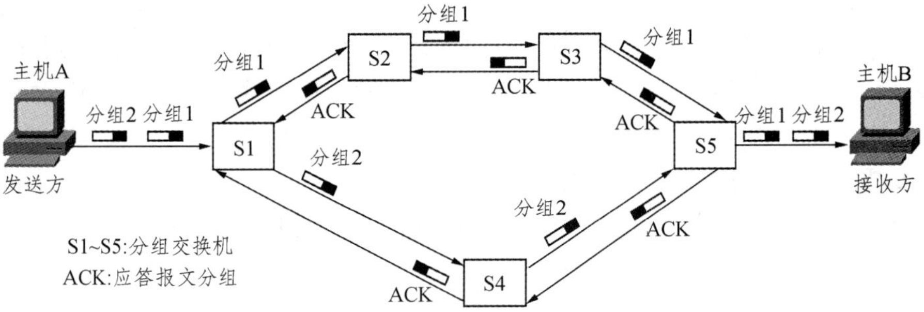


图 2-23　数据报传输方式的示意图

（2）虚电路。

在虚电路分组交换中，为了进行数据传输，网路的源节点和目的节点之间要先建立一条逻辑通路。每个分组除了包含数据之外，还包含一个虚电路标识符。在预先建立好的路径上，每个节点都知道把这些分组传输到哪去，不再需要路径选择判定。最后，由其中的某一站用户请求来结束这次连接。它之所以是“虚”的，是因为这条电路不是专用的。

图 2-24 中 H1 与 H4 进行数据传输，先在 H1 与 H4 之间建立一条虚电路 S1、S4、S3，然后依次传输分组 1、2、3、4、5，到达 H4 依次接受分组 1、2、3、4、5，无须重新进行组装和排序。在数据传输过程中，不需要进行路径选择。

虚电路分组交换的主要特点是：在数据传送之前必须通过虚呼叫设置一条虚电路，但并不像电路交换那样有一条专用通路，分组在每个节点上仍然需要缓冲，并在线路上进行排队等待输出。

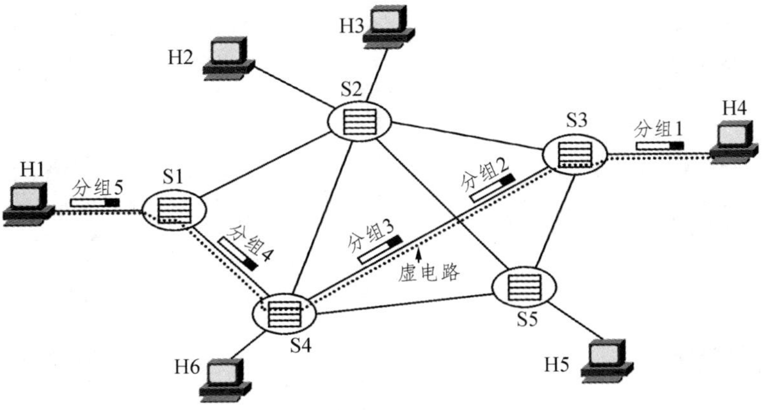


图 2-24　虚电路传输方式的示意图

### （三）3 种交换方式比较

图 2-25 所示为电路交换、报文交换和分组交换的数据传输过程。其中 A、B、C、D 对应图 2-22 中的节点。

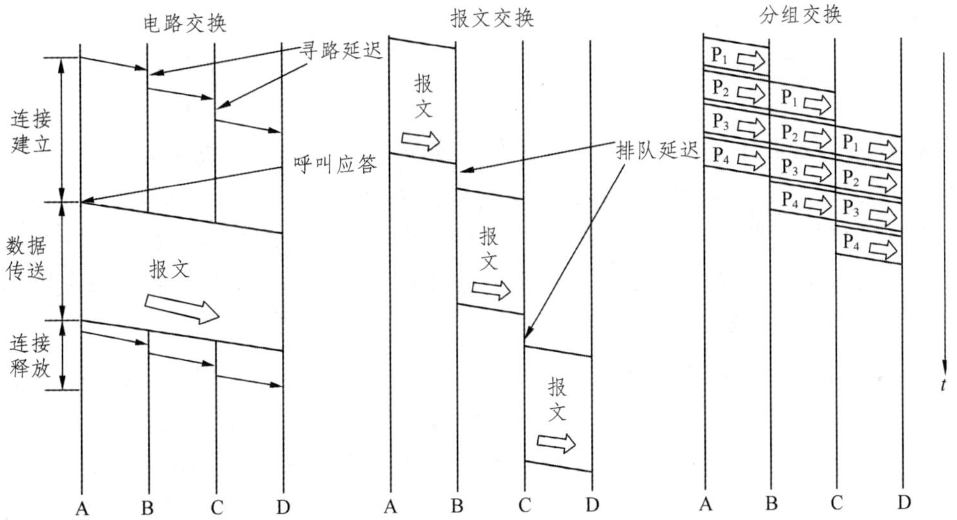


图 2-25　电路交换、报文交换、报文分组交换 3 种交换方式的比较

总之，若要传送的数据量很大，并且传送时间远大于呼叫时间，则采用电路交换较为合适。当端到端的通路有很多段的链路组成时，采用分组交换传送数据较为合适。从提高整个网络的信道利用率来看，报文交换和分组交换优于电路交换，其中分组交换比报文交换的时延小，尤其适合于计算机之间的突发式的数据通信。

## 二、多路复用技术

多路复用技术是许多单个信号在一条线路上进行传输的技术，其目的是要提高传输介质的使用效率。其作用相当于把单个传输通路划分为多个信道，以实现通信链路的共享，其结构示意如图 2-26 所示。

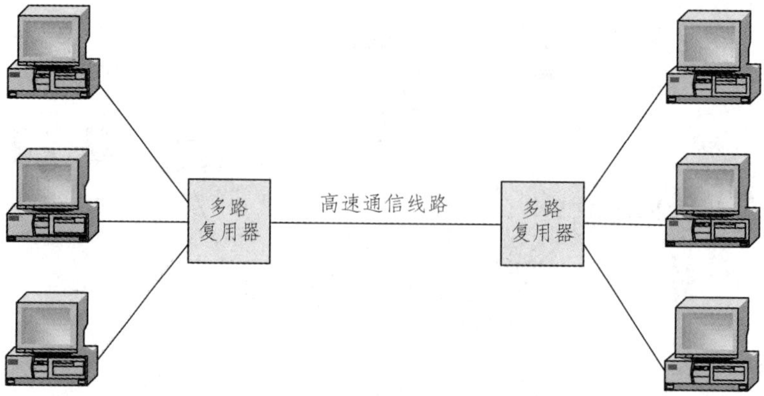


图 2-26　多路复用的示意图

多路复用技术可分为频分多路复用（Frequency Division Multiplexing，FDM）、时分多路复用（Time Division Multiplexing，TDM）、波分多路复用（Wave Division Multiplexing，WDM）和码分多址复用（Code Division Multiplex Access，CDMA）。时分多路复用还可以进一步分为同步时分多路复用（TDM）和统计时分多路复用（STDM）。实现多路复用的设备称为多路复用器（MUX）。

## （一）频分多路复用

若物理信道的可用带宽超过单个原始信号所需带宽，那么可将该物理信道的总带宽分割成若干个与要传输的单个信号带宽相同（或略宽）的子信道，每个子信道的带宽不重叠并且可以独立传输一路信号，这就是频分多路复用技术的基础条件。如果各个通信设备使用的是不同的频率，而且这些频率不重叠，那么就可以用一条子信道来传输某个具体设备的信号，从而实现各个设备的同时通信。

频分多路复用的工作原理如图 2-27 所示，一条传输媒体按频率划分为多个通道，每个通道都有一定的带宽，可支持两台设备之间的数据传输，各通道之间没有重叠，若传输媒体的频率宽度超过信号传输所需要的频率宽度，则考虑采用这种方法。频分多路复用多用于模拟信号的传输。

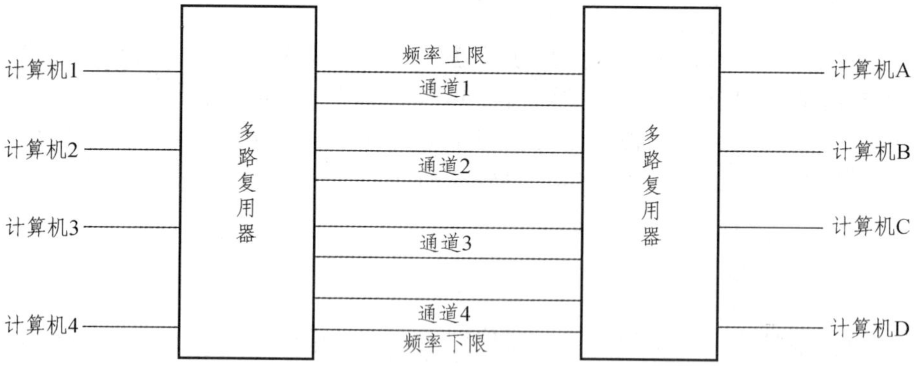


图 2-27　频分多路复用的原理图

## （二）时分多路复用

时分多路复用还可以进一步分为同步时分多路复用（TDM）和统计时分多路复用（STDM）。

### 1. 同步时分多路复用

同步时分多路复用（TDM）是将传输媒体的传输能力或传输速率按时间划分成时间片（一小段时间），把每个时间片固定地分配给需要通信的每台设备，这样利用设备在时间上的交叉，就可以在一条传输媒体上传输多路数据信号。

如图 2-28 所示，通道被分割为 3 个时间片 1、2、3，计算机 1、2、3 只能在分配给它们的时间片上发送数据，若没有数据或没有准备好数据发送，那么分配给它的时间片上就没有任何数据，即时间片是空的。由于时间片是预先按次序分配给每一台设备的，而且固定不变，所以这种 TDM 又被称为同步 TDM。

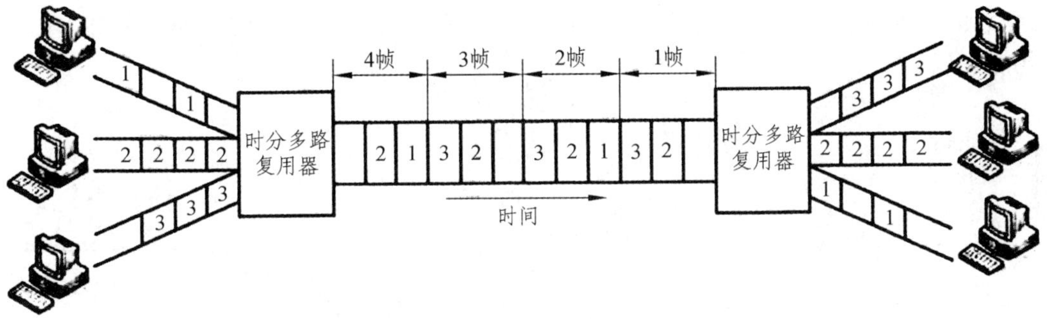


图 2-28　同步时分多路复用的原理示意图

### 2. 统计时分多路复用

同步时分多路复用把时间片固定地分配给某台设备。这样就会产生一个问题：即使该设备没有数据要传送，但仍然不断有时间片分配给它用，而另一台有大量数据需要传输的设备只能等待分配给它的时间片到来才行。显然，这会造成对系统资源的浪费。

统计时分多路复用（STDM）是对同步时分多路复用的一种改进，采用智能分配时间的方法，即根据发送方的要求动态地分配时间片。图 2-29 所示的 3 个设备并不是每时每刻都在发送数据。统计时分多路复用器根据需求动态地分配时间片。复用器扫描各条输入线路，当且仅当有数据需要传送时才分配时间片，没有数据传送则继续扫描下一线路而不分配时间片，循环往复直到扫描完所有的输入线路。

在图 2-29 中，当复用器进行第一次扫描时，只有设备 3 有数据需要传送，因此第一帧只有一个时间片。第二次扫描，发现设备 1、2、3 都有输入数据，因此第二帧具有 3 个时间片。同样道理，第三帧具有 3 个时间片，第四帧具有两个时间片，STDM 帧的长度可以是不固定的，同时，时间片的位置也不再是固定的。为了使接收端的复用器能正确分离各路数据，就必须使每一时间片带有地址信息，也就是说，每个数据中既包含数据信息又包含地址信息。所以，STDM 的每个时间片存在额外开销。

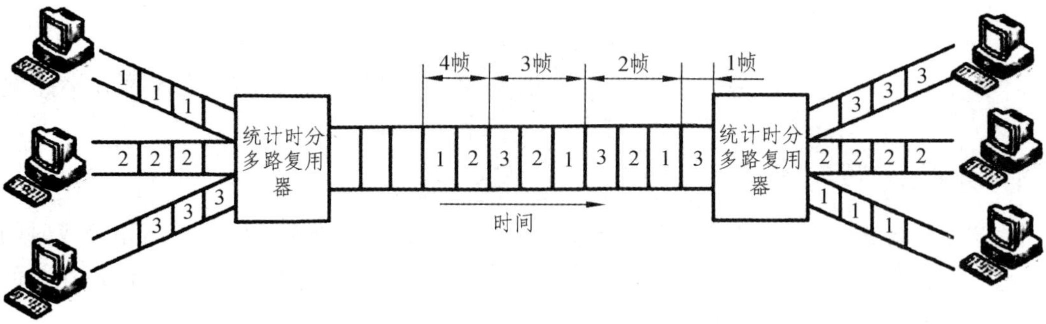


图 2-29　统计时分多路复用的原理示意图

## （三）波分多路复用

波分多路复用（WDM）技术主要用于光纤传输介质。该方法与频分多路复用方法相似，只不过它是利用不同波长的光在一条光纤上传输多路信号。在一根光纤上复用 80 路或更多路的光载波信号称为密集波分复用 DWDM。目前，单模光纤的数据传输速率最高可以达到 20 Gbit/s。

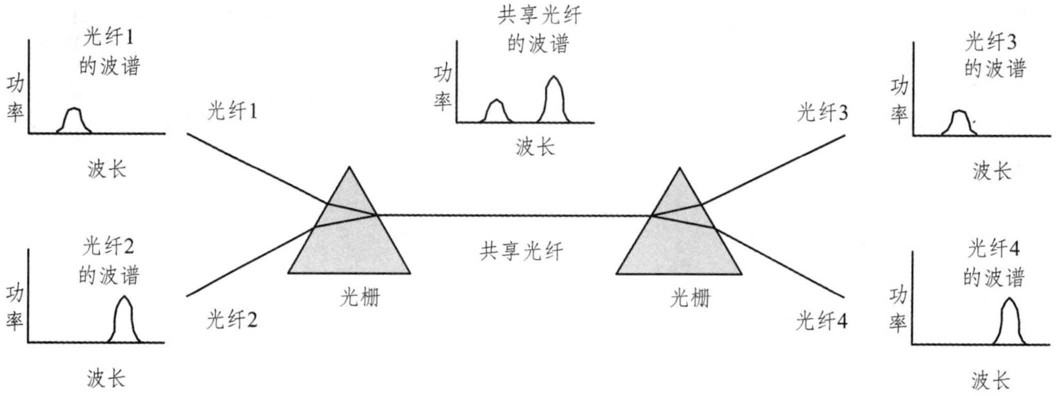


图 2-30　波分多路复用的原理示意图

图 2-30 是波分多路复用的原理图。在发送端，通过光栅将来自光纤 1 和光纤 2 的两个波长不同的光信号叠加起来并在共享光纤上传输。到达接收端之后，用光栅将光信号分离并复原出来，传递给光纤 3 和光纤 4。

## （四）码分多址复用

码分多址复用（CDMA）是一种共享信道的方法，是一种全新的技术，在 CDMA 系统中，发送端用互不相干、相互正交（准正交）的地址去调制所需发送的信号，接收端则利用码型的正交性，通过地址从混合的信号中选出响应信号。码分多址复用最初是用于军用通信，因为这种系统发送的信号有很强的抗干扰能力，其频谱类似于白噪声，不易被发现。CDMA 技术主要用在无线电通信系统，如移动通信。它不仅可以提高通信的语音质量和传输的可靠性，减少干扰对通信的影响，而且增加了通信系统的容量。

# 任务五　差错控制技术

## 专业能力目标

掌握通信系统中差错控制技术。

## 基础知识

差错控制技术

在数据通信系统中，如果接收端接收到的数据与发送端实际发出的数据不一致，那么我们把这种现象称为差错。

## 思考题

（1）数字通信系统的有效性和可靠性指标有哪些？

（2）简要介绍信道通信的工作方式。

（3）简述数据的数字信号编码方法。

（4）什么是基带传输、频带传输和宽带传输？

（5）对电路交换、报文交换、报文分组 3 种交换方式进行比较。

（6）常用差错控制的编码方法有哪些？各编码方法的含义是什么？

（7）通信系统是由哪几个部分组成的？各有什么作用？

（8）数据的编码方式有哪些？选择数据编码方式应考虑哪些因素？

（9）并行传输、串行传输分别是什么含义？它们有哪些不同点，分别适用于什么场合？

（10）常见的电路交换方式有哪几种？挑选一种说明其工作过程。

（11）常用的多路复用技术有哪几种？并谈一谈你对频分多路复用技术的理解。

（12）计算机通信为什么要进行差错处理？常见的差错处理方法有哪几种？

# 项目三　计算机网络基础知识

## 思政素质目标

（1）培养学生精益求精的大国工匠精神，激发学生科技报国的家国情怀和使命担当。

（2）具有正确的世界观、人生观、价值观，遵纪守法，诚信做人，踏实做事。

（3）具有良好的职业道德和公共道德。

## 职业素质目标

（1）具有轨道交通相关专业必需的文化基础。

（2）拥有健康的体魄，能适应铁道机车专业岗位对体质及心理素质的要求。

（3）具有健康的心理和乐观的人生态度。

（4）具有勇于创新、敬业乐业、严谨务实的工作作风，具有安全意识、责任意识。

（5）具有文明、友善和团队协作精神。

（6）具有严格执行工作程序、工作规范、工作标准、安全操作的意识和质量意识。

## 学习任务

熟悉并掌握计算机网络基础知识。

## 工具设备

多媒体设备课件、图片、示教板、计算机多媒体设备等。

## 教学环境

多媒体教室、列车智能网络控制仿真实训中心。

# 任务一　计算机网络概述

## 专业能力目标

（1）了解计算机网络的产生和发展过程。

（2）掌握计算机网络相关的专业术语。

（3）掌握计算机网络的功能、特点和分类方式。

## 基础知识

计算机网络是指将地理位置不同的具有独立功能的多台计算机及其外部设备，通过通信线路连接起来，在网络操作系统、网络管理软件及网络通信协议的管理和协调下，实现资源共享和信息传递的计算机系统。

计算机网络是计算机技术和通信技术紧密结合的产物,它涉及通信与计算机两个领域。

计算机网络的诞生使计算机体系结构发生了巨大变化，它在当今社会经济中起着非常重要的作用，对人类社会的进步做出了巨大贡献。从某种意义上讲，计算机网络的发展水平不仅反映了一个国家的计算机科学和通信技术水平，还成为衡量其国力及现代化程度的重要标志之一。

### 一、计算机网络的产生

1946 年，世界上第一台数字电子计算机 ENIAC 问世，当时计算机和通信并没有联系。1954 年，人们用终端将穿孔卡片上的数据从电话线路上发送到远地的计算机上。此后，又有了电传打字机。计算机与通信的结合就这样开始了。

最早的 Internet 是在 1969 年由美国国防部高级研究计划局( Advanced Research Projects Agency，ARPA）建立的。当时的目的是对付来自苏联的核攻击威胁，因为当时传统的电路交换的电信网虽已经四通八达，但战争期间，一旦正在通信的电路有一个交换机或链路被炸毁，则整个通信电路就要中断，如要立即改用其他迂回电路，还必须重新拨号建立连接，这将要延误一些时间。现代计算机网络的许多概念和方法，如分组交换技术，都来自 ARPANET。ARPANET 不仅进行了租用线互连的分组交换技术研究，而且做了无线、卫星网的分组交换技术研究，其结果促成了 TCP/IP 的问世。

1977—1979 年，ARPANET 推出了目前这种形式的 TCP/IP 体系结构和协议。1980 年前后，ARPANET 上的所有计算机开始了以 TCP/IP 为协议的转换工作，并以 ARPANET 为主干网建立了初期的 Internet。1983 年，ARPANET 的全部计算机完成了向 TCP/IP 的转换，并在 UNIX（BSD4.1）上实现了 TCP/IP。ARPANET 在技术上最大的贡献就是 TCP/IP 协议的开发和应用，两个著名的科学教育网 CSNET 和 BITNET 先后建立。1984 年，美国国家科学基金会（NSF）规划并建立了 13 个国家超级计算中心及国家教育科技网，随后替代了

ARPANET 的骨干地位。1988 年 Internet 开始对外开放。1991 年 6 月，在连通 Internet 的计算机中，商业用户首次超过了学术界用户，这是 Internet 发展史上的一个里程碑，从此 Internet 的成长一日千里。

## 二、计算机网络的发展

计算机网络的演变过程大致可概括为四个阶段：面向终端的远程联机系统、共享资源的计算机网络、标准化网络、互联网与高速网络。

1. 面向终端的远程联机系统

面向终端的计算机网络是以单个计算机为中心的远程联机系统，可以实现不同地理位置的大量终端与主机之间的连接和通信。早期的计算机价格昂贵，只有计算中心才可能拥有，但它具有的分时处理能力却可以为多个用户提供服务，因此为了方便用户的使用和提高主机的利用率，地理位置分散的多个终端通过通信线路与主机连接起来形成网络。在这里，终端本身没有处理能力，人们在终端上输入指令和数据，指令和数据通过通信线路传递给主机；主机执行指令，进行数据处理，将处理结果传递给终端，在终端上显示结果或将结果打印出来。这种远程联机系统就是“面向终端的计算机网络”。该系统又称终端——计算机网络，是早期计算机网络的主要形式。它是用一台中央主计算机连接大量的地理上处于分散位置的终端，如图 3-1 所示。其典型代表就是美国军方在 1954 年推出的半自动地面防空系统（SAGE），它是将远程雷达和其他测量设施获得的信息通过通信线路与基地的一台 IBM 计算机连接，进行集中的防空信息处理与控制，从而首次实现了计算机技术与通信技术的结合。在该计算机网络中，终端无独立处理数据的功能，只能共享主机的资源。从严格意义上说，该阶段的计算机网络还不是真正的计算机网络。

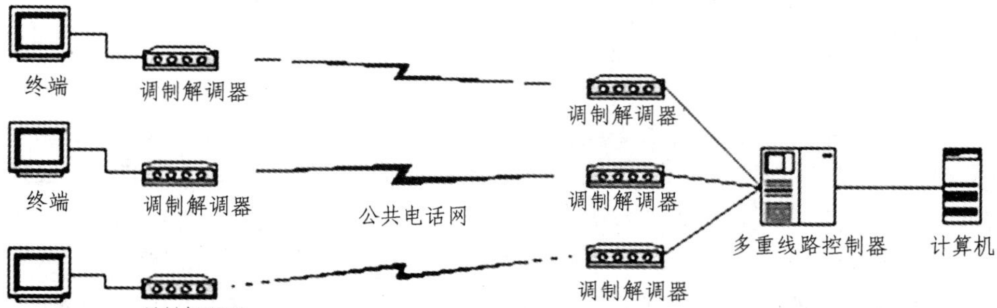


图 3-1　单机系统的典型结构示意图

为减轻主机的负担，可在通信线路和计算机之间设置一个前端处理机（FEP），如图 3-2 所示。FEP 专门负责与终端之间的通信控制，而让主机进行数据处理。为提高通信效率，减少通信费用，可在远程终端比较密集的地方增加一个集中器，其作用是把若干个终端经低速通信线路集中起来，连接到高速线路上，然后经高速线路与前端处理机连接。前端处理机和集中器当时一般由小型计算机担当，因此，这种结构也称为具有通信功能的多机系统。20 世纪 60 年代初的美国航空订票系统 SABRE-1 就是这种计算机通信网络的典型应用。

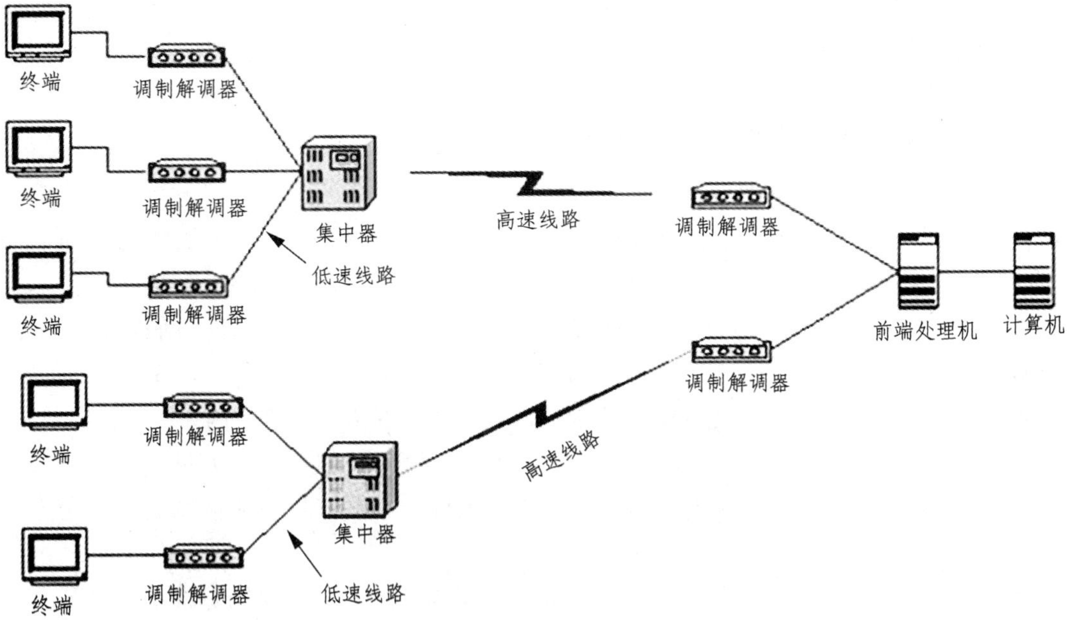


图 3-2　具有通信功能的多机系统示意图

第一代计算机网络主要有以下缺点：

（1）以主机为中心，联机系统上的终端没有独立的数据处理能力。

（2）主机既要负责数据处理，又要管理与终端的通信，因此负担很重。

（3）一个终端单独使用一根通信线路，造成通信线路利用率低。

（4）每增加一个终端，线路控制器的软硬件都需要做很大的改动。

（5）采用集中控制方式，可靠性比较低。

2. 共享资源的计算机网络

20 世纪 60 年代中期至 70 年代的第二代计算机网络是将多个主机通过通信线路互连起来为用户提供服务的。其典型代表是美国国防部高级研究计划局协助开发的 ARPANET。该网络的主机之间不是直接用线路相连，而是由接口报文处理机（IMP）转接后互连的。IMP 和它们之间互连的通信线路一起负责主机间的通信任务，构成了通信子网。与通信子网互连的主机负责运行程序，提供资源共享，组成了资源子网。这个时期，网络的概念为“以能够相互共享资源为目的互连起来的具有独立功能的计算机之集合体”。

第二代计算机网络在逻辑上可以分为两大部分：通信子网和资源子网。资源子网由网络中的所有主机、终端、终端控制器、外设（如网络打印机、磁盘阵列等）和各种软件资源组成，负责全网的数据处理和向网络用户（工作站或终端）提供网络资源和服务。通信子网由各种通信设备和线路组成，承担资源子网的数据传输、转接和变换等通信处理工作。

网络用户对网络的访问可分为两类：①本地访问。对本地主机访问，不经过通信子网，只在资源子网内部进行；②网络访问。通过通信子网访问远地主机上的资源。

第二代计算机网络的特点：

（1）实现了分布式的资源共享。

（2）具有分组交换的数据交换方式。

（3）采用专门的通信控制处理机。

（4）使用分层的网络协议。

以上几点也是计算机网络的一般特征。

3. 标准化网络

以共享资源为目的的第二代计算机网络，大多是由研究部门、大学或计算机公司自行开发研制的，如 IBM 公司于 1974 年率先提出的计算机网络体系结构 SNA（Systems Network Architecture），DEC 公司于 1975 年提出的面向分布式网络的数字网络体系结构 DNA（Digital Network Architecture），Univac 公司于 1976 年公布的分布式控制体系结构 DCA（Distributed Cumputer Architecture）等。这些网络技术标准使得同一体系结构的网络产品容易互连，而不同体系结构的产品则很难实现互连。这种局面妨碍了计算机网络的发展，令用户在投资方面无所适从，并且可能造成重大的投资损失，同时也不利于厂商之间的公平竞争，于是制定统一的计算机网络技术标准成为必然。

计算机网络发展的第三阶段的主要工作是加速体系结构与协议国际标准化的研究与应用。20 世纪 70 年代末，国际标准化组织 ISO（International Organization for Standardization）的计算机与信息处理标准化技术委员会成立了一个专门机构，研究和制定网络通信标准，以实现网络体系结构的国际标准化。1984 年，ISO 正式颁布了一个称为“开放系统互连基本参考模型”的国际标准 ISO 7498，简称 OSI/RM（Open System Interconnection Basic Reference Model），即著名的 OSI 7 层模型。

OSI/RM 推动了网络的标准化进程，使人类进入了第三代计算机网络时代。遵循国际标准化协议的计算机网络具有统一的网络体系结构，厂商需按照共同认可的国际标准开发自己的网络产品，从而保证不同厂商的产品可以在同一个网络中进行通信。这就是“开放”的含义。

目前存在着两种占主导地位的网络体系结构：一种是国际标准化组织 ISO 提出的 OSI/RM（开放系统互连基本参考模型）；另一种是 Internet 所使用的事实上的工业标准 TCP/IP RM（TCP/IP 参考模型）。

4. 互联网与高速网络

从 20 世纪 80 年代末开始，计算机网络技术进入了新的发展阶段，其特点是：互连、高速和智能化。具体表现在：

（1）发展了以 Internet 为代表的互联网。

（2）高速网络得以发展。

1993 年，美国政府公布了“国家信息基础设施”行动计划，即“信息高速公路计划”。这里的“信息高速公路”是指数字化大容量的光纤通信网络，用以把政府机构、企业、大学、科研机构和家庭的计算机进行联网。美国政府又分别于 1996 年和 1997 年开始研究和发展更加快速、可靠的互联网 2（Internet 2）和下一代互联网（Next Generation Internet）。可以说，网络互连和高速计算机网络正成为新一代计算机网络的发展方向。

（3）研究智能网络。

随着网络规模的增大与网络服务功能的增多，各国正在开展对智能网络 IN（Intelligent Network）的研究，以提高通信网络开发业务的能力，并更加合理地对网络各种业务进行管理，真正以分布和开放的形式向用户提供服务。

智能网络的概念是美国于 1984 年提出的。智能网络的定义中并没有人们通常理解的“智能”含义，它仅仅是一种“业务网”，目的是提高通信网络开发业务的能力。

第四代计算机网络的特点：① 广泛的资源共享；② 高速的数据传输；③ 综合的业务服务。

5. 计算机网络的发展趋势

计算机网络技术的进步，促进了网络应用的普及，而人们对于网络需求的不断扩大，又推动了计算机网络的进一步发展。

下一代网络（Next Generation Network），又被称为次世代网络，是计算机网络的发展趋势。其主要思想是在一个统一的网络平台上以统一管理的方式提供多媒体业务，是在整合现有的市内固定电话、移动电话（统称 FMC）的基础上，增加多媒体数据服务及其他增值型服务。其中，话音的交换将采用软交换技术，而平台的主要实现方式为 IP 技术，用这些技术使网络逐步实现统一通信。其中，voip 将是下一代网络中的一个重点。

NGN 是一个分组网络，它提供包括电信业务在内的多种业务，能够利用多种带宽和具有 QoS 能力的传送技术，实现业务功能与底层传送技术的分离。它允许用户对不同业务提供商网络的自由接入，并支持通用移动性，实现用户对业务使用的一致性和统一性。它是以软交换为核心的，能够提供包括语音、数据、视频和多媒体业务的基于分组技术的综合开放的网络架构，代表了通信网络发展的方向。

NGN 具有以下特征：

（1）分组传送。

（2）控制功能从承载、呼叫/会话、应用/业务中分离。

（3）业务提供与网络分离，提供开放接口。

（4）利用各基本的业务组成模块，提供广泛的业务和应用。

（5）具有端到端 QoS 和透明的传输能力。

（6）通过开放的接口规范与传统网络实现互通。

（7）具有通用移动性，允许用户自由地接入不同业务提供商。

（8）支持多样标志体系。

（9）融合固定与移动业务。

NGN 的九大支撑技术：① IPv6；② 光纤高速传输；③ 光交换与智能光网；④ 宽带接入；⑤ 城域网；⑥ 软交换；⑦ 3G 和后 3G 移动通信系统；⑧ IP 终端；⑨ 网络安全。

国际电信联盟远程通信标准化组织（ITU-T）下一代网络标准化小组提出：下一代网络应该是公共交换电话网（PSTN）和移动通信网和分组网（ATM/IP）的融合，未来的网络应该在统一分组网上支持各种业务，是一个真正实现宽带窄带一体化、有源无源一体化、传输接入一体化的综合业务网络。分组化的、开放的、分层的网络架构体系是下一代网络的显著特征。下一代网络基本上按业务层、控制层、传输层和接入层划分，这四层之间通过标准的开放接口互连。

业务层是由一些业务应用服务器组成的，提供各种各样的业务控制逻辑，完成增值业务处理，同时提供开放的第三方接口，易于引入新型业务。

控制层主要指网络为完成端到端的数据传输进行的路由判决和数据转发功能，它是网络的交换核心，目的是在传输层的基础上构建端到端的通信过程。

传送层面向用户端，支持透明的 TDM 线路的接入，在网络核心提供大带宽的数据传输能力，并替代传统的配线架，构建灵活的长途传输网络，一般为基于密集波分复用（DWDM）技术的全光网。

下一代网络除了能向用户提供语音、高速数据传输、视频业务之外，还能向用户方便地提供视频会议、电话会议等功能，而且能像广播网络一样，向有此项要求的用户提供统一的消息、时事新闻等。

## 三、计算机网络的功能

计算机网络是根据应用的需要发展而来的，因此从本质上说，它应以资源共享为其主要目的，来发挥分散的、各不相连的计算机之间的协同功能。

关于计算机网络，业界没有统一的定义，这里给出一种被广泛认可的定义：将分布在不同地理位置的具有独立工作能力的计算机、终端及其附属设备用通信设备和通信线路连接起来，再配以网络软件，从而实现计算机资源共享的系统被称为计算机网络。

计算机网络的功能主要表现在硬件资源共享、软件资源共享和用户间信息交换 3 个方面。

### 1. 硬件资源共享

计算机网络可以在全网范围内提供对处理资源、存储资源、输入输出资源等昂贵设备的共享，如具有特殊功能的处理部件、高分辨率的激光打印机、大型绘图仪、巨型计算机以及大容量的外部存储器等，从而使用户节省投资，也便于集中管理和均衡分担负荷。

### 2. 软件资源共享

互联网上的用户可以远程访问各类大型数据库，可以通过网络下载某些软件到本地机上使用，可以在网络环境下访问一些安装在服务器上的公用网络软件，还可以通过网络登录到远程计算机上使用该计算机上的软件。这样可以避免软件研制上的重复劳动以及数据资源的重复存储，也便于集中管理。

### 3. 用户间信息交换

计算机网络为分布在各地的用户提供了强有力的通信手段。用户可以通过计算机网络传送电子邮件、发布新闻消息和进行电子商务活动。

## 四、计算机网络的特点

1. 可靠性

在一个网络系统中，当一台计算机出现故障时，可立即由系统中的另一台计算机来代替其完成它所承担的任务。同样，当网络中的一条链路出现故障时，可选择其他的通信链路替代故障链路对网络进行连接。

2. 高效性

计算机网络系统摆脱了中心计算机控制结构数据传输的局限性，并且具有信息传递迅速、系统实时性强的特点。网络系统中各相连的计算机能够相互传送数据信息，使相距很远的用户之间能够即时、快速、高效、直接地交换数据。

3. 独立性

网络系统中各相连的计算机是相对独立的，它们之间的关系是既互相联系，又相对独立。

4. 扩充性

在计算机网络系统中，人们能够很方便、灵活地接入新的计算机，从而达到扩充网络系统功能的目的。

5. 廉价性

计算机网络使微机用户也能够分享到大型机的功能特性，充分体现了网络系统的“群体”优势，能节省投资和降低成本。

6. 分布性

计算机网络能将分布在不同地理位置的计算机进行互连，可对大型、复杂的综合性问题实行分布式处理。

7. 易操作性

对于计算机网络用户而言，掌握网络使用技术比掌握大型机使用技术简单，实用性也很强。

## 五、计算机网络的组成与分类

计算机网络由计算机系统、通信链路与通信设备、网络协议、网络软件组成。计算机网络根据不同的特点可以有很多分类方法。

### （一）按覆盖范围分类

1. 广域网（Wide Area Network，WAN）

广域网也称远程网，它的联网设备分布范围广，一般从数百数千米到甚至数千千米。因此，网络所涉及的可以是市、省、国家，乃至世界范围。它的这一特点使得单独建造一个广域网是极其昂贵和不现实的，所以常常借用传统的公共传输（电报、电话）网来实现。此外，由于广域网传输距离远，又依靠传统的公共传输网，导致其错误率较高。

2. 局域网（Local Area Network，LAN）

局域网是将小区域内的各种通信设备互连在一起的网络，其分布范围局限在一个办公室、一幢大楼或一个校园内，用于连接个人计算机、工作站和各类外围设备以实现资源共享和信息交换的目的。它的特点是分布距离近（通常在 1 000 ~ 2 000 m）、传输速率高（一般为 10 ~ 100 Mbit/s）、连接费用低、数据传输可靠、误码率低等。

在应用上，局域网强调的是资源共享，而广域网则着重数据传输。对于局域网，人们更关注的是如何根据应用需求来规划、建立和应用。而对于广域网，人们侧重的是网络能够提供什么样的数据传输业务，以及用户如何接入网络等问题。

3. 城域网（Metropolitan Area Network，MAN）

城域网的分布范围介于局域网和广域网之间，其目的是在一个较大的地理区域内进行数据、声音和图像的传输。

### （二）按通信介质分类

计算机网络根据传输媒介可以分为有线网络和无线网络。其中，有线网络常用的介质有双绞线、光纤和同轴电缆。无线网络主要使用不同频率的电磁波作为传输媒介。

### （三）按通信方式分类

按照通信方式，可以将计算机网络分为两类：广播式网络和点对点网络。点对点网络又可以分为单播和多播（不同于单点对所有点的广播）两种类型。

1. 单　播

网络节点之间的通信就好像人与人之间的对话，如果一个人对另外一个人说话，用网络技术的术语来描述就是“单播”，也称为“点对点通信”。单播在网络中广泛地应用，网络上的绝大部分数据都是以单播的形式传输。例如，在收发电子邮件、浏览网页时，必须与邮件服务器、Web 服务器建立连接，此时使用的就是单播数据传输方式。但是通常使用“点对点通信”代替“单播”，因为“单播”一般与“多播”和“广播”相对应使用。单播如图 3-3 所示。

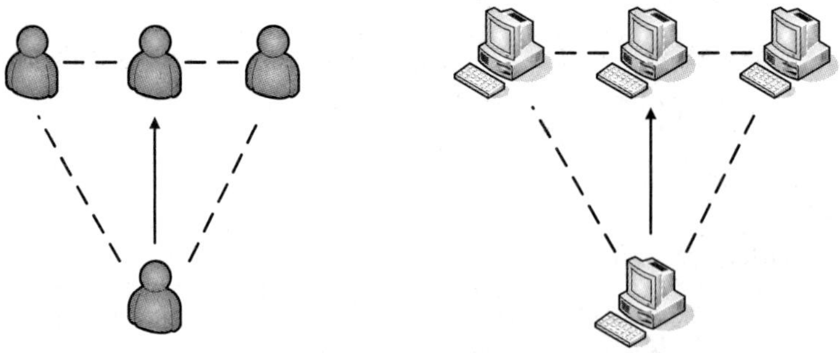

图 3-3　单播（一对一）

2. 多　播

“多播”可以理解为一个人向多个人（但不是在场的所有人）说话，这样能够提高通话的效率。“多播”也可以称为“组播”，在网络技术的应用中并不是很多。网上视频会议、网上视频点播特别适合采用多播方式。因为如果采用单播方式，每个节点传输，有多少个目标节点，就会有多少次传送过程，这种方式显然效率很低，是不可取的；如果采用不区分目标、全部发送的广播方式，虽然一次可以传送完数据，但是达不到区分特定数据接收对象的目的。采用多播方式，既可以实现一次传送所有目标节点的数据，又可以达到只对特定对象传送数据的目的。多播如图 3-4 所示。

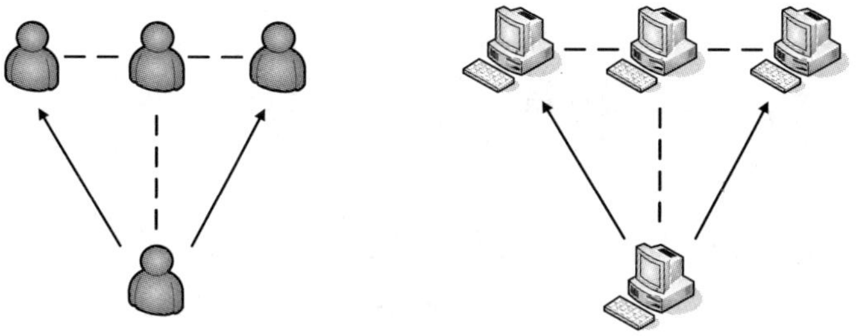

图 3-4　多播（一对多）

3. 广　播

“广播”可以理解为一个人通过广播喇叭对在场的全体说话，这样做的好处是通话效率高，信息可以迅速传送给全体，如图 3-5 所示。在广播帧中，帧头中的目标 MAC 地址是“FF.FF.FF.FF.FF.FF”，代表网络上所有的主机。每台主机上的网卡收到广播帧后会认为是发送给自己的帧，就进行处理。但是同单播和多播相比，广播几乎占用了子网内网络的所有带宽。

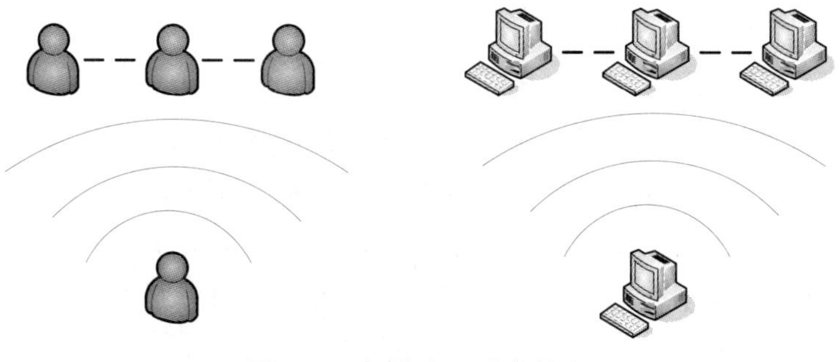

图 3-5　广播（一对全体）

在网络中，即使没有用户人为地发送广播帧，网络上也会出现一定数量的广播帧，因为即使没有人工干预，连在网络上的网络设备也会发送广播帧，因为设备之间也需要相互通信。在不了解对方地址的情况下，只有发送广播帧才能与其他设备进行通信。

在网络中不能很长时间出现广播帧，否则就会出现所谓的“广播风暴”。广播风暴是网络长时间被大量的广播数据包所占用，使点对点通信无法正常进行，外在表现为网络速度奇慢无比。出现广播风暴的原因有很多，一块有故障的网卡就可能长时间向网络发送广播包而导致广播风暴。

广播风暴不能完全杜绝，但是只能在同一子网内传播，就好像喇叭的声音只能在同一会场里传播一样。因此，在有几百台甚至上千台计算机构成的大中型局域网中，一般会进行子网划分，就像将一个大厅用墙壁隔离成许多小厅一样，以达到隔离广播风暴的目的。另外，使用路由器或 3 层交换机也能达到隔离广播的目的。当路由器或 3 层交换机收到广播帧时，它并不转发这个帧，而是抛弃这个帧，使其无法再传递至路由器及其他端口连接的网络，从而起到隔离广播风暴的作用。

### （四）按使用范围分类

计算机网络按应用范围和管理性质可以分为公用网和专用网。

1. 公用网

公用网一般是国家的邮电部门建造的网络。“公用”的意思是所有愿意按邮电部门规定缴纳费用的人都可以使用。因此，公用网也可以称为公众网，例如 CHINANET、CERNET 等。

2. 专用网

“专用网”是某个部门为满足本单位的特殊工作需要而建立的网络。这种网络不向本单位以外的人提供服务。例如，军队、铁路、电力等系统均有本系统的专用网。目前，专用网络的发展很迅速，它们也提供对外租用服务，形成与公用网竞争的局面。

### （五）按拓扑结构分类

按照拓扑结构的不同，计算机网络可以分为：星状网络、树状网络、总线型网络、环状网络、网状网络等。

### （六）按其他方式分类

计算机网络还可以按以下方式分类：根据数据交换方式，可以分为电路交换网、报文交换网、分组交换网、帧中继交换网、ATM 交换网和混合交换网；按照网络内信息传输速度的快慢，可以分为低速网、中速网、高速网；按照数据的组织方式，可分为分布式数据网和集中式数据网；按照网络内信息的共享方式，可以分为对等网和非对等网。

## 任务二　局域网络拓扑结构

**专业能力目标**

了解局域网的特点组成与分类。

基础知识

## 一、局域网简介

局域网（LAN）是一个在一定区域内的数据通信网络，该区域内的各种通信设备互连在一起进行通信。一定区域可以是一个建筑物内、一个校园或 10 km 范围的一个区域。局域网的应用范围很广，主要用于办公自动化系统、企业管理系统、生产过程实时控制系统等。局域网可以实现文件管理、应用软件共享、打印机共享、工作组内的日程安排、电子邮件和传真通信服务等功能。局域网是封闭型的，可以由办公室内的两台计算机组成，也可以由一个公司内的上千台计算机组成。决定局域网的主要技术要素为：网络拓扑、传输介质与介质访问控制方法。

为了完整地给出局域网的定义，必须使用两种方式：一种是功能性定义，另一种是技术性定义。前一种将局域网定义为一组台式计算机和其他设备，在物理地址上彼此相隔不远，以允许用户相互通信和共享诸如打印机和存储设备之类的计算资源的方式互连在一起的系统。这种定义适用于办公环境下的局域网、工厂和研究机构中使用的局域网。就局域网的技术性定义而言，它定义为由特定类型的传输媒体（如电缆、光缆和无线媒体）和网络适配器（亦称为网卡）互连在一起的计算机，并受网络操作系统监控的网络系统。功能性和技术性定义之间的差别是很明显的，功能性定义强调的是外界行为和服务；技术性定义强调的则是构成局域网所需的物质基础和构成的方法。

局域网的名字本身就隐含了这种网络地理范围的局域性。由于较小的地理范围的局限性，局域网通常具有比广域网（WAN）高得多的传输速率。例如，局域网的传输速率为 10 Mbit/s，FDDI 的传输速率为 100 Mbit/s，而国内广域网的主干线速率仅为 64 Kbit/s 或 2.048 Mbit/s，最终用户的上线速率通常为 14.4 Kbit/s。局域网的拓扑结构常用的是总线型和环型，这是由有限的地理范围决定的，这两种结构很少在广域网环境下使用。局域网还有诸如高可靠性和易于管理及安全等多种特性。

局域网产生于 20 世纪 60 年代末、70 年代初。20 世纪 70 年代中后期是局域网的一个重要发展阶段。20 世纪 80 年代，局域网走向了大发展的时期。20 世纪 90 年代以后，随着信息高速公路的崛起，局域网进一步朝着高速、宽带、多媒体等高性能方向发展。

## 二、局域网的特点、组成与分类

### （一）局域网的特点

局域网一般为一个部门或单位所有，建网、维护以及扩展等较容易，系统灵活性高。其主要特点有：

（1）覆盖的地理范围较小，只在一个相对独立的局部范围内联，如一个学校或一个工厂。

（2）使用专门铺设的传输介质进行联网，数据传输速率高（10 Mbit/s ~ 10 Gbit/s）。

（3）通信延迟时间短，可靠性较高。

（4）可以支持多种传输介质。

（5）通常由一个单位或组织建设和拥有，易于维护和管理。

（6）无路由选择。

（7）共享方便。

（8）建立、扩展方便。

### （二）局域网的组成

局域网通常由网络连接设备、网络接口单元（Network Interface Unit ，NIU）和传输介质 3 部分组成。

#### 1. 网络连接设备

网络连接设备通常是计算机或设备，一般将其称为工作站或站点。另外还有服务器，它可向各站提供用户通信和资源共享服务。

#### 2. 网络接口单元

网络接口单元通常又称为网卡，主要用于将网络连接设备连接到传输介质上，是局域网的关键部件。局域网上连接的设备种类非常多，但在局域网上传输的报文格式对于所有的网络用户必须一致，这就要求网络接口单元将联网设备的输出格式转换成网络传输中所要求的格式，另外，在接收时，将网络中的传输格式转换成联网设备的输入格式。

#### 3. 传输介质

传输介质是通信双方用于彼此传输信息的物理通路。局域网内使用的典型传输介质有双绞线、同轴电缆、光纤和电磁波等。大多数局域网是共享传输介质的，这样各站就需要一种介质访问的控制逻辑，以决定当有数据发送时，何时占用介质，以及在接收时，如何根据地址识别发向本站的报文。访问逻辑由硬件和软件组合而成。

除了网络硬件外，还必须有相应的网络协议和各种网络应用软件，构成完整的网络系统。简单来说，局域网由网络软件和网络硬件两部分组成。硬件用于实现局域网的物理连接，为局域网中计算机之间的通信提供一条物理通道。网络软件主要用于控制并具体实现信息传送和网络资源的分配共享。

硬件主要包括：服务器、工作站、网络接口卡、网络设备、传输介质、外围设备等。

软件主要包括：协议软件、网卡驱动程序、网络操作系统。

### （三）局域网的分类

局域网的类型很多，若按使用的传输介质分类，可分为有线网和无线网；若按网络拓扑结构分类，可分为总线型网、星状网、环状网、树状网、混合型网等；若按传输介质所使用的访问控制方法分类，又可分为以太网、令牌环网、FDDI 网和无线局域网等。其中，以太网是当前应用最普遍的局域网技术。

## 三、局域网的拓扑结构

拓扑学最初是几何学的一个分支，它是由图论演变过来的。拓扑学首先把实体抽象成与其大小、形状无关的点，将连接实体的线路抽象成线，进而研究点、线、面之间的关系。

在网络中，将不同设备根据不同的工作方式进行连接称为拓扑（topology）。不同计算机网络系统的拓扑结构是不同的，而不同拓扑结构的网络在功能、可靠性、组网成本等方面也不同。

局域网的拓扑结构是指连接网络设备的传输媒体的铺设形式。局域网的拓扑结构主要有：星状结构、总线结构、环状结构、树状结构、网状结构等。

### 1. 星状结构

星状拓扑结构是用一个节点作为中心节点，其他节点直接与中心节点相连所形成的拓扑结构。中心节点可以是文件服务器，也可以是连接设备。常见的中心节点为集线器。星状拓扑结构的网络属于集中控制型网络，整个网络由中心节点执行集中式通信控制管理，各节点间的通信都要通过中心节点。每一个要发送数据的节点都将要发送的数据发送到中心节点，再由中心节点负责将数据送到目的地节点。因此，中心节点相当复杂，而各个节点的通信处理负担都很小，只需要满足链路的简单通信要求。

优点：① 控制简单。任何一站点只和中央节点相连接，因而介质访问控制方法简单，致使访问协议也十分简单，易于网络监控和管理；② 故障诊断和隔离容易。中央节点对连接线路可以逐一隔离进行故障检测和定位，单个连接点的故障只影响一个设备，不会影响全网；③ 方便服务。中央节点可以方便地对各个站点提供服务和对网络进行重新配置。

缺点：① 需要耗费大量的电缆，安装、维护的工作量也骤增；② 中央节点负担重，形成“瓶颈”，一旦发生故障，则全网受影响；③ 各站点的分布处理能力较低。

总的来说，星状拓扑结构相对简单，便于管理，建网容易，是目前局域网普遍采用的一种拓扑结构。采用星状拓扑结构的局域网，一般使用双绞线或光纤作为传输介质，符合综合布线标准，能够满足多种宽带需求。尽管物理星状拓扑的实施费用高于物理总线拓扑，然而星状拓扑的优势却使其物超所值。每台设备通过各自的线缆连接到中心设备，因此某根电缆出现问题时只会影响到那一台设备，而网络的其他组件依然可以正常运行。这个优点极其重要，这也正是所有新设计的以太网都采用物理星状拓扑的原因所在。

如果星状网络扩展到包含与主网络设备相连的其他网络设备，这种拓扑就称为扩展星状拓扑，如图 3-6 所示。扩展星状拓扑的问题是：如果中心节点出现故障，网络的大部分组件就会被断开。

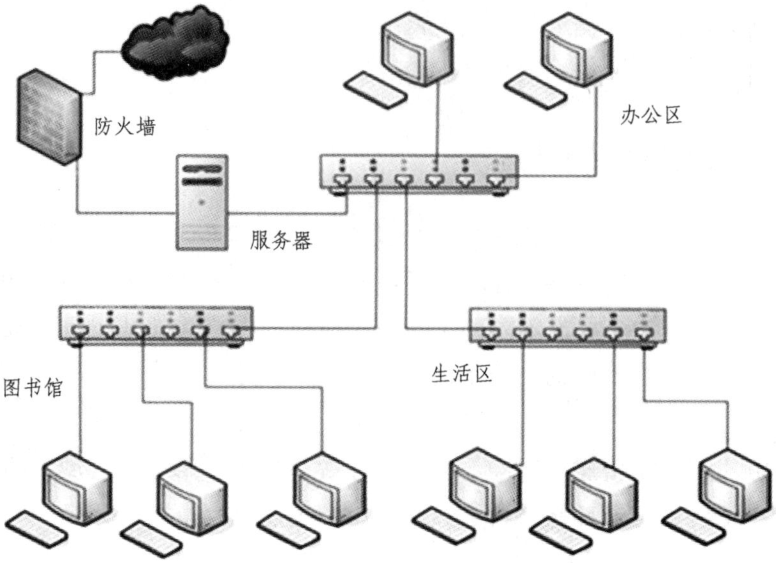


图 3-6 扩展星状拓扑结构

2. 环状结构

环状结构是网络中若干节点通过点到点的链路首尾相连，形成一个闭合的环。这种结构使公共传输电缆组成环形连接，数据在环路中沿着一个方向在各个节点间传输，信息从一个节点传到另一个节点，如图 3-7 所示。环状结构主要应用于令牌网中。在环状网络结构中，各设备是直接通过电缆来串接的，最后形成一个闭环，整个网络发送的信息就是在这个环中传递的，通常把这类网络称为“令牌环网”。

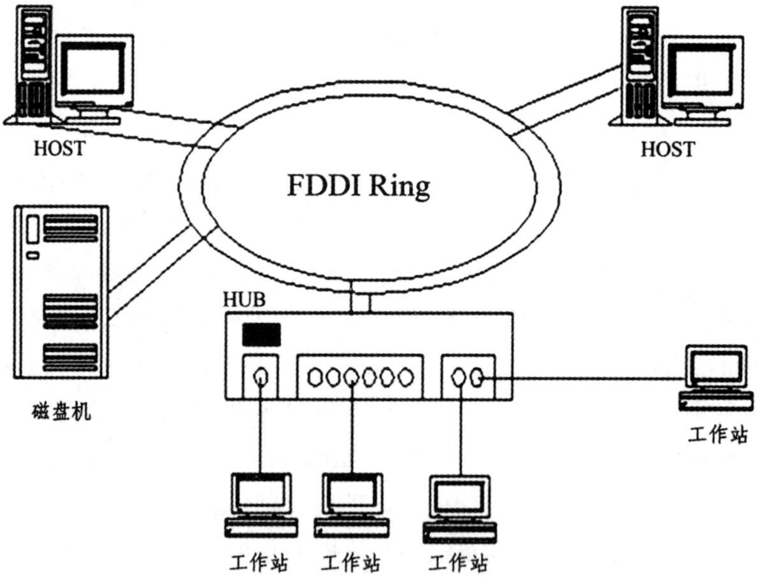


图 3-7 环状拓扑结构

在实际组网过程中，因地理位置的限制，不方便真的做到对环的两端进行物理连接。

一般情况下，环的两端是通过一个阻抗匹配器来实现环的封闭的。

环状拓扑结构的网络主要有以下几个特点：

（1）这种网络结构一般仅适用于 IEEE 802.5 的令牌网（Token Ring Network）。在这种网络中，“令牌”在环形连接中依次传递。其所用的传输介质一般是同轴电缆。

（2）这种网络的实现也非常简单，投资最小。从其网络结构示意图（图 3-7）中可以看出，组成这个网络的除了各工作站就是传输介质——同轴电缆，以及一些连接器材，没有价格昂贵的节点集中设备，如集线器和交换机。但也正因为这样，这种网络所能实现的功能最为简单，仅能当作一般的文件服务模式。

（3）传输速度较快。在令牌网中允许有 16 Mbit/s 的传输速度，这比普通的 10 Mbit/s 以太网要快许多。当然，随着以太网的广泛应用和以太网技术的发展，以太网的速度也得到了极大提高，目前普遍都能提供 100 Mbit/s 的网速，远比 16 Mbit/s 高。

（4）维护困难。从其网络结构可以看到，整个网络各节点间是直接串联，这样任何一个节点出了故障都会造成整个网络的中断、瘫痪，维护起来非常不便。另一方面，因为同轴电缆所采用的是插针式的接触方式，所以非常容易因接触不良而造成网络中断，而且这种问题查找起来非常困难。

（5）扩展性能差。这种结构的扩展性能远不如星状结构的好，如果要新添加或移动节点，就必须中断整个网络，在环的两端连好连接器后才能进行。

3. 总线结构

在这种网络拓扑结构中，所有设备都直接与总线相连，如图 3-8 所示。它所采用的介质一般也是同轴电缆（包括粗缆和细缆），不过现在也有采用光缆作为总线型传输介质的。

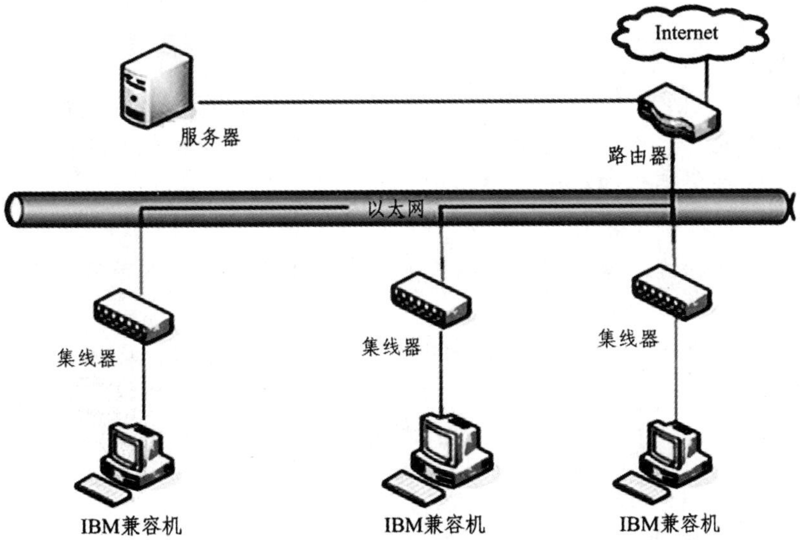


图 3-8　总线型拓扑结构

总线结构是指各工作站和服务器均挂在一条总线上，各工作站地位平等，无中心节点控制，公用总线上的信息多以基带形式串行传递，其传递方向总是从发送信息的节点开始向两端扩散，如同广播电台发射的信息一样，因此又称广播式计算机网络。各节点在接收信息时都进行地址检查，看是否与自己的工作站地址相符，相符则接收网上的信息。

这种结构具有以下几个方面的特点：

（1）组网费用低。从图 3-8 可以看出，这样的结构根本不需要另外的互连设备，而是直接通过一条总线进行连接，所以组网费用较低。

（2）因为这种网络的各节点是共用总线带宽的，所以传输速度会随着接入网络的用户的增多而下降。

（3）网络用户扩展较灵活。需要扩展用户时只需要添加一个接线器即可，但所能连接的用户数量有限。

（4）维护较容易。单个节点失效，不影响整个网络的正常通信。但如果是总线断开，则整个网络或者相应主干网段就断开了。

（5）这种网络拓扑结构的缺点是一次仅允许一个端用户发送数据，其他端用户必须等待获得发送权。

4. 分布式结构

分布式结构的网络是指可以将分布在不同地点的计算机通过线路互连起来的一种网络形式。

分布式结构的网络具有如下特点：由于采用分散控制，即使整个网络中的某个局部出现故障，也不会影响全网的操作，因而具有很高的可靠性；网络中的路径选择采用最短路径算法，故网上延迟时间少，传输速率高，但控制复杂；各个节点间均可以直接建立数据链路，信息流程最短；便于全网范围内的资源共享。其缺点为连接线路用的电缆长，造价高；网络管理软件复杂；报文分组交换、路径选择、流向控制复杂。在一般局域网中不采用这种结构。

5. 树状结构

树状结构是分级的集中控制式网络，与星状结构相比，它的通信线路总长度短，成本较低，节点易于扩充，寻找路径比较方便，但除了叶节点及与其相连的线路外，任一节点或与其相连的线路故障都会使系统受到影响。

树状结构的优点：

（1）易于扩充。树状结构可以延伸出很多分支和子分支，这些新节点和新分支都能很容易地加入网内。

（2）故障隔离较容易。如果某一分支的节点或线路发生故障，则很容易将故障分支与整个系统隔离开来。

树状结构的缺点：各个节点对根节点的依赖性太大，如果根节点发生故障，则全网不能正常工作。

6. 网状结构

在网状拓扑结构中，网络的每台设备之间均有点到点的链路连接。这种连接不经济，只有每个站点都要频繁发送信息时才使用这种方法。它的安装过程也很复杂，但系统可靠性高，容错能力强。这种结构有时也被称为分布式结构。

网状拓扑的优点：

（1）网络可靠性高。一般通信子网中任意两个节点交换机之间，存在着两条或两条以上的通信路径，这样当一条路径发生故障时，还可以通过另一条路径把信息送至节点交换机。

（2）网络可组建成各种形状，采用多种信道进行通信，拥有多种传输速率。

（3）网内节点易于实现资源共享。

（4）可改善线路的信息流量分配。

（5）可选择最佳路径，使传输延迟减小。

网状拓扑的缺点：

（1）控制复杂，软件复杂。

（2）线路费用高，不易扩充。

网状拓扑结构一般用于 Internet 骨干网上，使用路由算法来计算发送数据的最佳路径。

7. 蜂窝结构

蜂窝结构是无线局域网中常用的结构。它是一种无线网，以无线传输介质（微波、卫星、红外线、无线发射台等）点到点和点到多点传输为特征，适用于城市网、校园网、企业网，更适合于移动通信。

# 任务三 网络的传输介质

## 专业能力目标

（1）掌握传输介质的分类。

（2）掌握常见的几种有线传输介质和无线传输介质的概念、分类、特点。

## 基础知识

### 一、概 述

数据传输介质是指传送信息的载体，是通信网络中发送方和接收方之间的物理通路。因此，传输介质也称传输媒体、传输媒介或传输线路。用于局域网的传输技术主要分为有线传输和无线传输两类。有线传输使用的媒体包括双绞线、同轴电缆和光纤。无线传输的媒体为大气层，使用的技术主要包括微波、红外线和激光。

传输介质的分类如图 3-9 所示。

不同的传输介质，其特性各不相同，对网络中数据通信质量和通信速度有较大影响。这些特性是：

（1）物理特性。说明传播介质的特征。

（2）传输特性。包括信号形式、调制技术、传输速度及频带宽度等。

（3）连通性。采用点到点连接还是多点连接。

（4）地域范围。网络中各节点间的最大距离。

（5）抗干扰性。防止噪声、电磁干扰对数据传输影响的能力。

（6）相对价格。以元件、安装和维护的价格为基础。

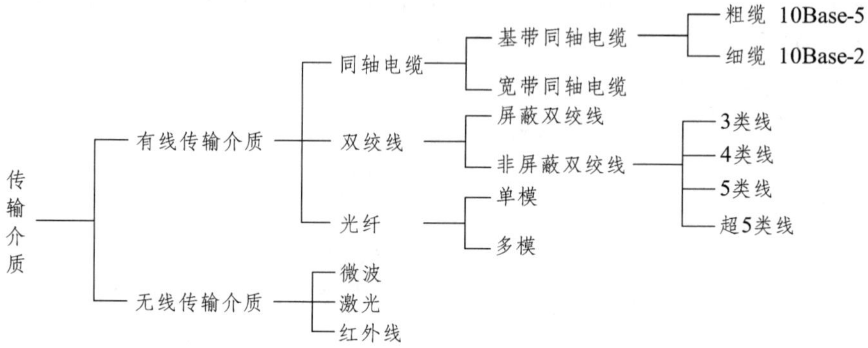


图 3-9　传输介质的分类

## 二、有线传输介质

有线传输介质是指在两个通信设备之间实现的物理连接部分，它能将信号从一方传输到另一方。目前常用的有线传输介质主要有双绞线、同轴电缆和光纤。

1. 双绞线

双绞线（twisted pair）是由两条相互绝缘的导线按照一定的规格互相缠绕（一般以逆时针缠绕）在一起而制成的一种通用配线。双绞线过去主要是用来传输模拟信号的，但现在同样适用于数字信号的传输。双绞线是综合布线工程中最常用的一种传输介质。

双绞线是由一对相互绝缘的金属导线绞合而成的。采用这种方式，不仅可以抵御一部分来自外界的电磁波干扰，而且可以降低自身信号对外界的干扰。把两根相互绝缘的导线按一定密度绞在一起，一根导线在传输中辐射的电磁波会被另一根线上发出的电磁波抵消。“双绞线”的名称也由此而来。

双绞线一般由 2 根 22 ~ 26 号绝缘铜导线相互缠绕而成。实际使用时，是将多对双绞线一起包在一个绝缘电缆套管里，因此称之为双绞线电缆。典型的双绞线有 4 对的，也有更多对双绞线包在一个电缆套管里的。在这些双绞线电缆内，不同线对具有不同的扭绞长度，一般来说，扭绞长度在 3.81 ~ 14 cm，按逆时针方向扭绞。相邻线对的扭绞长度在 1.27 cm 以上。一般扭线越密其抗干扰能力就越强。与其他传输介质相比，双绞线在传输距离、信道宽度和数据传输速率等方面均受到一定限制，但价格较为低廉。

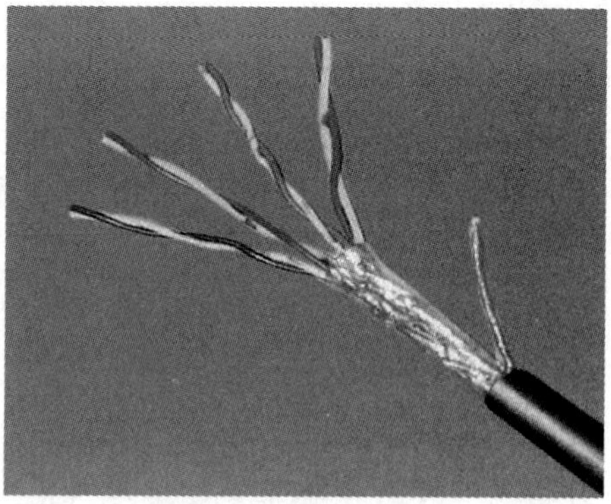

图 3-10　屏蔽双绞线

双绞线分为屏蔽双绞线（Shielded Twisted Pair，STP）与非屏蔽双绞线（Unshielded Twisted Pair，

UTP），如图 3-10 和 3-11 所示。屏蔽双绞线在双绞线与外层绝缘封套之间有一个金属屏蔽层。屏蔽层可减少辐射，防止信息被窃听，也可阻止外部电磁干扰进入，使其比同类的非屏蔽双绞线具有更高的传输速率。非屏蔽双绞线由 4 对不同颜色的传输线组成，广泛用于以太网络和电话线中。非屏蔽双绞线电缆最早在 1881 年被用于贝尔发明的电话系统中。双绞线按电气性能可分为多种类别，见表 3-1，最常用的是 3、5、6 类线。

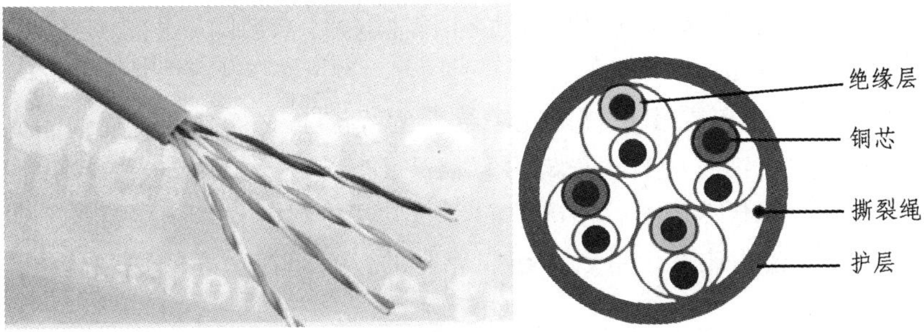


图 3-11　非屏蔽双绞线

表 3-1　双绞线分类

| 类别 | 带宽 | 速率 | 应　用 |
|---|---|---|---|
| 1 类 | 750 kHz | | 20 世纪 80 年代之前的电话线缆，用于报警系统，或只适用于语音传输 |
| 2 类 | 1 MHz | 4 Mbit/s | 使用 4 Mbit/s 规范令牌传递协议的旧的令牌网，语音传输和最高传输速率为 4 Mbit/s 的数据传输 |
| 3 类 | 16 MHz | 10 Mbit/s | 主要应用于语音、10 Mbit/s 以太网和 4 Mbit/s 令牌环，采用 RJ 形式的连接器，目前已淡出市场 |
| 4 类 | 20 MHz | | 语音传输和最高传输速率 16 Mbit/s（令牌环）的数据传输，用于基于令牌的局域网中 |
| 5 类 | 100 MHz | 100 Mbit/s | 用于语音传输和最高传输速率为 100 Mbit/s 的数据传输，采用 RJ 形式的连接器。这是最常用的以太网介质 |
| 超 5 类 | | | 衰减小，串扰少，更小的时延误差，主要用于千兆位以太网（1 000 Mbit/s） |
| 6 类 | 1 ~ 250 MHz | | 最适用于传输速率高于 1 Gbit/s 的应用 |
| 超 6 类 | 500 MHz | | |
| 7 类 | 600 MHz | | 可能用于今后的 10 Gbit/s 以太网中 |

双绞线的特性：

（1）物理特性。由螺旋排列的 2 对或者 4 对绝缘线组成。双绞线芯一般是铜质的，能提供良好的传导率。

（2）传输特性。可以用于传输模拟信号，也可用于传输数字信号。如在电话线上传输的 ADSL 数据信号传输速率就可达到 8 Mbit/s，而在专门的局域网双绞线中，目前最高的传输速率可达 1 000 Mbit/ps。

（3）连通性。双绞线普遍用于点到点的连接，也可以用于多点的连接。

（4）地域范围。传输距离远、传输质量高，最大传输距离可达 15 km。

（5）抗干扰性。在低频传输时，双绞线的抗干扰性与同轴电缆相当，但在数据传输速率超过 10 ~ 100 kHz 时，同轴电缆就明显比双绞线优越。

（6）相对价格。价格低廉。

2. 同轴电缆

同轴电缆从用途上分可分为基带同轴电缆和宽带同轴电缆（即网络同轴电缆和视频同轴电缆）。基带同轴电缆又分为细同轴电缆和粗同轴电缆。基带同轴电缆仅仅用于数字传输，数据传输速率可达 10 Mbit/s。

同轴电缆的优点是可以在相对长的无中继器的线路上支持高带宽通信。其缺点也是显而易见的：① 体积大，细缆的直径就有 3/8 英寸（1 英寸≈2.54 cm），要占用电缆管道的大量空间；② 不能承受缠结、压力和严重的弯曲，这些都会损坏电缆结构，阻止信号的传输；③ 成本高。以上这些缺点正是双绞线能克服的，因此在现在的局域网中，同轴电缆基本已被双绞线所取代。

同轴电缆由里到外分为 4 层：中心铜线（单股的实心线或多股绞合线）、塑料绝缘层、网状导电层和塑料保护层，如图 3-12 所示。中心铜线和网状导电层形成电流回路，同轴电缆也正因为中心铜线和网状导电层为同轴关系而得名。

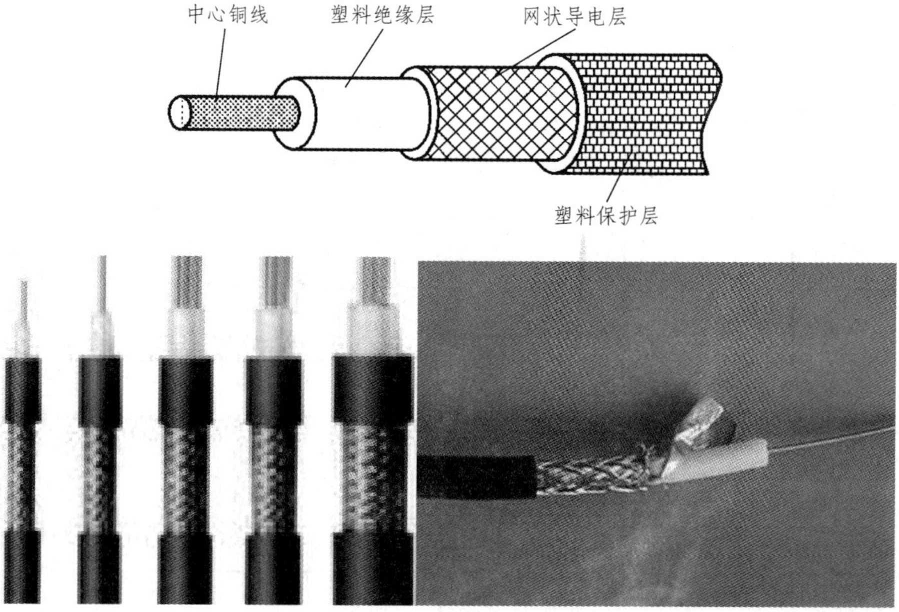


图 3-12 同轴电缆

同轴电缆的特性：

（1）物理特性。由同心导体和绝缘层、保护层组成。

（2）传输特性。可以达到较高的速度，信号衰减小于双绞线。

（3）连通性。支持点到点连接，也可多点连接。

（4）地域范围。基带同轴电缆在几千米范围内，宽带同轴电缆可达几十千米。

（5）抗干扰性。抗干扰能力较强。

（6）相对价格。高于双绞线。

3. 光　纤

光纤是光导纤维的简称，是一种利用光在玻璃或塑料制成的纤维中的全反射原理而达成的光传导工具。原香港中文大学校长高锟和 George A. Hockham 首先提出光纤可以用于通信传输的设想，高锟因此获得 2009 年诺贝尔物理学奖。

微细的光纤封装在塑料护套中，使得它能够弯曲而不至于断裂。通常，光纤一端的发射装置使用发光二极管（Light Emitting Diode，LED）或一束激光将光脉冲传送至光纤，光纤另一端的接收装置使用光敏元件检测脉冲。由于光在光纤中的传导损耗比电在电线中的传导损耗低得多，因此光纤被用于长距离的信息传递。

光纤与光缆两个名词易被混淆。多数光纤在使用前必须由几层保护结构包覆，包覆后的缆线被称为光缆。光纤外层的保护结构可防止周遭环境对光纤的伤害，如水、火、电击等。光缆包括：光纤、缓冲层及披覆。光纤和同轴电缆相似，只是没有网状屏蔽层。其中芯是光传播的玻璃芯。在多模光纤中，芯的直径是 15 ~ 50 mm，大致与头发的粗细相当，而单模光纤芯的直径为 8 ~ 10 mm。芯外面包围着一层折射率比芯低的玻璃封套，以使光线保持在芯内。再外面是一层薄的塑料外套，用来保护封套。光纤通常被扎成束，外面有外壳保护，如图 3-13 所示。纤芯通常是由石英玻璃制成的横截面面积很小的双层同心圆柱体，它质地脆，易断裂，因此需要外加保护层。

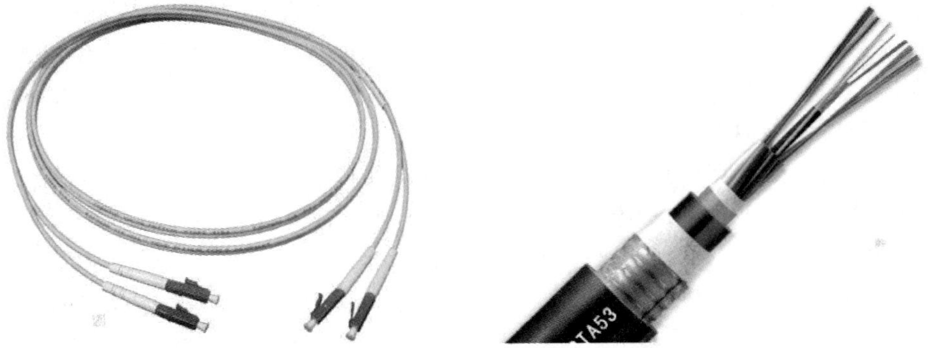


图 3-13　光纤与光缆

按光在光纤中的传输模式划分，光纤可分为多模光纤（multimode fiber）和单模光纤（single mode fiber）两种。理论上讲，当光的传输媒体，即纤芯直径远大于光波波长时，光将从不同的位置，以各种不同的角度进入媒体，光在光纤中会以几十种乃至几百种传播模式进行传播。有些光线基本上沿着媒体的中线传播，有些光线则以不同的角度撞击边界面，结果是光将以有限的角度在边界面之间来回反弹，沿着传输媒体向前传播。每一个角度都定义了一条路径或一种模式，以这种方式传输光波的光纤被称为多模光纤，如图 3-14 所示。

多模光纤的中心玻璃芯较粗，可传递多种模式的光。但其模间色散较大，限制了传输数字信号的频率，而且随着距离的增加会更加严重，因此多模光纤传输的距离就比较近，一般只有几千米。在多模光纤中，光波以有限的模式向前传播，模式的具体数目是由纤芯所用媒体的直径和光的波长决定的。减少纤芯的直径可以降低光线撞击边界面的角度数目，即模式数目减少。

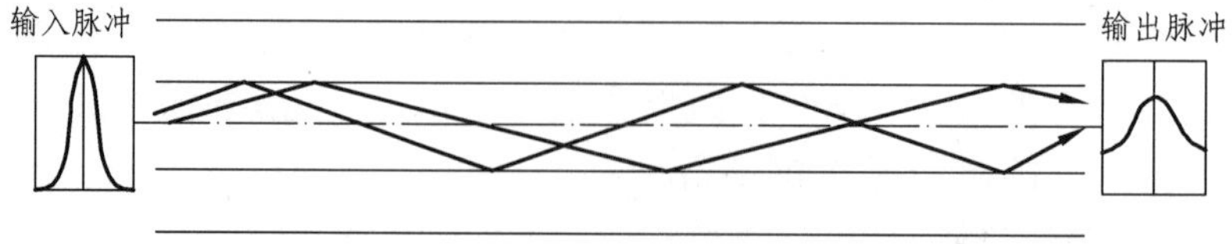


图 3-14　多模光纤

当光纤的直径小到与光的波长在同一数量级时，这时光以平行于光纤中的轴线的形式直线传播，这样的光纤被称为单模光纤，如图 3-15 所示。

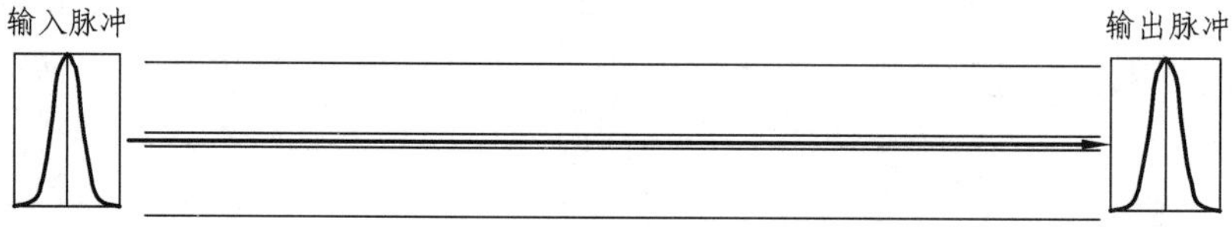


图 3-15　单模光纤

光纤的特性：

（1）物理特性。由能传导光波的介质组成。

（2）传输特性。可见光的频率达 100 000 GHz，尽管光纤对不同频率的光会造成不同的损耗，使频带宽度受到影响，但在最低损耗区的频带宽度也可达 30 000 GHz。目前单个光源的带宽只占了其中很小的一部分（多模光纤的频带约几百兆赫兹，目前单模光纤可达 20 GHz 以上），采用先进的相干光通信可以在 30 000 GHz 范围内安排 2 000 个光载波，进行波分复用，可以容纳上百万个频道。

（3）连通性。支持点到点连接，试验中有多点连接。

（4）地域范围。6 ~ 8 km 不需要中继器。

（5）抗干扰性。抗干扰能力强，误码率极低。

（6）相对价格。价格较高。

## 三、无线传输介质

无线传输是指利用电磁波在自由空间内的传播进行通信，常用于电（光）缆铺设不便的特殊地理环境，或者作为地面通信系统的备份和补充。

1. 无线电波

无线电波是指在自由空间（包括空气和真空）传播的射频频段的电磁波。无线电技术是通过无线电波传播声音或其他信号的技术。无线电技术的原理在于，导体中电流强弱的改变会产生无线电波。利用这一现象，通过调制可将信息加载于无线电波之上。当电波通过空间传播到达收信端，电波引起的电磁场变化又会在导体中产生电流。通过解调将信息从电流变化中提取出来，就达到了信息传递的目的。

无线电波的传播途径如图 3-16 所示。

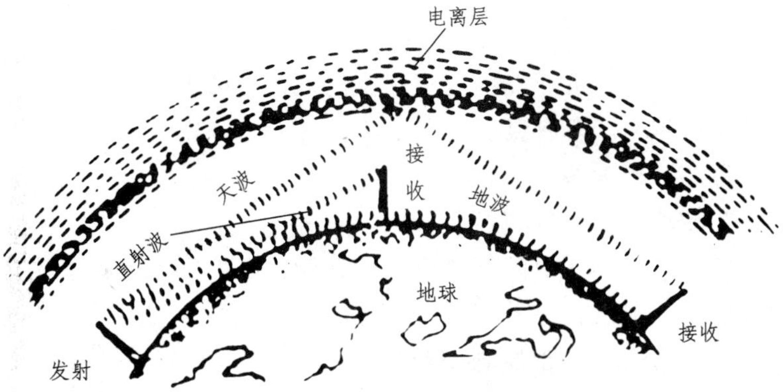

图 3-16　无线电波的传播途径

长波（包括超长波）是指频率在 300 kHz 以下的无线电波。中波是指频率为 300 kHz ~ 3 MHz 的无线电波。短波是指频率为 3 ~ 30 MHz 的无线电波。超短波是指波长为 1 ~ 10 m（频率为 30 ~ 300 MHz）的无线电波。微波是指频率为 300 MHz ~ 300 GHz 的电磁波，是无线电波中一个有限频带的简称，即波长为 1 mm ~ 1 m（不含 1 m）的电磁波，是分米波、厘米波、毫米波和亚毫米波的统称。微波频率比一般的无线电波频率高，通常也称为“超高频电磁波”。微波作为一种电磁波也具有波粒二象性。微波的基本性质通常呈现为穿透、反射、吸收三个特性。对于玻璃、塑料和瓷器，微波几乎可以穿透而不被吸收。水和食物等会吸收微波而使自身发热。而金属类物品、则会反射微波。

卫星通信（satellite communication）是典型的微波技术的应用。利用同步卫星，可以进行更远距离的传输。收发双方都必须安装卫星接收及发射设备，且收发双方的天线都必须对准卫星，否则不能收发信息，图 3-17 所示为卫星通信示意图。

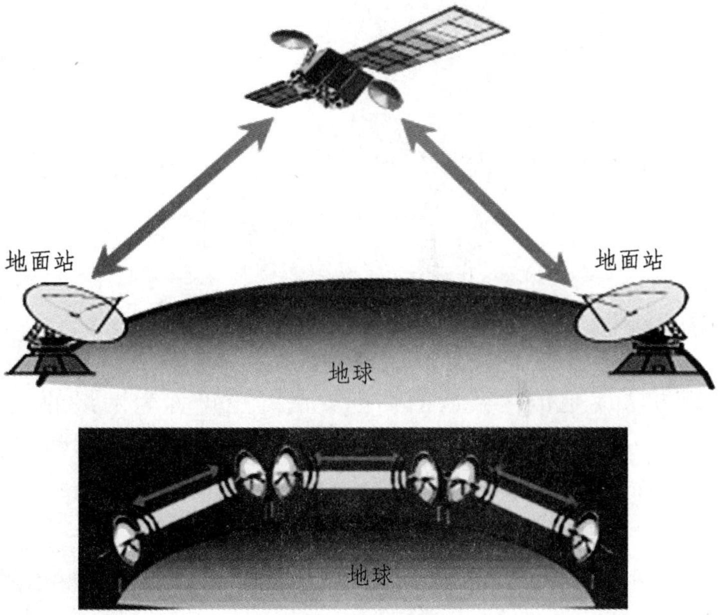

图 3-17　卫星通信

2. 红外线

红外线（infrared）是波长介于微波与可见光之间的电磁波，其波长为 760 nm ~ 1 mm，是波长比红光长的非可见光。所有温度高于绝对零度（－273.15 ℃）的物质都可以产生红外线，现代物理学称之为热射线。

优点：制造工艺简单，价格便宜。

缺点：传输距离有限，一般只限于室内通信，而且不能穿透坚实的物体（如砖墙等）。

如果在室内发射红外电波，室外就收不到，这可避免各个房间的红外电波相互干扰，并可有效地进行数据的安全性保密控制。

红外线被广泛用于室内短距离通信传输。家家户户使用的电视机及音响设备的遥控器就是利用红外线技术实现遥控的。此外，红外线也是具有方向性的。

3. 激　光

除了光纤可以用光进行信息的传输外，激光（laser）束也可以用于在空中传输数据。和微波通信类似，利用激光通信至少要有两个激光站，每个站点都拥有发送信息和接收信息的能力。激光设备通常是安装在固定位置上，如高山上的铁塔上，并且天线相互对应。由于激光束能在很长的距离上聚焦，因此激光的传输距离很远，能达到几十千米。和微波一样，激光束也是沿直线传播的。激光束不能穿过建筑物和山脉，但可以穿透云层。

# 任务四　介质访问控制方式

**专业能力目标**

（1）了解介质访问控制方法。

（2）掌握介质访问控制的令牌方式。

（3）掌握 CSMA/CD 概念、工作原理和工作过程。

**基础知识**

## 一、介质访问控制方法概述

介质访问控制方法就是传输介质的访问方法，也可称为网络的控制方法，是指网络中各节点之间的信息传输的控制方法。局域网的拓扑结构对网络的控制方法有较大的影响。局域网的访问控制方法很多，从控制方式来看，可分为集中式控制和分布式控制两类。

集中式控制是指网络中有一个单独的集中控制器或有一个控制整个网络的节点，由它控制各节点的通信。

分布式控制是指网络中没有专门的集中控制器，也没有控制整个网络的点，网络中的所有节点都处于平等地位。因此，在分布式控制中，各节点之间的通信是由各节点自身控制的。

常用的分布式控制方法有：带有冲突检测的载波监听多路访问（CSMA/CD）、令牌总线（Token Bus）、令牌环（Token Ring）。

与集中式控制相比，分布式控制的应用更为广泛。例如：目前在总线型和环状局域网中，基本上都采用分布式控制的方法。

从占用传输介质的机会来看，访问控制方法可以分为确定性访问控制方法和随机访问控制方法。随机访问控制大多用于总线型局域网中，如 CSMA/CD 技术就属于随机访问控制方法。

## 二、CSMA/CD

### （一）CSMA/CD 简介

CSMA/CD 即载波监听多路访问/冲突检测。它是网络中各节点在竞争基础上访问传输介质的随机方法，是一种分布式控制方法。其控制原则是各节点抢占传输介质，即彼此之间采用竞争方法取得发送信息的权利。

载波监听意味着站点能够监测到链路是忙还是空闲。多路访问即多个站点通过一个共享媒体来发送和接收帧。冲突检测是指站点在传输帧的同时监听链路，从而能够监测到站点所传输的帧与别的站点传输的帧之间发生冲突的情形。

CSMA/CD 可以和一个现实生活中的例子进行类比：假设很多人在一个大的房间内讨论，任何人都可以发言，载波监听表示如果别人在讲话，则先听别人讲；多路访问表示自己听到的，别人也可以听到；冲突检测表示自己发言的同时发现另外一个人也在发言，则停止讲话。

CSMA/CD 起源于美国 Hawaii 大学的 ALOHA 广播分组网，最初采用的“纯 ALOHA”或“无时隙 ALOHA”的方法，发送数据信息完全是随机的，即不管信道是否被占用，发送端发完一个信包以后，等待接收端发回确认，在规定的时间内得不到确认就重发。接收端则根据信包地址来校验和判断是否应该接收以及信包是否正确，检测无误则发出确认，如果有错误则不接收。当信道被占用，并有另一个站也发送数据时，就会发生碰撞，两个信号都被废弃，这就是纯 ALOHA 方法。纯 ALOHA 方法碰撞的概率最高，因两个节点碰撞浪费的最长时间可达信包传输时间的 2 倍，最大效率或吞吐率等于 1/2e = 18%。后来，把每次传输数据的间隔加以规定，使之等于一个信息包的传输时间，并规定每个站只能在时隙（时隙是一个应用程序得知消息的正确传输所需的时间）的起始时间发送，这样就只有在两个站同时开始的情况下，才会产生碰撞。这种“有时隙 ALOHA”方法使传输效率提高了 1 倍，即吞吐量等于 1/e = 36%。1980 年，由美国 DEC、Internet 及 Xerox 公司联合宣布的 Ethernet（以太网）网络采用了 CSMA/CD 技术，并且增加了检测碰撞的功能，这就是 CSMA/CD。各站在发送信息以前，先监听信道是否被占用，只有在信道空闲时才发送。这种发送前监听（LBT）的方法使碰撞减少，传输效率提高到 80%。随后采用发送中监听（LWT）的方法，即每个站随时都在监听着信道，检测到碰撞或信息受到干扰时，立即中止发送，这样可以缩短碰撞时间，使传输效率进一步提高到 90%。

### （二）CSMA/CD 的工作原理

CSMA/CD 访问方式大多用于总线型局域网，其工作过程可分为两部分，即监听总线和碰撞检测。

#### 1. 监听总线

在总线型局域网中，连接到总线上的各个节点的地位是平等的，整个网络系统中没有集中控制器，各个节点必须自行控制。因此，每个节点都必须设立一个“监听器”来监听总线，也就是测试总线上是否正在传输信息（也称为载波识别）。如果总线上正在传送信息，则各节点不能强占总线，以免破坏信息传输；如果测得总线是空闲的，则说明没有信息在传输，稍等一个时间片后，该节点就可以抢占总线，发送信息。测得总线空闲后，之所以要稍等一个时间片，是因为信息包传输有时延，如在 A 节点监听到总线空闲之前有可能 F 节点已经发送了信息，由于传输时延，在 A 节点测试总线时就无法识别了。所以，为了保证空闲之前发送的信息能可靠地传输到终点，必须稍等一个时间片。尽管“稍等一个时间片”可以保证空闲前发送的信息能够可靠地传输到终点，但是，如果两个以上的节点同时监听总线空闲都要占用总线发送信息时，就会产生冲突（又称为碰撞）。此时单靠监听总线是无法解决的，这正是 CSMA/CD 工作原理中碰撞检测部分所要处理的问题。

#### 2. 碰撞检测

为了解决网络上出现的碰撞现象，各节点都要设立一个碰撞检测器，以便边发边听。发送信息的节点，一边发送，一边通过检测器监听总线上的传输信息，由碰撞检测器判别从总线上听到的信息是否与本节点发出的信息一致。如果一致，则表明本次抢占总线成功，节点可以继续把要发送的信息发送完；如果不一致，则说明有碰撞，本次抢占总线不成功，要停止发送。

各节点检测到碰撞后，要停止发送，并且各节点均要延迟一个间隔时间，再去抢占总线。为了尽可能地减少碰撞，各站延迟的间隔时间都用随机数控制，只要随机数不同，各节点延迟的时间就不相同，延迟时间最小的那个节点先抢占总线，并再次发送信息。其他节点按监听原则监听总线，若发现总线已被占用，则只好等总线再次空闲之后再去抢占。如果又发生碰撞，则照此办法重复处理，总有一次会发送成功。这种延迟竞争法被称为延迟算法（或碰撞控制算法）。

### （三）CSMA/CD 的工作过程

CSMA/CD 的工作过程如图 3-18 所示。

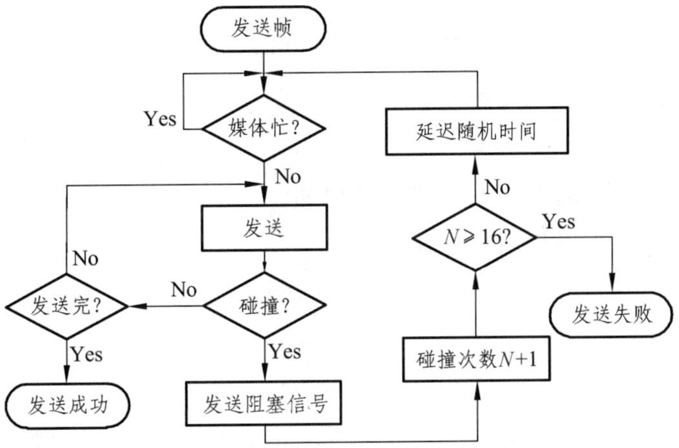

图 3-18　CSMA/CD 的工作过程

第一步：先侦听信道，如果信道空闲则发送信息，否则转到第二步。

第二步：如果信道忙（有载波），则继续对信道进行监听。一旦发现信道空闲，就进行发送。

第三步：发送信息后进行冲突检测，如发生冲突，则立即停止发送，并向总线上发出一串干扰信号（连续几个字节全 1），通知总线上各站点冲突已发生，使各站点重新开始监听与竞争。

第四步：已发出信息的各站点收到阻塞信号后，等待一段随机时间，重新进入监听发送阶段，转到第一步。

CSMA/CD 的工作过程可归结为 4 句话：先听后发，边发边听，冲突时退避，随机延时后重发。

当信道忙时，CSMA 坚持 3 种退避算法：

第一种为不坚持 CSMA：若信道空闲就传输；若信道忙，等待一个随机时间，然后再次对信道监听。

第二种为 1 坚持 CSMA 协议：若信道空闲就传输；若媒体忙则继续监听，直到检测到信道空闲然后立即传输。如果有冲突，则等待一段随机的时间，重复第一步。

第三种为 $P$ 坚持协议：若媒体空闲，则信息以概率 $P$ 传输，概率为 $1-P$ 延迟一个时间单位再发送。若信道忙，等待直到信道空闲，继续监听直到信道空闲并重复第一步。若传输延迟了一个时间单位，则重复第一步。

由于传输线上不可避免地存在传输延迟，有可能多个站同时监听到线上空闲，并开始发送，从而导致冲突，故每个节点开始发送信息之后，还要继续监听线路，判定是否有其他节点正与本节点同时向传输介质发送，一旦发现，便中止当前发送，这就是“冲突检测”。

CSMA/CD 已被广泛应用于计算机局域网中。每个站点在发送通信帧的同时还有检测冲突的能力。即所谓边讲边听。一旦检测到冲突，就立即停止发送，并向总线上发一串 Jam 信号，通知总线上各站冲突已经发生，使信道不致传送已损坏的帧。

## 三、介质访问控制的令牌方式

CSMA 的访问产生冲突的原因是各节点发起通信是随机的。为了解决冲突，可对通信发起采取某种方式进行控制。令牌访问就是其中的一种。这种方法按一定顺序在各站点间传递令牌，得到令牌的节点才有发起通信的权利，从而避免了几个节点同时发起通信而产生的冲突。令牌访问原理可用于环形网，构成令牌环形网络；也可用于总线网。构成令牌总线网络。

### 1. 令牌环局域网

令牌环控制技术最早于 1969 年在贝尔实验室研制的 Newhall 环上被采用。令牌环访问控制法( Token Ring )是美国 IBM 公司于 1995 年推出的局域网产品，现已发展为 IEEE 802.5 局域网标准。Token Ring 的网络拓扑为环状基带传输。环状网的主要特点是只有一条环路，信息单向沿环流动，无路径选择问题，令牌是隐式地（无寻址信息）传输到环上的每一节点。令牌法又称许可证法，它是一种分布式控制的访问方法，既可以用于环状结构的网络，也可以用于总线结构的网络。

令牌是一种特殊的控制帧，在网络中传送，只有获得令牌的节点才能启动帧的发送。点到点的链路连接，构成闭合环，如图 3-19 所示。令牌环网络接口之间通过点到点线路连接。帧沿某一固定的方向绕环传递，每个站点从它的上游邻居处接收帧，然后转发给下游的邻居站点。

令牌环是环形局域网采用的一种访问控制方式。令牌在网络环路上不断地传送，只有拥有此令牌的站点，才有权向环路上发送报文，而其他站点仅允许接收报文。一个节点发送完毕后，便将令牌交给网上的下一个站点，下一个站点如果没有报文发送，便立即把令牌顺次传给他的下一个站点。因此表示发送权的令牌在环形信道上不断循环。环路上每个节点都可获得发送报文的机会，而任何时刻只会有一个节点利用环路传送报文，因而在环路上保证不会发生访问冲突。

图 3-19（a）是令牌环中令牌传递的工作原理示意图。图中每个网络节点都有一个入口和一个出口分别与环形信道相连。在通信接口中用缓冲器来存储转发数据。图 3-19（b）是网上传输的帧格式。它用开始标志表示帧头，目的地址是该帧的接收站点地址；源地址是发送该帧的地址；报文即为帧中的数据；校验和用来表示对帧进行差错检查的结果；状态位则用来指示此帧发出后是否为目的站所接收；结束标志用来表示该帧的结尾。

若 A 站要发送数据给 C 站，则 A 站把目的地址和要发送的数据交给本站的通信处理器组织成帧。一旦 A 站从环上得到令牌，就发出该帧。B 站从其入口接收此帧后，查看目的地址与本站地址不符，便将原帧依次转发给 C 站。C 站在查看目的地址时，得知此帧是给本站的，便采用校验和查错。若传输的帧无错误，便将帧中的数据收下，并修改状态位，表示此帧已被正确接收。然后 C 站再把修改了状态位的原帧沿 D，E 站送回 A 站。A 站从返回的帧状态位得知发送成功，便从环上取消帧，再把令牌转交给 B 站。这样就完成了一次站点间的通信过程。

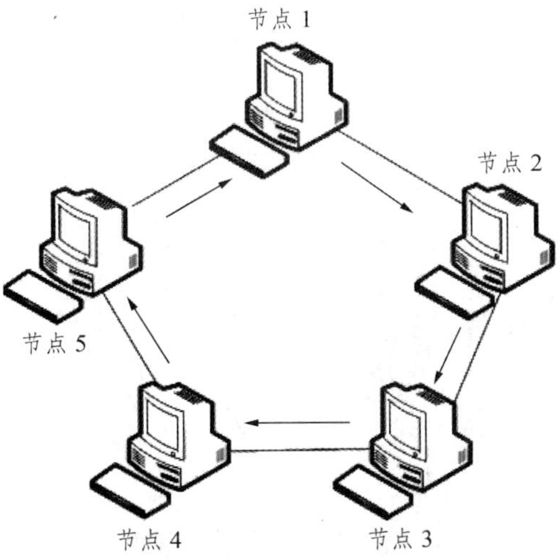


（a）

| 起始标志 | 目的地址 | 源地址 | 数据信息 | 帧效验 | 状态位 | 结束标志 |
|---|---|---|---|---|---|---|

（b）

图 3-19　环形网示意图

采用令牌环方式的局域网，网上每一个站点都知道信息的来去动向，保证了通信传输的正确性。由于能限制各节点的令牌持有时间，所以适合于实时系统的使用，令牌环方式对轻、重负载不敏感，但单环环路出故障将使整个环路通信瘫痪，因而可靠性比较差。

令牌环网是一种共享媒体的多点介质访问式网络。通过令牌（token）对网络各个站点的介质访问进行控制，因而不会产生任何冲突。所谓令牌，是一个非常小的/唯一的而且可以立即被识别的帧。令牌环网非常适合在重载下高效工作，因为在环网中每个站依次截获令牌发送数据，整个环网不会出现碰撞而降低效率，而且环网为固定路径传输，无须路由选择。令牌环网中的站点使用一个 NIC 连接，一个站点发送数据时，仅可直接发送给它的邻居，若想要给环中的另一个站点发送信息，必须经过两个站点间的所有接口，采用存储转发的方式。

令牌环工作原理如图 3-20 所示，环状网是由许多干线耦合器（也称转发器或环接口）用点对点连接成单向环路，然后每一个干线耦合器再和一个终端或计算机连载一起。令牌环是使用一种称为令牌的特殊帧沿着环网循环实现数据传输的。当令牌到达某个站点时，若该站点没有数据传送，则将令牌转给其邻居。当一个站要发送数据帧时，就申请令牌，等待空令牌通过本站，然后将空令牌改为忙令牌，紧跟着忙令牌之后，把数据帧发送到环网上。由于令牌是忙状态，其他站必须等待而不能发送帧，因此，也就不可能产生冲突。于是这个帧就在环中游历，每个站点检查该帧的目的地址，若目的地址与当前站点的地址不匹配，则该站点将帧转发给其邻居；如果地址符合，说明是发送给本站的，则将帧复制到本站的接收缓冲器中，在帧内设置一些状态位，同时将帧送回到环上，使帧继续沿环传送，直到它最终到达发送帧的站点。这个站点将该帧数据帧移去，重新发出令牌，该令牌在环网中循环传递。

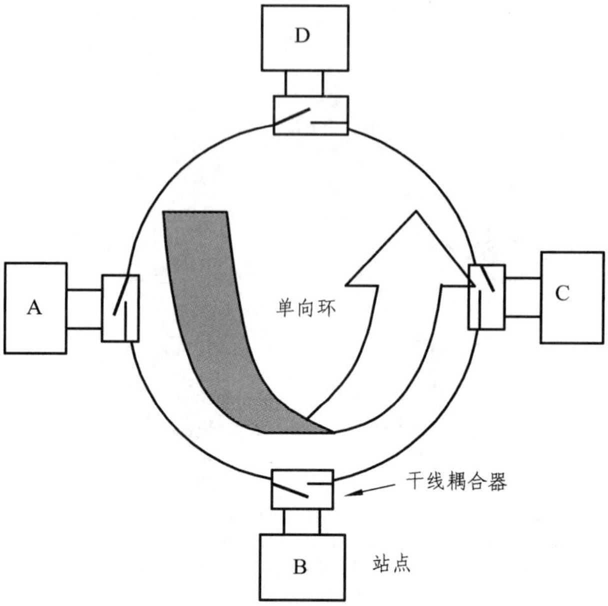


图 3-20 令牌环网

哪个站点可以发送帧，是由一个沿着环旋转的“令牌”来控制的。只有持有令牌的站点可以发送帧，而没有拿到令牌的站点只能等待。拿到令牌的站点将令牌转换成数据帧头，后面加挂上自己的数据进行发送。目的站点从环上复制该帧，帧则沿环继续往下循环。数据帧循环一周后由源站点回收，接着源站点会放出一个空令牌，使其余的站点能获得帧的发送权。

令牌环的工作过程如图 3-21 所示，从图中可以看出，一是令牌环的数据传输比以太网的数据传输更有序。每个站点都知道它何时可以发送并且只可以发送给其邻居，因此不存在因冲突而导致的带宽浪费；二是每个站点均参与了令牌或数据帧的行程安排，一个站点的失效会导致网络失效；三是因为一个工作站在发送前必须等待空令牌的到来，所以在网络轻载时，效率很低，在重载时各站访问机会均等，因此效率较高。

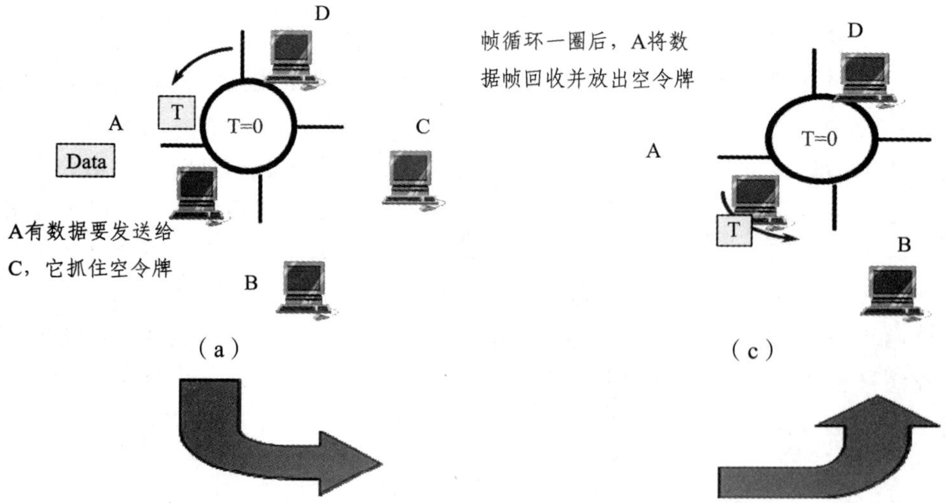

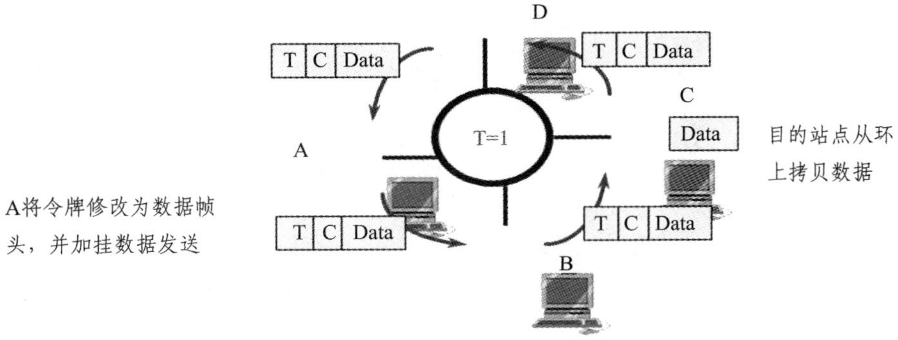


（b）

图 3-21　令牌环的工作原理

2．令牌总线局域网

令牌总线方式采用总线拓扑，网上各节点按预定顺序形成一个逻辑环。每个节点在逻辑环中均有一个指定的逻辑位置，末站的后站就是首站，即首尾相连上各站的物理位置跟逻辑位置无关。

像令牌环方式那样，令牌总线也采用称为令牌的控制帧来调整对总线的访问控制权。收到令牌的站点在一段规定时间内被授予对介质的控制权，可以发送一帧或多帧报文。当该节点完成发送或授权时间已到时，它就将令牌传递到逻辑环中的下一站，使下一站得到发送权。传输过程由交替进行的数据传输阶段和令牌传送阶段组成。令牌总线上的站点也可以推出逻辑环而成为非活动站点。

令牌总线的介质访问控制要在物理总线上建立，如图 3-22 所示。从物理上看，它是一种总线结构的局域网，总线是各站点共享的传输介质，但是从逻辑上看，它是一种环形局域网，由总线上的站点组成一个逻辑环，每个站点被规定一个逻辑位置。令牌在逻辑环上依次传递，站点只有取得令牌才能发送通信帧。

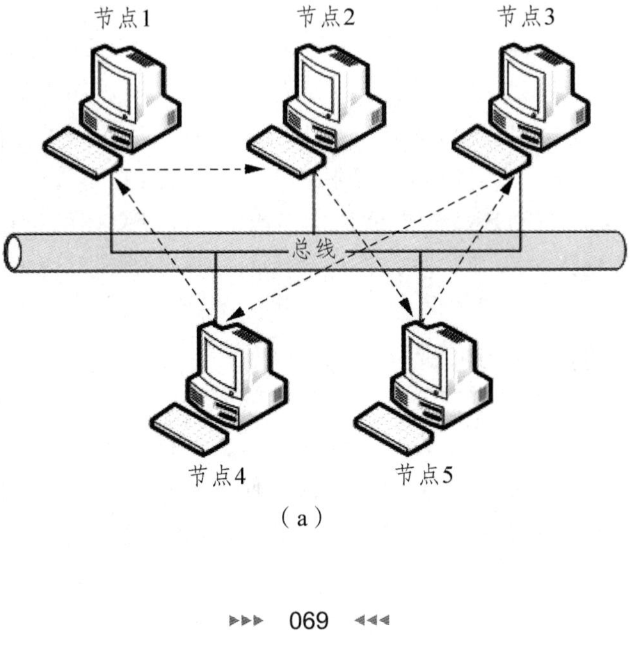


（a）

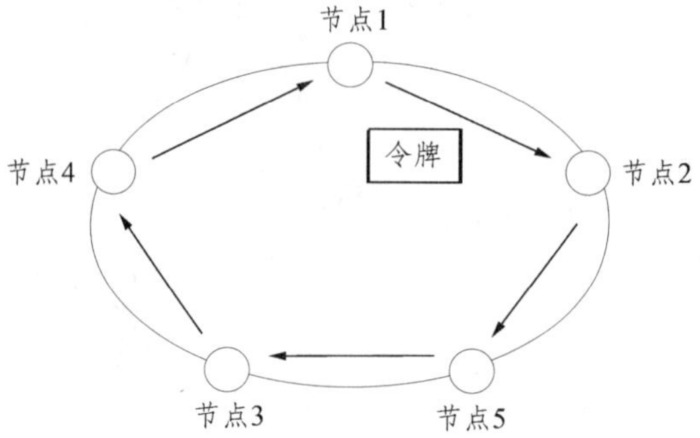


（b）

图 3-22　令牌总线介质访问控制

在正常运行时，当站点完成了它的发送，就将令牌送给下一站。从逻辑上看，令牌按地址顺序传送至下一个站点；从实现过程来看，当对总线上所有站点广播带有目的地址的令牌帧时，与帧中目的地址一致的站点识别出该帧与自己的地址符合，即接收令牌。

假如取得令牌的站点有报文要发送，则发送报文，随后将令牌至下一个站；假如取得令牌的站没有报文要传送，则立即把令牌送到下一个站。由于站点接收到令牌的过程是顺序依次进行的，因此所有站点都有公平的访问权。为使站点等待取得令牌的时间是确定的，这就需要限定每个站发送帧的最大长度。如果所有站都有报文要发送，最坏情况下，等待取得令牌和发送报文的时间应该等于全部令牌传送时间和报文发送时间的总和；如果只有一个站点有报文要发送，则等待时间只是全部令牌传递时间的总和，而平均等待时间是它的一半，实际等待时间应在这个区间范围内。

对控制网络来说，这个访问等待时间是一个重要参数，可以根据需求选定网中的站点数及最大的报文长度，从而保证在限定的时间内取得令牌。对令牌总线的访问控制还可提供不同的服务级别，即不同优先级。

令牌总线网络的正常运行十分简单。但网络必须有初始化功能，要生成一个访问次序。当网上令牌丢失，或产生多个令牌时，必须有故障恢复功能。还应该有取消不活动站点和加入新活动站点的功能，这些附加功能会大大增加令牌总线访问控制的复杂性。

因此，令牌总线的介质访问控制应具备以下各项功能：

（1）令牌传递算法。逻辑环按站点地址次序组成。刚发完帧的站点将令牌传给后继站。后继站应立即发送数据或令牌帧，原先释放令牌的站点监听到总线上的信号，便可以确认后继站获得了令牌。

（2）逻辑环的初始化。网络刚开始启动时，或由于某种原因，在运行中所有站点活动的时间如果超过规定的时间，需要进行逻辑环的初始化。初始化过程是一个争用的过程，争用的结果只有一个站点能获得令牌，其他站点采用站插入算法插入。

（3）站点插入算法。在逻辑环上应周期性地使新站点有机会插入环中。当同时有几个站点要插入时，可以采用带有影响窗口的争用处理算法。

（4）退出环路。一个工作站应将其自身从逻辑环中退出，并将其先行站和后继站连接起来。

（5）恢复。网络应能发现差错，丢失令牌应能恢复，在多重令牌情况下应能识别处理。

（6）实令牌和虚令牌。上面在讨论令牌总线与令牌环时涉及令牌为实令牌，在网络传递数据的数据帧中有一种专门作为令牌的令牌帧。虚令牌是指将令牌隐含在普通数据帧中，没有专门的令牌帧存在。网络管理者给每个节点分配一个唯一的地址，每个站点监视收到的每个报文帧的源地址，并为接收到的源地址设置一个隐形令牌寄存器，让隐性令牌寄存器的值为收到的源地址设置一个隐性令牌寄存器，让隐形令牌寄存器的值为收到的源地址加 1，这样所有站点的隐形令牌寄存器在任一时刻的值都相同。如果隐性令牌寄存器的值与某个站点自己的介质访问控制（MAC）地址相等，则该站点就可立即发送数据。采用虚令牌时，网络中并没有真正的令牌帧传递，但能起到像实令牌一样的作用，不会因介质访问引起冲突。

# 任务五　网络互连设备

**专业能力目标**

（1）了解网络互连的概念及互连的目的。

（2）掌握各层的互连设备。

**基础知识**

## 一、网络互连概述

为实现更广泛的资源共享和信息交流，两个或多个计算机网络需要被互连在一起。网络互连的核心是网络之间的硬件连接和网间互连协议。网络的物理连接是使用网络互连设备通过传输线路实现的，旨在为网络之间提供一条传输数据的物理链路。网络互连设备直接影响着互联网的性能。

网络互连的主要目的就是扩大网络的覆盖范围，使更多的网络用户之间可以共享资源和进行数据通信，由此提高网络的应用和管理效率。

网络互连分为：局域网与局域网互连，局域网与广域网互连，广域网与广域网互连，无线网络互连。这些网络的互连与互连设备有直接的关系。

网络互连时，必须解决如下问题：在物理上如何把两种网络连接起来，一种网络如何与另一种网络实现互访与通信，如何解决它们之间协议方面的差别，如何处理速率与带宽的差别。解决这些问题的部件就是中继器、网桥、路由器、网卡和网关等。

## 二、物理层互连设备

### 1. 调制解调器

调制解调器（modem）是通过普通电话线连接网络的小型设备，是一种最便宜的网络互连设备。它所连接的网络传输速度通常较慢、性能极低。调制解调器通常被用来连接局域网和它的远程工作站。图 3-23 所示为调制解调器的具体应用。

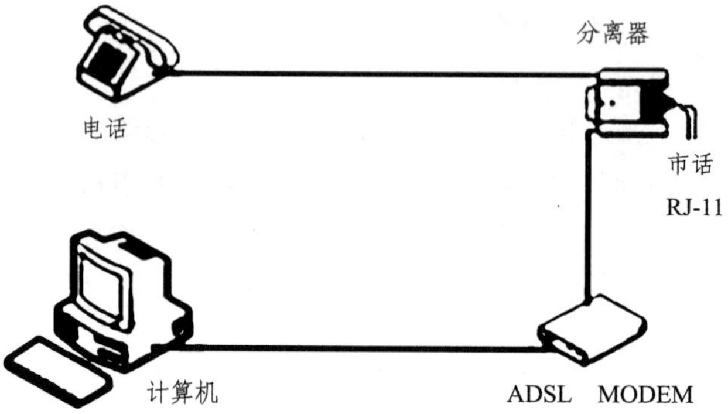


图 3-23 调制解调器的应用

为了利用电话交换网实现计算机之间的数字信号传输，必须将数字信号转换成模拟信号。为此，需要在发送端选取音频范围的某一频率的正（余）弦模拟信号作为载波，用它运载所要传输的数字信号，并通过电话信道将其送至另一端；在接收端再将数字信号从载波上取出来，恢复为原来的信号波形。这种利用模拟信道实现数字信号传输的方法称为“频带传输”。完成调制和解调功能的设备即调制解调器。

调制解调器的种类很多，型号各异。对于个人用户来说，在选择调制解调器时，主要涉及两方面的问题：款式和速率。

局域网之间使用调制解调器连接时的主要优点：

（1）使用普通电话线，硬件等投资和维护费用低。

（2）易于安装和维护。

（3）拥有成熟的标准和众多的厂商。

局域网之间使用调制解调器连接时的主要缺点：

（1）传输数据的速度慢。

（2）性能低。

### 2. 中继器与集线器

中继器与集线器是 OSI 模型中物理层的设备，它可以将局域网的一个网段和另一个网段连接起来，主要用于局域网与局域网的互连，起到信号放大和延长信号传输距离的作用。

信号在网络传输介质中进行传输时有衰减的情况并且会受到噪声的干扰，使得有用的信号随着传输距离的增加变得越来越弱，在这种情况下，需要使用中继器来增加信号传输的有效距离。中继器是用来放大模拟或数字信号的网络连接设备，它将接收到的信号进行放大，保持与原来的数据相同，并且转发经过放大的信号。但中继器在放大信号的同时也将噪声放大了，而且中继器没有信号纠错的功能。中继器仅作用于物理层，只具有简单的放大、再生物理信号的功能，所以它只能连接完全相同的局域网，目的是延长网络的长度。中继器可以连接相同传输介质的同类局域网，也可以连接不同传输介质的同类局域网。中继器在物理层实现互连，它支持数据链路层及以上的各层的任何协议。图 3-24 所示为中继器的具体应用。

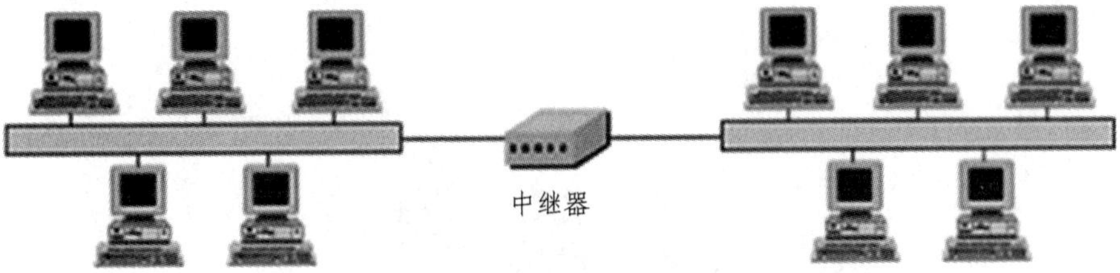


图 3-24　中继器的应用

集线器（hub）是一种特殊的多端口中继器，用于连接双绞线介质或光纤介质的以太网系统，是组成 10Base-T、100Base-T、10Base-F、100Base-F 以太网的核心设备。

## 三、数据链路层互连设备

### 1. 网　桥

网桥（bridge）又称桥接器，是一种存储转发设备。在网络互连中它起到数据接收、地址过滤与数据转发的作用，用来实现多个网络系统之间的数据交换。网桥主要用于局域网与局域网互连。它是工作在 OSI 模型中数据链路层 MAC 子层中的连接设备。网桥的每个端口连接一个局域网网段，常用于将共享带宽的计算机节点数较多的局域网分为两个局域网网段，以便减少计算机在网络中传输数据时可能发生的冲突。网桥可以将两个独立的物理网络连接在一起，构成一个单个的逻辑局域网。

网桥的工作原理：网桥接收一个整帧，然后分析进入的帧，并基于包含在帧中的信息，根据帧的目的地址（MAC 地址）段，来决定是删除这个帧还是转发这个帧。如果目的站点和发送站点在同一个局域网，网桥则将帧删除；如果不在同一个局域网，网桥将进行路径选择，并按照指定的路径将帧转发给目的局域网。

网桥的基本特征：网桥在数据链路层上实现局域网互连；网桥能够互连两个采用不同数据链路层协议、不同传输介质与不同传输速率的网络；网桥以接收、存储、地址过滤与转发的方式实现互连的网络之间的通信；网桥需要互连的网络在数据链路层以上采用相同的协议；网桥可以分隔两个网络之间的通信量，有利于改善互联网络的性能，提高互联网络的安全性。

网桥的应用示意图如图 3-25 所示。

如果节点 A 想与 B 通信，网桥可以接收到发送帧，但网桥进行地址过滤后认为不需要转发则丢弃这个帧。如 A 要与 D 通信，节点 A 发送的帧被网桥进行地址过滤后识别出该帧应发送到局域网 2 中，网桥将通过与局域网 2 的网络接口转发该帧，这时局域网 2 中的 D 节点将能接收到这个帧。

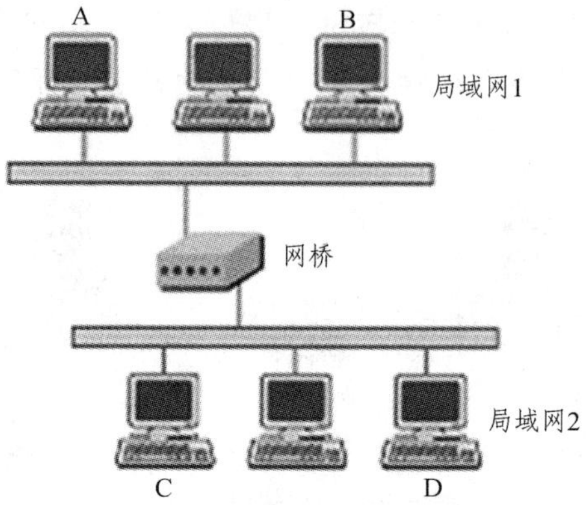


图 3-25　网桥的应用

2. 交换机

交换机（switch）是一种用于电信号转发的网络设备。它可以为接入交换机的任意两个网络节点提供独享的电信号通路。最常见的交换机是以太网交换机，其他常见的还有电话语音交换机、光纤交换机等。

交换是按照通信两端传输信息的需要，用人工或设备自动完成的方法，把要传输的信息送到符合要求的相应路由上的技术的统称。交换机根据工作位置的不同，可以分为广域网交换机和局域网交换机。广域网交换机就是一种在通信系统中完成信息交换功能的设备，它应用在数据链路层。交换机有多个端口，每个端口都具有桥接功能，可以连接一个局域网或一台高性能服务器或工作站。实际上，交换机有时被称为多端口网桥。

在计算机网络系统中，交换概念的提出改进了共享工作的模式，而集线器就是一种共享设备。集线器本身不能识别目的地址，当同一局域网内的 A 主机向 B 主机传输数据时，数据包在以集线器为架构的网络上是以广播方式传输的，由每一台终端通过验证数据包头的地址信息来确定是否接收。也就是说，在这种工作方式下，同一时刻网络上只能传输一组数据帧，如果发生碰撞还要重试。这就是共享网络带宽。

交换机工作在数据链路层，拥有一条高带宽的背部总线和内部交换矩阵，交换机的所有端口都挂接在这条背部总线上。控制电路收到数据包以后，处理端口会查找内存中的地址对照表以确定目的 MAC（网卡的硬件地址）的 NIC（网卡）挂接在哪个端口上，通过内部交换矩阵迅速将数据包传送到目的端口。目的 MAC 若不存在，广播到所有的端口，接收端口回应后交换机会“学习”新的 MAC 地址，并把它添加到内部 MAC 地址表中。使用交换机也可以把网络“分段”，通过对照 IP 地址表，交换机只允许必要的网络流量通过交换机。通过交换机的过滤和转发，可以有效地减少冲突域，但它不能划分网络层广播，即广播域。交换机在同一时刻可进行多个端口对之间的数据传输。每一端口都可视为独立的物理网段（注：非 IP 网段），连接在其上的网络设备独自享有全部的带宽，无须同其他设备竞争使用。当节点 A 向节点 D 发送数据时，节点 B 可同时向节点 C 发送数据，而且这两个传输都享有网络的全部带宽，都有着自己的虚拟连接。假设这里使用的是 10 Mbit/s 的以太网交换机，那么该交换机这时的总流通量就等于 $2\times10$ Mbit/s = 20 Mbit/ps，而使用 10 Mbit/s 的共享式集线器时，一个集线器的总流通量也不会超出 10 Mbit/s。总之，交换机是一种基于 MAC 地址识别，能完成封装转发数据帧功能的网络设备。交换机可以“学习”MAC 地址，并把其存放在内部地址表中，通过在数据帧的始发者和目标接收者之间建立临时的交换路径，使数据帧直接由源地址到达目的地址。

3. 网　卡

计算机与外界局域网的连接是通过主机箱内的一块网络接口板（或者是在笔记本电脑中的一块 PCMCIA 卡）。网络接口板又称为通信适配器或网络适配器（network adapter）又或是网络接口卡（Network Interface Card，NIC），但是现在更多的人愿意使用其更为简单的名称——网卡，其外形如图 3-26 所示。

图 3-26　Intel 82545 网卡

网卡是工作在数据链路层的网络组件，是局域网中连接计算机和传输介质的接口，不仅能实现计算机与局域网传输介质之间的物理连接和电信号匹配，还涉及帧的发送与接收、帧的封装与拆封、介质访问控制、数据的编码与解码以及数据缓存等功能。

## 四、网络层互连设备

路由器是局域网与广域网互连的设备，它工作在 OSI 模型的第三层（网络层）。由于它比网桥工作在更高一层，因此，路由器的功能比网桥更强。它除了具有网桥的全部功能外，还具有路径选择功能。

当要求通信的工作站分别处于两个以上的局域网，且两个工作站之间存在多条通路时，路由器可根据当时网络上信息的拥挤程度自动地选择传输效率比较高的路径。因此，当某条通信通路不能工作时，路由器可以自行选择其他可用通道来传递信息。

路由器的工作原理：路由器在网络层实现网络互连，主要完成网络层的功能。路由器负责将数据分组从源端主机经最佳路径传送到目的端主机。因此，路由器具有路由选择和数据转发的功能。

路由选择也称为路径选择。当两台连接在不同子网上的计算机需要进行通信时，所通信的信息必须经过路由器的转发，由路由器将信息分组，通过互联网沿着一条路径从源端传送到目的端。路由器通过确定到达目的端下一跳路由器的地址来确定通过互联网到达目的端的最佳路径。

路由选择的实现方法是通过路由选择算法建立并维护一个路由表。在路由表中包含着目的地址和下一跳路由器地址的多种路由信息。路由表中的路由信息通知每一台路由器应该将数据包转发给谁，它的下一跳路由器地址是什么。路由器根据路由表提供的下一跳路由器地址，将数据包转发给下一跳路由器，之后一级一级地将数据包转发到下一跳路由器，最终将数据包传送到目的地。当路由器接收一个进来的数据包时，首先检查它的目的地址，并根据路由表提供的下一跳路由器地址或子网地址，将该数据包转发给下一跳路由器或子网。

数据转发又被称为数据交换。当互联网上的一台主机（源端）要向另一台主机（目的主机）发送数据包时，通过指定默认路由（与主机在同一个子网的路由器端口的 IP 地址为默认路由地址）的方法，使源端计算机知道一个路由器的物理地址（MAC 地址）。

源端主机将带着目的主机的网络层协议地址（IP 地址）的数据包发送给已知路由器。路由器在接收了数据包之后，检查包的目的地址，通过路由表确定下一跳路由器的地址。路由器将根据这个目的地址将原有的物理地址变成下一跳路由器的地址所对应的目的物理地址，并将数据包传送到一下跳路由器。

当数据包通过互联网传送时，它的物理地址是变化的，但它的网络地址是不变的，数据包会一直保持着原来的内容直到目的端。路由器转发数据包时，使用的是网络层地址，但在数据链路层完成传送时，需要进行地址转换并改变目的物理地址。

路由器的具体应用如图 3-27 所示。

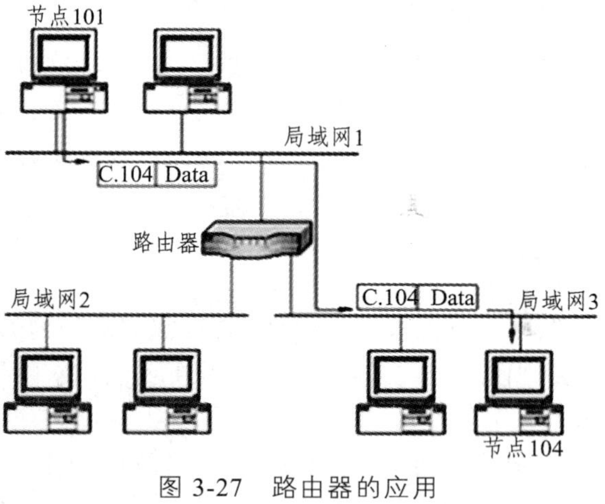


图 3-27　路由器的应用

## 五、应用层互连设备

网关一般是指用以连接异构网（通常指异种网络操作系统）的软件，而不是指连接异物网的物理设备。一般 PC 机、工作站或小型机都可以作为网关的硬件平台。

中继器、网桥、路由器都是属于通信子网的网间互连设备，与应用系统无关。而在实际的网络应用中，应用系统并不是像人们所希望的那样是基于同一个协议TCP/IP的，而有许多很好的应用系统是基于专用网络系统协议的。当在使用不同协议的系统之间进行通信时，如使用SMTP协议的电子邮件应用系统和使用X.400协议的电子邮件应用系统之间传送邮件时，就必须进行协议转换。网关即用于解决这类问题。

当两个完全不同的网络（即不仅硬件不同，整体结构、数据类型和通信协议也可以完全不同）需要连接时，通常使用网关。

网络的基本工作原理：网关工作在OSI 7层模型的高3层，即会话层、表示层和应用层；或者说，网关使用了OSI模型的所有层，但它主要应用在会话层、表示层和应用层。

用中继器、网桥、交换机或者路由器连接网络时，对连接双方的高层协议都有所规定，协议相同时设备才能连接，而网关则容许使用不同的高层协议，它为互连网络双方的高层提供了协议的转换功能。所以网关又被称为“协议转换器”，其作用像一个“翻译”。

网关是实现应用系统级网络互连的设备，可以用于广域网与广域网互连、局域网与广域网互连、局域网与局域网互连。

# 任务六　网络体系结构

## 专业能力目标

（1）了解网络体系结构、协议等名词的概念。

（2）掌握网络分层的原则。

（3）掌握OSI/RM、TCP/IP两种体系的结构及各层的主要功能。

## 基础知识

### 一、概　述

要想让两台计算机进行通信，就必须使它们采用相同的信息交换规则。我们把在计算机网络中用于规定信息的格式以及如何发送和接收信息的一套规则称为网络协议或通信协议。

为了减少网络协议设计的复杂性，网络设计者并不是设计一个单一、巨大的协议来为所有形式的通信规定完整的细节，而是把通信问题划分为许多个小问题，然后为每个小问题设计一个单独的协议。这样做使得每个协议的设计、分析、编码和测试都比较容易。分层模型是一种用于开发网络协议的设计方法。

网络的体系结构就是为了完成计算间的通信，把计算机互连的功能层次化，并明确规定同层实体通信的协议及相邻层之间的接口服务。因此，网络的体系结构就是计算机网络分层、各层协议和功能、层间接口的集合。

要了解网络的体系结构就必须了解网络的协议和分层设计的原则。

## 二、协　议

在日常生活中，为了实现人与人之间的交流，通信规则是无处不在的。例如，在使用邮政系统发送信件时，信封必须按照一定的格式书写（如收信人和发信人的地址不能颠倒），否则信件就不能到达目的地。同时，信件的内容也必须遵守一定的规则（如使用何种语言书写），否则收信人可能无法理解信件的内容。与此类似，网络协议是指为了保证计算机网络中计算机之间正确地、有条不紊地收发数据所制定的一系列通信协议。

网络协议的定义：为在计算机网络中进行数据交换而建立的规则、标准或约定的集合。例如，网络中一个微机用户和一个大型主机的操作员进行通信，由于这两个数据终端所用字符集不同，因此操作员所输入的命令彼此不认识。为了能进行通信，规定每个终端都要将各自字符集中的字符先变换为标准字符集的字符，之后再进入网络传送，到达目的终端之后，再变换为该终端字符集的字符。当然，对于不相容终端，除了需变换字符集字符外，其他特性，如显示格式、行长、行数、屏幕滚动方式等也需作出相应的变换。

在计算机网络中，两个相互通信的实体处在不同的地理位置，其上的两个进程相互通信，需要通过交换信息来协调它们的动作，使两个相互通信的实体达到同步，而信息的交换必须按照预先共同约定好的过程进行。

网络协议包括 3 个要素：

（1）语义。语义是指控制信息每个部分的意义。它规定了计算机需要发出何种控制信息，以及完成何种动作与做出什么样的响应。

（2）语法。语法是指用户数据与控制信息的结构与格式，以及数据出现的顺序。语法结构如图 3-28 所示。

| SOH | HEAD | SXT | TEXT | EXT | BCC |
|---|---|---|---|---|---|
| 报文头开始 | 报头 | 正文开始 | 正文 | 正文结束 | 检验码 |

图 3-28　网络协议语法结构

（3）时序。时序是指对事件发生顺序的详细说明（也可称为“同步”）。

例如，两个人要进行电话通信，首先需要一方先拨电话号码。电话号码包含区号和座机号，格式是区号在前，座机号在后，这就是语法。拨号后，用户将等待对方电话的响应（响应有接通、正忙或不存在等），并根据对方电话的响应做出相应动作，如接通，则可以与对方通话。对方电话的响应就是语义。在进行通话时，需要遵循的先后次序即为时序。对于电话通信，必须按照“拨号→等待接通信号指示→开始通话→通话完毕→挂断电话”的次序进行，否则通话将会失败。

人们形象地将这 3 个要素描述为：语义表示要做什么，语法表示要怎么做，时序表示做的顺序。

## 三、网络的分层原则

将一个复杂系统分解为若干个容易处理的子系统，然后“分而治之”，这就是结构化设计方法，它是工程设计中常见的手段。计算机网络的层次结构提供了一种按层次来观察网络的方法，它描述了网络中任意两个节点间的逻辑连接和信息传输。

在图 3-29 所示的一般分层结构中，$N$ 层是 $N-1$ 层的用户，又是 $N+1$ 层的服务提供者。$N+1$ 层虽然只直接使用了 $N$ 层提供的服务，但实际上它通过 $N$ 层还间接地使用了 $N-1$ 层以及以下所有各层的服务。

计算机网络体系结构的概念及内容比较抽象，为便于理解，先以两个公司之间进行通信的工作过程为例进行说明。有甲、乙两个公司的两位总经理进行通信，一般大公司都会有一位经理助理，负责起草公函、与贸易伙伴进行沟通的事务性工作，由于公司较大，业务繁忙，经理助理下边又有秘书负责打字、传真、接听电话等一般性工作。这样，每个公司都形成了具有 3 个层次的机构。

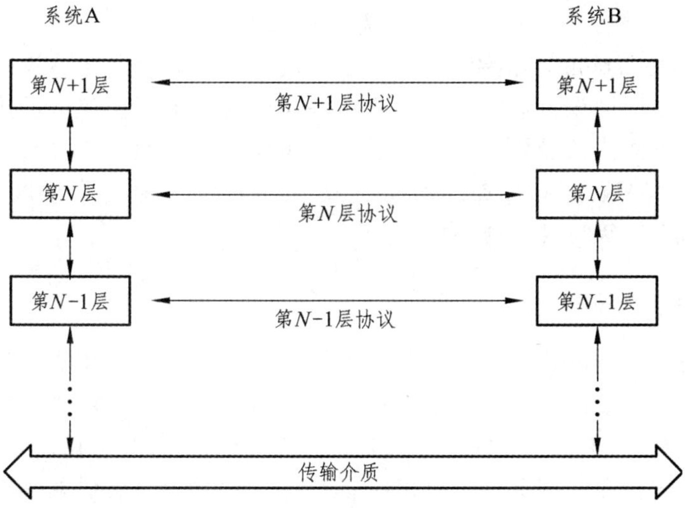


图 3-29　网络的分层结构

甲方经理要与乙方经理进行通信，于是甲方经理让自己的经理助理起草一份文件。这位经理助理根据总经理的意图，按照业界的惯例写了一份正式公函，然后把它交给秘书让其发送出去。秘书拿到公函，按照公司通讯录查到乙公司的传真号码，整理好后发给乙公司。乙公司的秘书接到传真后将有用的公函部分呈交给本公司的经理助理，而经理助理经过分析后，将关键内容汇报给经理，此时乙公司经理才能阅读到信函的内容。当然乙公司经理只关心甲公司经理发来的信函的内容，而对信函的公文格式以及最初收到的信函是通过传真、电子邮件还是邮寄来的并不关心。这里，甲、乙两公司可以看作网络节点，而经理、经理助理和秘书是一个个通信的实体。处于相同层次的不同节点的实体叫作对等实体，而协议实际上是对等实体之间的通信规则的约定。比如两个公司的秘书之间就有收发传真和普通信函的协议，经理助理之间都遵照标准公函的协议，必须采用双方都理解的语言、文体和格式来拟定公函，这样在对方收到信函后才能看懂内容。

层次化结构的优点：独立性强，适应性强，易于实现和维护。

层次化结构的通用原则：层次不能过多，只在真正需要的时候才划分；层次不能过少，要在逻辑上将功能区分开来；每层定义明确，类似功能放在同一层；每一层功能尽量局部化，以便于层次内部独立设计，但不影响相邻层次和接口服务的关系；每层对于上下层接口都明确规定了相应的业务，子层接口也适用这一原则；层次的划分有利于标准化工作。

## 四、相关概念

### 1. 实　体

每一层中的活动元素通常被称为实体（entity）。系统中的各层次都存在一些实体，每层的具体功能由该层的实体完成。实体可以是软件实体（如一个进程），也可以是硬件实体（如某种芯片）。不同系统中同一层的实体被称为对等实体（peer entity）。层次间的关系，也可看成是层次实体间的关系。

### 2. 协议栈

协议栈（protocol stack）是指网络中各层协议的总和。它形象地反映了一个网络中文件的传输过程：由上层协议到底层协议，再由底层协议到上层协议。使用最广泛的是因特网协议栈，由上到下的协议分别是：应用层协议（HTTP，FTP，TFTP，TELNET，DNS，EMAIL 等），运输层协议（TCP，UDP），网络层协议（IP），链路层协议（Wi-Fi、以太网、令牌环、FDDI、MAC 等），物理层协议。

### 3. 接口、服务和服务访问点

接口是相邻两层之间的边界，是相邻两层之间交换信息的连接点。低层通过接口为上层服务，上层通过接口使用低层提供的功能。只要接口不变，低层功能的具体实现方法与技术的变化就不会影响整个系统的工作。接口以一个或多个服务访问点（Service Access Point，SAP）的形式存在。服务就是网络中各层向其相邻上层提供的一组功能集合。服务的使用者和提供者通过服务访问点直接联系。服务访问点 SAP 实际上就是逻辑接口，是一个层次系统的上下层之间进行通信的接口，$N$ 层的 SAP 就是 $N+1$ 层可以访问 $N$ 层服务的地方。

协议和服务的关系：协议的实现保证了下一层能够向上一层提供服务，本层的服务用户只能看见服务而无法看见下面的协议，下面的协议对上面的服务用户是透明的。协议是“水平的”，即协议是控制对等实体之间通信的规则。而服务是“垂直的”，即服务是由下层向上层通过层间接口提供的。并非在一个层内完成的全部功能都称为服务，只有那些能够被高一层看见的功能才能被称为服务。上层使用下层所提供的服务必须通过与下层交换一些命令，这些命令在 OSI 中被称为服务原语。

### 4. 面向连接的服务

面向连接的服务就是通信双方在通信时，要事先建立一条通信线路，其通信过程有建立连接、使用连接和释放连接 3 个过程。TCP 协议就是一种面向连接的服务的协议，电话系统是一种面向连接的模式。

面向连接的服务和电话系统的工作模式相类似。其特点是：数据传输过程必须经过建立连接、维护连接和释放连接的三个过程；在数据传输过程中，各分组不需要携带目的节点的地址。面向连接服务的传输连接类似于一个通信管道，发送者在一端放入数据，接受者从另一端取出数据。面向连接数据传输的收发数据顺序不变，因此传输的可靠性高，但需通信开始前的连接开销，协议复杂，通信效率不高。

5. 无连接的服务

无连接的服务不要求发送方和接收方之间保持会话连接。发送方只是简单地开始向目的地发送数据分组（称为数据报）。这与现在流行的手机短信非常相似：用户在发短信的时候，只需要输入对方手机号即可。此业务不如面向连接的方法可靠，但对于周期性的突发传输很有用。系统不必为它们发送传输到其中和从其中接收传输的系统保留状态信息。无连接网络提供最少的服务仅仅是连接。无连接服务的通信比较迅速，使用灵活方便，连接开销小，但可靠性低，不能防止报文的丢失、重复或失序，因此只适合于传送少量零星的报文。UDP（用户数据报协议）就是无连接网络协议。

6. 服务原语

用户和协议实体间的接口，实际上是一段程序代码，但其具有不可分割性。通过服务原语能实现服务用户和服务提供者间的交流。与协议不同的是，服务原语用于服务提供者与服务用户，而协议是用于服务用户之间的通信。

在同一开放系统中，$N+1$ 实体向 $N$ 实体请求服务时，服务用户和服务提供者之间要进行交互，交互信息称为服务原语。服务原语由服务动作和原语类型两部分组成。

服务原语只有 4 种类型:

（1）请求（request）。用户实体要求服务做某项工作，源 $N+1$ 实体→源 $N$ 实体。

（2）指示（indication）。用户实体被告知某事件发生，目的 $N$ 实体→目的 $N+1$ 实体。

（3）响应（response）。用户实体表示对某事件的响应，目的 $N+1$ 实体→目的 $N$ 实体。

（4）确认（confirm）。用户实体收到关于它的请求的答复，源 $N$ 实体→源 $N+1$ 实体。

服务原语的交换时序称为服务证实方式，不同的证实方式需要的原语类型有区别，但是都在以上 4 种当中。

7. 协议数据单元

协议数据单元（Protocol Data Unit，PDU）是指对等层次之间传递的数据单位。物理层的 PDU 是数据位（bit），数据链路层的 PDU 是数据帧（frame），网络层的 PDU 是数据包（packet），传输层的 PDU 是数据段（segment），其他更高层次的 PDU 是数据（data）。

## 五、开放系统互连参考模型（OSI/RM）

### （一）概　述

在 20 世纪 70 年代，计算机网络发展很快，相继出现了十多种网络体系结构，而这些网络体系结构所构成的网络之间无法实现互连。为了在更大范围内共享网络资源和相互通信，人们迫切需要一个共同的可以参考的标准，使得不同厂家的软硬件资源和设备都能够互连。

国际标准化组织 ISO 是一个全球性的非政府组织，是国际标准化领域中一个十分重要的组织。ISO 于 1977 年成立了信息技术委员会，专门开展网络体系结构标准化的工作。1979 年，ISO 公布了 OSI/RM（Open System Interconnection/Reference Model，开放系统互连参考模型），这是一个逻辑上的定义，它把网络从逻辑上分为 7 层。该模型是一种框架性的设计方法，建立 7 层模型的主要目的是解决异种网络互连时所遇到的兼容性问题，其最主要的功能就是帮助不同类型的主机实现数据传输。

所谓开放系统，是指遵从国际标准化的、能够通过互连而相互作用的系统。显然系统之间的相互作用只涉及系统的外部行为，而与系统的内部结构和功能无关，因此关于互连系统的任何标准都只是关于系统外部特性的规定。

OSI/RM 将网络通信过程划分为 7 个相互独立的功能组（层次），并为每个层次制定了一个标准框架。上面 3 层（应用层、表示层、会话层）与应用问题有关，而下面 4 层（传输层、网络层、数据链路层、物理层）则主要处理网络控制和数据传输/接收问题。OSI 参考模型如图 3-30 所示。

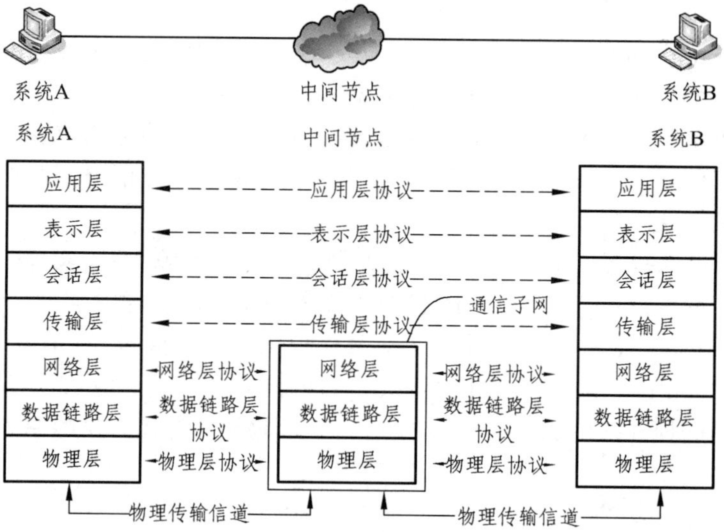

图 3-30　OSI 参考模型

OSI/RM 的特点如下：

（1）每层的对应实体之间都通过各自的协议进行通信。

（2）各个计算机系统都有相同的层次结构。

（3）不同系统的相应层次具有相同的功能。

（4）同一系统的各层次之间通过接口联系。

（5）相邻的两层之间，下层为上层提供服务，上层使用下层提供的服务。

OSI/RM 的优点：减轻问题的复杂程度，一旦网络发生故障，可迅速定位故障所处层次，以便于查找和纠错；在各层分别定义标准接口，使具备相同对等层的不同网络设备能实现互相操作；各层之间相对独立，一种高层协议可放在多种低层协议上运行；能有效刺激网络技术革新，因为每次更新都可以在小范围内进行，不需对整个网络“动大手术”；便于研究和教学。

### （二）OSI/RM 各层的主要功能

#### 1. 物理层

物理层是 OSI/RM 的最底层，也是最基础的一层。它并不是指连接计算机的具体物理设备或具体传输媒体，它向下是物理设备之间的接口，直接与传输介质相连接，使二进制数据流通过该接口从一台设备传给另一台相邻的设备，向上为数据链路层提供数据流传输服务。

物理层主要考虑的是怎样才能在连接各种计算机的传输媒体上传输数据的比特流。由于传输媒体又可以叫作物理媒体，因此容易使人误以为传输媒体就是物理层的东西。但实际上具体的传输媒体不在物理层内，而是在它的下面，如双绞线、同轴电缆、光缆等，这些传输媒体都不属于物理层。物理层直接面向实际承担数据传输任务的物理媒体。为什么物理层不包括具体的连接计算机的物理设备和传输媒体呢？这是因为现有计算机网络中的物理设备和传输媒体的种类繁多，而通信手段也有许多种，物理层的作用正是要尽可能地屏蔽掉这些差异，使物理层上面的数据链路层感觉不到这些差异，这样就可使数据链路层只需要考虑如何完成本层的协议和服务，而不需要考虑具体的传输媒体是什么。

计算机网络传输的是由“0”和“1”构成的二进制数据，但是在实际的电路中，铜缆（指双绞线等铜质电缆）网线中传递的是脉冲电流，这就是物理层传输的东西。通俗地讲，这一层主要负责实际的信号传输。物理层的数据传输单位为比特（bit），即一个二进制位（“0”或“1”）。实际的比特传输必须依赖于传输设备和物理媒体，物理层是在物理媒体之上的，其作用是为数据链路层提供一个传输比特流的物理连接。

物理层上的协议有时也称为接口。物理层协议主要规定物理信道的建立、保持及释放的特性，包括机械的、电气的、功能的和规程这四个方面的特性。这些特性保证物理层能通过物理信道在相邻网络节点之间正确发送、接收比特流，即保证能将比特流送上物理信道，并且能在另一端取下它。物理层只关心比特流如何传输，而不关心比特流中各比特具有什么含义，而且对传输差错也不做任何控制，就像投递员只管投递信件，但并不关心信件中是什么内容一样。

OSI/RM 对物理层所做的定义为：在物理信道实体之间合理地通过中间系统，为比特传输所需的物理连接的建立、保持和释放提供机械的、电气的、功能的和规程的手段。比特流传输可以采用异步传输，也可以采用同步传输的方式来完成。

在这里引入两个物理层设备名词：DTE（Data Terminal Equipment）和 DCE（Data Circuit-terminating Equipment）。DTE 即数据终端设备，是具有一定的数据处理能力以及发送和接收数据能力的设备，是数据的源或目的。DTE 具有根据协议控制数据通信的功能，但大多数的数据处理设备的数据传输能力是很有限的。直接将相隔很远的两个数据处理设备连接起来是不现实的，必须在数据处理设备和传输线路之间加上一个中间设备，这个中间设备就是数据终端设备。DCE 的作用就是在 DTE 和传输线路之间提供信号变换和编码功能，并且负责建立、保持和释放物理信道的连接。DTE 与 DCE 之间的接口如图 3-31 所示。

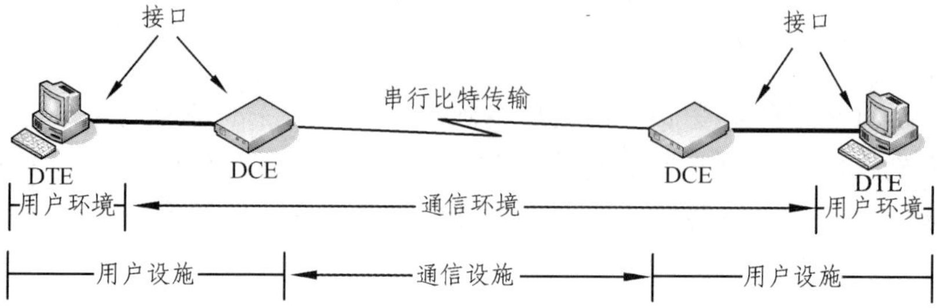

图 3-31　DTE 与 DCE 之间的接口

DTE 可以是一台计算机或一个终端，而典型的 DCE 就是一个与模拟线路相连的调制解调器。DTE 与 DCE 之间的接口一般都有许多条并行线，包括多种信号线和控制线。DCE 将 DTE 传过来的数据，按比特流顺序逐个发往传输线路，或反过来从传输线路接收串行的数据比特流，然后再交给 DTE。所以这就需要高度协调的工作，就必须对 DTE 和 DCE 的接口进行标准化，这种接口标准就是物理层协议。网络中经常使用的集线器和已经不再使用的中继器，就是典型的物理层设备。对于物理层设备来讲，它只认识电流，而不知道什么是 MAC 地址、IP 地址。

2. 数据链路层

数据链路层是 OSI/RM 的第二层，它把物理层传来的原始数据打包成帧，并负责帧在计算机之间进行无差错地传输。数据链路层的作用就是负责数据链路信息从源点传输到目的点的数据传输与控制，如连接的建立、维护和拆除，异常情况处理，差错控制与恢复等。在不太可靠的物理链路上，通过数据链路层协议能实现可靠的数据传输。数据链路层传输的基本单位是帧。

（1）帧的定义。在以太网中，网络设备将“位”组成一个个字节，然后将这些字节“封装”成“帧”，而交换机交换的就是这些“帧”。帧只对能够识别它的设备才有意义，就像汉字只对认识汉字的人来说才有意义。对于集线器来说，帧是没有意义的，因为集线器属于物理层设备，它只认识脉冲电流。帧是数据链路层传输的基本单位，而交换机正是第二层设备，所以它能够识别帧。当一台主机发送的帧传至交换机后，交换机识别其中的地址信息，然后将帧转发给帧的目的地。对于交换机而言，虽然它也能（也必须）感知到电流，但是它的作用在于能够将电流组成帧，并识别帧头的信息。

（2）帧的产生。帧是由发送数据的计算机产生的。具体来说，是由计算机上安装的网卡产生的。网卡把对用户有意义的信息（如文字）分割成网络上可以传输的大小，然后封装在帧里面，再按照一定的次序发送出去。之所以要将数据封装成帧，是因为用户数据一般都比较大，比如 Word 文件可以达到十几兆字节，一次发送出去十分困难，于是就将文件分成许多份并依次发送。

（3）帧的内容。如果把脉冲电流看成是轨道，那么帧就是运行在轨道上的火车。火车有车头和车尾，帧也有一个起点，称之为“帧头”；帧也有一个终点，称之为“帧尾”。帧头和帧尾之间的部分是这个帧负载的数据，相当于火车车头和车尾之间的车厢，但并不是全有效数据。因为帧里面还有其他各种信息，就像车厢本身也有重量一样。帧中还有其他各种复杂的信息，这里就不再一一说明了。

以太网帧的大小总是在一定的范围内浮动，最大的帧是 1 518 字节，最小的帧是 64 字节。在实际应用中，帧大小是由设备的 MTU（最大传输单位，即设备每次能够传输的最大字节数）自动确定的。

（4）帧的传输方式。帧在网络中传输时具有 3 种方式：单播、多播和广播。这 3 个术语都是用来描述网络节点之间通信方式的术语，前文已详细介绍过，此处不再赘述。

1）数据链路层的主要功能

（1）链路管理。链路管理就是进行数据链路的建立、维护和拆除。在链路两端的节点进行通信前，必须首先确认对方已处于就绪状态，并交换一些必要的信息以对帧序列进行初始化，然后再建立链路连接。在传输过程中，还要能维持这种连接，传输完毕后要拆除该连接。

（2）帧同步。为了使传输中发生差错后只将有错的有限数据进行重发，数据链路层将比特流封装成帧进行传送。每个帧除了要传送的数据外，还包括以使接收方能发现传输中差错的校验码。帧的组织结构必须设计成使接收方能够明确地从物理层收到的比特流中对其进行识别，即能从比特流中区分出一帧的开始和结束在什么地方。

（3）流量控制。为防止双方速度不匹配或接收方没有足够的接收缓存而导致数据拥塞或溢出，数据链路层必须采取一定的措施使通信网络中的链路或节点上的信息流量不超过某一限制值，即发送端发送的数据要能使接收端来得及接收。当接收方来不及接收时，必须及时控制发送方发送数据的速率，同时使帧的接收顺序与发送顺序一致。

（4）差错控制。为了保证数据传输的正确性，在计算机通信中，通常采用的是检错反馈重发方式，即接收方每收到一帧便检查帧中是否有错，一旦有错，就让发送方重发该帧，直至接收方正确接收为止。

（5）透明传输。当所传输的数据中的比特组合恰巧与某一个控制信息完全一样时，必须采取适当的措施，使接收方不会将这样的数据误认为是某种控制信息。

在这些功能中，差错控制和流量控制是数据链路层的两个重要功能。数据链路层常用于差错控制和流量控制的协议有停止等待协议（自动请求重传协议）、连续 ARQ 协议和选择重传 ARQ 协议等。

2）数据链路层协议

数据链路层的协议主要分为两类：面向字符型和面向比特型。面向字符是指在链路上所传送的数据及控制信息必须是由规定的字符集中的字符所组成。面向字符型的数据链路控制协议传输效率比较低。随着通信量的增加及计算机网络应用范围的不断扩大，面向字符的链路控制协议的使用率越来越低，在 20 世纪 60 年代末人们提出了面向比特的数据链路控制协议，它具有更好的灵活性和更高的效率，逐渐成为数据链路层的主要协议。

### 3. 网络层

数据链路层协议是两个直接连接的节点间的通信协议，它不能解决数据经过通信子网中多个转接节点的通信问题。设置网络层的主要目的就是要为报文分组以最佳路径通过通信子网到达目的主机提供服务，而网络用户不必关心网络的拓扑结构与所使用的通信介质。

1）网络层的主要功能

网络层是 OSI/RM 的第三层，介于传输层和数据链路层之间。网络层也许是 OSI/RM 中最复杂的一层，部分原因在于现有的各种通信子网事实上并不遵循 OSI/RM 网络层服务定义。同时，网络互连问题也为网络层协议的制定增加了难度。

通信子网的最高层就是网络层，因此网络层的主要作用是控制通信子网正常运行以及解决通信子网中的路由选择问题。它为整个网络中的计算机进行编址，并自动根据地址找出两台计算机之间进行数据传输的通路，也称为路由选择。网络层所传输信息的基本单位是分组或包。

OSI/RM 规定网络层的功能主要有：

（1）建立、维护和拆除网络连接。两个终端用户之间的通路是由一个或多个通信子网的多条链路串接而成的，在网络层的一种称为虚电路的服务中，涉及这种虚电路连接的建立、维护和拆除过程。

（2）组包/拆包。在网络层中，数据的传输单位是分组（或包）。在网络发送方系统中，数据从高层向低层流动到达网络层时，传输层的报文要分为多个数据块，在这些数据块的头/尾部（即分组头/尾）加上一些相关控制信息后，就构成了分组，即组成了包。在接收方系统中，数据从低层向高层流动到达网络层时，要将各分组原来加上的分组头/尾等控制信息拆掉（即拆包），组合成报文，传送给传输层。

（3）路由选择。路由选择也叫路径选择，它会根据一定的原则和路由选择算法在多节点的通信子网中选择一条从源节点到目的节点的最佳路径。当然，最佳路径是相对于几条路经中较好的路径而言的，一般是选择时延小、路径短、中间节点少的路径作为最佳路径。通过路由选择，可使网络中的信息流量合理分配，减轻拥挤，提高传输效率。

（4）拥塞控制。数据链路层的流量控制是针对相邻两个节点之间的数据链路进行的，而网络层的拥塞控制是对整个通信子网内的流量进行控制，是对进入分组交换网的流量进行控制。

2）网络层协议

网络层协议规定了网络节点和虚电路的一种标准，以完成虚电路的建立、维护和拆除。网络层有代表性的协议有 ITU-T 的 X.25 协议、3X（X.28，X.3，X.29）协议和 X.75 协议（网络互连协议）等。3X 协议适用于非分组终端入网及组包/拆包器（PAD）。X.25 协议是 ITU-T 于 1976 年公布的国际标准，它是在公用数据网络上以分组形式进行操作的 DTE 与 DCE 之间的接口协议，以此协议构成的网络被称为 X.25 网或公用报文分组交换网。

### 4. 传输层

传输层是用户资源子网与通信子网的界面和桥梁，它是 OSI/RM 7 层中比较特殊的一层，同时也是整个网络体系结构中十分关键的一层。设置传输层的主要目的是在源主机和目的主机进程之间提供可靠的端到端通信。

在关于 OSI/RM 的讨论中，经常将 7 层分为高层和低层。如果从面向通信与面向信息处理角度进行分类，传输层一般划在低层；如果从网络功能与用户功能角度进行分类，传输层又被划在高层，如图 3-32 所示。这种差异正好反映出传输层在 OSI/RM 中的特殊地位。

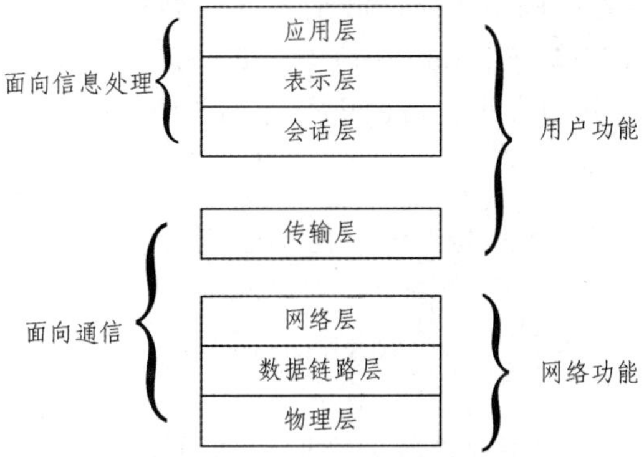


图 3-32　传输层在 OSI 模型中的地位

1）传输层的主要功能

传输层是为了可靠地把信息传送给对方而进行搬运、输送的一层，通常被解释成“补充各种通信子网的质量差异，保证在相互通信的两处终端进程之间进行透明数据传输的层”，是 OSI/RM 的整个协议层次的核心。传输层在 7 层模型中起到了对高层屏蔽低层，对低层屏蔽高层的作用。其主要功能如下：

（1）连接管理。传输层负责传输连接的建立、维护与释放。传输连接的建立过程被称为“握手”。

（2）流量控制。传输层在发送本层数据分组时，还要确保数据的完整性，流量控制是完成这项任务的方法之一。流量控制避免了接收主机缓冲溢出的问题。溢出会造成数据丢失。这里的流量控制是指端到端的流量控制，即在一个主机没有收到确认之前最多能够向另一个主机发送多少信息量。在数据链路层也讨论过这个问题，只是数据链路层执行的是点到点（两个节点之间）的流量控制，而传输层执行的是端到端（两个用户主机之间）的流量控制，可用于网络拥塞的控制。

（3）差错检测与恢复。这个功能似乎与低层的功能重复，但这是必需的。因为有些错误能逃避较低层的差错检测，同时虽然分组的传输可以由数据链路层的 CRC 校验保证，但是无法确保中间节点（如路由器）处理分组时不出错。另外，如果一个中间节点在收完分组并确认后，在转发之前却将它丢失了，这时也只有通过端到端的差错检测来控制。

（4）提供用户要求的服务质量。一个用户在通信时会要求特定的网络服务质量，例如高吞吐量、低延迟、低费用和高可靠性服务等。传输层可根据需要提供相应的网络服务。

（5）提供端到端的可靠通信。面向连接的传输协议能够提供用户间的可靠通信，这对于用户来说是很重要的功能。

2）传输控制协议

传输控制协议是实现端到端计算机之间的通信、网络系统资源共享所必不可少的协议。虽然物理层和数据链路层协议具有把数据从一台计算机系统送到另一台计算机系统的功能，但它们所实现的数据通信是不可靠的数据通信。对不同的计算机系统、不同的局域网络来说，物理层和数据链路层协议所具有的通信功能远远达不到通信的实际要求。

传输控制协议所实现的功能不仅仅是弥补物理层和数据链路层协议的通信功能的缺陷，保证相同计算机系统之间、相同计算机网络系统之间信息的可靠传输，还可实现不同计算机系统之间、不同计算机网络系统之间信息的可靠传输。目前传输控制协议的种类很多，如 ISO 提出的 ISO 8073 协议，Internet 的 TCP、UDP 协议等。其中，最典型的传输控制协议是 TCP 协议。这部分内容将在后面进行详细介绍。

5. OSI/RM 中的高 3 层

在 OSI/RM 中，会话层、表示层和应用层属于高层。它们与低层不同，低层提供可靠的端到端的通信，而高层主要考虑的是面向用户的服务。高层协议中所涉及的许多内容，目前还正处在研究阶段，将来会形成一套完整的标准。

1）会话层

所谓会话，是指在两个会话用户之间为交换信息而按照某种规则建立的一次暂时联系。会话可以使一个远程终端登录到远地的计算机上，进行文件传输或进行其他的应用。会话层位于 OSI/RM 面向信息处理的高 3 层中的最下层，它利用传输层提供的端到端的数据传输服务，建立具体的服务请求者与服务提供者之间的通信，属于进程间通信的范畴。会话层还为会话活动提供组织和同步所必需的手段，为数据传输提供控制和管理的途径。

会话层的功能主要包括以下几个方面：

（1）提供远程会话地址。会话地址是用户或用户程序所使用的。要传送信息，必须把会话地址转换为相应的传送站地址，以实现正确的传输连接。会话地址到传送地址的变换工作是由会话层完成的。

（2）会话建立后的管理。通常，建立一次会话需要有一个过程。首先，会话的双方都必须经过批准，以保证双方都有权参加会话。其次，会话双方要确定通信方式，即单工、半双工或全双工等。一旦建立连接，会话层的任务就是管理会话了。

（3）提供把报文分组重新组成报文的功能。只有当报文分组全部到达后，整个报文才能被传送给远方的用户。当传输层不对报文进行编号时，会话层应完成对报文的编号和排序任务。当子网发生硬件或软件故障时，会话层应保证正常的事务处理能力，以保证报文不会中途失效。

2）表示层

表示层为应用层提供服务，该服务层处理的是通信双方之间的数据表示问题。网络中，对通信双方的计算机来说，一般有其自己的内部数据表示方法，其数据形式常具有复杂的数据结构，它们可能采用不同的代码、不同的文件格式。为使通信的双方能相互理解所传送信息的含义，表示层就需要把发送方具有的内部格式编码为适于传输的位流，接收方再将其解码为所需要的表示形式。

数据传送包括语义和语法两方面的问题。语义即与数据内容、意义有关的方面；语法则是与数据表示形式有关的方面，如文字、声音、图形的表示、数据格式的转换、数据的压缩、数据的加密等。在 OSI/RM 中，有关语义的处理由应用层负责，表示层仅完成语法的处理。

表示层的功能主要包括以下几个方面：

（1）语法转换。当用户要传送数据时，应用层实体就需将数据按一定的表示形式交给其表示层实体，其中的表示形式称为抽象语法。语法变换就是实现抽象语法与传送语法间的转换，如代码转换、字符集的转换及数据格式的转换等。

（2）传送语法的选择。应用层中存在多种应用协议，这样表示层中就可能存在多种传送语法。即使是一种应用协议，也可能有多种传送语法与其对应。所以，表示层需对传送语法进行选择，并提供选择和修改的手段。

（3）常规功能。指表示层内对等实体间连接的建立、维护、释放等。

3）应用层

应用层是 OSI/RM 的最高层，它为用户的应用进程访问 OSI 环境提供服务。OSI 关心的主要是进程之间的通信行为，因而对应用进程所进行的抽象只保留了应用进程与应用进程间交互行为的有关部分，这实际上是对应用进程某种程度上的简化。经过抽象后的应用进程就是应用实体（Application Entity，AE）。对等应用实体间的通信应使用应用协议。应用协议的复杂性相差很大，有的仅涉及两个实体，有的涉及多个实体，而有的则涉及两个或多个系统。与其他 6 层不同，所有的应用协议都使用了一个或多个信息模型来描述信息结构的组织。低层协议实际上没有信息模型，因为低层没有涉及表示数据结构的数据流。应用层要提供许多低层不支持的功能，这就使得应用层变成 OSI/RM 中最复杂的层次之一。

应用层是计算机网络与最终用户间的接口，它包含了系统管理员管理网络服务所涉及的所有的问题和基本功能。

常用的网络服务包括文件服务（FTP）、电子邮件（E-mail）服务、集成通信服务、目录服务、网络管理服务、安全服务、多协议路由与路由互连服务、分布式数据库服务以及虚拟终端服务等。

## 六、TCP/IP 参考模型

### （一）TCP/IP 参考模型的结构

TCP/IP 参考模型是 ARPANET 和其后继的 Internet 所使用的参考模型。ARPANET 是由美国国防部赞助的研究网络，它通过租用的电话线逐渐连接了政府部门和数百所大学。

当无线网络和卫星出现以后，现有的协议在和它们相连的时候出现了问题，所以需要一种新的参考体系结构。这个体系结构在它的两个主要协议出现以后，被称为 TCP/IP 参考模型（TCP/IP reference model）。

TCP/IP 是一组用于实现网络互连的通信协议。Internet 网络体系结构以 TCP/IP 为核心。

基于 TCP/IP 的参考模型将协议分成四个层次，它们分别是：网络访问层、网际互连层、传输层（主机到主机）和应用层。

#### 1. 应用层

应用层对应于 OSI/RM 的高层，为用户提供所需要的各种服务，例如 FTP、Telnet、DNS、SMTP 等。

2. 传输层

传输层对应于 OSI/RM 的传输层，为应用层实体提供端到端的通信功能，保证了数据包的顺序传送及数据的完整性。该层定义了两个主要的协议：传输控制协议（TCP）和用户数据报协议（UDP）。TCP 协议提供的是一种可靠的、面向连接的数据传输服务，而 UDP 协议提供的则是不可靠的、无连接的数据传输服务。

TCP 协议和 UDP 协议的区别：TCP 协议面向连接，UDP 协议面向非连接；TCP 协议传输速度慢，UDP 协议传输速度快；TCP 协议保证数据顺序，UDP 协议不保证数据顺序；TCP 协议保证数据正确性，UDP 协议可能丢包；TCP 协议对系统资源要求多，UDP 协议对系统资源要求少。

3. 网际互连层

网际互连层对应于 OSI/RM 的网络层，主要解决主机到主机的通信问题。它所包含的协议涉及数据包在整个网络上的逻辑传输，注重重新赋予主机一个 IP 地址来完成对主机的寻址。它还负责数据包在多种网络中的路由。

该层有 4 个主要协议：网际协议（IP）、地址解析协议（ARP）、互联网组管理协议（IGMP）和互联网控制报文协议（ICMP）。IP 协议是网际互连层最重要的协议，它提供的是一个不可靠、无连接的数据包传递服务。

4. 网络接入层（主机-网络层）

网络接入层与 OSI/RM 中的物理层和数据链路层相对应。它负责监视数据在主机和网络之间的交换。事实上，TCP/IP 本身并未定义该层的协议，而由参与互连的各网络使用自己的物理层和数据链路层协议，然后与 TCP/IP 的网络接入层进行连接。

## （二）TCP/IP 模型和 OSI/RM 模型的比较

图 3-33 所示给出了 TCP/IP 模型与 OSI/RM 模型的比较。

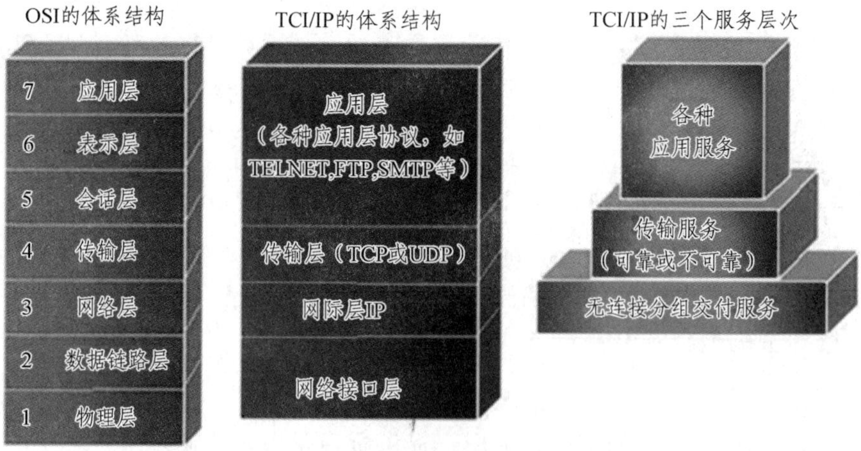


图 3-33 TCP/IP 与 OSI/RM 模型的比较

1. 共同点

（1）都采用了层次结构的概念。

（2）都能够提供面向连接和无连接两种通信服务机制。

2. 不同点

（1）前者是4层结构，后者是7层模型。

（2）对可靠性要求不同（前者更高）。

（3）OSI/RM是在协议开发前设计的，具有通用性；TCP/IP是先有协议集后建立模型，不适用于非TCP/IP网络。

（4）实际市场应用不同。OSI/RM只是理论上的模型，并没有成熟的产品；TCP/IP已经成为“实际上的国际标准”。

3. 对两种模型的评价

（1）OSI/RM的会话层很少用到，表示层几乎为空；其模型复杂，实现困难；系统受通信的思想影响更多，不适合计算机与软件的工作方式，效率较低。

（2）TCP/IP在服务、接口与协议上区别不清晰，物理层和数据链路层没有区分开来。

## 七、局域网体系结构与IEEE 802标准

IEEE是Institute of Electrical and Electronics Engineers的简称，即电气和电子工程师协会。IEEE 802标准定义了网卡如何访问传输介质（如光缆、双绞线、无线等），以及在传输介质中传输数据的方法，还定义了传输信息的网络设备之间连接建立、维护和拆除的途径。

遵循IEEE802标准的产品包括网卡、桥接器、路由器以及其他一些用来建立局域网络的组件。

为了规范局域网的设计，IEEE 802委员会针对各种局域网的特点，并且参照ISO/OSI参考模型，制定了有关局域网的标准（称为IEEE 802系列标准）。有关局域网的标准化主要集中在OSI体系结构的低两层。已制定的一系列标准包括：

（1）IEEE 802.1，包括局域网体系结构、网络互连以及网络管理。

（2）IEEE 802.2，逻辑链路控制LLC。

（3）IEEE 802.3，定义了CSMA/CD总线介质访问控制方法与物理层规范。

（4）IEEE 802.4，定义了令牌总线（Token Bus）介质访问控制方法与物理层规范。

（5）IEEE 802.5，定义了令牌环（Token Ring）介质访问控制方法与物理层规范。

（6）IEEE 802.6，定义了城域网介质访问控制方法与物理层规范。

（7）IEEE 802.7，定义了宽带技术。

（8）IEEE 802.8，定义了光纤技术。

（9）IEEE 802.9，定义了语音与数据综合局域网技术。

（10）IEEE 802.10，定义了局域网的安全机制。

（11）IEEE 802.11，定义了无线局域网技术。

（12）IEEE 802.12，定义了按需优先的介质访问方法，用于快速以太网。

IEEE 802 系列标准间的关系如图 3-34 所示。

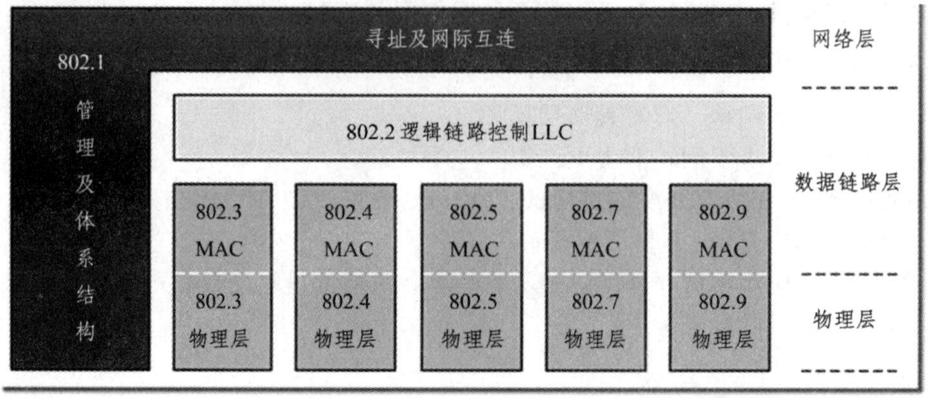


图 3-34　IEEE 802 系列标准间的关系

IEEE 802 系列标准定义了 ISO/OSI 的物理层和数据链路层，如图 3-35 所示。

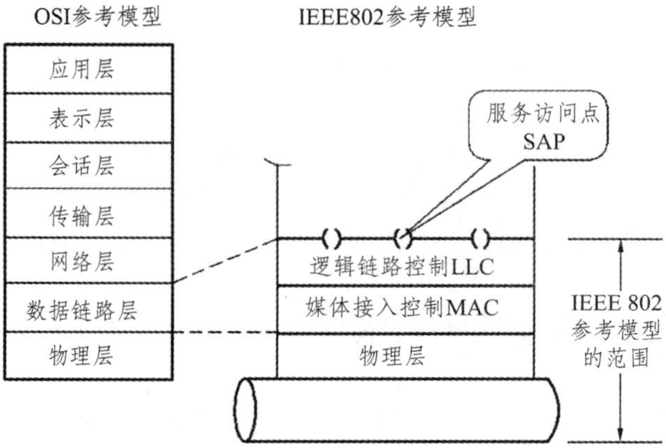


图 3-35　IEEE 802 局域网参考模型

## 八、局域网的物理层和数据链路层

### 1. IEEE802 参考模型的物理层组成和功能

IEEE802 参考模型的物理层对应于 OSI 模型中的物理层，包括：

（1）物理介质。

（2）物理介质连接设备（PMA）。

（3）连接单元（AUI）和物理收发信号格式（PS）。

物理层的主要功能：

（1）建立、维持和拆除物理链路。

（2）实现比特流的传输和接收。在物理层实体间发送和接收比特数据流。

（3）信号的编码与译码；提供发送和接收的能力，包括对宽带的频道分配和对基带的信号调制。

（4）产生和删除同步用的前同步码。

2. IEEE802 参考模型的数据链路层

从图 3-35 中可以看出，数据链路层实际上被划分为两个子层：逻辑链路控制子层（LLC）和媒体访问控制子层（MAC）。局域网 LAN 之间的差别主要体现在物理层和 MAC 子层。

LLC 子层集中了与媒体接入无关的功能。具体讲，LLC 子层的主要有以下功能：

（1）建立和释放数据链路层的逻辑连接，提供与上层的接口（即一个或多个服务访问点）。

（2）端到端的差错控制和确认，保证无差错传输。

（3）端到端的流量控制。

MAC 子层负责解决与媒体接入有关的问题和在物理层的基础上进行无差错的通信。MAC 子层的主要有以下功能：

（1）MAC 对 LLC 子层提供多个可供选择的介质访问控制方法的功能服务，管理和控制对于局域网传输媒体的访问。

（2）在发送时将要发送的数据组装成帧。

（3）在接收时，将接收到的帧解包，进行地址识别和差错检测。

局域网的物理层主要定义节点和传输媒体的接口特性，包括机械特性、电气特性等。局域网的 MAC 子层则定义节点共享传输媒体时采用的访问控制技术，包括借助于物理层的无差错传输技术等。局域网的 LLC 子层屏蔽不同的 MAC 子层之间的差异，以便提供统一的接口。局域网的网络层功能被简化，在单个局域网设计时可以忽略，或者可以认为 OSI/RM 的更高层通过虚拟的网络层直接引用 LLC 子层的服务。

# 任务七　网络化控制系统

**专业能力目标**

（1）了解网络化控制系统的发展过程。

（2）掌握网络化控制系统的结构、特点。

**基础知识**

随着计算机技术、通信技术与控制技术的不断发展和融合，控制系统逐渐向网络化、集成化、分布化、节点智能化的方向发展，网络化控制系统在各个领域得到了广泛的应用，成为控制界研究的一个热点。分布控制系统（DCS）、现场总线控制系统（Fieldbus Controlystem，FCS）以及基于工业以太网控制系统从某种意义上都可以划入网络化控制系统的范畴。

网络化控制系统

## 思考题

（1）ISO/OSI 物理层和数据链路层的组成和功能是什么？

（2）简述星状结构、环状结构、总线结构的优缺点。

（3）简述有线传输介质的分类及各传输介质的特性。

（4）常用的分布式控制方法有哪些？

（5）常用的网络互连设备有哪些？各工作在 OSI/RM 的哪一层？

（6）OSI/RM 分为哪几层？每一层的重要功能是什么？

（7）局域网分为哪几层？每一层的重要功能是什么？

# 项目四　列车通信网络标准

## 思政素质目标

（1）培养学生精益求精的大国工匠精神，激发学生科技报国的家国情怀和使命担当。

（2）具有正确的世界观、人生观、价值观，遵纪守法，诚信做人，踏实做事。

（3）具有良好的职业道德和公共道德。

## 职业素质目标

（1）具有铁道机车专业必需的文化基础。

（2）拥有健康的体魄，能适应铁道机车专业岗位对体质及心理素质的要求。

（3）具有健康的心理和乐观的人生态度。

（4）具有勇于创新、敬业乐业、严谨务实的工作作风，具有安全意识、责任意识。

（5）具有文明、友善和团队协作精神。

（6）具有严格执行工作程序、工作规范、工作标准和安全操作规程的认识和质量意识。

## 学习任务

认知列车通信网络结构,学习网络技术对列车通信和检修智能化的重要意义。

## 工具设备

多媒体设备课件、图片、示教板、计算机多媒体设备等。

## 教学环境

多媒体教室、列车智能网络控制仿真实训中心。

# 任务一　列车通信网络的结构和性能

## 专业能力目标

（1）掌握列车通信网络的基本结构。
（2）掌握列车通信网络的接口单元。
（3）掌握列车通信网络的性能分析。

## 基础知识

### 一、列车通信网络的结构

国内外车载网络技术的发展是随着现场总线网络技术的发展而发展起来的，先后产生了 RS-485、LonWorks、WorldFIP 等多种总线网络形式。1999 年，国际电工委员会（IEC）颁布了 IEC 61375 标准，将车载网络分为两级总线的层次结构，即用于连接各节可动态编组的车辆间的绞线式列车总线 WTB（Wire Train Bus）和用于连接车辆（或固定编组的车辆单元）内部各种设备的多功能车辆总线 MVB（Multifunction Vehicle Bus），它们之间的列车总线节点起着网关的作用。其中，MVB 网络由于较低的要求和易用性高的特点，在实际中运用很广泛。

列车通信网络的基本结构如图 4-1 所示，这个结构中最重要的部件单元是网络接口单元，控制机的通信实际上是网络接口单元之间的通信。

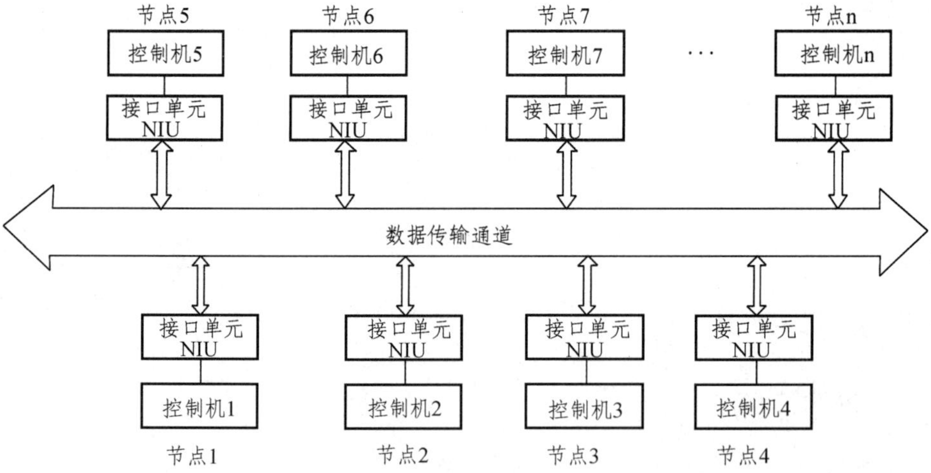


图 4-1　通信网络的基本结构示意图

控制机通过网络接口单元（Network Interface Unit，NIU）连接信道介质（物理信道），称之为上一个节点（Node），NIU 本质上是一个网络通信控制处理机（Communication Control

Processor，CCP），主要作用是网络的数据传输。CCP 有多种表现形式，NIU 是列车通信网络中 CCP 的一种主要形式，另外还有中继器[也称重复器（Repeater）]形式，网关（Gateway）等形式。NIU 的另一个作用是可以将通信控制机与网络隔离，以利于节点故障的隔离。

图 4-1 中各个节点中的控制机是网络通信的上位机，理论上来说通信只是它的一个功能。

列车通信网络是列车控制系统的一个组成部分，因此通信网络的总体结构形式服从于列车控制系统的结构形式。列车控制系统随着强有力的微处理器的出现和控制网络的广泛应用，已经呈现出一个新的列车控制系统的结构模型，这个模型是一个控制单元（控制机）和控制网络有机地结合在一起的层次模型。这个结构模型包括 3 层：列车控制层、功能控制层和设备控制层，因此，列车通信网络也是一个分层的结构，具有列车层网络、功能层网络和设备层网络。图 4-2 是列车控制系统网络分层结构示意图。

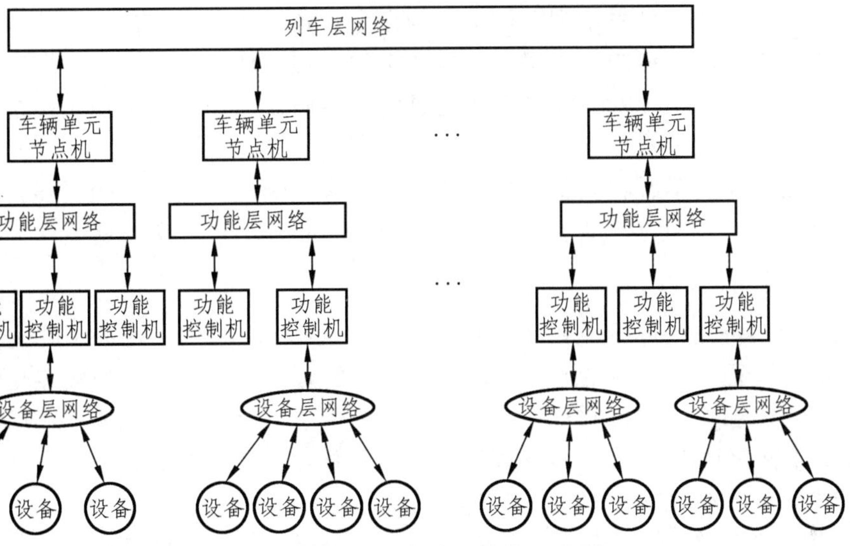


图 4-2　列车控制系统分层结构示意图

1. 列车层网络

列车层网络连接列车的各个车厢、地铁列车的各个单元或者动车组的各个单元，贯通全列车，列车层网络服务于列车层控制。

列车层控制的主要作用是决策。列车控制系统的最根本目标是控制列车运行的速度，但运行速度是由当前时刻的多方面因素决定的。它要受到列车运行图，区间状况，线路状况，列车上各功能设备的状态，舒适度，安全性等多项条件的约束，列车层的任务就是根据这些约束条件进行综合处理并形成最终的结果：列车应该以何种方式或何种速度运行，并将这个决策贯到整个列车控制系统的每一个控制单元上去，为了迅速地做出切实可行的决策，尽可能多且快地传送信息是必须的。因此，信息的共享和信息的处理是列车层控制的主要特征。

列车层控制还是一个信息的接口层，是列车和周围信息环境的接口。列车层控制通过无线方式与地面联网，从而满足大系统调控的要求和旅客信息服务的要求。列车层需要提供一个良好的人机界面，使操作者（司机）能随时了解整个列车的运行状态和各主要单元部件的工作状态，以便操作者在必要的时刻进行人工干预。由于列车层的作用可以使操作者在操作时只需发出一些简单的命令，而不必知道命令由谁来执行，从而降低了对操作者的素质要求。从控制系统的这种透明性要求出发，列车层应该是一个本质意义上的分布式系统。

根据列车层控制的功能和要求，我们需要在列车层采用传输信息量大又具有实时性的网络，列车层网络的响应时间要求是毫秒级。由于列车（主要是干线列车和国际列车）存在重新编组的情况，因此要求列车层的网络具有重构性能。

2. 功能层网络

功能层网络连接车厢或动车组（地铁）单元中的各个功能子系统，为车厢、地铁列车或动车组中单元提供通信服务。

功能层的主要任务是根据列车层给出的命令对各功能子系统进行调控，在各个功能级上（如牵引控制、制动控制等）保证运行要求的实现。功能层上的主要特征是控制，即控制策略和控制手段的实现。功能层需要的是实时控制，因此每一个功能控制的子系统都要求是一个强实时控制系统。

功能层是处在列车层和设备层之间的中间层次，因此，其考虑的主要出发点应该是网络的可连接性和实时响应。功能层网络的响应时间必须小于列车层网络的响应时间。

3. 设备层网络

设备层的设备是指那些直接面向现场完成输入/输出（I/O）处理，并能实现直接数字控制的智能化装置。设备层的主要功能是将现场的各种过程变量实现数字化转换，并将这些变量送往功能层相应的控制子系统。在某些场合下，设备也能完成一些局部的单一的自动控制（如单回路调节等）。把设备联网是近年来提出的一个较新的概念，这是由于现场总线（Field Bus）技术的发展和广泛应用的结果。

由于设备的多样性，较强的开放性就成为设备层网络的主要特征之一。设备层传送的数据量在 3 层结构中是最小的，因此实时性就是它的另一个主要特征。设备层网络的响应时间由功能层中各功能子系统的采样周期来决定。

## 二、列车通信网络的结构模型

列车通信网络从体系结构上来看可以归属于局域网范畴，即一种工业局域网，从某种意义上也可以看作是现场总线技术在列车控制上的运用。ISO 的 OSI/RM 模型是工业局域网的一个比较完整的结构模型，且网络的标准化也要求遵循 OSI /RM，因此 OSI /RM 得到广泛的认可和应用。在实际应用中，可根据具体使用环境、条件和要求使其中的某些层为空层，形成一种简化模型。例如著名的 MAP（Manufacture Automation Protocol）规约就只有应用层—数据链路层—物理层；局域网 802 协议标准也是一种简化了的 OSI 结构模型。

列车通信网络的体系结构吸取了工业控制网络的结构形式，即既有 7 层的结构模型——完型结构模型，又有简化的结构模型——基本型结构。

## （一）列车通信网络的基本型结构模型

基本型结构模型为只有应用层、数据链路层和物理层 3 个层次的模型，列车通信网络采用这种模型用以传输变量数据，以实现控制的可靠性要求和实时性要求。基本型结构模型的层次结构如图 4-3 所示。图中列车通信网络的数据链路层分为两个子层，即链路控制 LLC 子层和介质存取控制 MAC 子层。与局域网一样，MAC 子层是一个最重要的子层，也是各种不同网络的主要技术区别所在。

| 应用层 A | |
| --- | --- |
| 数据链路层 DDL | 链路控制 LLC 子层 |
| | 介质存取控制 MAC 子层 |
| 物理层 phL | |

图 4-3　基本型结构模型的层次结构

### 1. 物理层

列车通信网络的数据传输均采用基带传输，传输介质基本上是 3 种，即双绞线、光纤和同轴电缆，极个别的场合也有使用微波通信的，其中运用最多、最普遍的是屏蔽双绞线。列车网络对双绞线的性能，如特性阻抗、分布电容、绞距、导线面积、屏层材料等均有特定的要求和标准，因此，列车通信网络使用的双绞线均由专门的生产企业制造。列车通信网络都具有介质冗余机制。

在各种列车通信网络中，物理层的电气接口标准采用最普遍的是 RS-485 标准，编码方式也基本采用差分 Manchester 码，但光纤介质则采用其他的编码方式。

RS-485 的总线驱动方式有两种，一种是带光电隔离的电气驱动；另一种是变压器驱动。图 4-4（a）是带光电隔离的驱动方式的电原理图，图 4-4（b）是变压器驱动的电原理示意图。

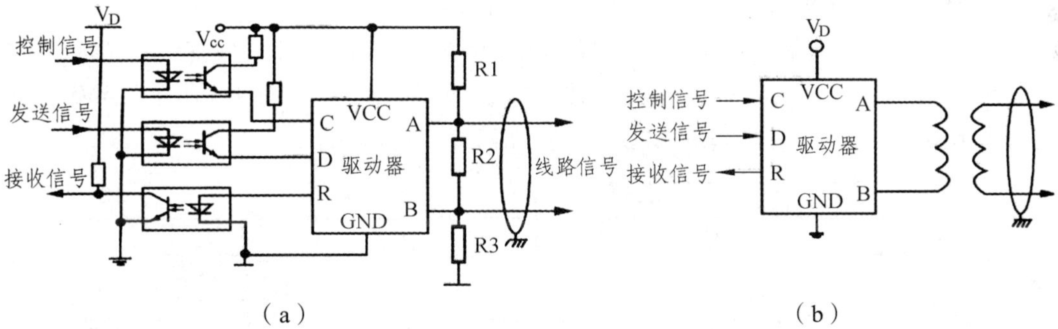


（a）　　　　　　　　　　　　（b）

图 4-4　RS-485 电气接口

### 2. 介质存取控制 MAC 子层

在列车通信网络的 MAC 子层中，集中存取控制（又称主/从控制）、分布式存取控制和随机存取控制这 3 种方式均有运用。主/从控制和分布式存取控制是一种采用时间触发的控制机制，因此，采用这两种存取控制的列车网络具有本质实时性，而随机存取控制采用的是事件触发机制，更适合于突发事件（数据）的传输。

无论是列车总线还是车辆总线在主/从控制方式下都需要确定一个主节点( Master Node, MN）或一个总线管理器（ Bus Administrator, BA），总线上的其他通信单元都是从节点( Slave Node, SN)。总线上的所有通信过程都由 MN 或 BA 发起和控制，因此总线瘫痪的风险都集中在 MN 或 BA 上。为避免风险过于集中，列车通信网络可以建立主权转移机制，即在几个具备有能力成为 MN 或 BA 的节点之间轮流控制总线，称为主权转移。这些节点在拥有主权时，为主节点，且管理总线上的通信过程，主权转移出去后，就仅仅是总线上的一个从节点，仅参与总线上的数据传输。

分布式存取控制在列车网络中有两种，即令牌环型和令牌总线型。令牌环型在列车网络中运用较少，一般采用双环以相反的两个方向环绕；令牌总线型的结构简单、组网灵活，是一种非常适合在列车网络中使用的存取控制机制。令牌总线型在列车通信网络中的另一个运用是用于主/从控制方式中的主权转移，即在几个可以成为 MN 的节点之间以令牌转移的方式确定当前的主节点。

列车通信网络中的随机存取是一种具有一定限制条件的随机存取方式，802 协议中的 CSMA/CD 就是这一类的存取控制方式。这里所说的“限制条件”是指节点在有数据需要发送时，需要满足一定的条件才能发送数据，如等待一个特定的时间或按照一种设定的概率 P 来发送数据等。由于这种存取控制方式的非本质实时性，因此，在列车通信网络中不推荐运用在对时间要求严格（Time Critical）的通信场合。

3. 数据链路控制 LLC 子层

列车通信网络中的 LLC 子层协议比较多的是采用高级数据链路控制（High Level Data Control，HDLC）协议，一般来说是运用 HDLC 中的一部分功能，即运用 HDLC 的一个子集。在 LLC 协议中，大部分列车通信网络主要运用 HDLC，其非平衡配置下的正常响应模式（Normal Response Mode，NRM），即主/从通信模式。

在列车通信网络的基本型结构中，由于存在点对点的通信，特别是跨节点的点对点通信，因此 LLC 子层还需要具备部分网络层的功能——路由功能。图 4-5 所示的数据传输过程说明了节点中 LLC 子层的路由功能。

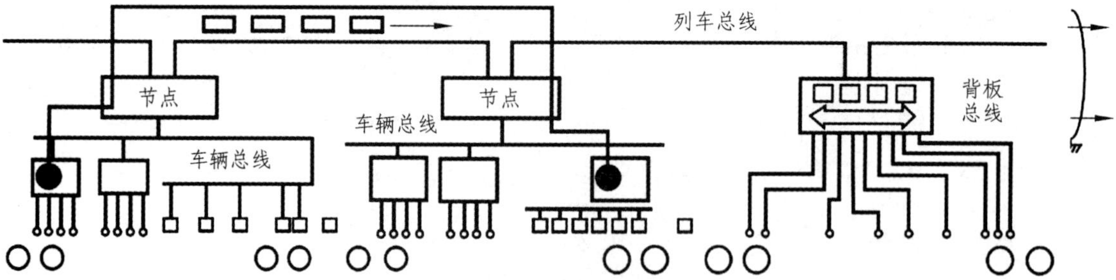


图 4-5　数据传输示意图

LLC 子层路由功能的实现类似于局域网中服务访问点方式，在列车通信网络中通过数据的格式定义来分辨 SAP 点。

### （二）列车通信网络的完备型结构模型

列车通信网络的完备型结构模型是具有 7 层（6 层）结构的模型，其用这种结构实现网络管理信息、故障诊断信息、维修服务信息和旅客服务信息的传输，这些信息的特点是要求传输的数据量比较大，信息的发送没有规律，一般没有实时性的要求，但有些信息具有突发性的传送要求。在完备型结构模型中数据链路层仍然分为 LLC 子层和 MAC 子层。图 4-6 所示是完备型结构模型，由于列车通信网络中传输的数据表示形式是可以确定的，表示层在绝大部分的列车通信网络结构模型中可以为空层。除了物理层和数据链路层外，其他各个功能层的基本功能与一般局域网功能层相同，只是由于列车通信网络的结构简单，数据帧短小，使得各功能层的功能都相对简化很多，如网络层的路由功能相比互联网的路由功能要简化很多。

列车通信网络的各个功能层一般不需要采用标准的协议，因为即便采用标准的功能层协议，也往往只需要运用标准协议中的一小部分。因此，列车通信网络通常自己制订功能层的协议，从而减少软件的开销和资源的占用，提高通信节点的效率和可靠性。

| | |
|---|---|
| 应用层 | |
| 表示层 | |
| 会话层 | |
| 传输层 | |
| 网络层 | |
| 数据链路层 DDL | 链路控制 LLC 子层 |
| | 介质存取控制 MAC 子层 |
| 物理层 phL | |

图 4-6　完备型结构模型

## 三、列车通信络的性能分析

控制网络与一般的信息网络不同点在于：信息网络追求的是网络的有效利用率即网络的信息传输量，而控制网络追求的是信息的实时传输和可靠传输。列车通信网络是一种控制网络，也是列车在这个特定条件下运用的通信网络，列车是一个运动的、封闭的、电磁污染严重和振动剧烈的实体，根据这个环境，我们可以从可靠性（R）、有效性（E）、连接性（C）、实时性（T）和安全性（S）5 个方面来分析和评价列车通信网络的性能，我们将其称为 RECTS 性能指标。

### （一）可靠性

网络传输的可靠性（Reliability）是用数据传输错误的概率来表述的，这里的“数据传输错误”是指到达应用层的数据错误。列车通信网络的可靠性取决于通信网络系统结构本身的可靠性和系统的抗干扰能力两个方面。

1. 网络系统结构的可靠性分析

从可靠性的定义出发，网络系统结构的可靠性就是要求通信系统自身发生数据传输错误的概率低。通信网络的数据传输是从 A 节点（应用层）通过网络接口单元 A（数据链路层）经驱动单元 A 和传输介质（物理层）到达驱动单元 B，再由网络接口单元 B 传送至节点机 B，因此列车通信网络数据传输如图 4-7 所示。网络系统结构中通信节点机、接口单元和驱动单元的硬件，在节点机和接口单元上运行的程序（软件）及信号在物理介质上传输的过程发生错误的概率就是通信系统结构的可靠性。

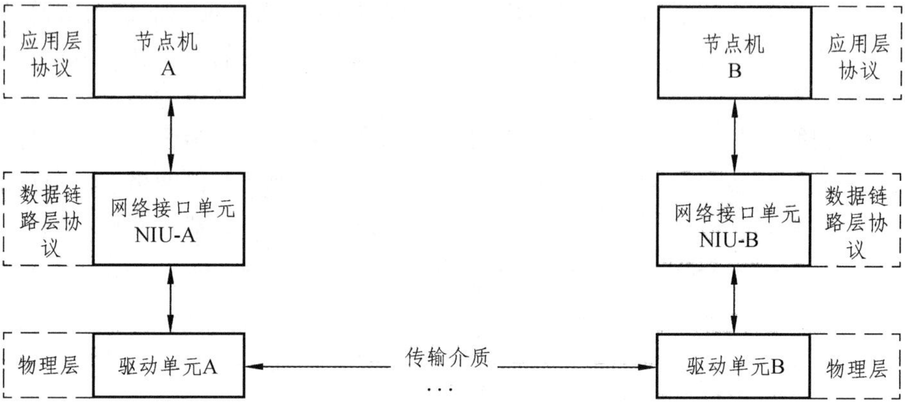


图 4-7 列车通信网络数据传输示意图

1）信号的物理传输

信号在物理介质上传输的过程中产生错误的主要源头有两个，一个是物理介质的故障；另一个是信号传送过程中的误码。在常用的 3 种物理介质中同轴电缆和光纤的可靠性最高，双绞线的可靠性最低。但光缆对布线的工艺要求比较高，弯曲的半径有比较严格的规定，否则容易产生光路障碍。在基带传输的条件下，信号传送的速率越高越容易产生错误，因此列车通信网络一般是以满足传输要求为前提的低传输速率，不追求高速率。数据帧的长度也影响信号传输的出错概率，显然长度越长越容易出错，因此一次传输的数据长度应尽可能地短，这也是列车通信网络一般采用短帧结构的原因之一。

列车通信网络需要在物理通道上具有节点的故障隔离作用，即单节点的故障不能影响其他节点的通信。从图 4-7 的结构上可知，介质驱动器和网格接口单元的应用能够比较好地实现故障隔离。在这个方面网络的拓扑结构也有较大的影响，总线形结构容易实现节点的故障隔离，而环形结构需要有一定的措施来避免节点故障对网络系统的影响。

2）数据校验

网络中的数据传输产生错误是必然的，因此，通常数据传送格式中都有纠错和重发的机制。但这神机制会使数据的结构加长和增加非有效数据的传送，从而影响了宝贵的网络带宽（列车通信网络的带宽非常有限），降低了网络的效率。所以，在控制网络中一般只对数据进行校验，校验错误即丢弃，只在特定的条件下才采用一次性重发机制。列车通信网络通常采用两种校验方式，即数据结构性的校验和数据有效性的校验。结构性校验是纯物理性的校验，CRC 校验是普遍采用和非常有效的校验方式；有效性校验是验证当前数据的有效性。有效性校验的方式很多，且与系统的应用相关，如在数据帧中加入数据的“生命周期表征”即为一种常用的和行之有效的方法。

3）软件的可靠性

一般情况下，协议的实现是由软件，即通信程序来完成的，但软件在执行的过程中出错也是必然的。为了改善程序执行中可能出现的错误，可以将软件转换成硬件的功能来完成通信协议的功能。采用硬件来实现协议，其工作过程是确定的，可以避免软件执行过程中的偶然性错误。目前各种大规模可编程逻辑器件如 FPGA、CPLD 等元器件的出现为这种软件向硬件的转换创造了条件。因此，很多标准的协议控制器都采用 FPGA 来实现，大大提高了通信协议执行的可靠性。由于 OSI 模型的复杂性，这种方法仅限于在数据链路层的协议采用硬件实现，应用层协议肯定是软件实现的，其他层次的协议目前还没有看到采用硬件实现的应用实例。

2. 抗干扰能力分析

网络系统结构的抗干扰能力也是一个复杂的问题，根据通信网络的系统结构，传输介质的抗干扰能力主要与数据信号的编码方式和传输介质的屏蔽能力有关。

在数据信号的编码方式方面，极性编码方式比电平编码方式的抗干扰能力强，差动电平信号比单极性电平信号强。目前大部分列车通信网络的数据编码都使用了 Manchester II，自带时钟信息，在介质屏蔽方面获得较好的抗干扰能力，光缆具有极高的抗干扰性能：同轴电缆抗干扰性能很强；屏蔽双线有较好的抗干扰性能，但取决于屏蔽的完善与否。

通信系统的 EMC 性能可以作为衡量抗干扰性能的一项指标。根据 EMC 试验中与传输线有关的内容，下列措施可以作为 EMC 性能的评估：

（1）系统的地线不能与屏蔽线连接。

（2）双绞线的屏蔽层必须与车体有效地连接。

（3）传输导线需要设置过压保护器件，用以吸收过电压和实现静电保护。

## （二）有效性

有效性（Effective）是指网络容量中的有效网络容量。网络容量是单位时间内网络所能传输的比特（bit）数 $L$。$L$ 是传输速率 $B$（波特率 Baud）的倒数，即 $L = 1/B$。

网络传输过程中传输的 bit 数可以分为有效分量和无效分量。有效分量就是实际有用的信息；无效分量包括数据帧的固定格式和数据帧间隔的等效 bit 数。因此仅仅从 $L$ 的量值大小来看没有实际意义，我们关心的是有效分量的大小，或者说是单位时间内有效分量 $A$ 的大小，即 $AL$ 的量值。但是影响 $A$ 值的因素很多，其中主要的有数据帧的格式、数据帧之间的间隔和通信的策略。数据帧的格式取决于协议，数据帧之间的间隔和通信的策略则是由应用决定的。通信的策略不同从而影响 $A$ 值，不能反映网络的性能，因此，在测算 $A$ 值的时候应将其排除。采用相邻两个数据帧中有用信息的 bit 数与两个数据帧包括时间间隔在内的总 bit 数之比来测算，称为有效网络容量 $R_a$，记为

$$R_a = \frac{T_m + T_s}{T_{mm}}$$

例如，在 TCN 标准中，MVB 总线的数据传输速率为 1.5 Mbit/s，MVB 周期信息的帧

格式如图 4-8 所示。

主帧固定为 33 位，以 9 位的主起始分界符开始，其后为 16 位帧数据，包括 4 位功能码、12 位地址或参数，以 8 位校验序列结束。一个从以 9 位起始分界符开始，接着是从帧的数据位，有 16 位、32 位、64 位、128 位或 256 位 5 种，分别对应于 F-code 码 0 ~ 4，每 64 位后加一个 8 位的校验码，少于 64 位的数据位，如 16 位和 32 位后也需要加一个 8 位的校验码。主帧与从帧的间隔 $T_{MS}$ 为 42.7 μs，从帧与主帧的间隔 $T_{SM}$ 为 3 μs。以从帧传送 256 位的数据为例，于是可以计算：

$$T_{mm} = 1/1.5 \times (9 + 16 + 8) + 42.7 + 1/1.5 \times (9 + 256 + 32) + 3$$
$$= 22 + 42.7 + 198 + 3 = 265.7\ (\mu s)$$
$$T_m = 1/1.5 \times 16 = 10.7\ (\mu s)$$
$$T_s = 1/1.5 \times 256 = 170.7\ (\mu s)$$
$$R_a = (10.7 + 170.7)/265.7 = 0.6828\ (us)$$

有效网络容量 $R_a$ 主要与数据的格式有关，而不同的网络协议其帧格式也是不同的，从而可以推算出各种网络的 $R_a$。$R_a$ 可以表示单位时间内网络所传输的有效信息量，显然 $R_a$ 越大越好。

### （三）连接性

连接性（Connection）是通信网络中各网络设备相互之间的可连接性能。连接性主要有这样两重含义：其一是指不同企业生产的设备可以通过网络互联；其二是指网络的重构（Reconstruction）能力，即通信网络可以动态地实现通信节点的增加和删除。

用同样网络构架和通信协议的网络通信设备可以实现互连。但通信协议的执行是否完整决定了通信设备能否互连。在这点上，连接性与网络一致性（Conformance）具有相同的含义。因此通信设备实现互连的关键是协议的标准化，也就是说如果列车通信网络采用的是符合某一标准的通信协议，如国际标准的网络协议或行业标准的网络协议，则不同生产商生产的设备只要都采用相同的网络协议，其设备就可以组装在同一列车的网络上。这也是制订列车通信网络标准的初衷之一。

重构能力是连接性的一种扩展，欲接入网络的通信设备只要完成物理上的连接，重新上电后网络却可以自动地将所有的设备（节点）纳入，实现网通信，而无须进行特定的参数设置。重构能力是列车通信网络的特殊要求，这是与列车运用的实际环境相关的。当列车编组改变时，新的节点（通信设备）需要自动进入列车通信网络时，重构能力可以保证这种可能性的实现。

重构能力在分布式控制和随机控制的方式下实现比较容易，在主/从控制的方式下重构能力的实现有较大的难度。但不论何种控制方式，重构能力的实现都需要通信网络协议配置专门的机制。

### （四）实时性

实时性（Real-Time）一般是指系统对激励（事件）能够在一个确定的时间内给予响应，

网络传输的实时性是指数据传输具有可期望的或确定的时间，即每个可以发送数据的节点都能按一个确定的时间间隔向网络发送数据。由此我们可知网络的实时性取决于信道的占用分配，也就是介质存取控制子层 MAC 的存取控制方法。

1. 介质访问控制方式

介质访问控制方式是控制网络各节点向介质发送信息或从介质取得信息的方式，它是网络通信的核心，是影响网络实时性的各因素中最为关键的因素。在介质访问控制方式中主/从控制方式和令牌控制方式是具有实时性的介质访问控制方式。

主/从控制方式是一种主/从轮询的介质访问控制方式，介质访问由单一的总线主-主节点控制，所有节点只能在由主节点控制的确定时间内访问介质。总线是网络上唯一的主节点，所有其他设备都是从节点，它们不能自发地进行发送，而必须由主节点发送一个主帧将介质的访问控制权交给它后，该从节点才能在网络上发送一个从帧（数据）。网络中的每个节点由各自的设备地址来标识，根据数据类型不同，主节点按照设备地址及端口地址进行轮询。

令牌控制方式下的网络没有固定的主节点，各个节点之间传递着一个特殊的“主帧”——令牌，获得令牌的节点即为当前的主节点。主节点控制当前的介质访问，因此可以发送它的数据帧。当前的主节点发送完自己的数据后，就将令牌按照规定的顺序传送给下一个节点，于是下一个获得令牌的节点成为主节点，并控制网络将其数据帧发送出去。

主/从控制方式和令牌控制方式都具有一个网络的主节点，其介质访问均由主节点控制，因此是一种集中的访问控制方式。在集中控制的方式下，每个节点访问网络的周期是可以期望的，因此集中控制方式具有本质的实时性。在集中控制方式中，分布方式比主/从方式具有更好的网络利用率和故障独立性，但分布方式的总线控制策略和控制方法相对复杂。

与集中控制方式相对的是随机控制方式。随机控制方式下，各个节点可以随机访问网络，因而在访问网络时产生节点访问的碰撞，并导致其中的一些节点访问必须退出，显然，随机控制方式无法预测节点访问网络的时间和周期，因此，随机控制方式不具有本质的实时性。

2. 实时性与突发性

列车通信网络在考虑实时性的同时，还必须注意到“突发性”消息（事件）的传输。一般来说，突发性消息的传输是随机的和不可预测的，若让突发性消息传输插入，必然会影响周期性的数传输，也会破坏数据传的实时性，但突发性消息往往又可能是一个比较重要的事件，需要及时传送，所以妥善处理实时性数据传输和突发性消息的传送是列车通信网络的一个特殊问题。

突发性消息传输属于随机传输方式，而随机传输方式与实时传输方式在本质上是相互对立的两种传输控制模式，在 MAC 层的标准协议中不存在一种可以兼顾这两种传输方式的协议。因此，列车通信网络的介质存取控制一般信息网格的介质存取控制有很大的不同，在介质访问机制上列车通信网络的 MAC 层协议要复杂得多。同时，能否具有兼顾这两种传输制的 MAC 层协也成为衡量、评价列车通信网络性能的重要指标之一。

可以了解到，在一些列车通信网格的协议中，采用在周期性数据传输的富余时间内处理突发性数据的方法，支持消息数据和变量数据两种不同类型的数据同时互不干扰在信道上传输，既实现了突发性消息传输，又保证了通信的实时性，而且还提高了信道的利用率。

### （五）安全性

列车通信网路的安全性（Safety）可以用网络瘫痪的风险性和数据传输错误的危害性来表征。

从网络瘫痪的角度来看，主/从控制方式比分布式控制方式的风险高，因为一旦主节点故障就会使整个网络瘫痪，分布式控制的情况下，由于主节点是动态转换的，因此某个站点的故障不会造成网络的瘫痪。

在网络通信中，数据传输错误的发生是必然的。安全性是要求当错误发生时能防止发生灾难性的后果。在列车通信网络中为了防止控制命令在传输中的错误，从而造成命令的错误执行，一般采用高速、周期性地发送控制命令，执行器件只有在多次接收并确认命令后才执行，以免偶然的错误造成严重的后果。

容错技术是提高安全性的一种有效方法。列车通信网络采用的容错技术主要是冗余，传输介质的冗余、传输信道的冗余、协议控制器的冗余及主节点的冗余等。实现冗余技术的关键问题是如何实现自动转换，即在什么条件下实行转换，谁来判断转换条件及谁来执行转换。

RECTS 是列车通信网络性能的综合评价指数，可以利用 RECTS 来评判、比较列车通信网络的性能，也可以将其作为选择通信网络协议的标准之一。但 RECTS 尚不能完全覆盖列年通信性能的全部，相信随着通信网络技术的发展和轨道交通车辆控制系统对通信网络要求的提高，列车通信网络的性能评价指数也将会不断发展，趋向更全面、更合理、更科学和更具有实用意义。

## 四、列车通信网络的作用

列车通信网络（TCN）是一种基于网络的分布式控制系统。其主要作用是实现各车厢内大量的可编程设备的有效连接，并将这些设备所产生的各种信息（如状态、控制、故障诊断、旅客服务等信息）转换为统一的数字信息，使这些信息能够安全、可靠、快速、准确地在网上进行交换。列车通信网络的作用归纳起来主要体现在以下 3 个方面：

（1）机车、车厢和列车控制。

（2）远程故障诊断和维护。

（3）旅客信息服务。

## 五、列车通信网络的层次结构

国内外车载网络技术的发展是随着现场总线网络技术的发展而发展起来的，先后产生了 RS-485、LonWorks、WorldFIP 等多种总线网络形式。1999 年，国际电工委员会（IEC）颁布了 IEC 61375 标准，将车载网络分为两级总线的层次结构，即用于连接各节可动态编组的车辆间的绞线式列车总线 WTB（Wire Train Bus）和用于连接车辆（或固定编组的车辆单元）内部各种设备的多功能车辆总线 MVB（Multifunction Vehicle Bus），它们之间的列车总线节点起着网关的作用。其中，MVB 网络由于较低的要求和易用性高的特点，在实际中运用很广泛。

如图 4-8 所示，列车通信网络（TCN）采用两条总线组成的 3 层结构，列车总线和车厢总线是两个独立的通信子网，可采用不同的网络和协议。网络的 3 层结构为：

（1）绞线式列车总线 WTB：连接列车各车厢，可自动配置，在双绞线上传输速率可以达到 1 Mbit/s。

（2）多功能车厢总线 MVB：连接车厢内部设备，能加快响应速度，通过双绞线或光纤传输速率可以达到 1.5 Mbit/s。

（3）设备级控制网。

此外，列车总线和车厢总线之间还需要通过一个列车总线节点相连，在运用层不同的总线之间通信时由此节点充当网关。有时也在车厢总线下设第三级总线，如连接传感器的总线或连接执行单元的控制总线，可把这些总线认为是车厢总线的一部分。

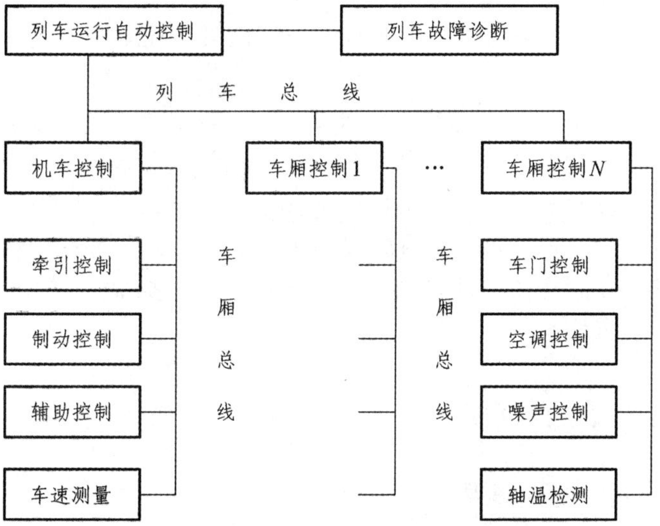


图 4-8　列车通信网络层次结构示意图

## 六、列车通信网络的组态

根据列车的编组情况，目前国际上运行的旅客列车有以下三种列车构成方式：

（1）开式列车：由一组车辆构成的列车，其组成在正常运行中是可以改变的，如 UIC（国际铁路联盟）列车。

（2）闭式列车：由一组车辆组成的列车，在正常运行中其组成不会改变，如地铁、城轨列车或高速列车组。

（3）多单元列车：列车由几个闭式列车单元组成，在正常运行时，组成列车的单元数量可以改变。

列车通信网络在应用于不同的领域时可以使用不同的组态。列车通信网络的组态定义如下：

（1）开式列车：包括需要频繁编组和解编的车辆，列车总线能自动再配置（初运行）。

（2）闭式列车：车辆在运行中不分离，列车总线由司机或工厂进行离线配置。

（3）多单元列车：列车由几个闭式列车单元组成，在正常运行中，组成列车的单元数量可以改变。

## 七、列车通信网络的特点

（1）工作环境恶劣，可靠性要求高。系统能连续运行，且能适应恶劣的现场环境，即使在出现故障或不适当操作的情况下，列车网络也能提供相关服务，不论是硬件还是软件都需要满足相关要求。列车实时系统常考虑的是最坏情况、最后期限、最长运行时间、最长延迟等极端情况。在列车总线故障时，列车仍可满功率、全速运行，但列车控制会丧失部分功能，比如恒速控制；而车厢总线故障时，不会影响列车的运行，各车厢的主要电气部件具有故障自我保护或联锁保护功能，能够隔离某一部件、某一车厢、某一车组单元的故障。在列车网络发生严重故障时，整个列车控制系统倒向安全模式，一般不会导致整个列车停运。

（2）数据的多样性。列车通信网络中的数据包括两类：控制类（过程数据、变量）、管理类（消息数据、消息）。

（3）控制操作实时性（时间确定性）要求高。列车控制系统是一个实时系统，具有在线实时响应的特性。系统能实时响应外部事件，确保能够对设备运行状况进行连续监测，保证不漏采、不漏检，以便为设备工况监测和故障诊断提供准确的实时信息源。其次，它能满足用户的两个基本要求——同时性与时限，因为不同的子系统往往要求有多种输入源，且在时间上是重叠的，在同一个时间区内要对多个输入源数据做相关处理。

（4）列车组成的动态性。

## 八、列车通信网络的特征

列车通信网络的特征如表 4-1 所示。

表 4-1　列车通信网络特征汇总

| 特　征 | 绞线式列车总线（WTB） | 多功能车厢总线（MVB） |
|---|---|---|
| 结　构 | 结构可变，构成改变时，具有自适应性 | 结构及设备的地址固定不变 |
| 介　质 | 屏蔽双绞线（860 m，32 个节点，相当于 22 个 UIC 车厢） | 双绞线，RS-485（20 m，32 个设备）；<br>变压器隔离屏蔽双绞线（200 m，32 个设备）；<br>星型光纤网（2 000 m，2 个设备） |
| 物理冗余 | 双份物理介质 | 双份物理介质 |
| 信　号 | 带 16～32 位前同步码的曼彻斯特编码 | 带定界符的曼彻斯特编码 |
| 信号速率 | 1 Mb/s | 1.5 Mb/s |
| 地址空间 | 8 bit 地址 | 12 bit 地址 |
| 物理地址 | 点对点及广播 | 点对点及广播 |

续表

| 特　征 | 绞线式列车总线（WTB） | 多功能车厢总线（MVB） |
|---|---|---|
| 有效的帧长度 | 在 4～132 个字节之间可变 | 量化的：16，32，64，128 或者 256 bit |
| 完整性 | 每帧 FCS-16，帧校验以及曼彻斯特编码 | IEC 60870 校验序列及帧尺寸校验 |
| 介质分配 | 由一台主设备完成 | 由一台主设备完成 |
| 主设备权传送 | 主设备，强主设备或弱主设备 | 总线管理器通过令牌传送成为主设备 |
| 主设备冗余 | 初运行后，主设备权传递给另一节点 | 令牌传递自动进行主设备权转换冗余校验 |
| 链路层服务 | 过程数据：循环、源寻址广播；<br>消息数据：偶发、点对点或广播；<br>监督数据：循环/偶发、管理数据 | |
| 常用传输 | 变　数 | 消　息 |
| 链路层服务 | 源寻址广播数据（过程数据） | 面向目标的，无连接的数据包（消息数据） |
| 链路控制 | 带刷新监督的可重写端口 | 不可重写的数据包队列 |
| 网络层 | 应用任务将数据在总线间拷贝 | 数据报及路由器、目录中的源地址和宿地址 |
| 传输层 | — | 面向连接的，端对端流控及差错恢复 |
| 会话层 | — | 调用/应答消息 |
| 表示层 | 统一数据类型 | 统一数据类型 |
| 应用界面 | 存取过程变量的程序 | 处理呼叫/应答和多播消息的程序 |

## 九、列车通信网络的参数

### （一）时　延

过程变量在整个网中传输的最大时延被限制在一定限值内。

（1）过程变量按周期传送。

（2）列车通信网络允许所有在车厢总线之间从应用到应用的具有最高优先级别的过程变量在 100 ms 内通过列车的总线传送。

（3）列车通信网络允许所有在同一车厢内两个设备之间的从应用到应用的具有最高优先级别的过程变量在 50 ms 内传送。

### （二）拓　扑

列车通信网络基于以下两层结构：将不同车厢内的节点连接起来的列车总线；将同一车厢内的设备连接起来的车辆总线。列车总线和车辆总线通过网关节点相连。如图 4-9 所示。

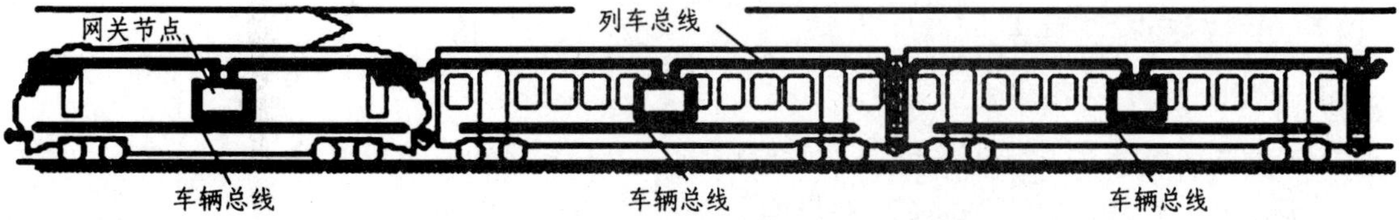


图 4-9　列车总线和车厢总线示意图

这种层次结构是概念上的，允许没有车辆总线的节点或附挂有几个车厢总线的节点。

## （三）列车总线

列车总线用于连接各种组成方式的列车中的各个车厢。列车总线具有以下特点：

（1）列车总线支持 UIC 556 规定的列车组成方式，总线传输距离可达 860 m（22 个车厢）。

（2）列车总线至少可以容纳 32 个节点。

（3）分配给列车总线节点一个位置地址，使列车可以识别方向（左/右、前/后）以及其他节点的位置。

（4）多个车厢连挂时，列车总线自动运转。当车厢数目改变或在总线上添加、移除设备时，不需手动干预列车总线，它也能继续工作。

（5）列车总线可承受大约每小时一次的车厢连挂及解挂操作。

（6）为使总线在节点故障时仍可工作，事先把各节点编号和类型通知给所有的应用，以便证实列车组成的完整性。

（7）列车总线使用专用介质，满足 UIC 电缆或 EP 电缆（电气制动电缆）的要求。

## （四）车厢总线

车厢总线用于将一个车厢内或不可分的车厢组内的设备连接起来。车厢总线具有以下特点：

（1）车厢总线允许设备的安装间距在 200 m 以内。

（2）车厢总线至少支持 256 个设备。

（3）车厢总线在最差情况下的响应时间低于 16 ms。

## （五）有效性

一个设备上的单一故障不应影响其他无关设备的运行。这包括以下几种情况：

（1）偶发性崩溃或资料丢失。

（2）介质中断或短路。

（3）由损坏的发送器引起的连续发送。

（4）介质不可访问。

（5）配置错误。

（6）节点丢失或重组。

在结构改变或设备失效/重组时，具有 22 个车厢的列车总线的中断时间在 1.0 s 以内。冗余级别将取决于应用的实际有效性需求。

## （六）总线设备编址

### 1. MVB 总线设备编址

MVB 总线设备按 12 bit 编址，因此原则上可以连接 4 096 个设备。

实际上总线寻址是按“端口”进行的。主设备帧与用来响应主设备帧的从设备帧之间的间隔小于 4 ms。为了使从设备能够在接到主设备帧后 4 ms 内响应，从设备帧应在发送前准备好，为此，设备将其数据放置在一个被称为端口的寄存器中。每个设备都有其一定数量的端口，分别配置为源端口或流端口。

端口分为两类：物理端口和逻辑端口，通过主设备帧中的 F_code 来区分。

2. 逻辑端口（F_code = 0 ~ 4）

每个设备实现若干个逻辑端口，典型的是 256 个。在配置阶段，分别将它们设置为源端口或流端口，其尺寸规定为 16、32、64、128 或 256 bit。这些端口由 12 bit 的逻辑地址标识（F_code = 0 ~ 4）。逻辑端口为过程数据提供基础通信。

3. 物理端口（F_code = 8 ~ 15）

每个设备拥有 8 个物理端口，用于监督数据和消息数据。除了消息数据端口外，其他端口的尺寸都为 16 bit。物理端口通过 12 bit 设备地址和 F_code = 8 ~ 15 寻址。

4. 256 bit 消息端口（F_code = 12）

256 bit 消息端口仅用于消息数据（Message_Data）。只有主设备帧（Master_Frame）指定的设备才能作为消息数据的源。所有其他设备将监视从设备帧，若自身的设备地址在 Slave_Frame（从设备帧）的帧头中出现则接收该帧。与其他端口相反，消息端口的内容不会被改写，因为消息端口在以前内容未被取走时，拒绝接收新帧。

5. WTB 总线设备编址

WTB 采用 HDLC 数据格式，以 8 bit 目的设备地址开头。该地址也是目的节点的节点地址（或者是广播地址），并被 HDLC 控制器译码。因此，理论上可以寻址 256 个节点，实际上规定可寻址节点最多为 32 个（对应最多 22 节车厢）。列车总线节点编址的规则很有讲究，它与节点（相当于主设备）的位置、朝向等密切相关。

6. 总线通信过程

过程变量没有网络地址，因此网络层对过程变量无效。过程变量被一个应用任务传输通过总线边界，车厢和列车总线因此通过网关连接。

网关与应用相关。例如，对于每个应用，它们的配置可能不同，这种配置告诉网关哪些过程数据应该在总线之间进行传输。

过程变量从一条车厢总线中读取，并通过列车总线传输到另一条车厢总线。车厢和列车总线的周期数据帧都没有携带网络地址。因此，网关同时在车厢和列车总线上观察通信以标识这些变量。

并非所有的车厢总线变量都要被输出，因为让列车总线承担所有车厢总线的通信量意义不大。网关需要对传输的过程变量进行过滤。网关充当与输出变量集相关联的车厢总线设备。这些输出变量由网关通过车厢总线接口接收。它把这些过程数据复制到列车总线端口，以便进行发布。网关采用带有源（节点）地址的广播帧格式来构造一个包含输出变量的帧。

稍后，网关获得列车总线的访问权，并把帧广播出去，该帧将被其他车厢上的网关接收。变量也将在那里被列车总线端口接收。流网关过滤出需要的输入变量，并把它们放入车厢总线端口，以便下次传输。反方向的数据传输（如停止信号）也按类似的方式进行。

这种模式不需要列车总线上的事件驱动，所有的总线会循环操作此种模式。因此，过程变量网络化的智能局限在网关调度任务中，该任务由应用程序员用两个变量列表配置，包括输入和输出变量队列（“输入”是从车厢总线的角度提出的）。这两个队列可以被管理消息加载的情况。

网关应用任务也可以处理这些数据，如检查是否所有的门都已经关闭，以便向前转发车厢总线上的结果。

# 任务二　TCN 列车通信网络

## 专业能力目标

（1）掌握 TCN 列车通信网络的体系结构。

（2）掌握 TCN 列车通信网络的协议。

（3）掌握列车通信网络的变量服务。

## 基础知识

### 一、TCN 列车通信网络的体系结构

TCN 列车通信网络由绞线式列车总线（Wire Train Bus，WTB）和多功能车辆总线（Multifunction Vehicle Bus，MVB）构成（在 TCN 标准中 Bus 和 Network 具有同等含义），如图 4-10 所示。

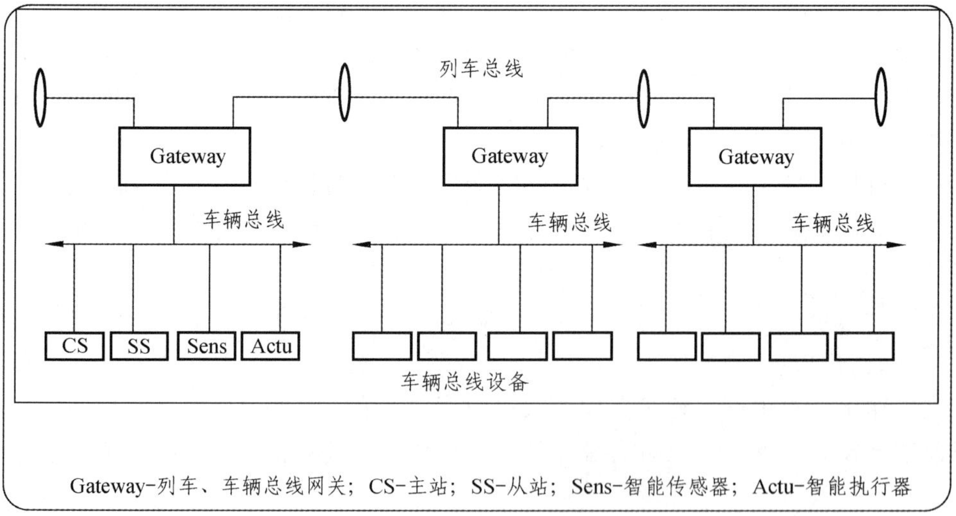


图 4-10　列车通信网络结构

### （一）TCN 的应用组态

TCN 在列车上的应用有 3 种基本组态，即自动编组列车（Open Trains）、固定编组列车（Closed Trains）和混合编组列车（Multiple Unit Trains）。

1. 自动编组列车

自动编组列车表示该列车的每节车厢都是独立的，可以实现任意编组，因而自动编组的列车具有开放性的组态，例如国际铁路联 UIC 所定义的列车，这种组态也是 TCN 标准制订时的基本对象。

自动编组列车以 WTB 作为标准的列车总线，它最多支持 32 个 WTB 节点，每个机车或车辆可没有，或有 1 个，或有更多的 WTB 节点。每个 WTB 节点可以没有车辆总线、可以连接 1 个或 2 个 MVB 总线，也可以连接其他形式的车辆总线。每个 WTB 节点最多可连接 15 个车辆总线。自动编组列车组态如图 4-11 所示。

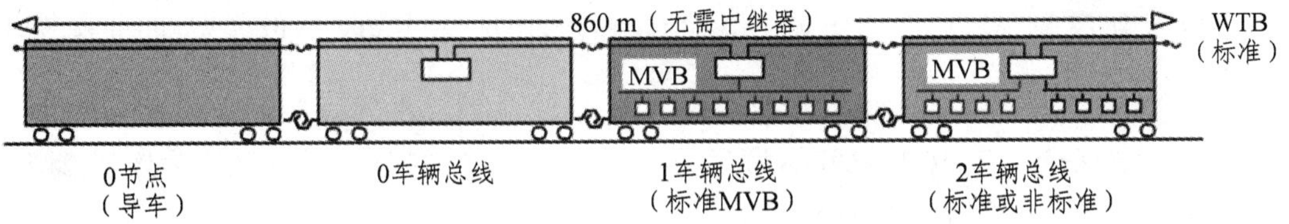


图 4-11　自动编组列车组态示意图

2. 固定编组列车

固定编组列车表示该列车的编组是不可随意改变的，其车辆间的连接方式是永久性或半永久性的。例如地铁列车和动车组一般就属于固定编组列车，在固定编组列车上，列车总线可以采用 WTB 总线或 MVB 总线，而车辆总线可以采用 MVB，也可采用其他形式的通信总线。固定编组列车组态如图 4-12 所示。

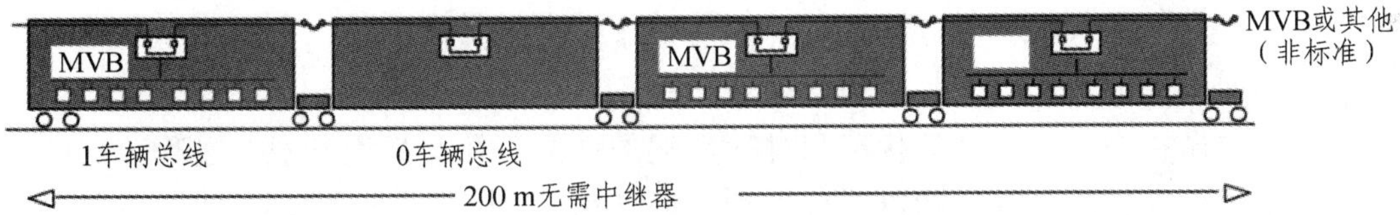


图 4-12　固定编组列车组态示意图

3. 混合编组列车

混合编组列车是指多个固定编组单元组合起来，或是固定编组单元与部分自动编组的车辆组合起来的列车。图 4-13 表示的是 3 个固定编组单元组合的混合编组列车组态。

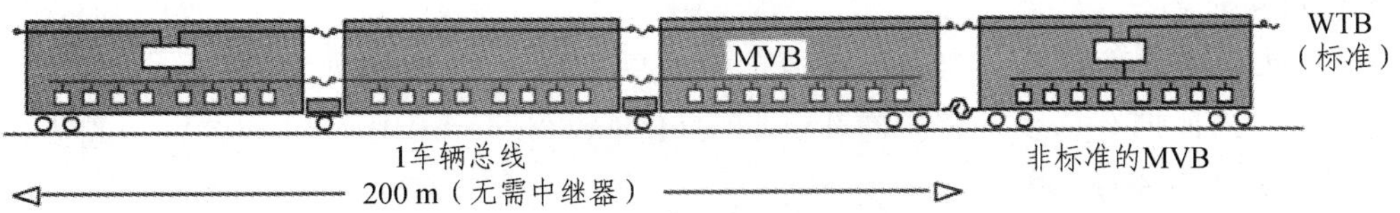


图 4-13　混合编组列车组态示意图

混合编组列车中的列车总线可以根据列车编组运用的具体情况来选择。若两个固定编组单元需经常连接和解连时，可使用 WTB 作为标准的列车总线：若不需要经常连接和解连时，也可以用 MVB 作为列车总线；若采用固定编组单元与部分自动编组的车辆组态时，则需要采用 WTB 作为列车总线。混合编组列车中车辆总线可以采用 MVB 总线或其他总线根据上述列车编组的组态，TCN 标准能够运用于所有的列车组态，可部分使用，也可整体使用。TCN 标准的运用方式有以下 4 种状况：

（1）列车总线为 WTB，车辆总线为 MVB。

（2）有列车总线 WTB 而没有车辆总线，或 WTB 与非 MVB 的车辆总线连用。

（3）有车辆总线 MVB 而没有列车总线，或 MVB 与非 WTB 的列车总线连用。

（4）实时通信协议（Real Time Protocol，RTP）用于其他非 WTB 或非 MVB 的总线。

## （二）TCN 设备

在 TCN 协议中，将可以连接到一个或多个总线上的部件定义为设备（Devices）。

### 1. 列车总线设备

列车总线 WTB 上连接的设备称为节点（Node）。WTB 的节点还可以作为连接 2 条或 2 条以上总线的协议转换器（网关）。

列车总线节点中具有充当总线主能力，即能主动发起通信过程的设备称为主节点或主设备（Master），其余的设备称为从节点（Slave），列车总线上可以有多个主设备，但任何时刻总线上只能有一个总线主。总线主可以在主设备之间转移，应用可以根据需要在特定的时间或特定的条件下进行总线主转移。

### 2. 车辆总线设备

MVB 上的设备按功能分为 6 类，分别称为 0 ~ 5 类设备。

（1）0 类设备主要是一些特殊设备，例如重复器和星形耦合器，它们不参与或以其他方式（例如通过其他协议）参与应用的数据交换。

（2）1 类设备具有传输设备状态和过程数据的性能。在此类设备中，过程数据的端口地址与设备的地址有关，例如端口地址与设备地址相同。

（3）2 类设备具有传输设备状态、过程数据和消息数据的性能，它是一种可通过总线配置的智能设备，但用户不可编程。

（4）3 类设备具有传输设备状态、过程数据、消息数据和用户可编程的性能。

（5）4 类设备具有传输设备状态、过程数据、消息数据和总线管理的性能，另外也可具有用户可编程的性能。

（6）5 类设备具有设备状态、过程数据、消息数据和 TCN 网关性能。它也可具有总线管理器性能，这种带有总线管理器性能的网关可使 WTB 和 MVB 总线能较好地同步，MNB 设备的性能与设备分类见表 4-2。

表 4-2　MVB 设备的性能与设备分类

| 性能 | 性能说明 | 设备类别 |
|---|---|---|
| 设备状态 | 设备被轮询时能够发送出其设备状态 | 1，2，3，4，5 |
| 过程数据 | 设备被轮询时能够发送和接收过程数据 | 1，2，3，4，5 |
| 消息数据 | 设备被轮询时能够发送和接收消息数据，此性能说明设备能够执行实时协议且在设备当中有一个网络管理代理者 | 2，3，4，5 |
| 用户可编程 | 用户程序可下载至此设备中，此性能说明设备具有消息数据、过程数据和设备状态性能，并能够读取其他设备的设备状态 | 3，4，5 |
| 总线管理器 | 设备能够成为总线主。此性能说明设备具有消息数据、过程数据和设备状态性能，并能够读取其他设备的设备状态 | 4，5 |
| TCN 网关 | 设备能够访问至少一条另外的总线（MVB 或其他）。此性能表明设备具有设备状态，过程数据和消息数据性能，并且只要至少有两条总线同时遵守实时协议时，就存在路由器 | 5 |

### （三）设备地址

总线上的设备使用设备地址（Address）来进行标识。MVB 上设备地址为 12 位；WTB 上设备地址为 8 位，其中低 6 位为节点地址。连接几种总线的设备对每一种总线可有不同的设备地址，某些特殊设备，如重复器，仅参与物理层，因而没有设备地址。设备地址主要用于总线上消息数据（Message）的传送。另外，WTB 在开始组网时（运行一个“初运行”程序），需要设备地址进行节点的定位。

总线上的设备（除 0 类设备外）还具有一个或多个不受特定设备约束的地址，即逻辑地址（Port Number）。WTB 和 MVB 在进行过程数据（Process Data）通信时，都使用逻辑地址（端口号）作为源地址或宿地址的，因此，逻辑地址也可以称为过程数据地址。

### （四）冗余与容错

TCN 协议支持多种冗余方式，主要是传输介质冗余和设备冗余结构。

WTB 和 MVB 的传输介质（双线）都是冗余结构。WTB 和 MVB 的总线都采用 A、B 两对线，总线上的每个设备都与这两对线分别连接。运行时，设备或节点同时在两对线上发送信息，但只能在其中的一对双绞线上接收信息。设备可以随机地在两对双绞线中的任何一对上接收信息，协议支持设备可以按照一种规则来回切换接收使用的双绞线电缆。若设备从侦听中发现其中一对双绞线的信号发生故障时，设备可以固定使用另外的一对双绞线进行工作。当然，这种状态必须向主设备报告。

设备的冗余主要是 WTB 的主设备和 MVB 的总线管理器 BA 的冗余。协议要求在一条总线上具有 2 个或 2 个以上的设备具有成为总线主或 BA 的能力。WTB 和 MVB 在工作过程中，总是在不断地进行总线主和 BA 转移（如果能够转移的话）以避免由于总线主设备和 BA 的故障使得整个网络陷于瘫痪。

TCN 协议的容错机制主要是重发。由于过程数据是周期性地广播发送（周期时间为 ms 级），因此，对于其中个别的一次性数据错误，很快就会被下一次的数据所覆盖，不会影响系统的运行；消息数据的传输是点对点的传输，协议定义了数据传输过程中的重发机制，如 WTB 是遵循 HDLC 规范定义的数据重发机制。

## 二、实时协议

尽管 WTB 和 MVB 是两种不同的总线，但它们遵循的是同样的通信协议——实时协议 RTP。RTP 是为了让不同的应用能通过列车通信网“透明”地相互通信而制订的一组协议和服务。这些应用可能位于不同的车辆或同一车辆甚至同一设备内。为此，RTP 使用网关来连接不同的总线，其提供过程变量和消息两类通信服务。

TCN 标准将 WTB 和 MVB 中传输的数据分为两类：过程数据和消息数据（Message Data），过程数据反映列车状态，如速度、电动机电流、操作员的命令等，通常被用于过程的监视、控制和命令，过程数据传输是实时的，即其传输时延必须在确定的时限内，否则将导致错误的结果。消息数据是那些不频繁传送，但可能冗长的事件数据，例如诊断或旅客信息。消息的长度在几个到几千个字节之间。是非实时的，其传输时延必须短，但允许变化。

过程数据的传输采用变量传输，消息数据的传输采用事件传输。

### （一）介质访问控制

TCN 在链路层提供了两种服务：周期性的、采用源寻址广播的过程数据传输和按需传送的、采用目标寻址的消息数据传输。周期和非周期传输如图 4-14 所示。

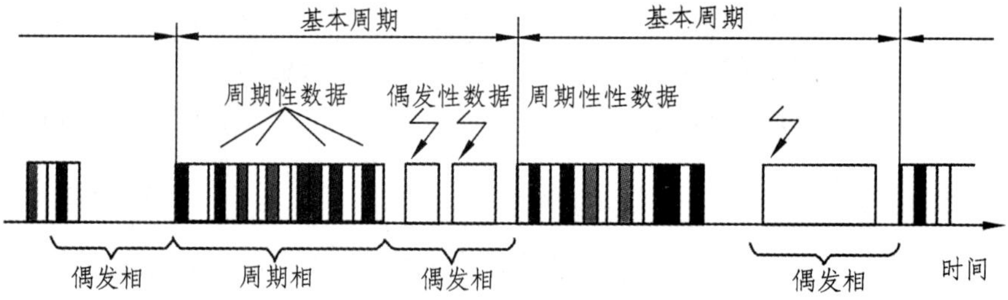


图 4-14　周期和非周期传输示意图

根据图 4-14 的结构可以看到，TCN 协议将总线时间划分为 $n$ 个基本周期，每个基本周期又划分为周期相（Periodic Phase）和偶发相（Sporadic Phase）一个基本周期的大小在 MVB 上是 1 ms 或 2 ms，在 WTB 上是 25 ms。

周期相固定占用基本周期的 65%左右，用于传送周期性的过程数据。两个周期相之间的偶发相用来允许设备进行事件驱动的或由需要驱动的通信，即传送消息数据。因此，周期性和偶发性数据通信虽共享同一总线，但在传输上是完全分开的。对周期相和偶发相的访问由总线 MAC 层执行。访问策略则由更高层决定，周期性数据的轮询周期和偶发性数据的轮询优先级策略取决于应用。

#### 1. 周期性介质访问

周期性介质访问周期性数据在总线的周期相以一个基本周期的 2 倍（$n = 0, 1, 2, \cdots, 10$）为周期循环传输，该循环周期称为数据的特征周期。TCN 协议定义变量数据均为周性数据，因此每个变量在运用中均需定义其特征周期，而运用中各个变量的最大特征周期则称为宏周期，也就是变量数据的传输周期。在周期相内，总线主设备运用主帧依次轮询各从设备，被轮到的设备用一个含有周期性数据的从帧作为应答（这种格式在总线初始化时被定义），同时该从帧也被广播到其他设备，因为数据是周期性重复发送的、所以周期性数据（变量数据）无须目标设备确认。

2. 偶发性介质访问

偶发性数据在偶发相内按需传输。主设备对从设备轮询偶发性数据，被轮询的设备若有偶发性数据发送时，以带有标识的从帧回答。在有多个从设备需要发送数据时，主设备根据应确定的策略将这些设备地址排队，然后按照队到的排序逐个轮询这些从设备，偶发相的时间不能超越基本周期的界限、若偶发性数据（事件）的传输在一次偶发相内传输不完，主设备将在下一个偶发相期再次轮该设备继续发送，因此，从设备必须将比较长的偶发性数据分包，并在数据包内标识是否有后续的数据包或该数据已经完毕。

偶发性数据是与事件的发送相关联的，事件是因设备状态的改变而引发信息发送要求的。因此，事件必得以确认，以确保不会丢失状态改变的信息。

### （二）变量服务和消息服务

从应用来看，TCN 协议提供了两种与总线无关的、独立的应用服务，即为过程数据服务的变量服务和为信息数据服务的消息服务。TCN 提供的两种服务如图 4-15 所示。

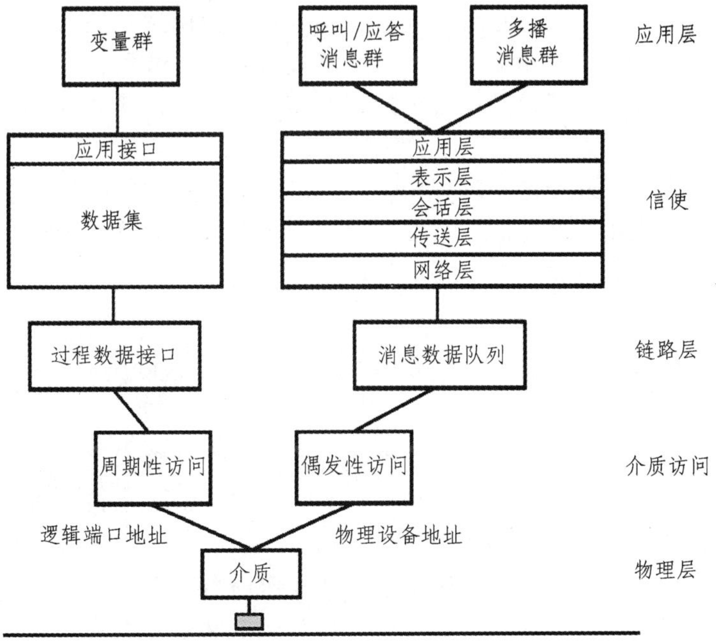


图 4-15　TCN 提供的两种传输服务

1. 变量服务

过程变量是表示物理过程状态的量，通常被用于过程的监视、控制和命令。过程变量的传送时间必须短而确定，RTP 用于过程变量服务的协议是紧凑高效的，只包含三个层次：物理层、链路层和应用层。链路层处理端口和通信缓存的操作，完成协议大部分的工作。应用层处理过程变量的访问，为了提高效率，相同周期的若与过程变量被合在一起，称作数据集（Data Set）。过程数据以数据集方式进行传输。过程数据是周期性数据，总线的周期特性可以保证过程数据传输延时是确定的，不因总线负载不同而变化。

过程数据传播模式类似于生产者—用户模型，即源设备（生产者）向多个宿设备（用户）周期性传播其过程数据（产品）。过程数据由其逻辑地址（端口地址）区分，这种传输方式被称为源寻址的广播方式。

每个过程数据在源设备中有一个对应缓冲区，称为源端口；在每个宿设备中也有一个对应的缓冲区，称为宿端口，一个过程数据可以有多个宿端口，但只能有一个源端口，其逻辑地址由其源端口的端口号来标识,宿端口的端口号与发送数据的源端口的端口号相同，主设备用过程数据的端口号来请求有数据发送的源端口发送数据，接收该端口号的设备将数据存入其宿端口，并覆盖原来的数据域。

一个数据集包含过程变量值和检查位，但不包含地址。每个过程变量由它相对于数据集起始地址的偏移量来标识。数据集的格式被预先确定，以供所有的总线成员使用。数据集存储在一个共享的通信存储器中，通信存储器可以分别由上位机和协议控制器独立地进行访问。从应用的角度来看，过程变量如同存放在一个分布式数据库中，不同设备中的应用可以同时访问它们。设备中的通信存储器实现了一个分布式数据库（部分或全部）的本地副本，而该副本是由总线传输数据来不断刷新的。

因为过程变量周期性地通过总线来发送，所以在数据偶然丢失的情况下不需要重发。为了对付持续的错误，总线控制器为每个端口配置了一个计数器，这个计数器表示在多久以前端口被刷新。此外，也可以随同每个过程变量发送一个校验变量以保证变量及时、正确地产生。

过程数据应用层允许逐个访问过程变量，也可以更有效地成组访问过程变量。它也可以将数据形式转换成应用所使用的表示法。根据列车总线和车辆总线间的网关需要进行从一条总线到另一条总线的变量复制，并能使周期同步。

2. 消息服务

消息数据为应用提供消息服务。RTP 中用于消息服务的协议架构符合 OSl 的 7 层参考模型。

链路层处理数据在总线上的传输，消息数据作为偶发性数据按需传输，其传输延时依总线的负载变化而变化，所以消息数据是没有实时性保证的。消息数据传输方式是目标寻址的，数据从原始（Original）设备发向终端（Final）设备或同一总线上的所有设备。总线上的每个设备需要有两个队列，分别用来接收和发送消息数据。

网络层处理分组的传输，使应用之间通过列车通信网络“透明”地交换消息。一个应用并不需要了解其对方是驻留在同一总线、同一站，还是在网络的其他任何地方。消息长度不确定，可从几个字节到几千个字节。因此，消息采用分组的方式传输，长的消息在源设备中被分割成短的分组，依次发送，每个分组带有标识其源和目标的全部地址，在目标设备中分组被合并成原来的消息。

消息有两种网络地址空间，均使用 16 位标识。图 4-16 是这两种 16 位网络地址的示意图，其中，16 位的第一位用于标识用户地址或系统地址，“0”标识为用户地址，“1”标识为系统地址。

1）用户地址

用户地址是一种功能标识，用于标识不同的功能，地址中的高 7 位标识节点地址或节点组地址，例如，列车中的牵引功能包含有多个节点（车辆）：地址中的低 8 位标识功能，共定义了 255 个功能，车辆的一种功能可以由车内多个设备共同完成，而一个设备也可同时支持多种功能。应用不需要知道一个功能位于何处，因而不用寻址设备，而只需要寻址功能，这种寻址方式更好地适应了车辆和设备的多样性。

2）系统地址

系统地址用于在网络管理中区分不同的站（Station），也就是具有通信能力的设备，这是一种物理地址。系统地址在网络中是唯一的，即网络上每个通信设备的地址是唯一的。地址中的高 7 位标识列车总线上的节点，低 8 位标识该节点上的设备（通信站）。网络地址如图 4-16 所示。

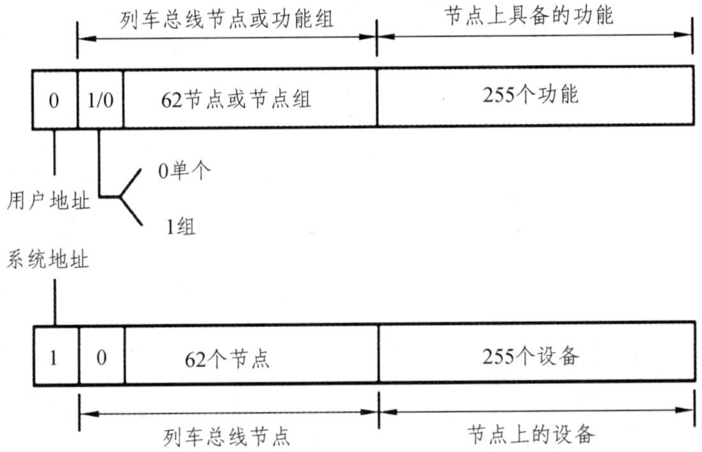


图 4-16　网络地址

列车总线中各节点的网络层需要为分组确定其路由，因此，需要具有这两种地址空间的转换功能。为此，在节点的网络层中必须采用一个功能地址映射到设备地址的功能目录和一个节点映射到通信站（设备）的站目录。

传输层为消息服务提供端到端的可靠连接。传输层负责消息的分段和合并，采用滑动窗口协议进行流量控制，采用重发协议进行出错恢复。传输层还可处理消息的多播传输，使消息同时传输到一组设备上。

会话层为应用提供远程调用服务，应用在客户机/服务器基础上通信。一个会话包含两个消息：一个由客户机发出的呼叫消息；一个响应该呼叫，由远程服务器发出的应答消息。

表示层没有特定的协议，因为所有消息数据都按标准的格式传输。

消息传输协议的网络层、传输层和会话层被安排在一个任务内运行，这个任务被称为信使。应用通过应用层接口使用信使的消息服务。

### （三）变量数据

RTP 协议对变量数据做了严格的定义，所有在网络中运用的变量数据必须符合 RTP 的定义，以便应用层的辨识。RTP 为变量定义了一个唯一的标识——变量名 PV_Name，变量名包含 6 个内容：变量存储的通信存储器号、变量的端口地址、变量在数据集中的位偏移量、变量类型、变量长度和该变量的校验变量的位偏移量。在变量名中，虽然存储器号、端口地址和位偏移量已经可以唯一地确定一个变量，但变量类型和变量长度运用有助于数据在网络和应用之间的转换。

（1）变量存储的通信存储器号（Traffie Store ID）。由于协议允许每个设备可以有 16 个用于通信的存储器，存储器号用于标识 16 个存储器中的某一个。

（2）端口地址（Port Address）。端口地址即为变量所在端口的逻辑地址。

（3）位偏移量（Offset）。变量在数据集中的位置距离数据集起始位的位偏移量，位偏移量可以确定变量在数据集中的位置。

（4）变量类型（Variable Type）。协议定义了 16 种类型的变量数据，变量类型见表 4-3。

表 4-3　变量类型

| 类型号（F-code） | 数据类型 | 类型号（F-code） | 数据类型 |
|---|---|---|---|
| 0 | 布尔型（HOLEAN） | 8 | 双极型（BIPOLAR） |
| 1 | 非等价型（ANTIVALENT） | 9 | 单级型（UNIPOLAR） |
| 2 | BCD 型或字段（ENUM） | 10 | 双极型（BIPOLAR） |
| 3 | 保留 | 11 | 无符号型数组（ARRAY OF UNSIGNED） |
| 4 | 位集合（BITSET） | 12 | 整型数组（ARRAY OF INTEGER） |
| 5 | 无符号型（UNSIGNED）或字段（ENUM） | 13 | 无符号型数组（ARRAY OF UNSIGNED） |
| 6 | 整型（INTEGER） | 14 | 格型数组（ARRAY OF INTEGER） |
| 7 | 字符型（CHARACTER）或字节型数组（ARRAY OF WORD） | 15 | 字节型数组（ARRAY OF WORD） |

（5）变量长度（Variable Size）。变量长度用来确定变量数据的数据位，因此必须与变量类型同时使用。变量长度的表示方法见表 4-4。

表 4-4　变量长度的表示方法

| 变量长度 | 变量数据位 |
|---|---|
| 0 | 16 位以下 |
| 1 | 16 位 |
| 2 | 32 位 |
| 3 | 48 位 |
| 4 | 64 位 |
| $n$-1 | 数组 |

（6）校验变量的位偏移量（Check Offset）。如果一个变量具有其自身的校验变量的话，该参数标识这个校验变量所在数据集中的位置。

上述变量名的表示方法举例说明：变量 3_2 timedata，表示变量是采用 BCD 码表示的 48 位时间数据，即年、月、日、时、分

# 任务三　多功能车辆总线 MVB

**专业能力目标**

（1）掌握 MVB 物理结构。
（2）掌握 MVB 传输介质。
（3）掌握 MVB 帧结构分析。

**基础知识**

## 一、概　述

多功能车辆总线 MVB 是应用于车厢或固定编组这一特定范围内的通信网络，MVB 将各车厢内或一个编组内的可编程设备互连，并可直接连接简单的传感器和执行机构。MVB 为车厢内各设备的诸多功能（如门控、制动、空调、旅客信息、坐席预留、照明等）的自动实现、消息的传送、资源的共享及各设备之间的合理配合提供了可靠、顺畅的信息交换通道。

MVB 是特定用于连接同一车厢或不同车厢（这些车厢在运行过程中是一个固定不变的编组）的设备到列车通信网络的总线。它既提供了可编程设备之间的互连，也提供了可编程设备与其传感器和执行机构之间的互连。

MVB 支持最多 4 096 个设备，其中有 256 个是能参与消息传送的站。图 4-17 所示为 MVB 在机车内的应用，图 4-18 所示为 MVB 在旅客车厢内的应用。

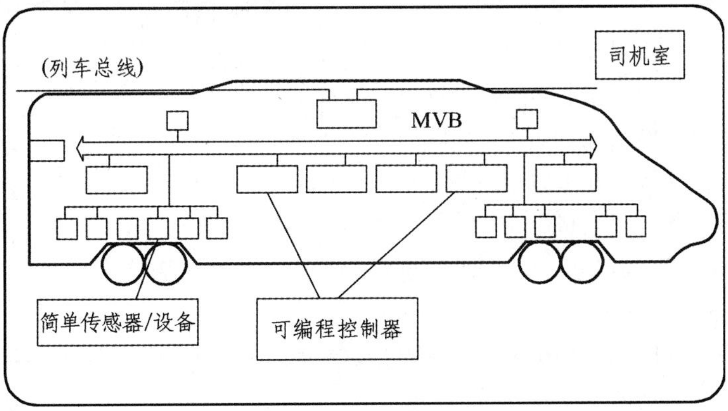


图 4-17　MVB 应用于机车

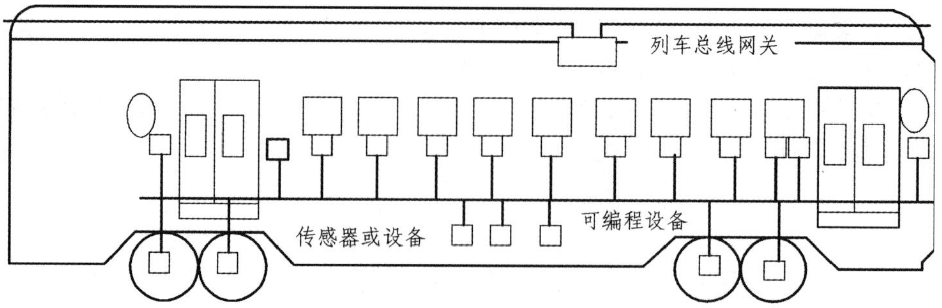


图 4-18　MVB 应用于拖车

对于运行时不解挂的列车，MVB 也可作为列车总线使用。

## 二、MVB 设备

### 1. 总线控制器（Bus_Controller）

总线访问每个设备时由专用的总线控制器控制，其工作原理如图 4-19 所示。总线控制器通过发送器和接收器附挂到两个冗余的线路上。MVB 总线控制器包含编码器和译码器，以及控制通信存储器（Traffic_Store）的控制逻辑。总线通信控制器对到达的帧进行译码并寻址相应的通信存储器，也能读取设备状态寄存器。

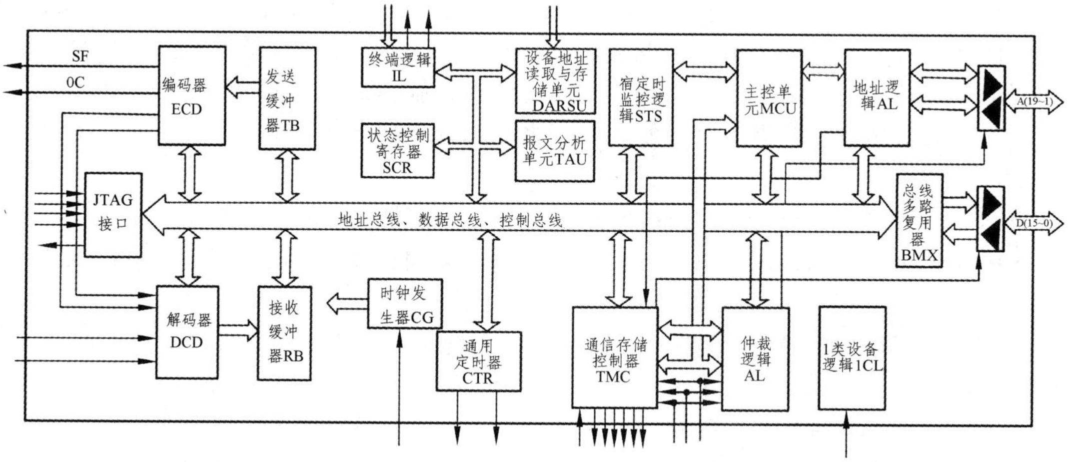


图 4-19　MVB 总线控制器

### 2. MVB 设备分类

MVB 总线上的设备，根据其控制与通信能力分为以下 5 类：

（1）0 类设备。不参与通信。中继器和星型光耦合器属于这类。

（2）1 类设备。连接简单的传感器或执行机构，不可远程配置，无应用处理器，不参与消息通信。

（3）2 类设备。自带应用处理器，可配置，能预处理信息，但处理程序固定，参与消息通信。

（4）3 类设备。是可编程逻辑控制器（PLC）的完全站。此类设备有许多端口，典型的是有 256 个。

（5）4 类设备。与 2、3 类设备相同，但能提供更多服务，参与总线的管理与控制。典型的 4 类设备有：①控制总线的总线管理器；②网络管理器；③连接车厢总线和列车总线的网关。

## 三、MVB 的物理层

### （一）拓扑结构

在 MVB 中，根据列车编组和实际使用情况，有时需要增加新的控制功能，扩充新的节点，因此采用总线形拓扑结构是比较适合的。MVB 可以支持 3 种物理介质，没有电隔离的电气短距离介质 ESD（Electrical Short Dstance Medium）、有隔离的电气中距离介质 EMD（Electrical Middle Distance Medium）、长距离光介质 OGF（Optical Glass Fibre Medium），其中任一种介质连接几个 MVB 设备就可以构成一个总线段，每一个段中有一个总线管理器。在 MVB 中，允许存在多个总线段，段与段之间通过重复器互联，MVB 拓扑结构如图 4-20 所示，图中不同的总线段以不同相粗细的线型表示。

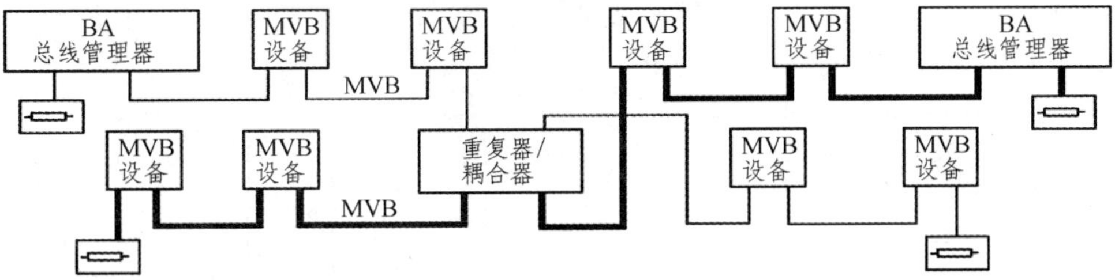


图 4-20　MVB 拓扑结构

### （二）物理介质

根据 TCN 标准的规定，MVB 可以采用 3 种不同的物理介质和驱动方式，但数据传输的速度均为 1.5 Mbit/s。

#### 1. 电气短距离介质 ESD

电气短距离介质 ESD 通过一对具有良好屏蔽的双线连接通信设备，不需要进行电隔离，使用基于 RS-485 标准的差动信号传输，具有附加的偏置电压，ESD 拓扑结构如图 4-21 所示，ESD 规范允许在不使用重复器的情况下，在 20 m（总线段长度）的距离内连接 32 个设备（一个段内），但实际传输距离和所支持设备的数量受限于电缆、连接器和设备所引起的传输波形的失真，同时还受限于接地和屏蔽的质量。线路的残段（Stub）不能超过 20 cm，两个设备连接点之间的距离不能小于 2 cm。线路的特性阻抗为 120 Ω，标准推荐电平偏置的 $V_{pp} = 5$ V，电阻分别为 $R_u = R_d = 390$ Ω、$R_m = 150$ Ω，因此，终端的阻抗为 126 Ω。

ESD 主要应用于一个控制柜内各个节点之间的 MVB 通信，在这种条件下可以不使用等电位导体。ESD 也可以应用在一个有限的空间，如司机室内，等电位导体可以使用也可以不使用，但如果使用等电位导体，则距离可以达到 200 m。

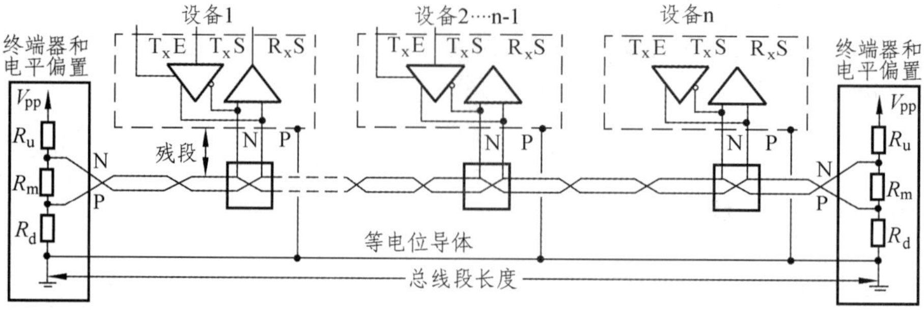

图 4-21　ESD 拓扑结构

2. 电气中距离介质 EMD

电气中距离介质 EMD 通过屏蔽的绞线电缆连接设备，采用变压器或其他隔离方式，按差动方式传送，可提高抗共模干扰的能力。EMD 允许在跨度 200 m 的距离内连接 32 个设备（无重复器），类似于 ESD，实际距离和支持设备的数量亦受限于电缆、连接器和设备所引起的传输波形失真，同时亦受限于通信系统接地的质量。

EMD 拓扑结构与屏蔽如图 4-22 所示。EMD 的连接是一种菊花链方式，用以保证获得比较小的电缆残段。图 4-22 也表示了电缆屏蔽层的连接，平衡阻抗连接各设备地，用以消除设备地之间的电位差所造成的环流。

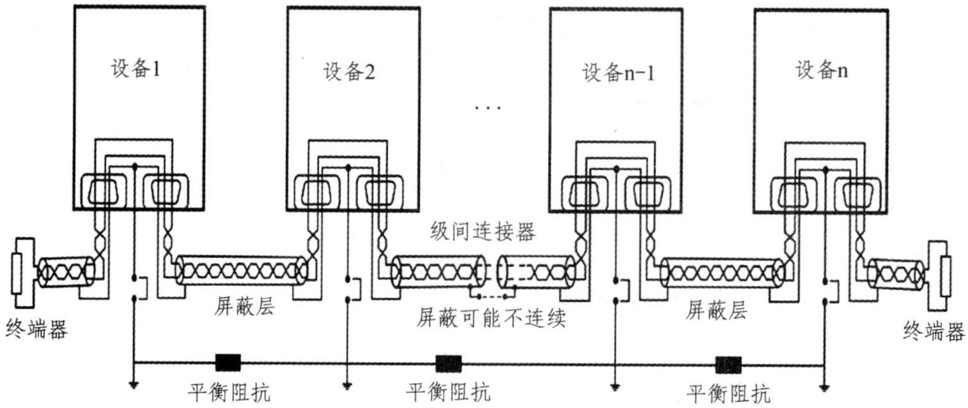

图 4-22　EMD 拓扑结构与屏蔽

EMD 的屏蔽双绞线电缆的推荐参数为：双绞线的截面面积为 0.34 ~ 0.56 mm$^2$，每米不小于 12 绞；特性阻抗 $Z_w = 120 \times (1 \pm 10\%)$（正弦波、测量频率 0.5 ~ 2.0 MHz）；电缆衰减小于 15 dB/km；分布电容不大于 46 pF/m。

3. 光介质 OGF

长距离光纤介质，由一对构成全双工点对点的光纤组成，用有源或无源的星形耦合器把几条光链路互联起来，构成星形总线光纤段，通过重复器连接到电气段上，设备之间的距离可达 2 000 m。以光纤作为物理介质时，线路上传送的是光信号，通信设备需要配置光电转换装置。OGF 传输方式只能用于点对点的通信，因此 OGF 方式下的拓扑结构必须是星形，OGF 的拓扑结构如图 4-23 所示。

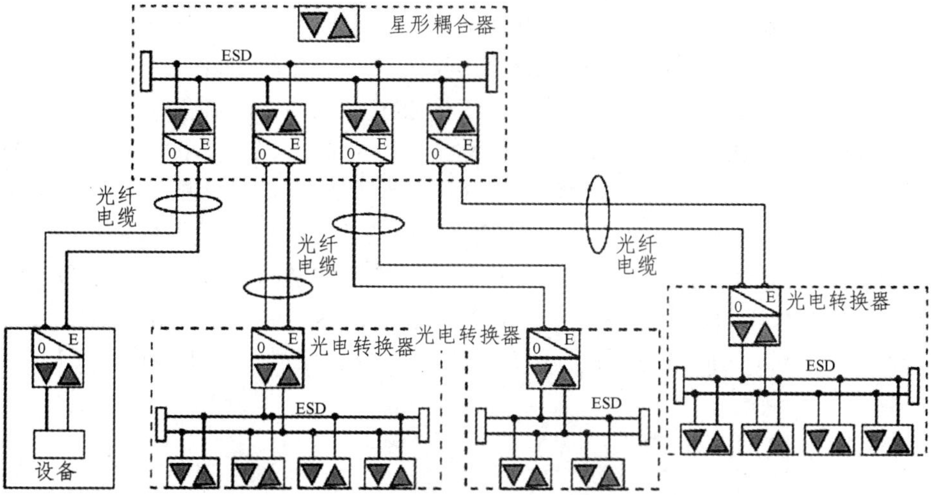

图 4-23　OGF 的拓扑结构

由于光纤传输有很多优点，如传输速率高，误码率低，抗电磁干扰能力强，损耗小及绝缘性好等，并且，车厢内的光纤接头的插拔只在维修时才需要，车厢内也比较干净，油灰、水汽污染也较低，所以采用光纤很合适提高列车通信网络的传输频率和扩大信息传输量。

### （三）介质安装单元

ESD 和 EMD 的 MAU（多路访问器）基本相同，都采用 9 芯的 D 形插座。EMD 的 MAU 结构如图 4-24 所示。两个 D 形插座一进一出，构成了菊花链式连接方式。ESD 允许采用总线连接器方式，但其连接电缆的残段长度需要严格控制。

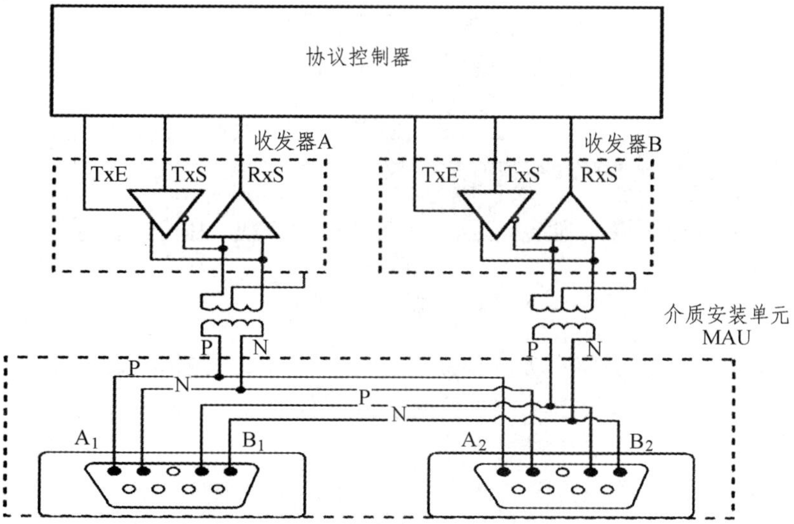

图 4-24　EMD 的 MAU 结构

### （四）MVB 的介质访问控制

介质访问控制 MAC 子层控制着收发器的工作，采用特定的算法来控制何时允许网络实体传送数据信号，以达到共享通信信道而不发生冲突的目的。在 MVB 中，由总线管理器控制介质访问。如前所述，总线上可以有多个总线管理器，但在一定时间内，只能由一个总线管理器控制总线，这个“一定时间”称为一个轮换。根据 RTP 协议，MVB 的周期相留给周期数据的传输，在这段时间里，主设备根据周期表以固定的顺序和时间间隔发送由 RTP 协议定义的主帧序列，以实现可精确计算周期的、确定的过程数据传输。偶发相预留给事件的仲裁和消息的传送、扫描设备状态和控制权的转移，主设备在偶发相期间周期性地询问所有与之相连的设备，是否有数据传输。组合这两种总线分配方法，能最佳地与数据传输要求相匹配。任何情况下，由正在工作的总线管理器决定哪些设备可以传输数据。

## 四、MVB 的帧和报文

MVB 中 MAC 的格式由分界符、数据和校验序列组成。分界符用于同步，以起始位开始，起始位按逻辑“1”送出，定义为高电平向低电平的转换。解码器通过对分界符的解码，可检测出正确的信号极性。帧数据由 LLC 层定义和封装，16～256 位。校验序列为保证数据尽可能地可靠正确传输，在每 64 数据位（对于小尺寸的可为 16 位或 32 位）之后附加一个 8 位的校验序列来保护，MVB 校验序列采用 IEC60870-5-1 的 FT2 级格式，其生成多项式为 $G(x) = x^7 + x^6 + x^5 + x^2 + 1$。

在 MVB 中，有两种帧格式，一种是只能由总线主设备发送的主设备锁，简称主帧；一种是为总线上由从设备响应主设备发送的主帧时生成并由从设备发送的从设备帧，简称从帧。

### （一）主设备帧

MVB 数据帧由起始分界符、帧数据、校验序列和终止分界符构成。但是，为了防止数据出现同步滑移，主帧和从帧中的起始分界符不一样。主设备帧的构成如图 4-25 所示。

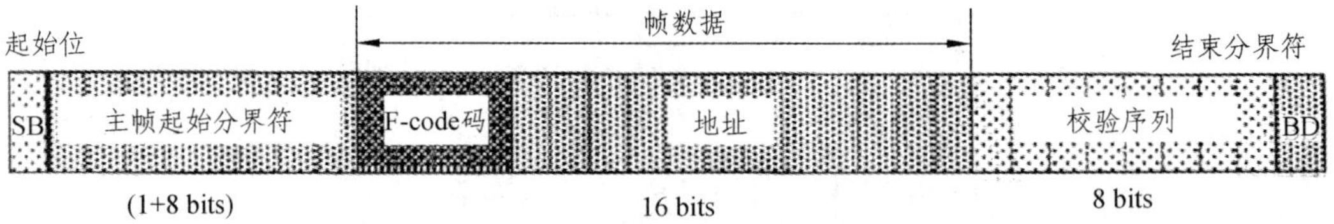


图 4-25　主设备帧的构成

主设备帧固定为 33 位，帧头为 9 位主起始分界符，16 位帧数据，8 位校验序列，最后数据位为终止分界符。4 位功能码，12 位地址或参数（在 MVB 中，逻辑地址和设备地址都为 12 位）。

（1）主设备帧起始分界符的序列格式为：起始位，“NH”“NL”“0”“NH”“NL”“0”“0”“0”，如图 4-26 所示，起始位是由发送器以逻辑“1”送出，来开始一个帧，通过起始分界符可以简便地区分主帧和从帧。

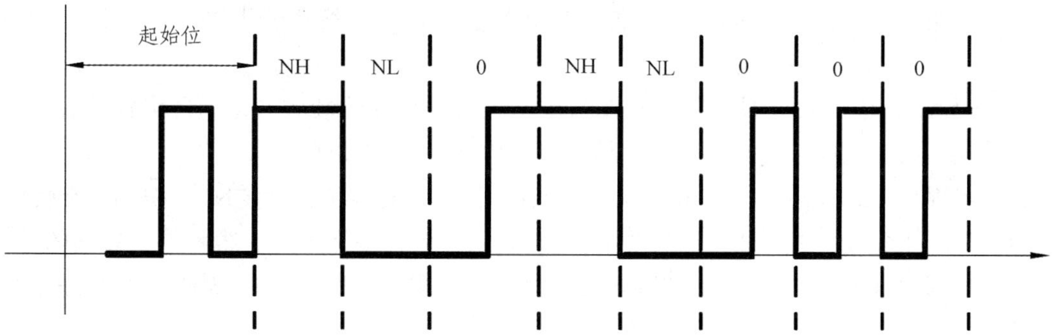


图 4-26　主起始分界符

（2）16 位帧数据：4 位（4 位二进制数）主设备的功能码（F-code 码）限定了接下来的 12 位是逻辑地址还是设备地址，并指出所期望的从设备帧的尺寸。F-code 码也能规定一次事件查询，在这种情况下，“地址”包括查询参数或一个多播地址。功能码 F-code 的编码见表 4-5。

表 4-5　功能码 F-code 的编码

| 主设备帧 | | | 从设备帧 | | | |
|---|---|---|---|---|---|---|
| F-code 码 | 地址 | 请求 | 源 | 位数 | 响应 | 目标 |
| 0 | 逻辑地址 | 过程数据 | 作为原署名的单个地址 | 16 | 过程数据（与应用有关） | 应署名为宿的所有设备 |
| 1 | | | | 32 | | |
| 2 | | | | 64 | | |
| 3 | | | | 128 | | |
| 4 | | | | 256 | | |
| 5 | | 保留 | | — | | |
| 6 | | 保留 | | — | | |
| 7 | | 保留 | | — | | |
| 8 | 设备地址 | 控制权转移 | 被提议的主设备 | 16 | 接受/拒绝控制权 | 主设备 |
| 9 | 所有设备 | 一般事件查询参数 | 一个或多个设备 | 16 | 事件标识符 | 主设备 |
| 10 | 设备地址 | 保留 | — | — | | |
| 11 | 设备地址 | 保留 | — | — | | |
| 12 | 设备地址 | 消息查询 | 单个设备 | 256 | 消息数据 | 从帧选定的设备 |
| 13 | 设备组 | 分组事件查询 | 一个或多个设备 | 16 | 事件标识符 | 主设备 |
| 14 | 设备地址 | 特征时间查询 | 单个设备 | 16 | 事件标识符 | 主设备 |
| 15 | 设备地址 | 设备状态查询 | 单个设备 | 16 | 事件标识符 | 主设备或监督设备 |

（3）8 位帧数据校验序列：主帧数据采用循环冗余校验（CRC）对帧数据进行保护。

（4）终止分界符：在主帧最后一位，发送器会发送一个终止分界符，根据物理传输介质的不同，分为以下 3 种情况。

①当传输介质为 ESD 时，发送器将会在发送一帧数据的最后一位，驱动总线变为低电平状态，并在之后添加一个“NL”编码，然后停止数据的发送。

②当介质为 EMD 时，与传输介质 ESD 时一样，首先添加一个“NL”编码，与传输介质 ESD 时不同的是，在“NL”编码之后继续添加一个“NH”编码，然后停止数据的发送。

③当介质为 OGF 时，与传输介质 ESD 时一样，添加一个“NL”编码，然后停止数据的发送。

### （二）从设备帧

从设备帧长度不固定，存在 5 种长度类型，从设备帧的数据位有 16 位、32 位、128 位、64 位或 256 位 5 种，每 64 位后加一个 8 位的校验码。少于 64 位的数据位，如 16 位和 32 位后应加一个 8 位的校验码，最后添加一个终止分界符，从设备帧的结构如图 4-27 所示。所有的设备都对主设备帧译码。被寻址源设备用其从设备帧回答，该从设备帧可被多个其他设备接收。

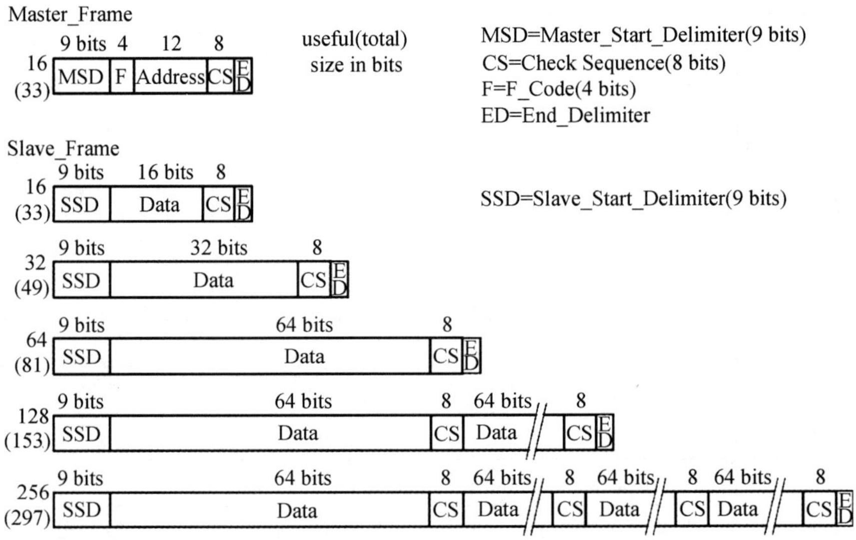


图 4-27 从设备帧的结构

（1）从帧起始分界符序列格式为：起始位，“1”“1”“1”“NL”“NH”“1”“NL”“NH”，如图 4-28 所示，起始位是由发送器以逻辑“1”送出，来开始一个帧。

（2）根据主帧中 F 代码的不同，帧数据长度不同。

（3）校验序列与主帧采用同样的校验方式。

（4）终止分界符与主帧终止分界符一样。

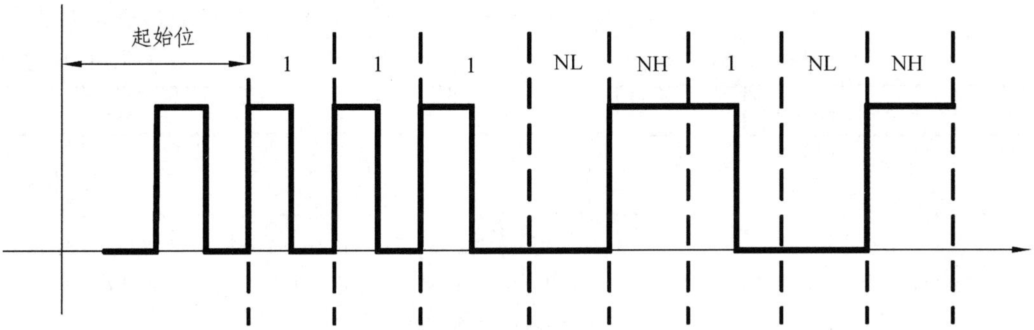

图 4-28　从帧起始分界符

（三）报　文

总线上主设备发送的一个主帧与源设备为响应主帧发送的从帧组成一个报文。MVB 报文分为过程数据报文、消息数据报文和监视数据报文。

MVB 的报文类型一共有 16 种，由主设备帧中的 F_code 区分，见表 4-6。

表 4-6　MVB 的报文类型

| F_code | 报文类型 |
| --- | --- |
| 0 | 16 bit Process_Data_Request（过程数据请求帧） |
| 1 | 32 bit Process_Data_Request（过程数据请求帧） |
| 2 | 64 bit Process_Data_Request（过程数据请求帧） |
| 3 | 128 bit Process_Data_Request（过程数据请求帧） |
| 4 | 256 bit Process_Data_Request（过程数据请求帧） |
| 5 | （保留） |
| 6 | （保留） |
| 7 | （保留） |
| 8 | Mastership_Transfer_Request（主设备权传送请求帧） |
| 9 | General_Event_Request（常规事件请求帧） |
| 10 | （保留） |
| 11 | （保留） |
| 12 | 256 bit Message_Data_Request（消息数据请求帧） |
| 13 | Group_Event_Request（组事件请求帧） |
| 14 | Single_Event_Request（单事件请求帧） |
| 15 | Device_Status_Request（设备状态请求帧） |

一个主设备帧和一个从设备帧组成一个报文，MVB 的报文如图 4-29 所示，有过程数据报文、消息数据报文和监督数据报文之分。

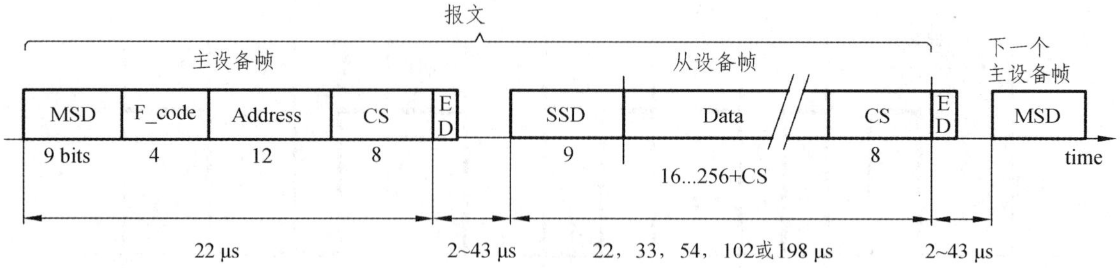


MSD—主设备源分界符；ED—帧结束定界符；SSD—从设备源分界符；CS—校验序列。

图 4-29　MVB 的报文

1. 过程数据报文

主设备发送一个 F_code 为 0 ~ 4 的过程数据请求帧（主帧），总线上所有设备都对此数据帧进行接收并译码，只有与过程数据请求帧中 12 位逻辑地址相同的从设备（源设备）才响应此主帧并发送过程数据响应帧（从帧），这便组成过程数据报文，过程数据响应帧的帧数据长度由 F_code 决定，16、32、64、128 和 256 共 5 种格式，过程数据报文如图 4-30 所示。

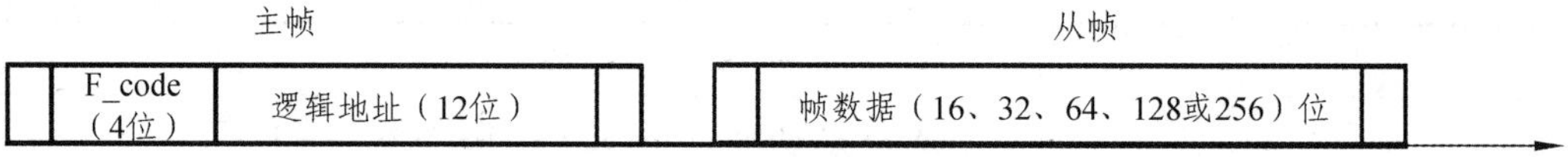


图 4-30　过程数据报文

2. 消息数据报文

总线上主设备发送一个 F_code = 12 的消息数据请求帧（主帧），与请求帧中定义的 12 位设备地址一致的目的设备响应此请求帧，并发送消息数据响应帧（从帧），便组成一个消息数据报文。消息数据响应帧的帧头 4 位规定了消息的模式，“0001”B 表示单播寻址目的设备方式，“1111”B 表示广播 ，并且单播模式和广播模式编码互补；随后 12 位为目的设备地址，所有设备均对目的设备地址译码，只有与目的设备地址一致的设备才接收该消息数据响应帧；接着 4 位定义协议类型，“1000” B 表示实时协议，其他值为以后扩展使用；接下来 12 位为源设备地址；接着 8 位表示链路数据中有效的字节数；最后为链路数据，如果链路数据的长度小于 256 位，用“0”进行填充。消息数据报文如图 4-31 所示。

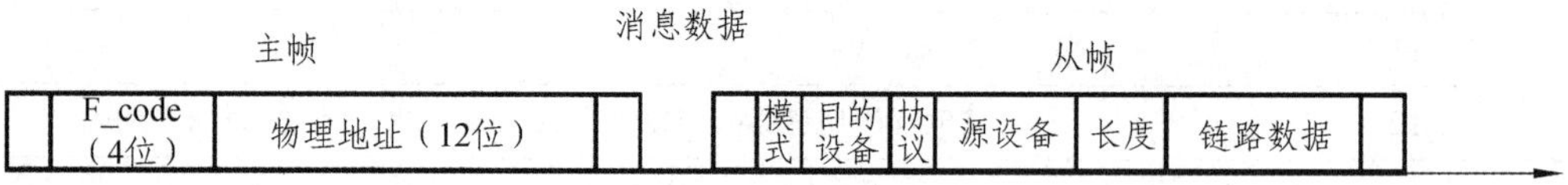


图 4-31　消息数据报文

3. 监视数据报文

监视数据从帧帧数据长度固定为 16 位，是对主帧中 F_code 为 8、13、14 或 15 的数据帧的响应。特别地，F_code = 8 的消息数据表示主权转移，用于冗余总线主之间的总线管理；F_code = 15 表示读设备状态，总线主通过轮询的方式检查设备的信息。如果监视数据请求后没有监视数据响应，监视数据报文不会立即被重发。监视数据报文如图 4-32 所示。

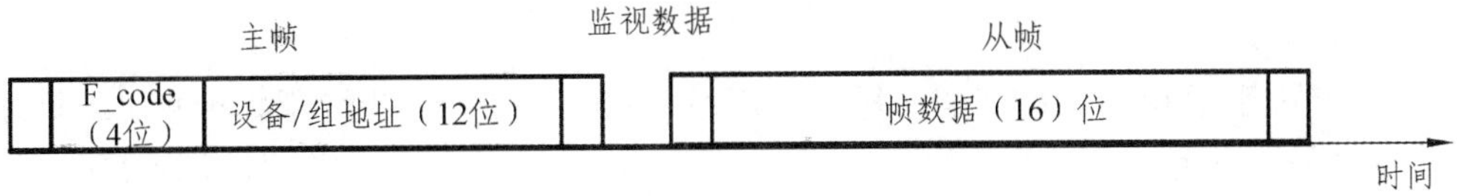


图 4-32　监视数据报文

### （四）MVB 的信号表示

MVB 的速率为 1.5 Mbit/s。数据采用曼彻斯特编码，每一数据位码元中间都有跳变，从高到低的跳变（负跳变）表示为“1”，正跳变则表示为“0”。帧数据以 9 bit 帧源定界符开头，以 8 bit 校验序列结束。

### （五）端　口

总线上主设备在发出主帧后，源设备应在 2 ~ 6 μs 内响应此主帧并发送数据响应帧，所以数据响应帧应在发送之前准备好，为此，设备将数据放在一个寄存器中，这个寄存器称为端口，通过总线管理器进行寻址和译码，同时把从总线上接收的数据放入相应的端口。端口本质上是一种共享的内存结构，是一种非队列的数据结构，并且能够同时被应用层和网络层进行访问，也就是说对端口写入新的数据将覆盖原来的数据，对端口进行的读操作是不会改变端口中的数据。每个设备都有大量端口，根据功能配置为源端口和宿端口。

总线上一个给定的端口地址只能有一个源端口，但可以有多个宿端口。即源设备发送的从帧数据可以被多个宿设备接收。

1. 源端口（Source Port）

提供过程数据响应帧的端口，当其端口地址与过程数据请求帧中一致时，包含该源端口的设备应读取该端口中的数据,并用一个不可分割的操作将该端口中数据发送到从帧中。

2. 宿端口（Sink Port）

用于接收过程响应帧的端口，当其端口地址与过程数据请求帧中一致时，应用一个不可分割的操作将在总线上接收到过程响应帧的数据存储到该端口中，并覆盖先前内容。

端口根据主帧中的 F_code 分为两类：物理端口和逻辑端口。

1）物理端口

物理端口的地址是 12 位的设备地址，设备地址在 MVB 上是唯一的。每个设备可以有 8 个物理端口，用于监督数据和消息数据（F_code 码为 8 ~ 15）的传输。除了消息数据端口外，其他端口的大小都为 16 位。

256 位的消息端口（F_code 码为 12）仅供消息数据传输使用。只有主帧指定地址的设备才能从消息端口发出消息数据帧，而其他所有设备则监视该消息数据帧。若其固有的设备地址在消息数据的报头中出现，则接收该帧。与其他端口相比，消息端口的内容不会被覆盖，因为消息端口在以前的内容未取走时，拒绝接收新的数据帧。

物理端口的数据存放在通信存储器的消息数据区域，此外，消息队列（附属于物理消息端口）也可以放在通信存储器中。

2）逻辑端口

逻辑端口用于过程变量的传输。每个逻辑端口都有一个 12 位的逻辑地址，逻辑地址在 MVB 上与设备不是唯一对应的。每一个设备可以有若干个逻辑端口，最多为 256 个。在配置阶段，分别将它们设置为源端口和宿端口，其大小根据过程数据集的长度可以设置为 16 位、32 位、64 位、128 位或 256 位。逻辑端口的数据存放在通信存储器的过程数据区域。

## （六）寻　址

寻址（Addressing）是网络通信实体用来区分网络上设备的一种操作。根据 MVB 上地址性质的不同，MVB 有两类寻址操作，一类是逻辑寻址，另一类是物理寻址。

逻辑寻址采用 12 位的逻辑地址，用于过程数据的传输。每个参与过程数据通信的设备都具有一组逻辑地址，分为源端口地址和宿端口地址，主帧寻址的对象是源端口地址（源端口号）；过程数据传输（从帧）寻址的对象是宿端口地址（宿端口号）。根据寻址宿端口的数量，从帧寻址又可以分为广播寻址、多播寻址和端口寻址。

广播寻址的对象是总线上的所有端口，即总线上所有被定义接收该源端口数据的宿端口，这是 MVB 过程数据传输采用的主要方式。多播寻址的对象是多个宿端口，这些宿端口被定义接收该源端口号发送的过程数据。端口寻址的对象仅为指定的宿端口。

MVB 的过程数据主要采用源地址的广播方式进行传输。主设备通过发送一个请求过程数据传送的主帧，其 F_code 码为 0 ~ 4、地址为请求源端口的端口号，所有从设备则在监听过程中检测自己的逻辑地址范围中是否有与主帧地址相同的源端口地址，并且端口长度与 F_codet 相符，若设备检测到具有这样的源端口，则该设备向总线广播一个带有源端口地址且符合 F_code 码规定长度的从帧，作为主帧请求的响应。该设备称为传输的源设备。总线上的其他设备在监听时，则检查自己的逻辑地址范围中是否有与主帧中出现的源地址相同且端口长度符合 F-code 码的宿端口号。如果存在这样的宿端口，就接收源设备广播的从设备帧，称该设备为数据传输的宿设备，MVB 中过程数据的源地址广播方式传送如图 4-33 所示，图中的其他设备为不参与过程数据通信的设备。

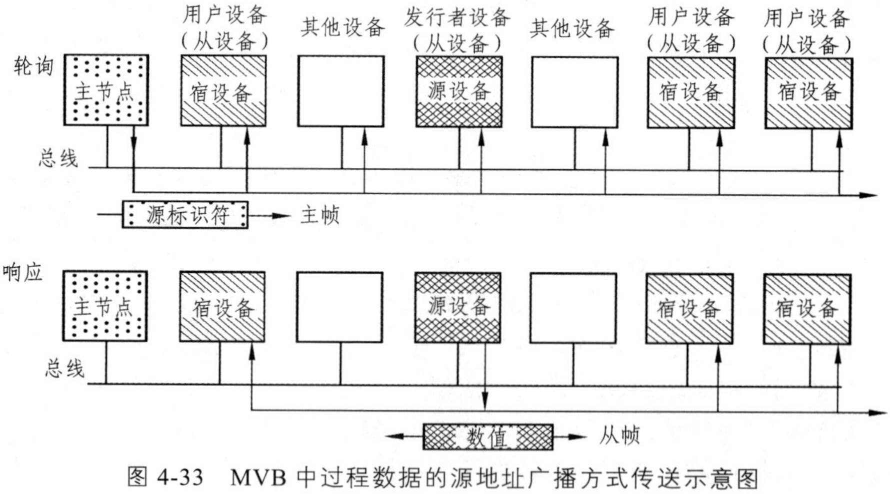


图 4-33　MVB 中过程数据的源地址广播方式传送示意图

MVB中的每个设备(除不参加通信的重复器设备外)有其唯一的12位设备地址(Device Address)标识，但一般要求具有消息数据通信能力的设备最好使用小于256的地址，以便在地址搜索时减少仲裁时间。

主设备通过发送F_code为12的主帧来请求传送消息数据，被寻址的从设备发送一个消息数据予以响应。消息数据的传送除了特殊定义外，一般是点到点的通信，即在从帧中，带有目标地址和源地址。主设备未寻址的设备，若它自身的设备地址为从设备中的目标地址，就接收响应的消息数据帧。

当主设备向从设备请求管理数据时，与主帧中地址匹配的设备按功能码的不同而以不同的从帧作为响应，从而构成管理数据报文。

## （七）介质访问控制的主权转移

为提高MVB的可用性，总线控制权可以由两个或更多个总线管理器（BA）轮流分担，每个BA在一次轮换期间行使控制权，称为总线主设备。在一个轮换结束时，当前的总线管理器用F_code = 8的主帧将控制权传送给一个待用的、已准备就绪的总线管理器，F_code = 8主设备格式见表4-7。

表4-7　F_code = 8主设备帧格式

| 0 | 1 | 2 | 3 | 4 | 5 | 6 | 7 | 8 | 9 | 10 | 11 | 12 | 13 | 14 | 15 |
|---|---|---|---|---|---|---|---|---|---|---|---|---|---|---|---|
| F_code = 8 | | | | 待用的总线管理器设备地址 | | | | | | | | | | | |

主权转移主帧中的设备地址是被提名的主设备地址，当总线上只有一个总线管理器时，该地址则为当前主设备自身的地址。被提名的主设备或当前的主设备按表4-8的格式发送一个从帧，作为主权转移的响应。依此类推，总线控制权可以在多个总线管理器之间轮换。当然，每个总线管理器内必须保存有一张可以成为总线管理器的设备地址表，当一个待用的总线管理器拒绝接受主权管理时，当前的BA可以根据设备地址表将主权转移至下一个待用的总线管理器。若所有的待用总线管理器均拒绝接受主权管理时，主权传递主帧中的地址回到当前BA的地址，因此总线控制的主权仍然回到当前的BA。

表4-8　F_code = 12主设备帧格式

| 0 | 1 | 2 | 3 | 4 | 5 | 6 | 7 | 8 | 9 | 10 | 11 | 12 | 13 | 14 | 15 |
|---|---|---|---|---|---|---|---|---|---|---|---|---|---|---|---|
| ACP | | | | 有效实现密钥 | | | | | | | | | | | |

在表4-7中，如果ACP = “1”，表示管理器接受控制权，剩下的15位包含被提名主设备的有效实现密钥；如果ACP = “0”，表示管理器拒绝接受控制权，剩下的15位无定义。

## （八）数据传输

### 1. 周期数据传输

周期数据传输就是过程数据的传输。MVB上的周期性数据是以数据集的方式进行传输的，每个设备将其过程数据按照它们的特征周期组合成数据集合，再根据数据集的长度配置过程数据端口。

MVB 的每个主设备（总线管理器）中都配置有一张周期列表，为每个周期数据集指明端口地址、F_code 码和特征周期。周期表由具体应用来配置，也可以通过网络管理软件的管理数据链路层接口（LSI）来配置。周期表是总线主设备工作的基础，因此在 MVB 运行之前必须首先配置周期表。

特征周期 $T_{ip}$ 是周期性数据传输的时间间隔，根据需要和实时性要求可以各不相同。$T_{ip}$ 可表示为：$T_{ip}=T_{Bp}\times 2^n$，这里 $n=0$，1，…，10，$T_{Bp}$ 为基本周期，MVB 中规定特征周期最大不能超过 1 024 ms。应用在配置时把具有相同特征周期的数据放进同一个循环，所以一个周期列表中最多可以有 11 个循环。

一个宏循环的持续时间为 1 024 ms，所以若基本周期为 1 ms，则一个宏循环中包含 1 024 个基本周期，特征周期中最大的称为宏周期，规定不能大于 1 024 ms，所以一个宏循环中包含了若干个宏周期。一个总线管理器控制总线的时间称为一个轮换，以宏循环的个数计算，数量级为秒级，轮换结束后，必须进行控制权的转移。如果总线上只有一个总线管理器，轮换结束后，控制权又交回自身。

过程数据源的数据长度有 16 位、32 位，64 位、128 位和 256 位 5 种固定的尺寸，分别对应于 F_code 码的 0 ~ 4，这 5 个功能码是为发送过程数据而预留的。

### 2. 非周期数据传输

非周期数据传输是事件（ Event）数据的传送，而事件数据主要用于编程、网络监控、设备的维护和故障的诊断。

在基本周期的偶发相期间，主设备查询从设备中需要传输的事件信息，有 4 个功能码用于非周期性数据或事件数据的查询和传输，这 4 个功能码分别为：

（1）F_code = 9 为一般事件查询主帧，用于事件环路的启动。主设备通过广播方式向所有设备发送一个具有两个参数的主帧，所有具有悬挂事件的设备用包含有事件地址的从帧来回答。

（2）F_code = 13 为事件组查询主帧。在调用时，总线管理器发送的主帧由功能码、一个设备组地址和一个掩码组成，其中掩码由若干位的“1”和一个“0”组成，它的位数决定了设备组地址的宽度，掩码的位数越多，表明待查询组地址的范围越小，被寻址的从设备用事件地址作为回答。

（3）F_code = 14 为单个事件查询主帧。主设备在得到可能有事件发生的报告后，就对单个设备进行询问，若确有事件发生，被寻址的从设备就用事件地址作为回答，然后开始传输事件。

（4）F_code = 12 的主帧，用于消息数据的传输，被寻址的从设备发送一个包含目的设备地址和数据的从帧，由目的设备接收该帧。

## （九）MVB 的实时调度

每个 MVB 周期信息的传输是一个连续而完整的过程，如果已发出数据尚未完成传输便被中断，整个发送数据必须从头开始重新传输，这将严重浪费总线带宽资源，因此，MVB

周期信息的传输是一种无法中断、不可抢占的通信过程，在某种程度上，对其进行实时通信调度与计算机操作系统的实时任务调度中不可抢占任务调度机制完全类似。

为此，对于具有确定响应时间的 MVB 周期信息而言，主要由 BA 根据周期信息的传输周期、截止期等时间特征，利用相关的实时任务调度算法，建立一个包含 MVB 周期信息服务调度次序的实时调度时间表，来实现对 MVB 的实时通信调度。具体运行时，BA 通过循环扫描调度时间表，按照已建立的各周期信息调度时刻，依次向各个 MVB 源设备发送信道使用权。但是，在对 MVB 周期信息通信进行真正调度之前，还需预先分析实时调度表的有效性，即采用可调度性判据来判断已建立的实时调度表能否满足所有信息的截止期要求。由此可见，在 MVB 周期信息实时调度算法中，实时调度表的构建算法及判断实时调度表是否满足可调度性要求的分析方法，是 MVB 实时调度的基础，其中可调度性判断也称为 MVB 周期信息实时调度算法的可调度性分析。

周期信息的实时调度算法根据信息通信方式的不同，主要可以分为异步方式和同步方式两种。在异步方式下，总线仲裁者连续处理所有待发送的周期信息，直到所有信息发送完毕；在同步方式下，如果当前微周期的能力不够发送某个周期信息，则向后查找新的微周期，直至找到有能力发送该信息的微周期为止，而在每个基本周期的非周期时间窗口中，可以处理非周期信息传输或插入空闲帧和同步帧等其他事务。

在不同模式下，周期信息的调度算法也是不相同的。在异步模式下，由于不必考虑微周期的限制，可以采用实时系统中关于单处理器的调度算法；在同步模式下，由于受到微周期限制的影响，原实时系统中关于任务的调度算法不能完全适用。为此，结合经典的基于静态优先级的任务调度 RM 算法，可产生两种周期信息调度算法：异步 RM 算法和同步 RM 算法。

由于 MVB 采用静态法来预先分配总线通信带宽，而且其协议也明确指出每个基本周期（微周期）的大小为 1 ms 或 2 ms，它主要分成周期时间窗口和非周期时间窗口（偶发窗口），其中每个基本周期 65%左右的固定带宽用于周期信息通信，而剩余 35%左右的带宽则保留给非周期信息通信。因此，具体应用时，机车速度、电机电压电流及司机命令等过程数据的特征周期可根据列车网络控制系统的实际时限要求和一些经验参数预先初步确定，以便进行简单高效的离线静态优先级调度，不必进行优先级的动态调度。为此，假设 MVB 周期信息各自独立，并考虑它们同时到达各自的缓冲区等待发送，即所有周期信息处于临界时刻，此时可采用同步 RM 调度算法对各 MVB 周期信息分配相应的优先级来进行非抢占式的实时调度，建立相应的实时调度表。

具体的调度算法在执行时，首先对实时调度表所有微周期内的负荷初始化为零，然后从周期最小的信息开始，按照微周期的排列次序，不断地扫描周期信息表，进而找到各信息在宏周期中相应微周期内的位置，从而输出一个代表调度次序的逻辑表，构建 MNB 实时调度表的一种算法流程如图 4-34 所示。

采用上述调度算法形成的调度表可以在 MVB 上实现过程数据的周期性传输，但调度算法和调度表的生成方法不是唯一的，可以根据不同的优化目标来优化调度算法，目前在这方面也已经有许多研究和实现的方法。

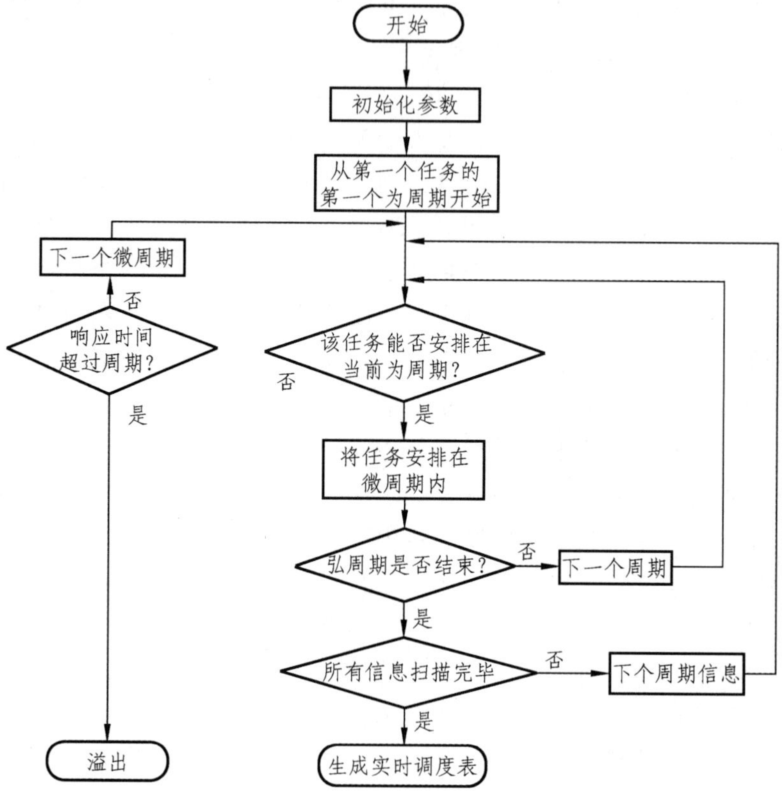


图 4-34　构建 MVB 实时调度表的一种算法流程

MVB 的调度表是离线生成的，在调度表生成之后需要对总线上能够成为总线管理器 BA 的所有设备进行静态配置，从而使所有的总线管理器能够按照同一张调度表进行周期传输的调度。调度表的生成是 MVB 的关键技术之一。

MVB 通信的介质访问控制是主从式的，由总线上主设备进行单独控制，总线主设备是唯一能发起通信的设备，其他所有设备均为从设备，从设备只能根据主设备发送的主帧发送相应的从帧，而不能发起通信。MVB 协议是一个多主协议，但在一个给定的时间点上，只有一个总线主设备工作，它们是以令牌方式传递主设备控制权。实时数据的通信必须要有确定和不受负载影响的响应时间，同时使非周期变量能最大限度地利用剩余带宽，可以充分优化总线利用率。MVB 总线主设备将一个轮回周期划分为固定的时间片，这个时间片称为“基本周期”，一个基本周期分为 4 个相，如图 4-35 所示。

（1）周期相：总线主设备用于轮询周期性数据的时间域。

（2）监视相：总线主设备用于进行设备状态扫描和主权转移的时间域。

（3）事件相：总线主设备进行事件查询或消息数据传送的时间域。

（4）保护相：作为缓冲以提供下一个周期相的正确开始。

总线主根据事先设定的周期扫描表（在“宏周期”的每个基本周期中都被总线主轮询的所有节点设备的列表。同时也规定了在每个基本周期中给偶发相剩余的时间。）

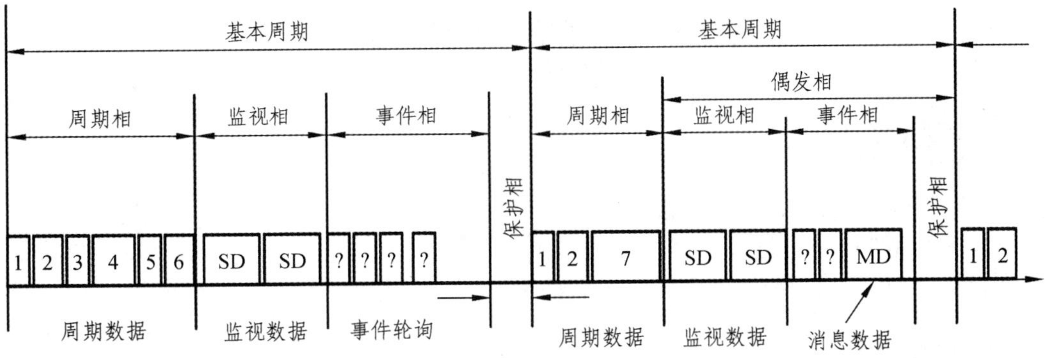


图 4-35　基本周期

对不同设备按不同周期进行轮询，并发送一个主帧序列，所有设备接收主帧并译码，只有与主帧中逻辑地址匹配并且为源的从设备响应此主帧并发送一个从帧，总线上为宿端口的从设备只要检测到总线上有数据便进行接收，即完成了一次典型的 MVB 数据通信。总线上需要被轮询的设备全部轮询一次所需时间称为特征周期，它是基本周期的 $2n$ 倍（$n=1, \cdots, 10$），基本周期的取值范围为 1 ~ 2.5 ms，一般默认为 1 ms。最长的特征周期为宏周期，而且不超过 1 024 ms。

## （十）MVB 过程数据通信原理

### 1. 主帧源寻址广播

作为总线主的设备按组态时（正常工作前）定义好的周期扫描表寻址源设备，将包含源设备地址标识符的主帧通过广播的方式发送到总线上，总线上所有设备都接收该主帧并译码，将自身地址与主帧中源标识符进行对比。

### 2. 从帧响应

经过对比之后，只有自身地址与主帧中源标识符一致的设备会立即响应该主帧，然后发送一个从帧组成一个过程数据报文。总线上端口为宿设备的均接收该从帧，并对从帧数据解析之后上传到应用层。过程数据通信如图 4-36 所示。

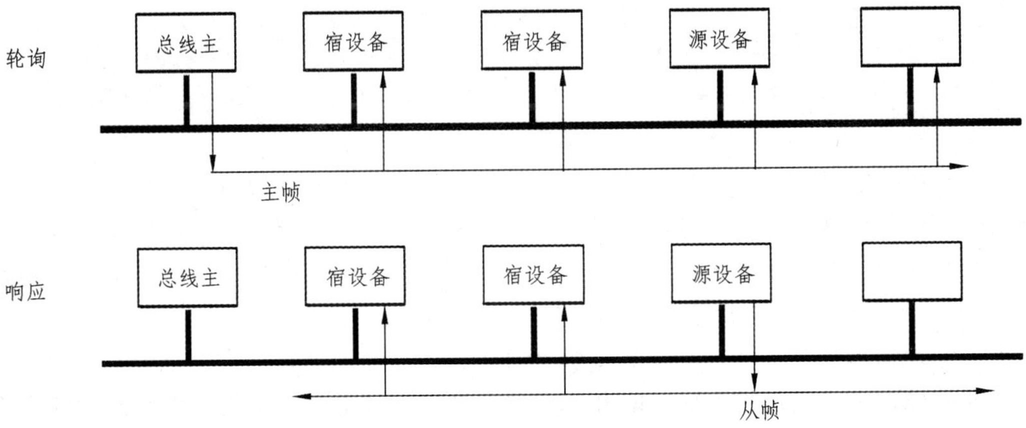


图 4-36　过程数据通信

# 任务四　绞线式列车总线 WTB

## 专业能力目标

（1）掌握 WTB 总线帧的结构。
（2）掌握 WTB 初运行。
（3）掌握列车检修网络化发展方向。

## 基础知识

绞线式列车总线 WTB 是在德国 DINV43322 和意大利 CD450 高速列车的总线基础上发展而来的，绞线式列车总线 WTB 主要被设计用于日常作业中经常改变其编组的列车中连接各车辆的串行数据总线，应用于列车级的通信，其传输速率为 1 Mbit/s，可以实现过程数据和消息数据的传输。其最大的特点就是具有列车初运行功能（列车初运行功能就是当列车车辆的配置发生变化后，能够自动地对车辆进行编址，构成新的列车拓扑结构，而不需要人为的参与）。WTB 总线特别适用于需要动态编组的列车车辆，也可以在固定编组的列车中充当列车总线，其性能满足国际铁路联盟（UIC）对列车总线的要求。

WTB 能够周期性地传输过程数据，其传输周期为基本周期（25 ms）的整数倍，传输数据的最大长度为 128 个字节。过程数据采取广播方式，总线上一个节点可以接收到其他节点的过程数据。对于非周期性数据的传输，可以采用消息数据方式，其传输速度较慢。消息数据需要相应的实时协议栈支持，用于实现网络层及以上各层协议。

WTB 使用专用屏蔽双绞线电缆，无须中继器即可传输 860 m，连接 32 个节点。为了提高网络的可用性，电线的布置采用冗余原则，在各车辆的每一侧各有一根电缆。为适应频繁改变其组成的列车组，WTB 被设计成通过手插式跨接电缆或自动连接器来实现车辆之间互连的设备。考虑到严酷的环境、连接器的存在以及总线的非连接性，TCN 标准建议采用数字信号处理器对曼彻斯特信号译码。数据在两条介质上同时发送，一个仲裁逻辑根据收发器提供的载波检测信号在两路接收信号间做出选择。

作为通用的现场总线，WTB 属于总线仲裁型网络，其链路层使用 HDLC 高级数据链路控制，数据交换采用报文传送的方式，适用于列车网络，并适用于经常解挂和连挂的列车。

WTB 最显著的特点是，它是以连续顺序给节点自动编号和让所有的节点识别何处是列车的右侧或左侧的能力。每当列车组成改变（例如连挂或摘除车辆）时，列车总线各节点执行一个初运行过程，该过程在电气上将各节点连接起来，并给每个节点分配连续地址，初运行后，所有车辆的 WTB 节点均获得列车的结构信息。

为了实现初运行，每个节点包含两个 HDLC 通道，每个通道对应 1 个方向。两个方向的传输介质能在节点内部被连接或断开，并保证其各自的电气连续性，整条总线在一个主节点的集中控制下完成初运行过程。

## 一、HDLC 数据链路层控制规程

### （一）数据链路结构

数据链路结构可以分为两种：点-点链路和点-多点链路，如图 4-37 所示。图中数据链路两端 DTE 称为计算机或终端，从链路逻辑功能的角度常称为站，从网络拓扑结构的观点则称为节点。

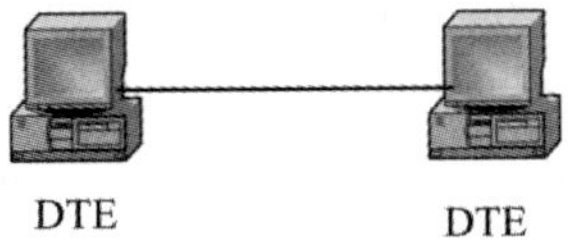


（a）点-点链路

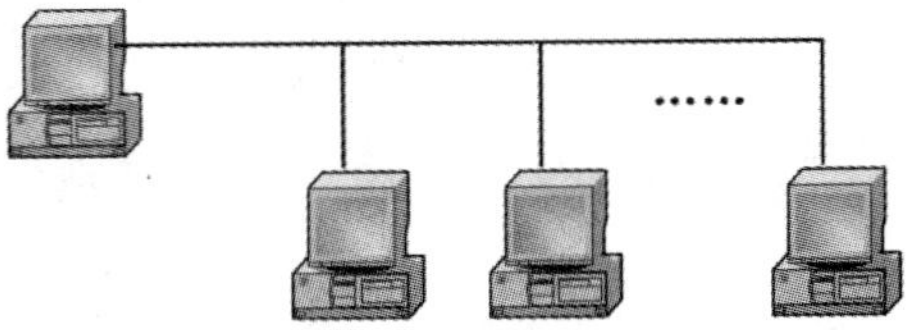


（b）点-多点链路

图 4-37　数据链路结构

在点-点链路中，发送信息和命令的站称为主站，接收信息和命令而发出确认信息或响应的站称为从站，兼有主、从功能可发送命令与响应的站称为复合站。在点-多点链路中，往往有一个站为控制站，主管数据链路的信息流，并处理链路上出现的不可恢复的差错情况，其余各站则为受控站。

### （二）数据链路控制规程功能

数据链路层是 OSI 参考模型的第二层，它在物理层提供的通信接口与电路连接服务的基础上，将易出错的数据电路构筑成相对无差错的数据链路，以确保 DTE 与 DTE 之间、DTE 与网络之间有效、可靠地传送数据信息。为了实现这个目标，数据链路控制规程的功能应包括以下几个部分：

（1）帧控制。数据链路上传输的基本单位是帧。帧控制功能要求发送站把网络送来的数据信息分成若干码组，在每个码组中加入地址字段、控制字段、校验字段以及帧的开始和结束标志，组成帧来发送；要求接收端从收到的帧中去掉标志字段，还原成原始数据信息后送到网络层。

（2）帧同步。在传输过程中必须实现帧同步，以保证对帧中各个字段的正确识别。

（3）差错控制。当数据信息在物理链路中传输出现差错，数据链路控制规程要求接收端能检测出差错并予以恢复，通常采用的方法有自动请求重发 ARQ 和前向纠错两种。采用 ARQ 方法时，为了防止帧的重收和漏收，常对帧采用编号发送和接收的方法。当检测出无法恢复的差错时，应通知网络层做相应处理。

（4）流量控制。流量控制用于克服链路的拥塞。它能对链路上的信息流量进行调节，确保发送端发送的数据速率与接收端能够接收的数据速率相容。常用的流量控制方法是滑动窗口控制法。

（5）链路管理。数据链路的建立、维持和终止，控制信息的传输方向，显示站的工作状态，这些都属于链路管理的范畴。

（6）透明传输。规程中采用的标志和一些字段必须独立于要传输的信息，这就意味着数据链路能够传输各种各样的数据信息，即传输的透明性。

（7）寻址。在多点链路中，帧必须能到达正确的接收站。

（8）异常状态恢复。当链路发生异常情况时，如收到含义不清的序列或超时收不到响应时，能自动重新启动，恢复到正常工作状态。

### （三）数据链路控制规程分类

为了适应数据通信的需要，ISO、ITU-T 以及一些国家和大型计算机制造公司，先后制定了不同类型的数据链路控制规程。根据帧控制的格式，可以分为面向字符型、面向比特型。

#### 1. 面向字符型

国际标准化组织制定的 ISO 1745、IBM 公司的二进制同步规程 BSC 以及我国国家标准 GB 3543—1982 属于面向字符型的规程，也称为基本型传输控制规程。在这类规程中，用字符编码集中的几个特定字符来控制链路的操作，监视链路的工作状态，例如，采用国际 5 号码中的 SOH、STX 作为帧的开始，ETX、ETB 作为帧的结束，ENQ、EOT、ACK、NAK 等字符控制链路操作。面向字符型的规程有一个很大的缺点，就是它与所用的字符集有密切的关系，使用不同字符集的两个站之间，很难使用该规程进行通信。面向字符型规程主要适用于中低速异步或同步传输，很适合于通过电话网的数据通信。

#### 2. 面向比特型

ITU-T 制定的 X.25 建议的 LAPB、ISO 制定的 HDLC、美国国家标准 ADCCP、IBM 公司的 SDLC 等均属于面向比特型的规程。在这类规程中，采用特定的二进制序列 01111110 作为帧的开始和结束，以一定的比特组合所表示的命令和响应实现链路的监控功能，命令和响应可以和信息一起传送。所以它可以实现无编码限制的、高可靠和高效率的透明传输。面向比特型规程主要适用于中高速同步半双工和全双工数据通信，如分组交换方式中的链路层就采用这种规程。随着通信的发展，它的应用日益广泛。

## 二、HDLC 基本概念

### （一）主站、从站、复合站

HDLC 涉及 3 种类型的站，即主站、从站和复合站。

主站的主要功能是发送命令（包括数据信息）帧、接收响应帧，并负责整个链路的控制系统的初启、流程的控制、差错检测或恢复等。

从站的主要功能是接收由主站发来的命令帧，向主站发送响应帧，并且配合主站参与差错恢复等链路控制。

复合站的主要功能是既能发送又能接收命令帧和响应帧，并且负责整个链路的控制。

### （二）HDLC 链路结构

在 HDLC 中，对主站、从站和复合站定义了 3 种链路结构，如图 4-38 所示。

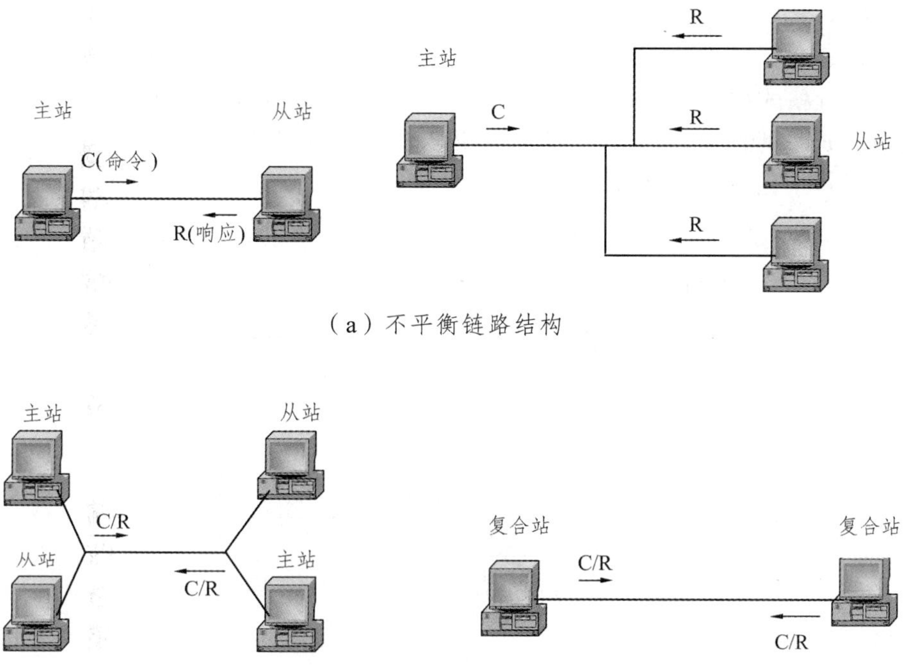


（a）不平衡链路结构

（b）对称链路结构

（c）平衡链路结构

图 4-38　HDLC 链路结构类型

### （三）操作方式

根据通信双方的链路结构和传输响应类型，HDLC 提供了 3 种操作方式：正常响应方式、异步响应方式和异步平衡方式。

#### 1. 正常响应方式（NRM）

正常响应方式（NRM）适用于不平衡链路结构，即用于点-点和点-多点的链路结构中，特别是点-多点链路。这种方式中，由主站控制整个链路的操作，负责链路的初始化、数据流控制和链路复位等。从站的功能很简单，它只有在收到主站的明确允许后，才能发出响应。

#### 2. 异步响应方式（ARM）

异步响应方式（ARM）也适用于不平衡链路结构。它与 NRM 不同的是：在 ARM 方式中，从站可以不必得到主站的允许就可以开始数据传输。显然它的传输效率比 NRM 有所提高。

#### 3. 异步平衡方式（ABM）

异步平衡方式（ABM）适用于平衡链路结构。链路两端的复合站具有同等的能力，不管哪个复合站均可在任意时间发送命令帧，并且不需要收到对方复合站发出的命令帧就可以发送响应帧。ITU-T X.25 建议的数据链路层采用的就是这种方式。

除 3 种基本操作方式，还有 3 种扩充方式，即扩充正常响应方式（SNRM）、扩充异步响应方式（SARM）、扩充异步平衡方式（SABM），它们分别与基本方式相对应。

## 三、HDLC 帧结构

HDLC 的帧格式如图 4-39 所示，它由 6 个字段组成，这 6 个字段可以分为 5 种类型，即标志序列（F）、地址字段（A）、控制字段（C）、信息字段（I）、帧校验字段（FCS）。在帧结构中允许不包含信息字段 I。

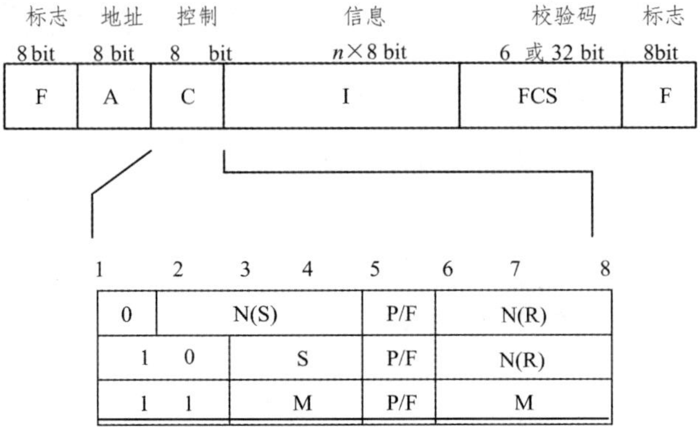

图 4-39 HDLC 帧结构

### 1. 标志序列（F）

HDLC 指定采用 01111110 为标志序列，称为 F 标志。所有的帧必须以 F 标志开始和结束。接收设备不断地搜寻 F 标志，以实现帧同步，从而保证接收部分对后续字段的正确识别。另外，在帧与帧的空载期间，可以连续发送 F，用来作时间填充。

在一串数据比特中，有可能产生与标志字段的码型相同的比特组合。为了防止这种情况发生，保证对数据的透明传输，采取零比特填充技术。当采用零比特填充技术时，在信码中连续 5 个“1”以后插入一个“0”；而在接收端，则去除 5 个“1”以后的“0”，恢复原来的数据序列，如图 4-40 所示。零比特填充技术的采用排除了在信息流中出现的标志字段的可能性，保证了对数据信息的透明传输。

当连续传输两帧时，前一个帧的结束标志字段 F 可以兼作后一个帧的起始标志字段。当暂时没有信息传送时，可以连续发送标志字段，使接收端可以一直保持与发送端同步。

| | | |
|---|---|---|
| （1） | 数据中某一段比特组合恰好出现和 F 字段一样的情况 | 0010011111110001010<br>会误认为是F字段 |
| （2） | 发送端在连续 5 个“1”之后填入 0 比特再发送出去 | 00100111110 10001010<br>填入0比特 |
| （3） | 在接收一个帧时，当发现 5 个连续“1”后是“0”，则删除以恢复比特流的原貌 | 0010011111110001010 |

图 4-40 零比特填充

### 2. 地址字段（A）

地址字段表示链路上站的地址。在使用不平衡方式传送数据时（采用 NRM 和 ARM），地址字段总是写入从站的地址；在使用平衡方式时（采用 ABM），地址字段总是写入应答站的地址。

地址字段的长度一般为 8 bit，最多可以表示 256 个站的地址。在许多系统中规定，地址字段为“11111111”时，定义为全站地址，即通知所有的接收站接收有关的命令帧并按其动作；全“0”比特为无站地址，用于测试数据链路的状态。因此有效地址共有 254 个之多，这对一般的多点链路是足够的。但考虑在某些情况下，例如使用分组无线网，用户可能很多，可使用扩充地址字段，以字节为单位扩充。在扩充时，每个地址字段的第 1 位用作扩充指示，即当第 1 位为“0”时，后续字节为扩充地址字段；当第 1 位为“1”时，后续字节不是扩充地址字段，地址字段到此为止。

3. 控制字段（C）

控制字段用来表示帧类型、帧编号以及命令、响应等。从图 4-39 可见，由于 C 字段的构成不同，可以把 HDLC 帧分为 3 种类型：信息帧、监控帧、无编号帧，分别简称 I 帧（Information）、S 帧（Supervisory）、U 帧（Unnumbered）。在控制字段中，第 1 位是“0”为 I 帧，第 1、2 位是“10”为 S 帧，第 1、2 位是“11”为 U 帧，它们具体操作复杂，在后面予以介绍。另外控制字段也允许扩展。

4. 信息字段（I）

信息字段内包含了用户的数据信息和来自上层的各种控制信息。在 I 帧和某些 U 帧中，具有该字段，它可以是任意长度的比特序列。在实际应用中，其长度由收发站的缓冲器的大小和线路的差错情况决定，但必须是 8 bit 的整数倍。

5. 帧校验序列字段（FCS）

帧校验序列用于对帧进行循环冗余校验，其校验范围从地址字段的第一比特到信息字段的最后一比特的序列，并且规定为了透明传输而插入的“0”不在校验范围内。

## 四、HDLC 帧结构的应用

1. WTB 的链路层帧格式

WTB 上所传输的数据都具有图 4-41 所示的帧的格式，该格式符合 HDLC（ISO13239）标准。

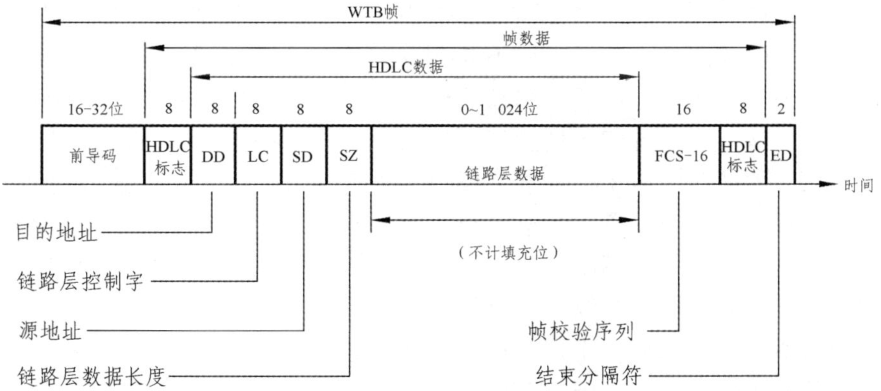


图 4-41　WTB 链路层帧的格式

为保证解码器的同步性，一帧信号由电平为“1”的起始位“S”开始的帧头开始，帧头不属于帧数据，帧头长度在 16 位与 32 位之间，默认长度为 16 位。之后为帧数据的 8 位标志符“01111110”，帧数据结束处同样为 8 位标志符。标志符之间为 HDLC 数据，数据长度最小为 32 位，最大 1 056 位。HDLC 数据前 8 位为目的设备（Destination Device）地址，即为接收帧的节点的地址；接下来 8 位为链路控制字（Link Control），标识链路控制的帧数据类型，是 WTB 专用的，如主帧、从帧、命令、响应等；接着 8 位为源设备（Source Device），即发送次帧数据的源节点的设备地址；之后 Size 的 8 位表示链路数据长度，即需要传输的链路数据（Link_Data）长度。HDLC 数据之后为 16 位的帧校验序列（Frame Check Sequence），采用循环冗余校验，用于检测错误的帧数据。最后 2 位为结束分界符（End Delimiter），由曼彻斯特编码器直接生成，并在接收帧设备的译码器中直接去除。

上述帧的格式中的前导码、结束分隔符和 FCS-16 不属于 HDLC 数据。前导码和结束分隔符由曼彻斯特编码产生，并由曼彻斯特解码器去除。帧检错序列（Frame Check Sequence）FCS-16 是一种 16 位的帧校验序列，WTB 的校验序列采用 CRC-16 校验，生成多项式符合 CRC-CCITT 的规范，HDLC 的帧数据由两个 HDLC 标志字（“01111110”序列）分隔，包含以下域：

（1）目的地址 DD，用于接收该节点物理地址。

（2）链路层控制字 LC，标识用于链路层控制的帧类型，如主/从、命令/响应等。

（3）源地址 SD 是发送该数据帧节点的物理地址。

（4）链路层数据字节数 SZ，该帧承载的链路层数据长度范围为 0 ~ 128 字节。

（5）帧检错序列 FCS-16，其生成多项式为 $x^{16}+x^{12}+x^{5}+1$。

从这种帧格式可以看到，WTB 使用了多种手段来保证数据的完整性。主要表现为：

（1）曼彻斯特编码器提高了检错能力。因为只有码元的前半部和后半部同时改变极性才能通过解码器的检测。

（2）采用 16 位的 CRC 标准校验序列，以提供高强度的错误检测。

（3）链路层数据长度校验功能将比较该域和实际接收到的链路层数据字节数，将两值不相等的帧丢弃，该功能可以提高检测帧同步错误的能力。

2. WTB 链路层报文

WTB 每个总线段都在一个主节点的控制下实现通信。主节点自主发送，从节点只能在收到主节点的请求时才能发送数据。WTB 的每次传输是由一对帧组成的。主节点通过发送一个包含请求的主帧，为一个从节点同其他一个或几个从节点之间建立通信链路，被主帧选中的从节点以包含其要发送的数据的从帧响应主帧。主帧与从帧之间有明确的定时关系，这样一对包含相关的请求帧（主帧）和响应帧（从帧）的组合被称为报文（Telegram）。

总线主设备通过发出主设备帧在源设备和一个或多个目的从设备之间建立通信。被选中的从设备发出从设备帧作为响应。主设备帧和从设备帧都进行广播，即被所有设备接收。

WTB 报文与 MVB 报文类似，同样都是由总线主设备发送的一个主帧和总线上源设备响应此主帧发送的从帧组成。主帧和从帧数据在总线上均以广播方式传输，所有设备都对主帧和从帧数据进行接收。如图 4-42 所示为 WTB 报文的格式。该报文包括一个主设备帧以及用来响应该主设备帧的从设备帧。

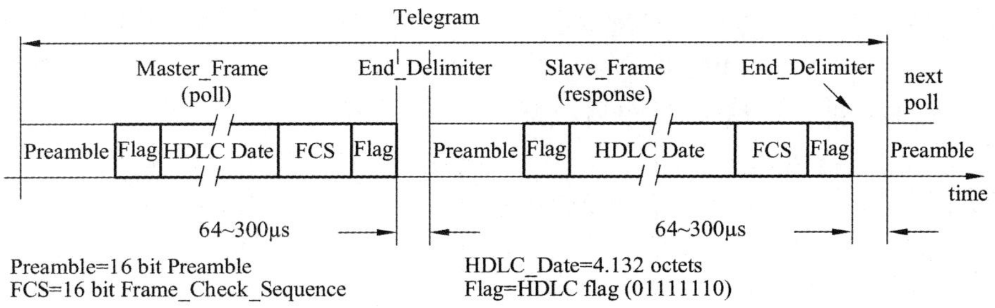


图 4-42 WTB 报文

WTB 有 3 种类型的报文：过程数据报文、消息数据报文和监控数据报文。报文类型是由主帧的链路层控制字确定的，从帧必须与主帧相同。WTB 监控数据报文共有 8 种，分别是：

（1）检测报文（Detect_ Request/ Detect_ Response），只在辅助通道使用，用于检测相邻节点的存在。

（2）存在检测报文（Presence_ Request/ Presence_ Response），用于监视总线的完整性。

（3）状态报文（Status_Request/ Status_ Response），用于报告节点状态信息。

（4）命名报文（Naming_Request/ Naming Response），用于命名从节点。

（5）拓扑报文（Topography_Request/ Topography_Response），用于发布节点拓扑信息和初运行数据。

（6）置中间状态报文（Setint_ Request/ Setint_ Response），用于将从节点置为中间设置状态。

（7）置端状态报文（Setend_Request/ Setend Response），用于将从节点置为端设置状态。

（8）消名报文（Unname Request，无响应），用于将已命名的节点置为未命名状态。

在收到主设备帧后，从设备总是答以同种类型的帧。

3. WTB 过程数据报文

当总线主轮询一个节点的过程数据时，被轮询的节点广播一个从帧，如图 4-43 所示。该帧被所有其他节点接收，因为 WTB 上的所有节点都是用户，是所有其他节点过程数据的宿。节点以固定格式的过程数据帧响应，这种固定格式在每次组成改变时建立。为增加组成改变时的完整性，过程数据帧的开头两个 8 位位组留给帧内容的标识。当总线主自己发送过程数据时，它先发送一个轮询帧，然后按与从设备相同的定时发送一个从帧，这称为自轮询。

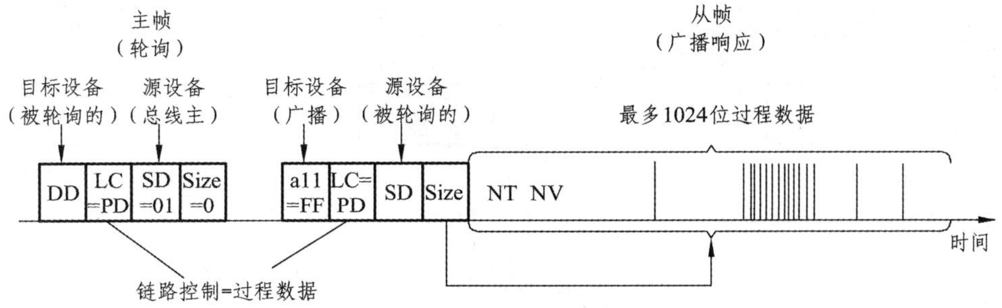


图 4-43 WTB 过程数据报文

DD：从设备地址（主帧），广播地址（从帧）。

LC：链路控制，“LC = PD”表示传输的数据为过程数据。

SD：主设备地址（主帧），源设备地址（从帧）。

Size：定义链路数据长度。

4. 消息数据报文

当总线主轮询一个节点的消息数据时，节点用包含一个消息包的从帧来响应，这样就形成了一个消息数据报文，如图 4-44 所示。消息报文帧被一个目标节点接收。开头的 4 个 8 位位组构成链路报头，它们的格式对所有 WTB 帧是相同的。消息数据的长度是可变的，它也可以是空的（长度 = 0），这发生在被轮询的节点无消息数据需要发送时。

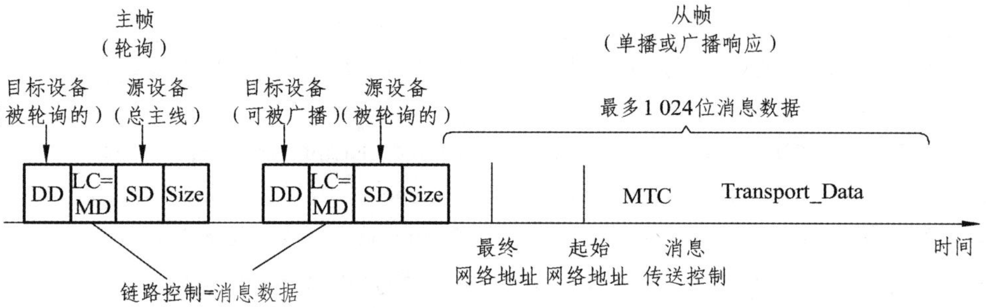


图 4.44　WTB 消息数据报文

DD：从设备地址（主帧），目标设备地址（从帧）。

LC：链路控制，“LC = MD”表示传输的数据为消息数据。

SD：源设备（主帧），从设备地址（从帧）。

Size：定义链路数据长度。

MTC：消息传输控制。

5. 监视数据报文

除了过程数据帧和消息数据帧外，WTB 为初运行及组态控制还发送监视数据报文，如图 4-45 所示。一个监视主帧可以有一个广播的目标设备，这种情况下没有从帧，但总线主等待超时，好像在期待从帧的到来。

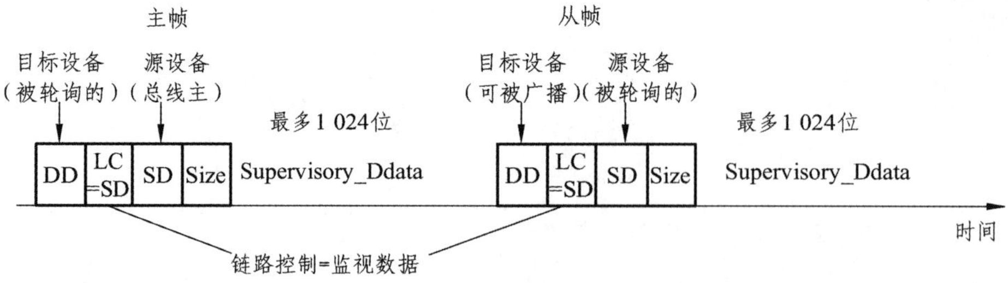


WTB 监督数据报文

图 4-45　WTB 报文的主帧和从帧格式

WTB 监视数据用于列车初运行和组态控制，监视数据报文在主帧和从帧中均可以传输数据。

DD：从设备广播或未命名地址（主帧），主设备广播或未命名地址。

LC：链路控制，“LC = SD”表示传输的数据为监视数据。

SD：主设备或未命名地址（主帧），从设备地址（从帧）。

Size：定义链路数据长度。

6. WTB 的信号表示

WTB 采用曼彻斯特编码反向定义，每一数据位码元中间都有跳变，从高到低的跳变（负跳变）表示为“0”，从低到高的跳变（正跳变）则表示为“1”。为保证译码器正确同步，每帧以 16 位至 32 位的帧头开始。

7. WTB 介质分配

WTB 的介质访问控制方式为主/从控制方式，即总线上唯一的主节点控制介质的访问，所有其他节点为从节点，只在收到主节点请求时才能发送数据。主节点将总线宽以 25 ms 为基本周期进行分配，基本周期又被分为周期相和偶发相。周期相用于传输实时的周期性的过程数据，每帧过程数据中可包含多个相同传输周期的变量。每个基本周期开始是周期相，在此期间主节点按在初运行过程中生成的周期列表依次请求各发送过程数据的节点向总线广播其过程数据，想要发送消息数据的节点还在其数据中发送一个请求标志，主节点将记录此请求。基本周期中周期相之后的部分是偶发相，在此期间主节点向请求发送消息数据的节点依次发送传送请求，收到请求的节点将要发送的消息数据发向目的节点。这种介质访问控制方式可保证实时变量传输的确定性，实时变量的最大传输延时只与总线的基本周期有关，而与总线负载情况无关。在过程数据和消息数据之间，主节点还发送一些监控数据以请求监控总线状态。主节点在总线初运行期间记录各从节点的节点周期和过程数据长度，然后根据这些信息生成周期性数据的轮询次序。各从节点的节点周期是由各自的应用预先定义的，为基本周期的 $2n$（$0\leqslant n\leqslant 7$）倍，周期最长的节点周期称为总线的宏周期，当节点数增多时，总线的周期相变长，而偶发相缩短。这保证了过程数据传输延时的确定性，但可能导致消息数据没有足够的带宽可用，使消息数据的传输延时增加，主节点将宏周期内各基本周期的周期相长度尽量平均化，使过程数据负载均衡。如果宏周期内周期相的平均占用时间大于基本周期的 60%，主节点使周期最长的节点的周期依次加倍，直到满足这个标准为止。

为了保证总线的完整性，主节点在每个基本周期内交替检查两个端节点的存在，总线上的所有节点都监视端节点的存在。这一过程还监视是否有额外的节点连接到端节点上。

主设备节点负责介质访问，其他所有节点都是从设备，只在被主设备轮询时响应。

常规操作中，主设备的操作循环进行。它把总线动作分配到若干基本周期（Basic_Periods）中。基本周期由一个周期相（Periodic_Phase）和一个偶发相（Sporadic_Phase）组成，如图 4-46 所示。

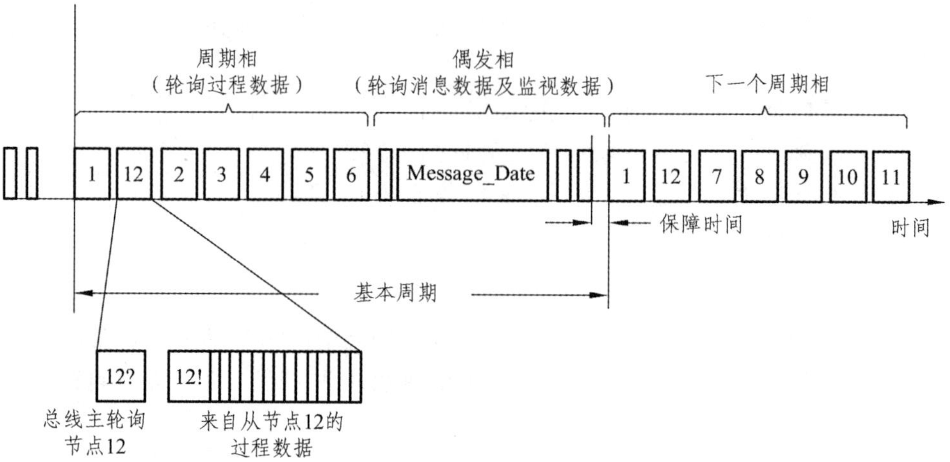

图 4-46　WTB 周期和偶发传输

为保证过程数据确定、及时地发送，主设备按事先定义的间隔（即节点的特征周期）轮询各节点以获取周期性数据（Periodic_Data）。在两个周期相之间的固定时间内，主设备轮询从设备以获取偶发性数据：消息数据和监督数据。

组成改变时，每个节点向主设备声明自己要求在哪个周期被轮询。主设备据此为节点建立了轮询策略。

基本周期固定为 25 ms，带有紧急过程数据的节点可以请求每个基本周期被轮询一次（图 4-46 中给出了牵引车厢的节点 1 和节点 12），不带紧急过程数据的节点（如车厢）以特征周期被轮询。特征周期的长度是基本周期的整数倍。

车厢数量增加时，周期相延长而偶发相缩短，这样做可以使周期性数据的发送时延与车厢的数目无关，消息数据则相反。

应用负责确保足够的时间用于偶发数据。例如，如果主设备每 25 ms 轮询 10 个节点，轮询一个设备的时间是 1 ms，那么剩余的 15 ms 用于偶发数据。如果节点的数量增加到 20 个，仅剩下 5 ms 用于偶发数据，这可能太短。

对于偶发数据，主设备只能顺序轮询从设备。为了缩短搜索时间，从设备在被轮询时发出有偶发数据要发送的信号。主设备接着在周期相后再次轮询该从设备，获取偶发数据。

注：只要节点的数量少，WTB 轮询节点偶发数据的方法是可行的。在支持最多 4 096 个设备的 MVB 上，这种方法被仲裁机制替代。

在每个基本周期中，主设备为检测组成部分的完整性（列车缩短或失效）和附加节点（列车变长）的轮询端节点之一。

如果端节点本身就是主设备，主设备仍然轮询自己并响应自己，以便让其他节点检查到它的存在。

## 五、WTB 的拓扑结构

WTB 的传输介质由列车中各车辆内的电缆通过跨接电缆和手动连接器或自动连接器连接而成，其拓扑结构如图 4-47 所示。

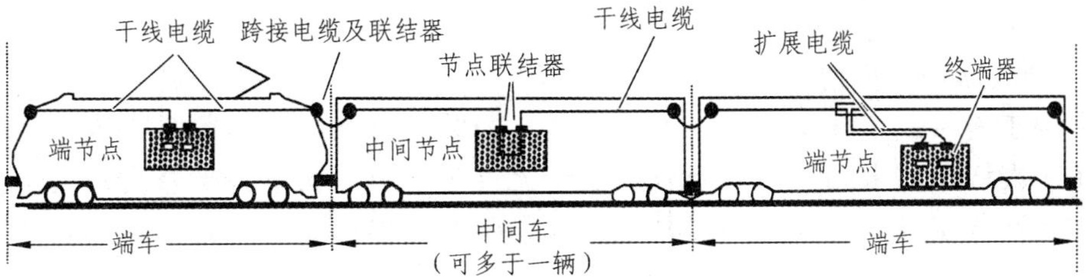


图 4-47　WTB 的拓扑结构

WTB 上的节点直接连接到干线电缆或经图 4-47 所示的扩展电缆连接，这种“菊花链”式的连接方式没有分支反射的问题。正常工作时，每个节点都插入到干线电缆中，并连接两个总线段。

位于线路中间的节点，称为中间节点，将与其连接的两个总线段连接起来，并去掉其线路终端器。位于线路两端的节点，称为端节点，将与其连接的两个总线段保持断开，使一个总线段朝向线路中间，另一个总线段朝向线路开路的一端，并用两个线路终端器与两个总线段阻抗匹配，用以减少反射。线路开路端只有一端接有线路终端器。

WTB 传输介质采用 UIC 专门定义的 UIC558 电缆，其中包含一对屏蔽双绞线。在符合标准电缆的条件下，WTB 可不用中继器而覆盖 860 m 距离，这相当于 2 节 26 m 的 UIC 车辆加 50%弯曲余量的总长度，而 WTB 总线定义了最多可连接 32 个节点，是因为一个车辆中可能不只安装一个节点。WTB 也可以支持更长的传输距离，并最多可以连接 62 个节点。

1. 介质附挂单元

WTB 上的节点通过介质安装单元（Media Attachment Unit，MAU）同传输介质连接。MAU 的结构（端节点状态）如图 4-48 所示。每条线路的介质安装单元包括 1 个线路单元、1 个方向切换开关和 2 个符合 HDLC 协议的数据通道。

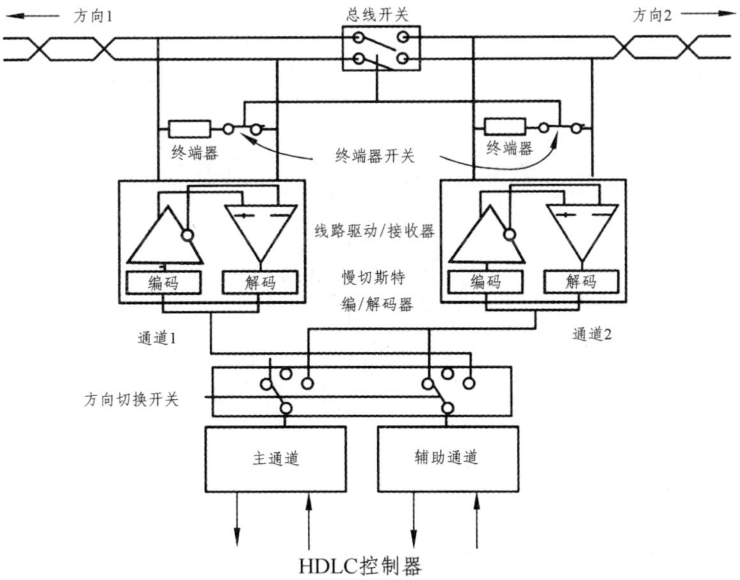


图 4-48　MAU 的结构示意图（端节点状态）

线路单元内有两套一样的收发器，每套对应一个方向。收发器由曼彻斯特编/解码器、线路驱动/接收器和隔离变压器等组成。介质安装单元中有一个总线开关和两套终端器。总线开关用于连接或断开两个方向上的线路，当其断开时，终端器开关闭合，将两个终端器接在两端线路的末端，此时介质安装单元处于端节点状态；当总线开关闭合时，两个方向的线路连接在一起，终端器开关断开，将终端器移除，此时介质安装单元处于中间节点状态。

为克服电连接器触点的氧化和毛刺等影响线路电气性能的问题，线路单元中可以包含一个可选的去氧化电路。该电路可以向线路上提供一路直流电压（DC60 V）用以清洁连接器的触点。图 4-48 中略去了这部分电路。

每套收发器各连接一个独立的 HDLC 数据通道，一个称为主通道，一个称为辅助通道。HDLC 数据通道和收发器之间有方向切换开关，可使主通道和轴助通道交换连接的方向。

WTB 采用曼彻斯特编码发送数据，上升沿表示逻辑“1”，下降沿表示逻辑“0”，为确保接收同步，在每个传送的帧头部附加 16 ~ 32 位长度的前导码，在帧尾 HDLC 结束标志后附加结束分隔符，它是两位宽度的高电平，为提高接收的灵敏度，WTB 标准推荐使用一种统计数字信号处理器（Statistical Digital Signal Processor，SDSP）处理接收信号，它可将接收灵敏度提高 30 dB。

2. 介质冗余

WTB 具有介质冗余能力，以提高 WTB 的可用性，节点在两条线路上同时发送数据，在一条线路上接收数据，同时监视另一线路是否正常。为此，曼彻斯特解码器需提供指示数据有效的信号。实现介质冗余的节点其介质安装单元结构如图 4-49 所示，并需要仲裁逻辑根据解码器提供的信号来对两条线路同时接收的数据做出选择。

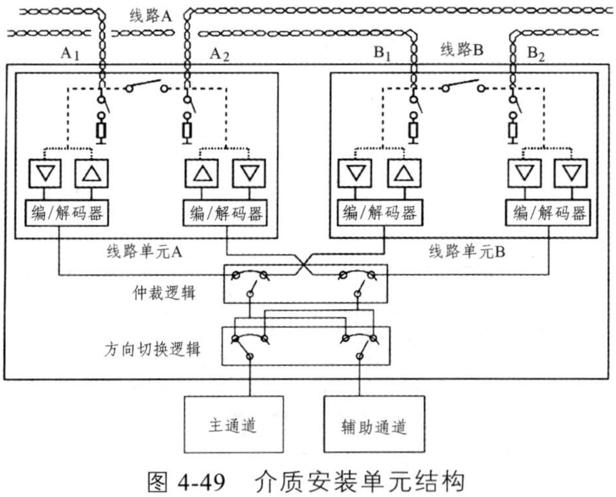


图 4-49　介质安装单元结构

## 六、WTB 初运行

当列车组成发生变化时，即 WTB 网络组态发生变化，尤其是车辆编组或解编组时，总线主设备重新配置总线，并给每个节点分配地址，这个过程称为初运行。初运行过程中，所有的节点将各自电缆段进行电气连接，形成两端带终端联结器的单一总线；每个节点收到一个标识其相对于总线主的位置和方向的唯一地址，并通知总线主它的特征周期和节点描述符；每个节点均接收一个列车的拓扑结构信息，该信息包含其他节点的地址、位置和节点描述符。

WTB 最为显著的特点是它对列车编组结构的自适应能力。每当列车编组改变（例如连挂或摘除车辆）时，WTB 各节点执行一个初运行（Inauguration）过程，该过程在电气上将各节点连接起来，并给每个节点分配连续地址。为了实现初运行，每个节点包含两个 HDLC 数据通道，每个通道对应一个方向。初运行过程中所有总线上的节点将执行一个电气连接的操作，即所有节点将各自的电缆进行电气连接，形成两端有终端器的单一的总线段，在完成电气连接后，各节点可以从主节点接收到唯一的本节点地址，该地址标识节点的位置和节点相对主节点的方向，同时各节点也将其节点的数据传输周期和节点描述符通知主节点。初运行完成后各节点还可得到以下信息：

（1）列车拓扑信息，其中包含其他节点的地址、位置和节点描述符。

（2）其他车辆的型号和种类（机车、客车或动车等）及支持的功能。

（3）各车辆的动力学特性（例如是否存在传动设备）。这个信息可以帮助制动计算机推算列车长度和重量。

WTB 的初运行是在总线主节点控制下进行的，按照节点能否行使总线主身份的能力，WTB 节点被分为 3 个级别，分别是：

（1）强节点（Strong Node）。强节点是被应用提升为总线主节点的节点。行使总线主身份的强节点被称为强主节点（Strong Master），在一个编组中通常只存在一个强节点。

（2）弱节点（Weak Node）。弱节点为应用允许其在任何可能的时候成为总线主节点的节点。行使总线主身份的弱节点被称为弱主节点（Weak Master）。在一个编组中应用可指定几个或所有节点为弱节点。

（3）从节点（Slave Node）。从节点为应用不允许其在任何时候成为总线主节点的节点。

总线上的主节点是由一个在总线上运行的仲裁机制来确定的，该仲裁过程保证总线仅被唯一的主节点控制。

初运行开始时，总线上除主节点外的各节点均处于未命名状态，节点地址均为一个专用的未命名地址（7FH），介质安装单元为端节点状态。系统上电后只有主节点开始运行，其余节点均处于等待状态。主节点首先向其左右两个方向探测（检测请求帧）是否存在节点，如果两个方向均有节点存在，主节点确认本身为中间节点；若只有一个方向存在节点，则主节点为端节点，然后主节点向存在节点的一个方向进行节点命名。主节点运行下列步骤的命名过程使各节点依次加入总线中：

（1）主节点向已命名的节点（此时该节点仍为端节点）发送状态请求帧。

（2）状态请求帧使该端节点在其辅助通道发送检测请求帧，未命名的节点以检测响应帧向该端节点指示其存在。

（3）端节点以状态响应通知主节点未命名节点的存在。

（4）主节点向端节点发置中间状态请求帧，端节点收到后将自身置为中间状态，闭合其总线开关，然后以置中间状态响应帧响应主节点。

（5）未命名节点成为新的端节点时，可被主节点直接访问，主节点向其发送命名请求帧，赋予未命名节点新的节点地址。未命名节点接收命名，并以命名响应帧应答。

（6）主节点每次在一个方向命名一个节点后，在另一方向上重复上述步骤（1）~（5），直到在两个方向上均没有未命名节点存在。

5个节点的WTB初运行后的节点状态如图4-50所示，图中的主节点是端节点。

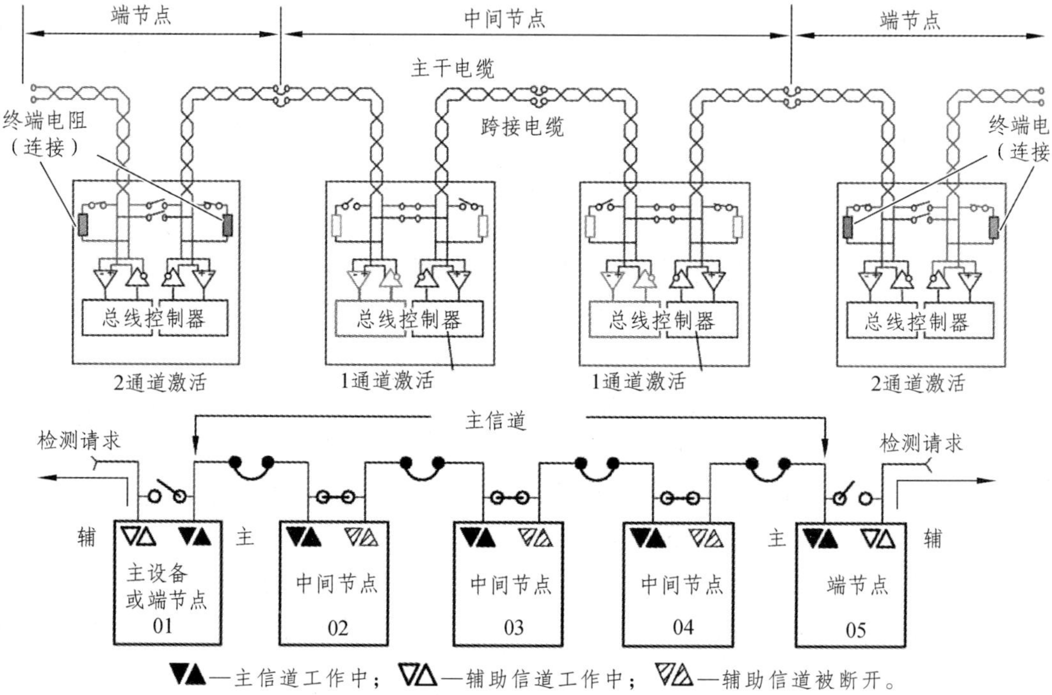


图4-50　5个节点的WTB初运行后的节点状态示意图

主节点命名全部节点后就进入拓扑发布过程，主节点先根据命名过程中收集的各节点的节点周期和过程数据长度，计算和生成新的周期性访问次序表和各节点的节点周期，然后将各节点的节点周期和其他拓扑信息用拓扑请求帧分别发布到各节点。各节点以拓扑响应应答，其中包含各自的初运行数据（如UIC定义的初运行数据）。

拓扑发布过程完成后，主节点控制总线进入常规运行期，过程数据和消息数据可以开始传输。实际上初运行过程相当复杂，因为必须考虑编组的变化、主/从节点的失效和各种可能的错误和例外等。另外，初运行过程不仅关注各节点的正确编号和标识，而且需要关注低功率休眠模式（用于蓄电池供电时保护蓄电池不被过放电）与正常模式间的转换。为了在总线中断或主节点失效的情况中可以快速恢复网络的运行，WTB设有主节点的冗余机制，即每个节点都可以在一定的条件下变成主节点。因此，在需要切换主节点时，只要满足备用节点成为主节点的条件，重新启动WTB，主节点的身份通过初运行就能自动地转移到备用的主节点。

## 七、常规运行中已命名的组成

1. 初运行的决定

端节点向主设备报告一个附加节点时，主设备将决定初运行是否可能。例如，列车速度高于 5 km/h 时，应用可能禁止初运行。为此所有节点被轮询过程数据时要声明它们的应用的决定，只要一个节点不同意，初运行就会被禁止。主设备在存在请求帧中重发节点决定。

如果所有节点都允许初运行，主设备停止日常运行，执行初运行。图 4-51 所示为一个典型的初运行总线：所有总线均被命名，节点 01 是主设备。主设备作为端节点（End_Node）被画出，但是它也可以是一个中间节点（Intermediate_Node）。

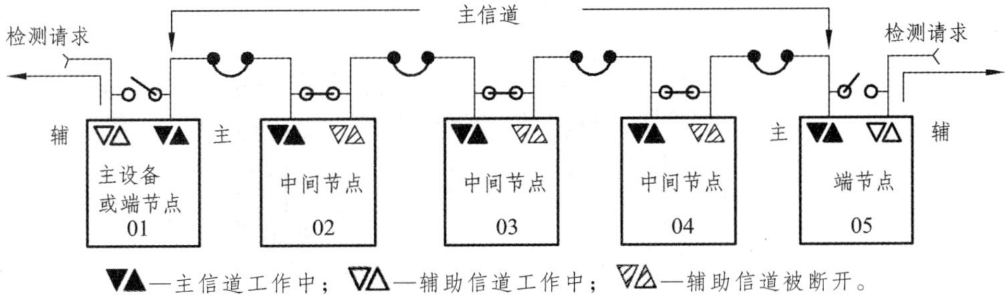


图 4-51　典型的已命名的组成

两个端节点采用端设置，总线开关打开，端接器被插入并且辅助信道被激活。中间节点采用中间设置，总线开关关闭，端接器被去除，辅助信道被禁用（图 4-51 中白色三角形）。

它们的主信道（图 4-51 中的黑色三角形）指向主设备。主设备在主信道上为过程数据和消息数据轮询节点。

2. 未命名节点的检测

主设备在每个基本周期用存在请求帧（Presence_Request）轮询一个端节点，端节点用存在应答帧（Presence_Response）响应。另一个端节点在下一个基本周期被轮询。

如果主设备自身是端节点，那么它仍发送存在请求帧给自己，并以存在应答帧响应，因此其他所有节点都可以监控它的存在。存在请求帧的接收引起端节点在辅助信道上发送一个检测请求帧（Detect_Request）。

只要没有其他节点连接，一个端节点接收不到检测应答帧（Detect_Response），就在存在应答帧中报告“none found”。

图 4-52 所示为一个已命名的组成，对于该组成，一个附加的、未命名的节点 7F 被连接。为简化绘图，此处仅一个中间节点（04）出现在已命名的组成中。

当两个端节点实现电连接后，通信就被建立起来了。未命名的节点 7F 收到一个来自端节点 05 的检测请求，它以一个检测应答帧回应，表示它是一个未命名节点。端节点 05 接收到这个检测应答帧后用存在应答帧发送一个表明未命名节点出现的信号给主设备。

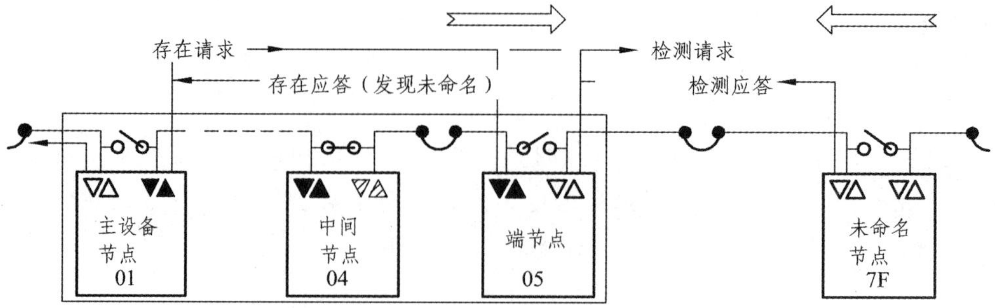


图 4-52　一个附加节点连接到已命名的组成中

3．开　始

未命名节点、主设备在每个方向上均发出一个检测请求帧。未命名节点如图 4-53 所示。

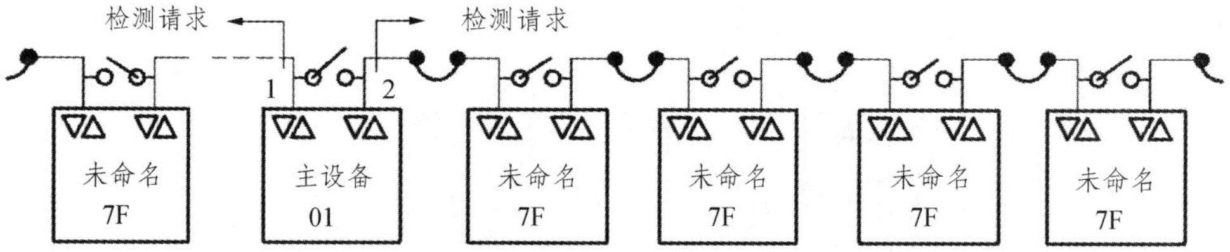


图 4-53　未命名节点

主设备将在方向 1 和方向 2 上命名节点，从首先用检测应答帧响应检测请求帧的方向开始。主设备以降序（63，62 等）命名在方向 1 上的节点，以升序（2，3，4 等）命名在方向 2 上的节点。

4．命　名

每个节点命名的方案都一样。图 4-54 给出了一个未命名节点如何进入一个已命名的组成的方法。

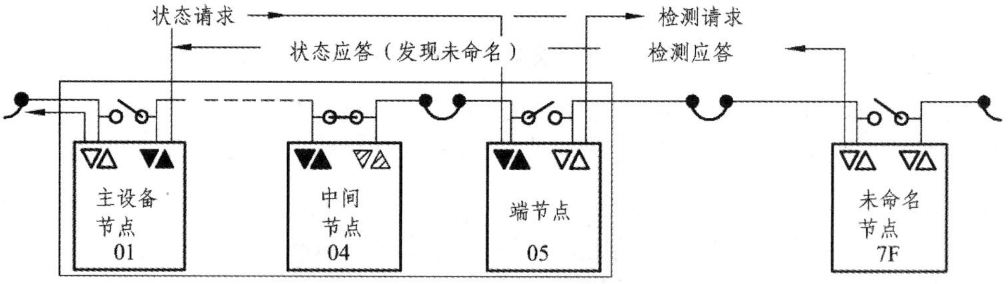


图 4-54　状态和检测

主设备发送一个状态请求帧（Status_Request）给节点 05，使该节点发送一个检测请求帧，未命名节点以检测应答帧响应。在状态应答帧（Status_Response）中，端节点 05 向主设备报告一个未命名节点的存在。

然后主设备用设置中间节点请求帧（SetInt_Request）切换节点 05 为中间节点，端节点 05 靠一个设置中间节点应答帧（SetInt_Response）以及关闭总线开关来回复请求帧，如

图 4-55 所示。

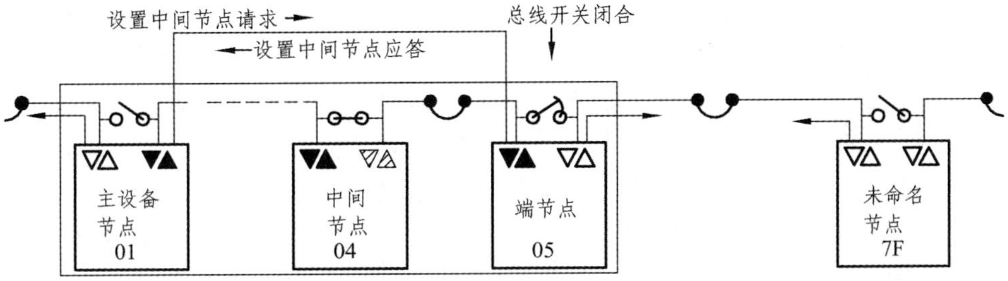


图 4-55　设置中间节点

主设备现在能直接访问未命名节点，并发送一个命名请求帧（Naming_Request），以分配地址“06”给新节点，该节点以一个命名应答帧（Naming_Response）确认命名，如图 4-56 所示。

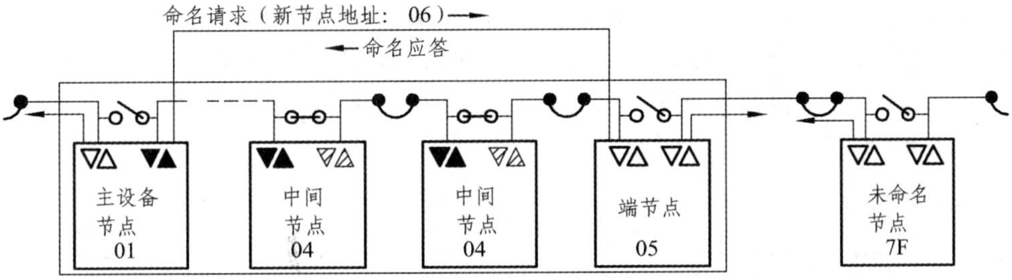


图 4-56　命　名

先前未命名的节点成为组成中新的端节点，它关闭自己的辅助信道，并在主设备方向上接通主信道。

在允许信道交换的时间段后，主设备发送一个状态请求帧给节点 06，新的端节点以状态应答帧应答。该应答帧包含给出新命名节点类型和版本的节点描述符、过程数据的帧尺寸和期望的轮询周期。

状态请求帧也使端节点发送检测请求帧给开放的端，以检测更多节点，如节点 05 的情况。

如果状态应答帧报告有额外的节点，主设备发送一个设置中间节点请求以设置端节点 06 为中间节点，并命名下一个节点为 07。

每个附加节点的加入要求以下 4 个报文（每个报文占用 250 ms）：

（1）Status_Request / Status_Response。

（2）Detect_Request/ Detect_Response。

（3）SetInt_Request / SetInt_Response。

（4）Naming_Request / Naming_Response。

从端设置到中间设置的切换要求等待 10 ms，在这期间总线不能使用。继电器关闭时间决定着命名间隔时间。

因为主设备每 25 ms 命名一个节点，因此命名 32 个节点需 800 ms。

每次在一个方向上命名一个节点后，主设备在相反方向上用状态请求帧与它命名的许多节点通信。状态请求帧可能又向主设备报告反方向上更多的节点。

5. 取消命名

为在明确基础上开始，主设备取消所有它控制的节点的命名，重命名这些节点和附加节点。为此，主设备连续 3 次对其组成中的其他所有节点广播一个取消命名请求（Unname_Request）。已被取消命名请求明确取消命名的节点通过进入端设置在打断总线前等待一定时间，并采用更长的超时时间以防止命名期间它们被认为是弱主设备出现。

在端设置中，主设备设置自己为独立主设备状态。所有节点发送取消命名信号给各自的应用。

注：日常运行时包含闲置（on-the-fly）的附加节点是危险的。

6. 构形发布

端节点在收到连续 3 个状态请求帧时没有报告有更多的节点，主设备将关闭初运行。

主设备计算新的周期列表（Periodic_List），并基于各节点期望的周期（Node_Period，节点周期）和帧尺寸（Node_Frame_Size，节点帧尺寸）来计算各节点的特征周期。

主设备建立构形，即包含所有节点、地址、节点类型和版本以及唯一标识初运行的主设备拓扑（Master_Topo）的数据结构，如图 4-57 所示。

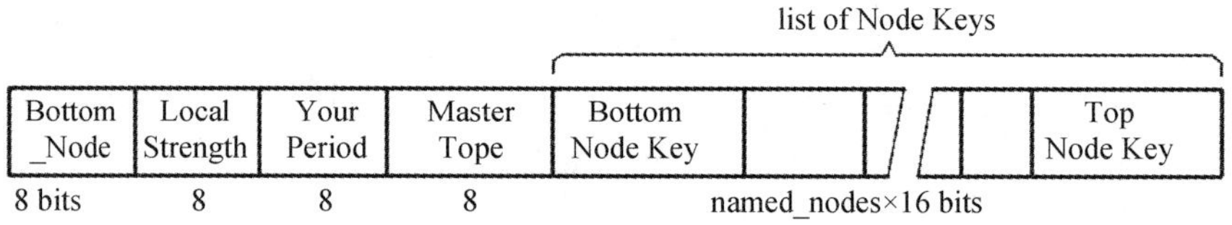


图 4-57　构形

然后，主设备通过构形请求帧（Topography_Request）给每个从设备发布构形，每个从设备以构形应答帧（Topograph_Response）答复请求帧。

所有从设备确认收到新构形后，主设备等待一个基本周期，以允许所有节点更新它们对过程数据的翻译，随后主设备进入日常运行开始为过程数据轮询节点。

## 思考题

（1）列车通信网络的主要作用有哪些？

（2）简述列车通信网络的两线三层结构。

（3）根据旅客列车的 3 种不同组态，简述列车通信网络的组态。

（4）多功能车辆总线的定义是什么？

（5）多功能车辆总线的物理介质有哪几种？

（6）线控制器在列车通信网络的什么位置？起什么作用？

（7）试画出一个典型的动力分散型列车通信网络的原理框图。

（8）绞线式列车总线的定义是什么？

（9）WTB 介质附挂单元在列车通信网络的什么位置？起什么作用？

（10）WTB 介质附挂单元有哪几种状态？各有什么特征？

（11）WTB 节点的命名包括哪些过程？

（12）目前运用于铁道机车车辆上的计算机网络有哪些？各有什么特点？

# 项目五　$HX_D1$ 型电力机车网络控制系统

## 思政素质目标

（1）培养学生精益求精的大国工匠精神，激发学生科技报国的家国情怀和使命担当。

（2）具有正确的世界观、人生观、价值观，遵纪守法，诚信做人，踏实做事。

（3）具有良好的职业道德和公共道德。

## 职业素质目标

（1）具有铁道机车专业必需的文化基础。

（2）拥有健康的体魄，能适应铁道机车专业岗位对体质及心理素质的要求。

（3）具有健康的心理和乐观的人生态度。

（4）具有勇于创新、敬业乐业、严谨务实的工作作风，具有安全意识、责任意识。

（5）具有文明、友善和团队协作精神。

（6）具有严格执行工作程序、工作规范、工作标准和安全操作规程的识和质量意识。

## 学习任务

认知列车通信网络结构,学习网络技术对列车通信和检修智能化的重要意义。

## 工具设备

多媒体设备课件、图片、示教板、计算机多媒体设备等。

## 教学环境

多媒体教室、列车智能网络控制仿真实训中心。

# 任务一　TCN 通信网络在 $HX_D1$ 型电力机车上的应用

## 专业能力目标

（1）掌握 $HX_D1$ 型电力机车网络系统。
（2）掌握各模块结构和功能。
（3）掌握网络故障处理方法。

## 基础知识

### 一、概　述

TCN 通信网络在轨道交通列车上的应用与列车控制系统的运用紧密相关，由于在轨道交通列车上得到广泛运用的 SIBAS 列车控制系统是基于 TCN 通信网络的列车控制系统，因此在欧洲许多国家的铁路机车或动车组及城市地铁列车、各类轻轨列车乃至有轨电车上都应用了 TCN 通信网络，并且由于欧洲的铁路机车、地铁列车，以及其他轨道交通列车在世界许多国家和城市都获得运用，因此 TCN 通信网络成为世界上应用最广泛的一种列车通信网络。

TCN 通信网络在我国轨道交通列车上也有广泛的运用，其中主要的内在原因是 TCN 通信网络标准已经成为我国的国家标准和行业标准，而直接的因素是在我国轨道交通列车上运用比较广泛的 SIBAS32 控制系统和 DTECS 列车控制系统，都是基于 TCN 通信网络的列车控制系统。这些列车控制系统在电力机车、高速动车组、城市地铁和轻轨列车上的广泛运用带动和推进了 TCN 通信网络的运用。经过十多年的运用实践，TCN 通信网络在我国轨道交通列车上的应用已经稳定并开始走向成熟，特别是国内的有关行业组织已经制定了一个 MVB 总线，运用在城市轨道交通列车上的应用层协议——城轨车辆车载控制网络数据传送规范，该规范的推广运用可以认为是 TCN 通信网络应用走向成熟的一个标志。

### 二、DTECS 分布式列车控制系统

DTECS 系统（Distribute Train Electric Control System）是我国中车集团自主研制、开发的分布式列车控制系统，适用于干线铁路的各型电力机车、内燃机车以及高速动车组，也适用于城市轨道交通的地铁列车、轻轨列车和有轨电车。DTECS 系统以 TCN 通信网络为核心，采用了先进的计算机技术、通信技术、控制技术及模块化设计技术，能够实现轨道交通列车所要求的各种控制功能。

DTECS 系统的研制、开发起步于 20 世纪 80 年代末，经过我国技术人员的技术创新和发展，特别是 20 世纪 90 年代后期 TCN 网络通信技术在系统中的自主开发运用，DTECS 系统已经逐步成为一个技术成熟、运用可靠的分布式列车控制与通信系统。目前，DTECS

系统在我国轨道交通领域无论是干线铁路的电力机车、动车组还是城市地铁列车和轻轨列车上均有广泛的运用，并且在我国出口的电力机车和城际动车组上也获得相当程度的运用。

### （一）DTECS 系统结构

DTECS 系统是一个采用模块化结构的分布式列车控制系统，各功能单元都是能独立工作的智能化模块，通过 TCN 通信网络将各个功能单元模块连接并组成一个分布式列车控制系统，DTECS 系统的结构如图 5-1 所示。

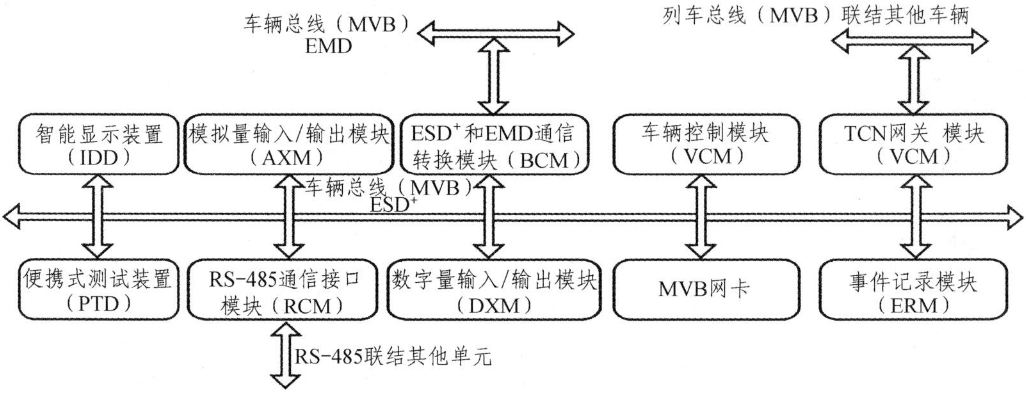


图 5-1 DTECS 系统的结构

DTECS 系统的主要功能单元模块包括车辆控制模块 VCM、模拟量输入/输出模块 AXM、数字量输入/输出模块 DXM、MVB 通信模块即 MVB 通信网卡、TCN 网关模块 GWM、智能显示器 IDD、便携式测试装置接口 PTD、事件记录模块 ERM、通信转换模块 BCM 和通信接口模块 RCM。这些单元可分别安装于车下设备箱中、司机操作台或车厢内的控制柜中，使用符合 IEC61375-1 标准的 TCN 总线连接起来。这种系统最明显的优点是显著减少各箱柜之间的连线，并方便将来对系统功能的扩展。总线的扩展比较简单，只需增加一根连接到该单元的网络电缆线，并更新应用软件就能和新的单元进行通信。

DTECS 的系统结构以 TCN 通信网络为核心，将分布于整个列车的各个智能单元连接成一个列车控制网络，能够实现列车要求的各种控制功能和列车试验、诊断等功能。

列车级采用 WTB 总线贯穿全车，并且承担重联时网络互联互通功能；列车级还采用以太网环网贯穿全车，并且预留重联接口，以太网主要承担维护、检修以及信息化功能。

### （二）DTECS 系统的功能单元

#### 1. 车辆控制模块 VCM

车辆控制模块 VCM 是一个基于 MVB 总线通信的车辆控制模块，主要实现车辆级控制通信控制、总线主管理及故障存储和数据下载等功能。在 DTECS 系统中，VCM 负责整个 MVB 总线通信的管理，也就是 MVB 总线主即总线管理器，其他 MVB 设备则均为从设备。

MVB 总线管理器负责管理 MVB 网络中的介质分配功能即负责调度其他从设备周期性

数据的周期性发送；调度偶发性数据（如消息数据）的发送顺序和优先级等。如果同时存在多个可以作为主设备的 VCM,则必须通过某仲裁的手段确保只能有一个管理总线的主设备——总线主，其他的主设备只能作为备用的总线主。总线主在这些主设备之间可以进行控制主权的转移，并且通过这种方法实现 DTECS 总线主的冗余。

VCM 模块的结构主要包括一块处理器模板（CPU）和一块电源接口模板，通过一个 40 针的连接器相连接，分别固定在 VCM 外壳的下盖板上。输入 VCM 电源接口板的电压范围为 DC77 ~ 137 V，输出 5 V。整个 VCM 系统的电源同时采用了直流变换 DC/DC 电源和低压差线性稳压电源 LDO（Low Drop Out regulator），保证了系统整体效率与可靠性；同时 VCM 电源还具有掉电保护功能，在外部电源掉电后，模块电源能够继续维持大约 800 ms 的时间供电，供 CPU 执行相关的保护逻辑和相关故障数据的保存。CPU 模板的结构如图 5-2 所示。

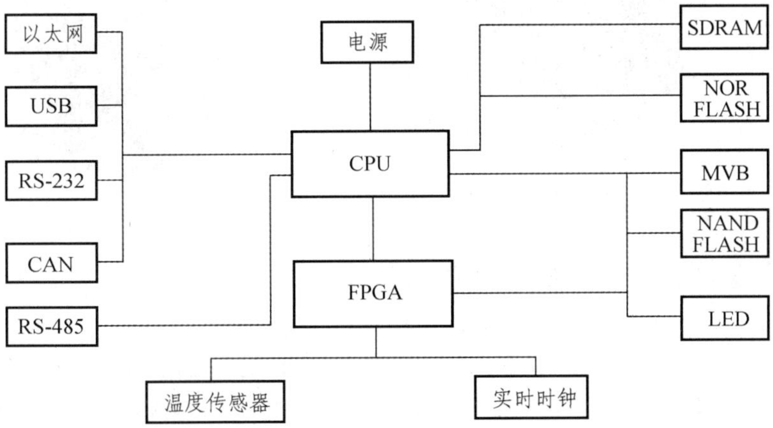

图 5-2　CPU 模板的结构

CPU 模板的设计选择了 INTEL XP425 处理器为核心来构建系统平台。IXP25 是 INTEL 公司推出的嵌入式网络通信处理器，主频为 533 MHz、带浮点运算单元（FPU）、支持高速率的 SDRAM 存储器、存储控制器工作频率最大可到 133 MHz，并集成有 3 个高性能网络处理器内核 NPEA、NPEB 和 NPEC。该处理器的 X Scale 内核将高性能 32 位处理器与双精度浮点单元、32 KB 的指令缓存、32 KB 的数据缓存、数据缓冲内存管理单元、指令缓冲内存管理单元等集成在一起。芯片的其他功能还包括高性能存储控制器、中断控制器、DMA 控制器、PCI 控制器、USB 控制器、I2C 接口等。这种高集成度、低功耗、低成本的嵌入式微处理器非常适合在工业控制、网络通信、交通控制等领域应用。

2. 模拟量输入/输出模块 AXM 和数字量输入/输出模块 DXM

模拟量输入/输出模块 AXM（Analog IO Module）和数字量输入/输出模块 DXM（Digital IO Module）均设计为 TCN 标准中的 1 类设备，主要功能是实现信号的转换，可以进行过程数据的 MVB 通信。AXM 模块（见图 5-3）包含 6 路实时采集的模拟量输入信号通道（AI）和 4 路模拟量输出信号通道（AO）。DXM 模块包含 16 路独立的数字量输入通道（D1）和 6 路独立的数字量出通道（DO）。

图 5-3　AXM 模块外形图

3. 总线耦合模块 BCM 和 RS-485 通信接口模块 RCM

BCM（Bus Coupling Module）模块的功能是实现 MVB 总线的 ESD + 和 EMD 的介质转换。ESD + 的接口驱动采用光电隔离的 RS-485 驱动器，适合于车内的短距离传输；EMD 采用的是变压器驱动，能够支持较长距离的传输，因此，当 MVB 总线需要实现较长距离的传输时，如跨车厢传输时可以使用 BCM 模块将 ESD + 接口转换为 EMD 接口。

RCM（RS-485 Communication Module）模块用于 MVB 总线与 RS-485 串行通信总线的转换，可以将一不具备 MVB 总线接口的设备连接至 MVB 总线上，实现过程数据通信。RCM 模块具有 2 个 MVB 接口和 4 个 RS-485 标准的接口。

4. TCN 网关模块 GWM

网关模块 GWM（Gateway Module）是 DTECS 系的核心模块，属于 TCN 标准定义的 5 类设备，GWM 具有管理 WTB 网络的功能，可以实现 WTB 与 MVB 总线的转换及 WTB 总线的初运行。

GWM 应用层软件的编程语言采用符合 IEC61131-3 的 ISAGRAF 语言，它包括结构化文本 ST（Structured Text）、梯形图 LD（Ladder Diagram）、指令集 IL（Instruction List）、功能块图 FD（Function Block Diagram）、流程图 FC（Flow Chart）5 种用于可编程设备的编程语言。ISAGRAF 运用编程工具 Workbench 产生与目标无关的代码 TIC，TIC 代码被 ISAGRAF 虚拟机解释和执行，并通过 ISAGRAF 虚拟机提供的 API 接口与底层用户任务连接，从而完成特定的用户应用功能。

GWM 软件采用一种模块化的分层结构，由底向上，各层依次为设备驱动层、操作系统内核、实时任务层、ISAGRAF 虚拟机和 ISAGRAF 应用程序。GWM 的操作系统采用的是实时多任务操作系统 VxWorks，设备驱动层的 BSP 驱动程序包由操作系统提供或由用户自己写。实时任务层主要是 RTP 协议的实现和列车的故障诊断及记录等其他任务，其中，RTP 协议主要完成 WTB 和 MVB 过程数据、消息数据的传输、接口及处理，以及网络的管理。ISAGRAF 虚拟机作为一种特殊的用户任务，负责对 ISAGRAF 应用程序代码 TIC 的解释和执行及与调试终端和其他应用任务的接口。这种模块化的分层结构可以最大限度地简化应用软件的开发，极大地提高应用项目的开发效率。

GWM 将所有电路封装在一个较小的铝模块中，具有结构简单、体积小、成本低、可靠性高、易维护等特点。

5. 便携式测试装置接口 PTD

PTD（Portable Test Device）接口是外部计算机进入 TCN 通信网络的接口装置，它连接在 MVB 总线上，通过它的 RS-232 端口可以连接外部的计算机。外部的便携式计算机测试设备通过 PTD 进入 TCN 通信网络（MVB 总线），能够进行在线的数据采集、调试、数据分析和数据的上传及下载。为此，要求接入通信网络的计算机测试设备必须具有 TCN 标准定义的 4 类设备能力。

6. 事件记录模块 ERM

ERM（Event Record Module）主要用来实现故障记录和事件记录，为此目的模块配置了大容量的 NAND FIASH，用于存储记录的数据。ERM 记录的数据内容主要有按时间间隔记录的正常运行状况和故障发生时的故障数据，故障发生时的运行状态，其他相关设备状态数据及故障发生点的前后时间段的状态数据。

ERM 的记录数据可以通过列车的通信网络调阅，并且支持多种模式的故障数据查阅。ERM 的记录数据也能够通过 PTD 端口下载至便携式计算机测试设备。

### （三）DTECS 系统的网络通信

1. MVB 总线通信

DTECS 系统的 MVB 总线物理层采用了光电隔离的 ESD + 和变压器隔离的 EMD 两种传输介质。MVB 的过程数据采用源地址的广播方式，采用 F-code = 0、1、2、3、4 这 5 种过程数据报文，按照固定周期进行循环发送。DTECS 系统除 BCM 外，每个功能模块都支持过程数据传输。

MVB 消息数据通信主要用于诊断数据、故障数据、状态数据等非周期数据的传输，在每个基本周期内，主设备都要发送一个 F-code = 9 的询问主帧，发起一般事件轮询；如果仅有一个设备响应事件询问，那么将由该设备发起一次消息数据通信；如果有多个设备响应询问，则需要进行事件通信的查询，即通过组事件轮询帧 F-code = 13 和单一事件轮询 F-code = 14 来确定所有响应的设备并进行排队，然后逐个处理。系统中仅具有消息数据通信功能的设备才具有响应事件轮询的功能。

MVB 监督数据主要用于实现设备状态轮询（ F-code = 15）和主权转移（F-code = 8）。主权转移功能主要实现总线主功能在多个设备之间进行轮转，可以提高总线的可用性。DTECS 系统所有设备都支持设备状态轮询，仅有 VCM、GWM 和 PTD 具有主权转移功能。

2. WTB 总线通信

DTECS 系统采用 FPGA 芯片实现 WTB 协议控制器，可以实现帧的编码、解码、总线监测及切换控制、报文的发送和接收，以及中断的产生和控制等。FPGA 的运用既保证了协议控制器的可靠性，又可以避免采用专用的定制芯片带来的其他风险。

系统上电后由默认的主节点发起列车的 WTB 初运行，通过发送命名帧（Naming Request）、状态帧（Status Request）、拓扑帧（Topography Request）等对加入的节点进行命名和指定新的地址，主节点可以通过发送设置端节点（SetEnd Request）和设置中间节点（SetInt Request）来实现通信通道的转换。WTB 的主设备通过定期地发送存在帧（Request）来对端节点进行轮询，以确定是否有节点从编组中脱离。如果检测到端节点的缺失，将发送取消命名（Unnaming Request），解编整个编组，然后重新启动初运行过程，形成一个新的编组。

WTB 过程数据的发送同样采用广播模式，WTB 总线主节点按照固定的周期对每个节点进行过程数据轮询，相应的从节点将发送过程数据从帧到总线上，每个节点都可以接收到该节点的过程数据从帧，WTB 消息数据主要用来实现列车级的非周期数据的发送，WTB 软件主要实现消息数据的链路层，由 RTP 协议来实现其网络层、传输层、会话层和应用层。

3. 实时协议 RTP

实时协议 RTP 主要用来实现消息数据的网络层、传输层、会话层和应用层。消息数据链路由相关的 WTB 链路层软件和 MVB 链路层软件来实现，消息数据的传输模型如图 5-4 所示。

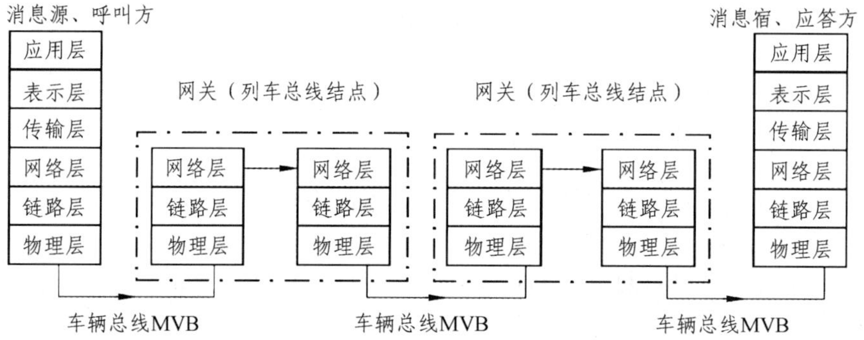


图 5-4 消息数据的传输模型

网络层的主要功能是进行报文的路由，报文经过网络层可以到达 MVB 链路层、WTB 链路层和传输层。传输层的主要功能是实现将消息分解成大小相同的数据包，并且通过滑动窗口进行流量控制和错误恢复。消息发送者称为生产者，消息接收者称为消费者，生产者和消费者都可以通过相应的状态机来进行连接的建立，数据的发送、侦听、接收、取消和解连等操作。会话层主要建立消息的呼叫者和应答者，呼叫者发送呼叫消息给应答者，应答者回送应答消息给呼叫者。应用层主要提供应用程序消息数据接口，供应用者通过网络进行数据的发送和回送应答消息接收。

消息数据发送时，用户通过应用程序消息数据接口发送消息，首先在会话层建立呼叫者和应答者，消息传送至传输层；传输层将消息分为相应的数据包，建立状态机，建立连接；数据包传送至网络层，网络层对数据包进行路由分析，确定数据链路类型，如果是 WTB 链路，那么通过 WTB 链路发送任务将数据发送到 WTB 总线上去；如果是 MVB 链路层，那么通过 MVB 链路层发送任务将数据发送到 MVB 总线上去。

消息数据接收时链路层将产生相应的中断，在中断中将启动相关的链路层接口来提示链路层有数据要接收；网络层将从总线的通信存储器中复制数据，并且根据路由规则对数据进行路由选择；数据将可能被转发到另外一个链路层上去，也可能传送到传输层去；数据到达传输层后，将进行流量控制和差错恢复，进入状态机；然后数据经过会话层，最终达到应用层。

4. 网络的管理

网络管理层实际上是基于消息数据的一个应用，用来实现对网络的管理功能，包括数据的查看、数据的强制、数据的上载、数据的下载、网络状态查看、网络的远程控制等功能。网络管理者称为经营者，被管理的远程网络设备称为代理者。在 DTECS 系统中一般把 PTD 作为网络管理经营者，其他模块都作为代理者。

用户指令或命令传给网络管理的经营者，经营者作为消息数据的呼叫者，将根据发送的指令或命令发送 CALL MESSAGE，而远程的代理者将根据呼叫消息功能代码（SIF CODE），执行相应的服务，将数据或执行结果发送相应的 REPLY MESSAGE 回传给经营者。

## 三、TCN 在 $HX_D1$ 型电力机车上的应用

$HX_D1$ 型电力机车是我国“和谐”系列电力机车中的第一个型号。和谐系列电力机车有 3 个主型号：$HX_D1$、$HX_D2$、$HX_D3$；每个主型号下又有 $HX_D1B$、$HX_D1C$、$HX_D2B$、$HX_D2C$ 和 $HX_D3B$、$HX_D3C$ 等型号。和谐系列各型电力机车之间的主要区别在于机车的轴式不同、机车轴功率不同及制造的企业不同。和谐号系列电力机车从 2006 年开始生产制造，是目前我国主要的大功率干线重载牵引电力机车。

$HX_D1$ 型电力机车采用 SIBAS 32 控制系统和 TCN 通信网络，分为中央控制系统 CCU 和牵引控制系统 TCU 两大系统。每台机车由两节组成，两节车在机械方面和电气方面都基本相同。每节车内部由 MVB 总线连接全部 SIBAS 部件，两节车之间通过 WTB 总线连接。机车上还装备了分布式动力控制系统 LOCOTROL 和制动系统 CCBⅡ。它的网络拓扑结构如图 5-5 所示。

$HX_D1$ 型机车是中车株洲电力机车有限公司生产的大功率交流传动电力机车，它采用当前主流的 TCN（Train Communication Network）网络控制系统，机车内部网络设备通过 MVB（Multifunction Vehicle Bus，多功能车辆总线）动态地、周期性地交互数据，机车与机车间通过 WTB（Wire Train Bus，绞线式列车总线）动态地交互数据。$HX_D1$ 机车的电气和网络部分由中央控制单元（Central Control Unit，CCU）、牵引控制单元（Traction Control Unit，TCU）、制动控制单元（Brake Control Unit，BCU）、逻辑控制单元（DXM，AXM）、

司机显示屏（IDU）组成。

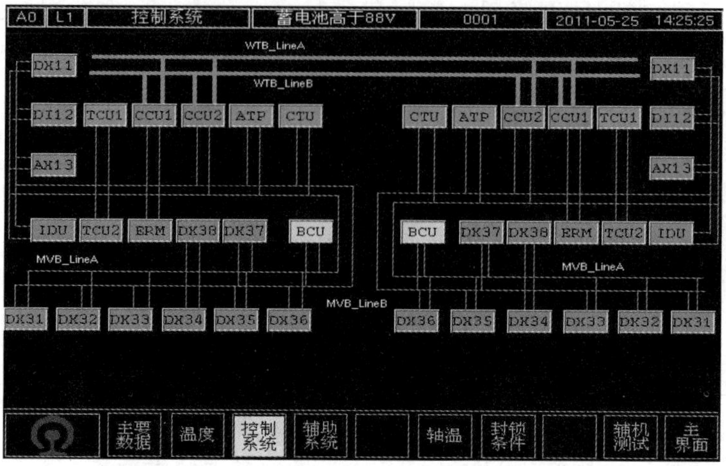


图 5-5　$HX_D1$ 型电力机车网络拓扑图

网络控制系统采用列车级和车辆级控制，列车控制级采用绞线式列车总线 WTB，车辆控制级采用多功能车辆总线 MVB。网络控制系统采用分布采集及执行、中央集中控制与管理的模式，由 WTB/MVB 网关模块 GWM、车辆控制模块 VCM（Vehicle Control Module）、事件记录模块 ERM（Event Record Module）、数字量输入输出模块 DXM（Digital Input/Output Module）、数字量输入模块 DIM（Digital Input Module）、模拟量输入输出模块 AXM（Analog Input/Output Module）和智能显示装置 IDU（Intelligent Display Unit）等组成，通过 MVB 与传动控制单元 TCU（Traction Control Unit）、辅助变流器控制单元 ACU（Auxiliary Converter Unit）、制动控制单元 BCU（Brake Control Unit）等进行通信。

每节机车装有 1 个 WTB/MVB 网关模块 GWM，位于机械间内，WTB/MVB 网关模块 GWM 通过多功能车辆总线 MVB（ESD＋）与车辆控制模块 VCM 通信。GWM/ERM/VCM 模块接口如图 5-6 所示。

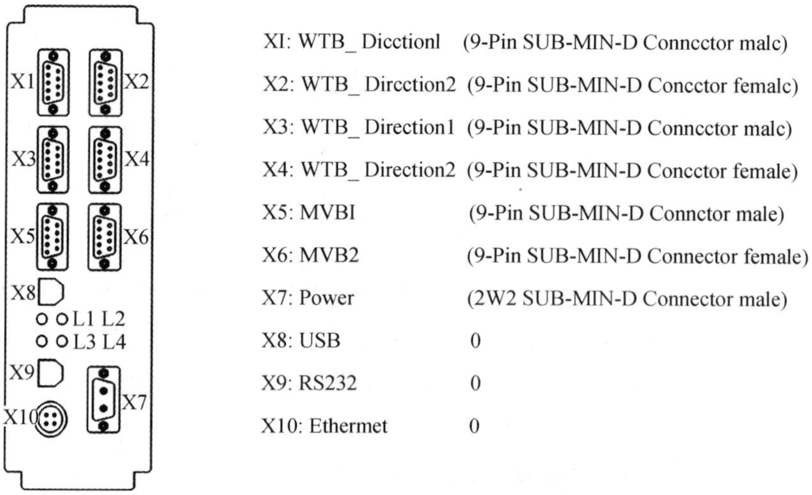


图 5-6　GWM/ERM/VCM 模块接口图

### （一）WTB/MVB 网关模块 GWM

GWM 是 TCMS 实现机车重联运行的核心模块，具备如下功能：

（1）列车级过程控制。执行诸如牵引/制动控制等一系列与机车重联运行有关的控制功能。

（2）列车总线管理。具有绞线式列车总线 WTB 的管理能力。

（3）列车级数据通信。与 TCMS 系统的车辆控制模块 VCM 进行与机车重联运行有关的数据交换。

### （二）车辆控制模块 VCM

每节机车装有 2 个车辆控制模块 VCM，位于机械间内，车辆控制模块 VCM 通过多功能车辆总线 MVB（ESD＋）与其他设备通信，其 CPU 功能如图 5-7 所示。车辆控制模块 VCM 是 TCMS 的核心模块，具备如下功能：

（1）车辆级过程控制。执行诸如牵引/制动控制、空电联合控制、超速保护和空调顺序启动等一系列控制功能。

（2）车辆总线管理。具有多功能车辆总线 MVB 的管理能力，并且能够进行主权转移。

（3）数据通信。与 TCMS 系统的其他设备及非 TCMS 的智能设备的数据交换。

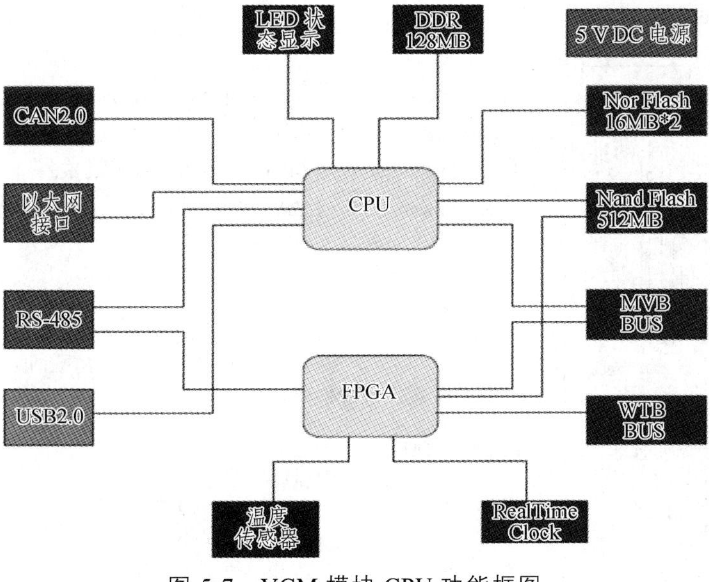


图 5-7　VCM 模块 CPU 功能框图

① 调试接口。调试接口在面板上为 X9，为 RS-232 通信标准，可以直接与计算机的串口进行通信。注意 VCM 模块的串口采用的是 RJ-45 型连接器，而非标准的 DB9 连接器。

② USB 接口。USB 接口在面板上为 X8，提供 USB1.1 标准的主机接口外面可以接 U 盘等存储设备，完成程序的转储。

③ 以太网接口。以太网接口在面板上为 X10，提供 10/100 M 自适应的以太网通信。可以用来下载程序和固件。采用的工业以太网专用的 M12 连接器，可以进行网络数据传输。

④ MVB 通信接口。MVB 接口在面板上为 X4，X5，采用国际标准的车辆总线标准。

### （三）事件记录模块 ERM

每节机车装有 1 个事件记录模块 ERM，位于机械间内，事件记录模块 ERM 是 TCMS 完成故障诊断、数据记录与转储的核心模块，具备如下功能：

（1）故障诊断。完成车载的故障诊断功能，并通过 IDU 报告给司机。

（2）数据记录。司机操作数据、故障数据、事件数据的记录，将车辆控制模块 VCM 的故障数据具体化。

（3）数据转储。通过车载信息网（工业以太网）将记录的数据下载，供便携式维护工具分析。

### （四）数字量输入输出模块 DXM

每节机车装有 8 个数字量输入输出模块 DXM，分别安装于司机室和机械间中。数字量输入输出模块 DXM 通过多功能车辆总线 MVB（ESD＋）与车辆控制模块 VCM 交换数据，其接口如图 5-8 所示。

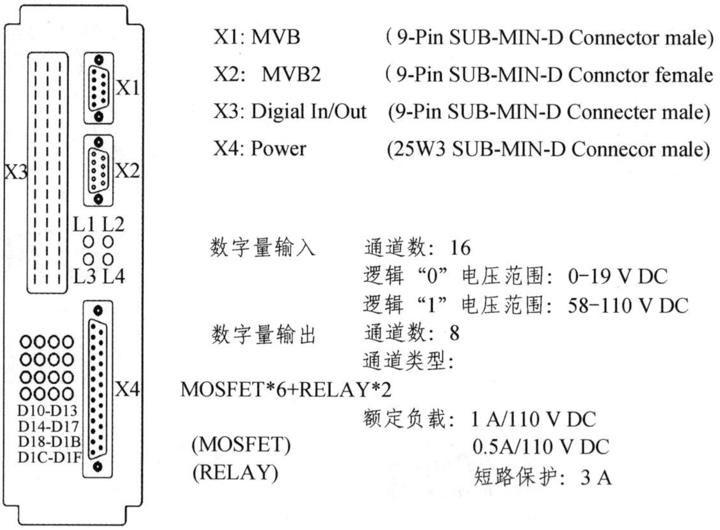


图 5-8 DXM 接口图

### （五）模拟量输入输出模块 AXM

每节机车装有 2 个模拟量输入输出模块 AXM（参见图 5-3），分别安装于司机室中。模拟量输入输出模块 AXM 通过多功能车辆总线 MVB（ESD＋）与车辆控制模块 VCM 交换数据。

模拟量输入输出模块 AXM 实现模拟量信号的采集输入和控制输出，具备如下功能：

（1）输入信号采集。将车辆间电气信号转换成控制信号，经由列车控制网络传送给车辆控制模块 VCM，完成各种控制功能。

（2）控制信号输出。将网络控制信号转换成电气信号，控制诸如仪表等设备。

AXM 硬件系统的结构主要包括：①CPU 子系统；②MVB 通信子系统；③A/D 采集系统；④D/A 输出系统；⑤电源子系统。AXM 主要接口如图 5-9 所示。

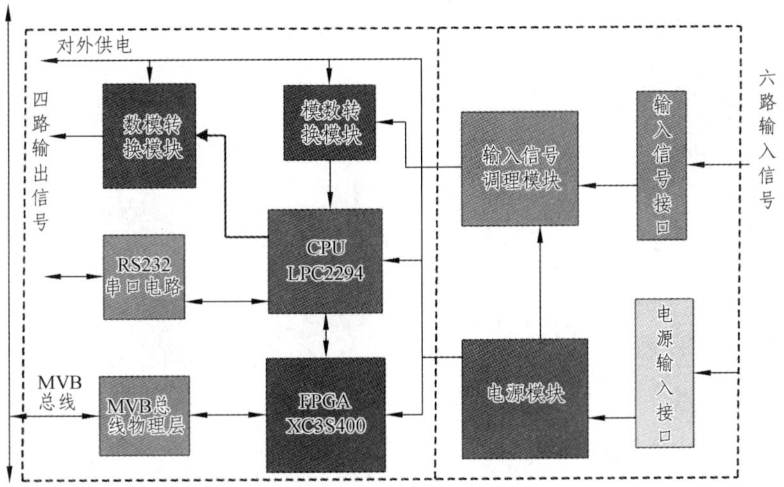


图 5-9　AXM 主要接口

输入接口通道数：6

电压型范围：DC0 ~ 10 V

电流型范围：0 ~ 20 mA

精度：1%

输出接口通道数：4

电压型范围：DC0 ~ 10 V

电流型范围：0 ~ 20 mA

精度：1%

## （六）数字量输入模块 DIM

每节机车装有 3 个数字量输入模块 DIM，分别安装于司机室和机械间中。数字量输入模块 DIM 通过多功能车辆总线 MVB（ESD + ）与车辆控制模块 VCM 交换数据，其接口如图 5-10 所示。数字量输入模块 DIM 功能：

（1）输入信号采集：将车辆间电气信号转换成控制信号，经由列车控制网络传送给车辆控制模块 VCM，完成各种控制功能。

（2）设备地址输入：通过外部跳线配置设备地址，维护过程非常容易。

数字量输入通道数：32

逻辑“0”电压范围：DC0 ~ 49 V

逻辑“1”电压范围：DC58 ~ 110 V

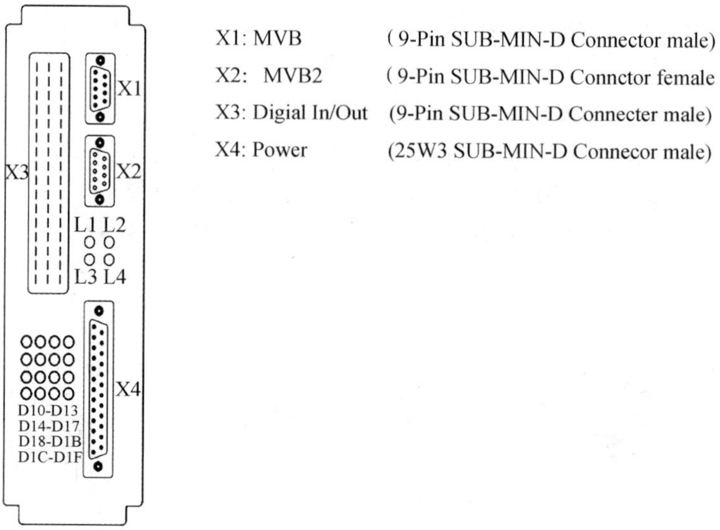


图 5-10　DIM 接口图

### （七）智能显示装置 IDU

每节机车装有 2 个智能显示装置 IDU，分别位于两个司机室内，智能显示装置 IDU 通过多功能车辆总线 MVB（ESD +）与其他设备通信。智能显示装置 IDU 是列车控制和诊断系统 TCMS 的终端设备。

1. IDU 的功能

（1）列车信息显示：向车辆驾驶人员和维护人员提供车辆综合信息，各设备的工作状态，故障信息的综合与处理等。

（2）参数设定：轮径值、列车质量、站点、时间日期。

2. IDU 的技术参数

（1）机械尺寸：315 mm × 250 mm × 81.1 mm

（2）质量：4.5 kg

（3）工作电压：DC77 ~ 133.5 V

（4）环境温度：－25 ~ ＋45 °C

（5）冷却方式：自然风冷

（6）通信接口：MVB、CAN（监控预留）

## 四、机车车载网络控制软件

机车车载网络控制软件主要包括以下部分：

### （一）牵引控制功能

（1）牵引制动特性控制。牵引时手柄设定速度，制动时手柄设置制动力。根据特性曲线和牵引力的上升/下降斜率等进行牵引/制动力的给定控制。

（2）牵引制动力分配控制。根据各动力轴的不同情况及各转向架的情况不同，修改特性控制计算的设定力矩。

（3）顺序控制。可以根据节点号确定机车的不同状态。节点号是所有系统处理器（总站）的参考号，可以据此对机车操作过程做出明确规定，顺序控制还可以执行各种保护功能。例如，只有当顺序控制达到相应的节点或状态后主断才可闭合。

（4）机车逻辑控制。机车逻辑控制包括操作端控制、方向选择、牵引运行逻辑解锁控制、停车换端控制、撒沙控制等。

（5）主电路控制。主电路控制包括受电弓的控制、主断路器的控制、网压监视和变压器监视等。

（6）辅助系统控制。辅助系统控制包括辅助系统的启动及停机控制、辅助系统接触器控制、辅助系统变频等级的计算及控制、辅助系统故障切换、压缩机的控制等。

（7）防空转/滑行控制。防空转/滑行控制是指根据当前实际动力轴的状态控制牵引/制动力输出的大小，从而减小空转/滑行对车辆带来的不利影响。

（8）空电联合控制。空电联合是指为减少轮对磨损、节约电能而使车辆在制动过程中，优先选择电制动，空气制动补偿到满足列车制动要求的行为。

（9）重联运行控制。软件设置可进行 3 台机车的重联，通过 WTB 进行命令的传输及重联车状态信息的反馈（包括故障信息），甚至消除保证前后机车协调一致地进行工作。

（10）分相区控制。机车过分相时能将牵引力快速而平稳下降到 0，断“主断”，过分相后自动恢复分相前的牵引运行状态。防止由于司机操作失误使机车带电过分相。

（11）辅助系统库用测试。在库用状态通过显示屏辅助系统测试页面进行辅助变流器、辅助电机的试验，包括辅助系统故障切换试验。

（12）轴重转移补偿控制。机车牵引控制系统有动态轴重转移补偿功能。由轨道条件等原因引起的一个牵引电机不能实现被要求的牵引力，轴重转移补偿功能将增加机车其他牵引电机的扭矩以达到要求的牵引力。但每个牵引电机能发出的最大扭矩应限于其最大的设计扭矩值。

（13）轮径手动修正功能。只有机车在静止时才可以凭密码输入参考轮径。

（14）机车定速控制只有方向手柄在“向前”位置时，定速功能才起作用，定速功能不支持“向后”运行。为了激活定速模式，以下条件应完全满足：

① 主司控器在“牵引”区域，它不在“0”位或者“制动”区域。

② 没有空气制动。

③ 没有牵引封锁。

④ 已经输入了有效的列车质量。

（15）牵引和制动工况下牵引电机电流最大值限制控制功能。在牵引和制动工况下，网络控制系统及牵引控制系统具有牵引电机电流最大值控制功能。

（16）无人警惕控制。当控制部件无动作或长期激活控制部件，此时警惕装置报警并通过开始惩罚制动或激活列车自动停止阀自动制动。

（17）冗余控制功能。确保在工作单元失效时能自动转换。控制系统采用两个 CCU，WTB/MVB 通过本身两个通道进行冗余，重要的 I/O 采用双份，冗余切换过程将在足够的时间内进行。MVB 采用热备工作方式。单路故障时，可自动切换，在转换过程中有短暂保护性动作。

### （二）保护功能

（1）列车级保护。列车级保护是指引起全列车都进行保护的动作，主要包括：紧急制动、牵引封锁、电制动力封锁。

（2）车辆级保护。车辆级保护是指引起本节车进行保护的动作，主要包括：蓄电池欠压保护、牵引封锁、电制动力封锁、变流器封锁、逆变器封锁、HVB 断开、PANTO 降下、功率限制、启动联锁。

（3）部件级保护。部件级保护是指引起各设备进行保护的动作，一般由各设备完成，主要包括：电机组牵引封锁、电机组制动力封锁、电机组脉冲封锁、电机组功率限制。

### （三）监视功能

为正常运行，每个司机室中至少需要显示如下信息：

（1）一般故障。

（2）空转/滑行状态。

（3）接触网电压。

（4）机车运行工况。

（5）监视设备必须监视如下状态：

① MVB 设备状态。MVB 的设备状态应在机车显示屏上按照实际情况显示，有清晰的信号名称、拓扑位置和状态量。

② 机车运行数据。机车的重要数据在机车显示屏上按照实际情况实时显示出来。

③ 司机操作指令。在 MVB 上与机车运行控制有关的司机操作指令在机车显示屏上实时显示出来，对有效的操作过程和无效操作的因果关系都有清晰的显示。

司机室显示信息尽量用微机显示屏显示，对不同类别的信息用彩色予以分开。微机显示屏具有显示故障的功能，并提供故障处理建议。

### （四）诊断功能

车载诊断系统 DDS 是 TCMS 系统的重要组成部分，VCM 收集并在故障数据库中存储列车的事件、故障和列车状态的相关信息。故障信息在司机台上通过智能显示装置 IDU 显示出来，并且通过 PTU 上传到地面维修和服务系统中，供长期的储存和深入的地面分析。

故障的检测分为车辆综合故障的检测和子系统故障的检测，其中车辆综合故障的检测由 TCMS 根据车辆综合信息进行逻辑判断，滤波后得到有效的车辆综合故障信息。子系统故障一般说来由各子系统完成，TCMS 对其有效性进行判断。TCMS 的诊断功能可以协助司机和检修人员进行工作。当故障发生时，协助司机采取适当的操作，并使维护人员更容易地查找并解决故障。

如果列车发生故障，将以纯文本信息在智能显示装置 IDU 上显示给司机。为此，支持总线的单元通过 MVB 传输故障发生信息到主控 VCM。然后主控 VCM 将日期和时间加到设备项的故障代码上。信息将通过 MVB 传输到 IDU 上。在 IDU 上，每条纯文本信息都分配有故障代码，根据不同的故障类别进行故障评估。故障类别和纯文本信息显示在显示器的界面上。此外，司机可以从显示器上获得必须实施的操作指导说明。

故障信息存储下来，将包括下面数据：

（1）日期、时间。

（2）故障处理指南。

（3）故障代码。

（4）新故障/故障消除状态（仅在运行模式有效）。

### （五）故障等级

TCMS 将故障划分为 3 个级别，当检查到故障时按照每个故障等级 TCMS 将采取定义好的动作。

（1）严重故障（等级 1）：要机车操作人员立即注意或采取行动的故障定义为严重故障。当此级别故障发生，智能显示装置故障信息栏闪烁，当操作人员按压确认键后，故障信息栏内容消失，当前故障在故障信息界面显示。当此级别故障发生，司机必须根据智能显示装置故障信息界面显示故障处理提示进行相应处理，用于消除故障或隔离故障设备。

（2）中等故障（等级 2）：要维护人员注意的故障被定义为中等故障。故障信息在故障界面显示。故障信息界面显示故障处理提示用于排除故障。

（3）轻微故障（等级 3）：由列车操作人员触发的故障被定义为轻微故障。故障不在操作人员的故障信息界面上显示，仅记录在故障日志中。

机车显示器应用软件组成如图 5-11 所示。

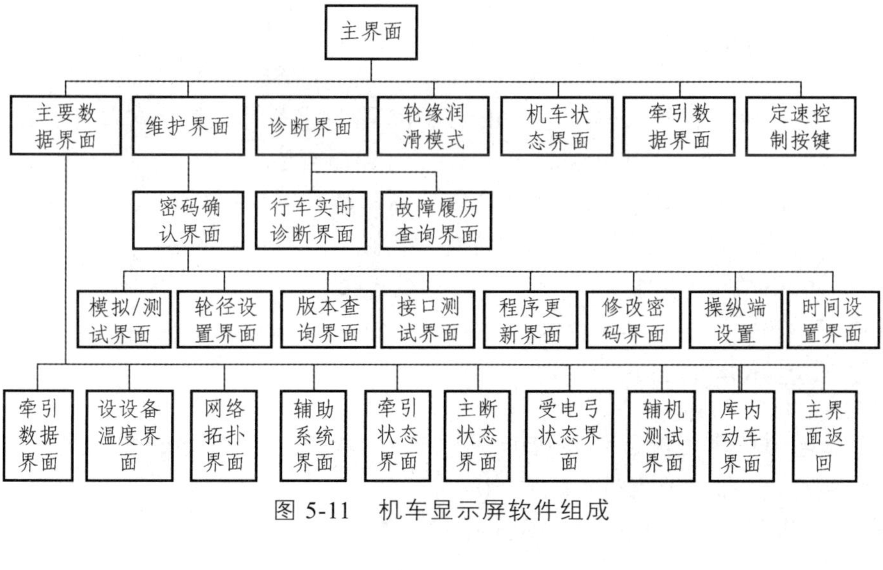


图 5-11　机车显示屏软件组成

# 任务二　$HX_D1C$、$HX_D1$ 型电力机车控制系统的主要部件及其功能

## 专业能力目标

（1）了解 $HX_D1$、$HX_D1C$ 型电力机车控制系统的主要部件。
（2）掌握 $HX_D1$、$HX_D1C$ 型电力机车控制系统的功能。

## 基础知识

### 一、中央控制单元（CCU）

$HX_D1C$ 型电力机车中央控制单元由车辆控制模块 VCM、WTB/MVB 网关 GWM 和记录存储模块 ERM 构成，各个模块之间通过车辆总线 MVB 连接。

CCU 的功能是实现车辆级过程控制、通信管理控制、显示控制、故障诊断、列车级过程控制、列车总线管理、列车级数据通信、数据记录、数据转储功能。

### 二、输入输出单元（CIO）

$HX_D1C$ 型电力机车司机室输入输出单元 CIO 由数字量输入输出模块 DXM、数字量输入模块 DIM、模拟量输入输出模块 AXM 构成，各个模块之间通过车辆总线 MVB 连接。

司机室输入输出单元 CIO 信号采集是将车辆间电气信号转换成控制信号，经由列车控制网络传送给车辆控制模块 VCM，完成各种控制功能；控制信号输出是将网络控制信号转换成电气信号，控制如继电器等设备。

### 三、机械间输入输出单元（MIO）

$HX_D1C$ 型电力机车机械间输入输出单元 MIO 由数字量输入输出模块 DXM、数字量输入模块 DIM 构成，各个模块之间通过车辆总线 MVB 连接。

机械间输入输出单元 MIO 输入信号采集是将车辆间电气信号转换成控制信号，经由列车控制网络传送给车辆控制模块，完成各种控制功能；控制信号输出是将网络控制信号转换成电气信号，控制如继电器等设备。

### 四、微机显示屏（IDU）

$HX_D1C$ 型电力机车微机显示屏 IDU 是网络控制系统 TCMS 的终端设备。车辆信息显示是为车辆驾驶人员和维护人员提供车辆的综合信息，各设备的工作状态，故障信息的综合与处理等；参数设定是对轮径值、列车质量、站点、时间日期等参数进行更改与设定；

模拟测试是静止情况下，对辅助变流器系统相关部件进行模拟测试；数据转储是通过 USB 接口，将故障信息转储地面进行统计、分析。

$HX_D1C$ 型电力机车控制系统显示屏主要是信息显示，采用新研制的 TPX21A 型显示器（IDU），作为信息显示单元。每台机车装有 2 个智能显示单元 IDU，分别位于 2 个司机室内。智能显示单元 IDU 通过多功能车辆总线 MVB（ESD+）与其他设备通信。

1. 功　能

智能显示单元IDU是机车网络控制系统的终端设备，是司机维护人员操作机车的窗口，具备如下功能：

（1）列车信息显示。向车辆驾驶人员和维护人员提供车辆综合信息、各设备的工作状态、故障信息的综合与处理等功能。

（2）参数设定。对轮径值、列车质量、时间日期等参数进行更改与设定。

（3）模拟测试。静止情况下，模拟车辆运行，对牵引/制动系统相关部件进行模拟测试。

TPX21A 型状态显示屏如图 5-12 所示。

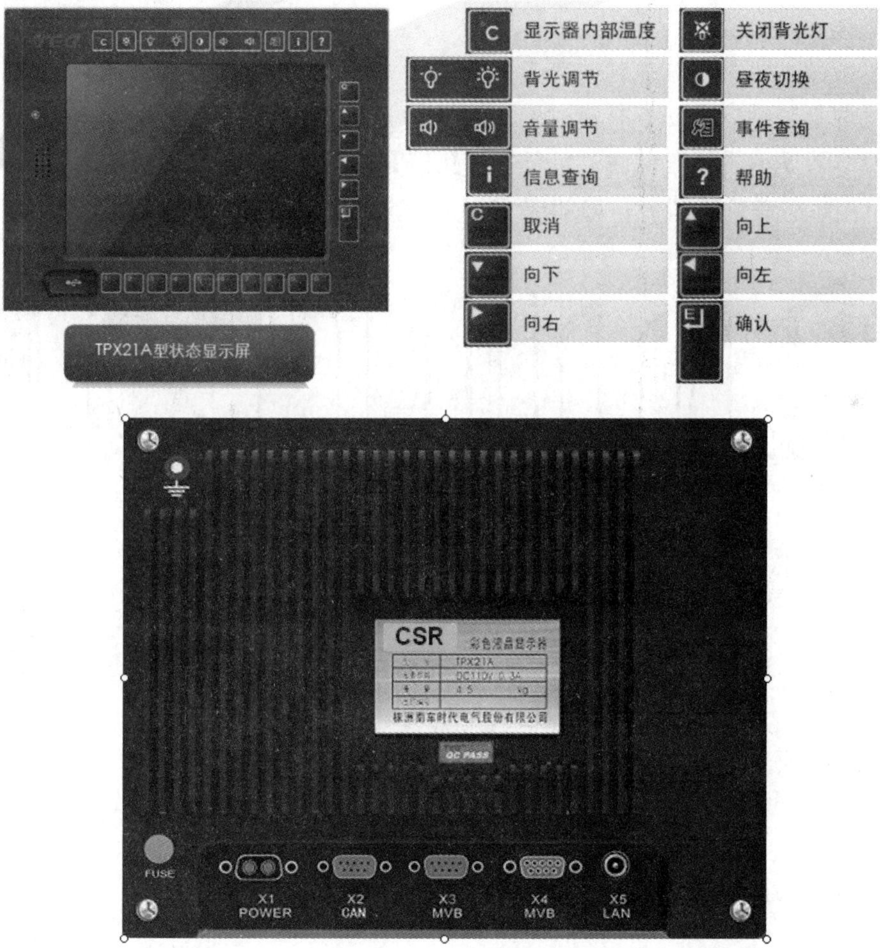


图 5-12　TPX21A 型状态显示屏

TPX21A 的对外接口包括导光柱、键盘、1 路 USB 接口、2 路 MVB 接口、1 路 CAN 接口、1 路 RS-232 接口、1 路 M12 以太网接口、110 V 电源输入接口、保险、接地柱等，其中 USB 接口设计在前壳上，CAN 与 RS-232 共用一个 DB9 连接器。

2. 结构介绍

（1）TPX21A 显示器结构主要由按键面膜、前壳、后壳、液晶屏安装块、触摸屏橡胶垫组成。

（2）采用贴膜方式，可灵活更换面膜效果。

（3）为减轻显示器质量，增强散热情况，结构件全部采用铝合金材料。

（4）为达到良好的导电性，前后壳之间增加了安装导电橡胶的凹槽，凹槽内部及前后壳接触部分采用导电氧化的表面处理。

（5）为确保液晶屏与壳体良好绝缘，前壳除上述导电橡胶槽外，其余均采用绝缘处理，且通过塑料压块将液晶屏固定在前壳上。

（6）为减少设备内部的布线，对外连接器直接安装在主板上，盖上后壳后，连接器与后壳良好搭接。

（7）主板的布线大部分连到前壳上，为缩短布线，主板直接安装在前壳上。

（8）电源板紧贴后壳安装，通过铝后壳及后壳上的散热片散热。

（9）为增强显示器的密封性，前壳不开孔扩音，经测试，声音会减弱，但不影响使用。

TPX21A 显示器具体结构布局如图 5-13 所示。

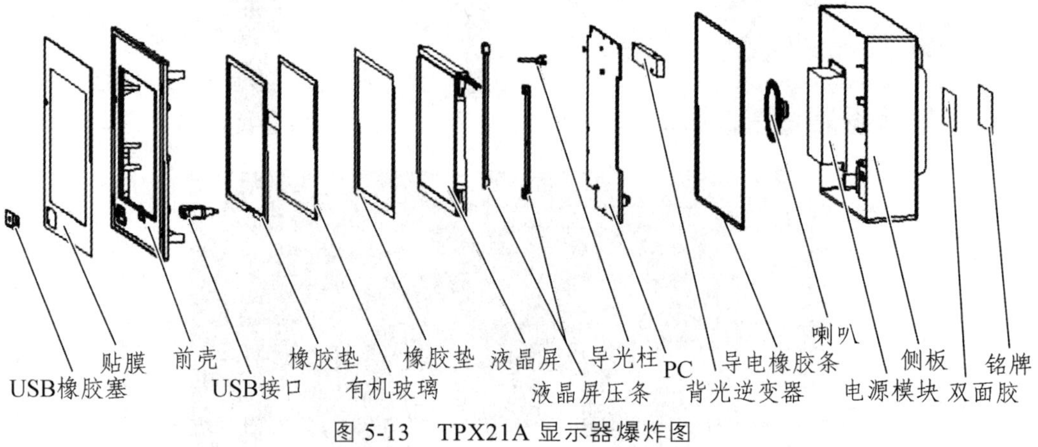


图 5-13　TPX21A 显示器爆炸图

## 五、工作原理

1. 硬　件

显示器硬件功能如图 5-14 所示。

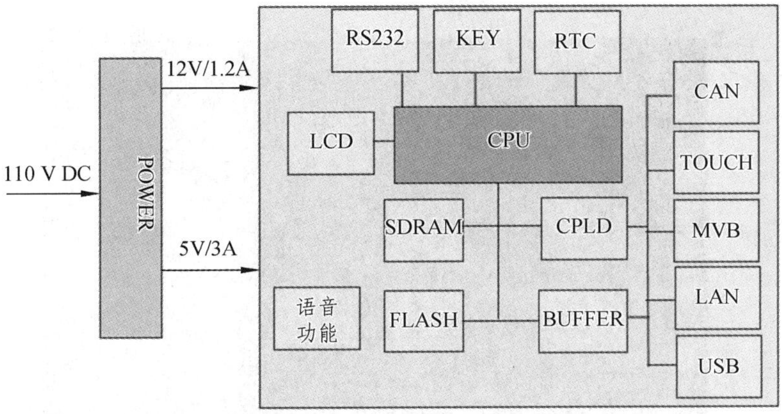


图 5-14　硬件功能图

2. 软　件

1）显示界面设计

显示器软件系统采用嵌入式LINUX操作系统，界面程序是选用FLTK图形库进行开发，开发工具采用Fluid。

2）$HX_D1$ 型电力机车显示器界面功能块

显示器上电启动后，自动执行到显示程序“主界面”，通过“主界面”可以触摸或者按压薄膜按键选择：“主要数据界面”“牵引数据界面”“参数设置”“诊断界面”“维护界面”“牵引数据”“定速按键”等；“主要数据界面”下，通过触摸或者按压薄膜按键可以进入“温度界面”“网络拓扑界面”等。

（1）显示器内使用的图标注释（见图 5-15）。

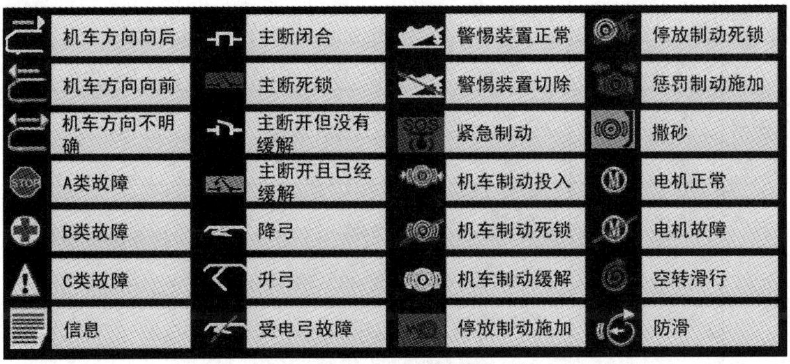


图 5-15　显示器内使用的图标注释

（2）显示界面中的公共显示区（见图 5-16）。

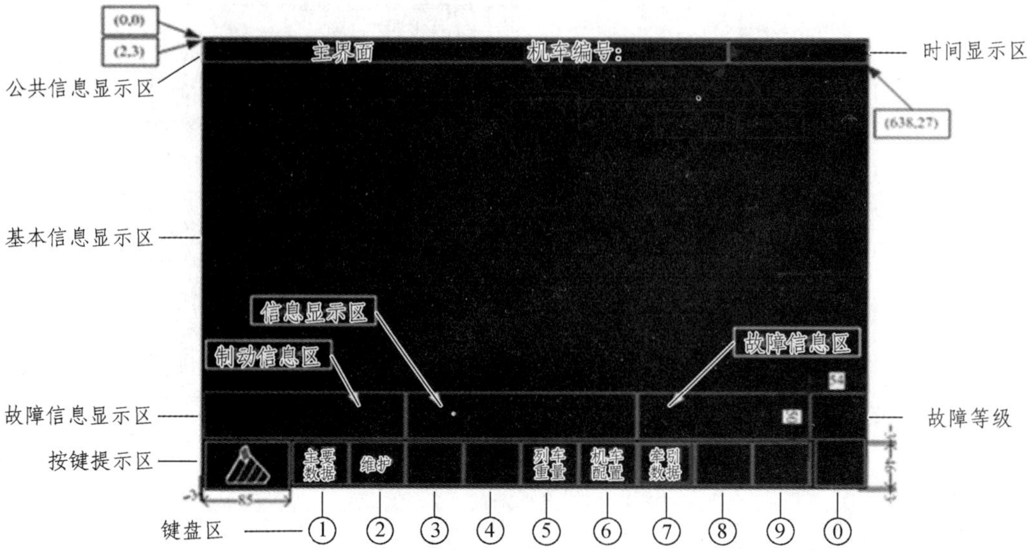


图 5-16　公共显示界面

公共显示界面显示内容见表 5-1。

表 5-1　公共显示界面显示内容

| 编号 | 显示内容 | | 显示颜色 | 状态 | 说明 |
|---|---|---|---|---|---|
| 1 | 公共信息显示 | 界面导航栏 | 白色 | 当前所在界面信息 | 显示当前界面信息 |
| | | 机车编号栏 | 白色 | 显示机车编号 | “机车编号”显示灰色，具体编号显示为白色 |
| | | 时间显示 | 白色 | 时间显示 | 时间显示区显示网络系统的时间、日期 |
| 2 | 故障信息显示（由左到右） | 制动信息 | 粉底黑色 | 显示制动相关信息 | |
| | | 信息提示 | 黑底白色 | 显示提示信息 | |
| | | 故障信息 | 红底黑字 | 显示故障信息 | |
| | | 故障等级 | 图片形式显示 | 显示当前故障等级 | 用 4 种图片显示故障的 A、B、C、D 等级 |
| 3 | 按键信息提示部分 | | 黑底白字 | 有键 | |
| | | | 无显示 | 无键 | |
| | | | 黄底黑字 | 键被选中 | |
| 4 | 基本信息显示 | | | | 随着界面的转换，显示内容及显示方式跟着改变 |
| 5 | 键盘区 | | | | 键盘区的“0”～“9”键分别与键盘提示区的“0”～“9”键上下对应，其他键盘区按键，根据界面的不同，有不同的对应提示 |

（3）显示主界面（见图 5-17）。

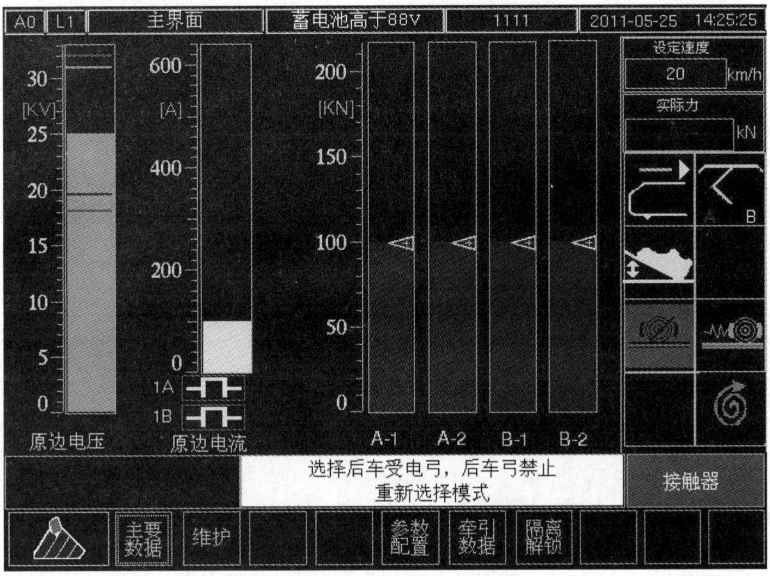


图 5-17　显示主界面

显示主界面的界面说明见表 5-2。

表 5-2　显示主界面的界面说明

| 编号 | 条目 | 说明 |
|---|---|---|
| 1 | 入口 | 上电后自动运行此界面 |
| 2 | 出口 | 按“1”键，进入“主要数据界面”<br>按“2”键，进入“维护界面”<br>按“5”键，进入“参数配置界面”<br>按“6”键，进入“牵引数据界面”<br>按“7”键，进入“隔离解锁”<br>按“0”键，进入“主界面”<br>按“”键，进入“故障查询界面”<br>按“”键，进入“事件及诊断信息界面” |
| 3 | 操作要求 | 按压各按键，听到嘟声后，说明键已按下，界面会有跳转响应 |
| 4 | 性能要求 | 按键应立即响应 |
| 5 | 错误处理 | 无 |

显示主界面的显示内容说明见表 5-3。

表 5-3　显示主界面的显示内容说明

| 编号 | 显示内容 | | 显示颜色 | 状态 | 说明 |
|---|---|---|---|---|---|
| 1 | 原边电压 | 柱状图 | 红色 | 超压或电压过低 | 不能工作 |
| | | | 蓝色/黄色 | 电压偏低 | 可以工作，需要向段内反应 |
| | | | 绿色 | 电压正常 | 正常工作 |
| 2 | 转向架 | 三角符号 | 蓝色＋ | 牵引力给定值 | |
| | | | 红色- | 制动力给定值 | |
| | | 柱状图 | 蓝色 | 牵引力实际值 | |
| | | | 红色 | 制动力实际值 | |
| 3 | 原边电流 | 柱状图 | 黄色 | 原边电流实际值 | |
| 4 | 其他图标 | 图形显示 | | | 界面中的其他图标信息见图 5-17 显示界面中的各个图标注释 |

## 六、$HX_D1C$ 型电力机车网络控制系统

$HX_D1C$ 型电力机车网络控制系统的主要技术特点是符合 IEC61375-1 标准的 TCN 网络，电磁兼容性符合 EN50121 标准，标准化、模块化设计，采用冗余设计等特点。

$HX_D1C$ 型电力机车控制系统的主要功能是：具有恒力矩、恒速和定速功能、机车重联控制功能、空转、滑行保护、黏着利用控制和轴重转移补偿控制功能、机车运行参数显示和记忆功能、机车故障检测、故障诊断、故障处理提示的显示和记忆功能、无人警惕控制功能、自动过分相和半自动过分相控制功能、通风机转速自动控冗余控制功能。

$HX_D1C$ 型控制系统的主要部件包括车辆控制模块 VCM、网关模块 GWM、事件记录模块 ERM、模拟量输入输出模块 AXM、数字量输入输出模块 DXM、数字量输入模块 DIM。

$HX_D1C$ 型电力机车控制系统主要部件的日常维护包括检查模块安装螺栓的紧固情况、检查显示器上各个模块有无报通信故障、检查连接器插头和插座的接触状态。

$HX_D1C$ 型电力机车控制系统主要部件的定期维护包括检查模块安装螺栓的紧固情况、检查显示器上各个模块有无报通信故障；检查连接电缆有无损伤、裂纹和腐蚀情况；检查连接器插头和插座的接触状态、检查连接电缆插头的安装状态、压接状态、有无断线、是否锈蚀；检查接地线缆的固定状态、是否有脱落锈蚀；检查网络系统使用年限。网络系统模块和插件应在使用 8 年后进行整体更换，其中 ERM 在使用 5 年后应进行整体更换。

## 七、$HX_D1$ 型电力机车控制系统的主要部件及其功能

### （一）中央控制单元（CCU）

$HX_D1$ 型机车采用 3 型 CCU，每节车有 2 个 CCU 机箱，分别工作在主控模式和从控模式下，互为热备份。

CCU 负责列车级控制和机车级控制，它具有以下主要功能：设备监视（自诊断功能）；机车重联控制、WTB、MVB 总线管理；机车控制逻辑的实现；机车牵引/制动特性控制；

轴重转移补偿控制；自动过分相控制；空电联合制动控制；通风机转速自动控制；无人警惕控制；自动轮径校正。

## （二）牵引控制单元（TCU）

$HX_D1$ 型电力机车每节车有 2 个 TCU，分别控制一个转向架的牵引和制动。通常 TCU1 为主 TCU，当其出现故障时，TCU2 会变为主 TCU。CCU 只发送指令（牵引/制动等）给主 TCU，但两个 TCU 都反馈信号给 CCU。

TCU 主要负责传动级控制功能，包括：牵引和电制动力的闭环控制；辅助逆变器的闭环控制；网侧参数（例如等效干扰电流、功率因数）的闭环控制；中间直流回路电压的闭环控制；产生 IGBT 模块脉冲信号；对预充电接触器、线路接触器等部件的控制；对变流器、牵引电机和其他部件的监控；防滑/防空转控制；牵引诊断数据的保存；通过 MVB 与 CCU 和其他 TCU 进行数据交换。

## （三）SIBAS KLIP

$HX_D1$ 型机车安装了 SIBAS KLIP 输入/输出设备，相关电路（接触器、开关等）的信号读入到 SIBAS KLIP I/O 模块。SIBAS KLIP 分为 Compact I/O 和 KLIP STATION 两类。

### 1. Compact I/O

司机室副台下安装了 2 个 Compact I/O，用于读取司机指令（升弓、合主断、无人警惕装置信号等），也读取主司控器的格雷码信号（牵引/制动给定，速度给定）。Compact I/O 结构如图 5-18 所示。

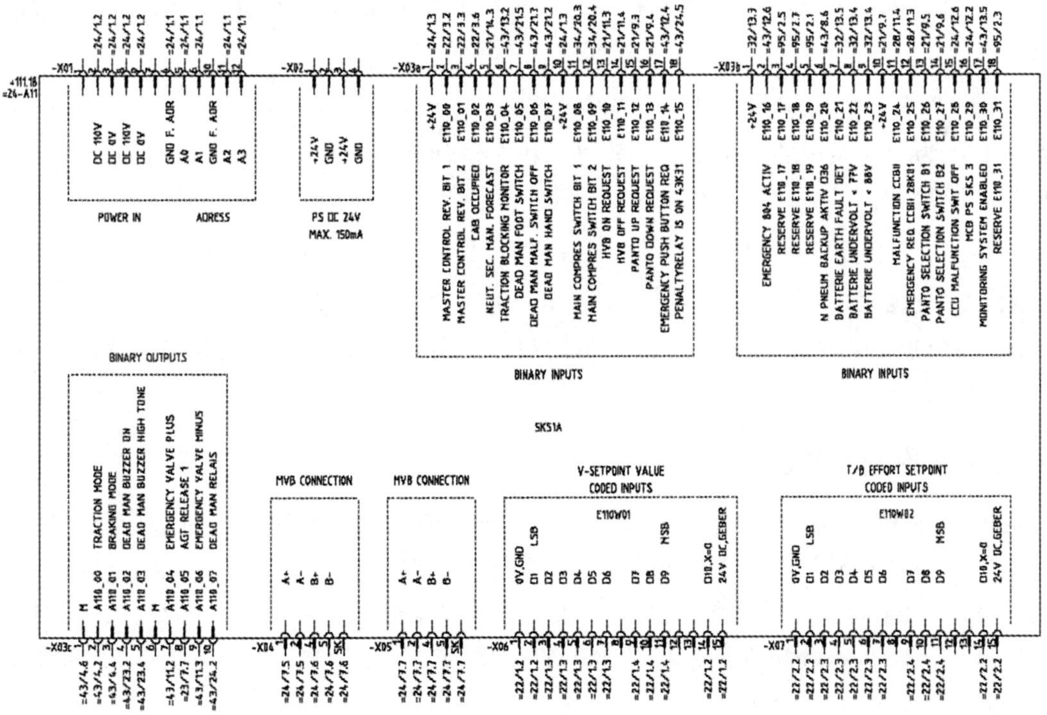


图 5-18 Compact I/O 结构图

2. KLIP STATION

KLIP STATION 在电路图上的代号为 SKS3，它被安装在机械室低压柜内。通过 SKS3 可以迅速地将综合信息和控制指令由 AS318 模块发送到 MVB 总线，从而大量简化机车布线，SKS3 安装的模块见表 5-4。

表 5-4 $HX_D1$ 型机车 SKS3 安装模块

| 模块 | 类型 | 功能 |
|---|---|---|
| AS318 | MVB board | MVB 总线接口 |
| 开关量输入 | 110 V | 读入信号（如反馈信号） |
| 开关量输出 | 110 V | 输出信号（如控制主断、接触器等动作） |
| 模拟量输出 | ±20 mA | 控制司机台的力矩表 |
| 电源 | MVB 32 | DC/DC 转换 |

3. MVB 服务接口

在司机室副台侧窗下方有个 MVB 服务接口，它附带 AC 220 V 插座。通过这个接口，可以使用 SIBAS Expert2 软件或者 Monitor 软件读取机车的诊断数据及日志数据。

4. 制动控制单元（BCU）

BCU 主要负责机车的空气制动控制，在机车上安装 LOCOTROL 时集成 LOCOTROL 控制功能。

5. 制动显示器（LCDM）

LCDM 为制动系统的显示器，主要显示机车制动系统的相关信息，可对制动系统的部分参数进行设定。

6. 微机显示器（HMI）

HMI 的主要功能是显示机车的列车级、机车级运行状态数据和故障信息，实现机车部分参数的设定和集成部分机车控制按钮，并可以在维护界面对部分机车设备进行检查。

（四）机车故障诊断

机车的 SIBAS-32 控制系统具有自诊断功能，自诊断信息可在微机显示器上进行显示。CCU 和 TCU 具有故障诊断和故障储存功能。故障诊断分为司机屏提示、Monitor 软件实时诊断、Expert2 软件离线分析等方式。诊断数据分故障数据和日志数据，其中诊断数据附带机车运行的环境参数。诊断数据包含代码、发生时间、消失时间、事件简单说明等信息。

# 任务三　SIBAS-32 控制系统

## 专业能力目标

（1）了解 SIBAS-32 控制系统。
（2）认识 SIBAS-32 控制系统的功能模块。

## 基础知识

### 一、SIBAS-32 列车控制系统

SIBAS 系统是德国 SIEMENS 公司的列车微机控制系统，能够实现列车的牵引系统控制、信息传输、运行监控和诊断等全部控制任务。SIBAS 控制系统有 SIBAS-16 和 SIBAS-32 两个系列，目前在列车上普遍运用的 SIBAS-32 是 SIBAS 系统的第二代产品。

SIBAS-16 微机控制系统是 SIEMENS 公司专为铁路机车和动车组控制而研制的西门子铁路自动化系统（Siemens Bahn Automatisierungs System）。该系统 20 世纪 80 年代初开始研制及试验，1987 年 6 月正式在 ICEV 动车组的 2 号动车上开始运行试验。试验结果表明该系统投入试验和运行的程序所需时间短、运行中修改参数方便、能自动检测和诊断故障，并且硬件费用降低了 40%。由此 SIBAS-16 很快大量地取代了传统的电子控制装置，获得了较大范围的运用。

SIBAS-16 系统的核心部分是由 16 位的 8086 型微处理器构成的中央计算机、存器组件及一个或多个采用 8088CPU 或 8OC188 CPU 的功能控制机组成。系统采用集中式机箱和插件式机械结构，数据的传输采用了 16 位并行总线和 RS-485 标准物理接口及 RS-422 串行总线技术。控制系统由中央控制器集中管理，采用分层结构，具有列车控制层、机车控制层和传动控制层。SIBAS-16 系统的编程工具为 SIBASLOG，系统提供了大量的标准程序模块，为控制软件的编制提供了有利的条件。 SIBAS-16 系统采用了多个串行总线通信，在传输速率和运行记录方面也都能满足列车控制的响应要求，但理论上来说，SIBAS-16 还不能称作为一个本质上的分布式列车控制系统。SIBAS-16 系统在 20 世纪 80 年代和 20 世纪 90 年代曾经获得相当范围的运用，如德国慕尼黑的轻轨电车、联邦铁路的 ET420 型动车组、西班牙的 5252 型机车、美国 AMTRAK 公司的 F69PH 型内燃机车等，上海轨道交通 1 号线早期的直流传动列车 DC01 采用的也是 SIBAS-16 控制系统。

SIBAS-32 系统是 SIEMENS 公司于 20 世纪 90 年代，在 SIBAS-16 的基础上进一步推出的采用 32 位处理器芯片（Intel 486），并与 SIBAS-16 系统保持接口兼容的系统。SIBAS-32 系统是一个基于 TCN 通信网络的列车控制系统，该系统是按照 TCN 通信网络的

结构进行构建的，为此 SIBAS-32 系统设计了智能外围设备连接终端，即 SIBAS KLIP 站。KLIP 站可以很自由地分布在列车车辆的各个部位上，因此采用了 SIBAS KLIP 的系统能够迅速综合信息和控制指令，并且通过通信总线传输给中央控制装置，同时 KLIP 站的运用还大量减少了传统列车的布线数量。SIBAS-32 系统采用集散控制模式，能够实现列车的牵引系统控制、信息传输、运行监控和诊断等全部控制任务。

SIBAS-32 系统如图 5-19 所示，图中的 TC1、TC2 即为牵引控制单元，REP 为网络重复器，PIS 为旅客信息系统控制单元，AUX 为辅助电源系统控制单元，BCU 为制动系统控制单元，DCU 为车门控制单元。作为一种集散控制系统，SIBAS-32 系统由多个相对独立的控制单元构成，控制单元之间通过 MVB 总线连接，只在带有网关的车辆控制单元 VCU 和具有中央控制功能的 VCU（称之为 CCU）之间采用 WTB 总线连接。系统也可以采用单一网络的方式，在固定编组的列车上采用 MVB 总线（加重复器 REP）连接全列车的控制单元，从而能获得更简洁的系统结构、更小的信息传输时延和更好的系统整体性。目前，这种方式在城市地铁列车、轻轨列车和有轨电车上得到广泛的运用。

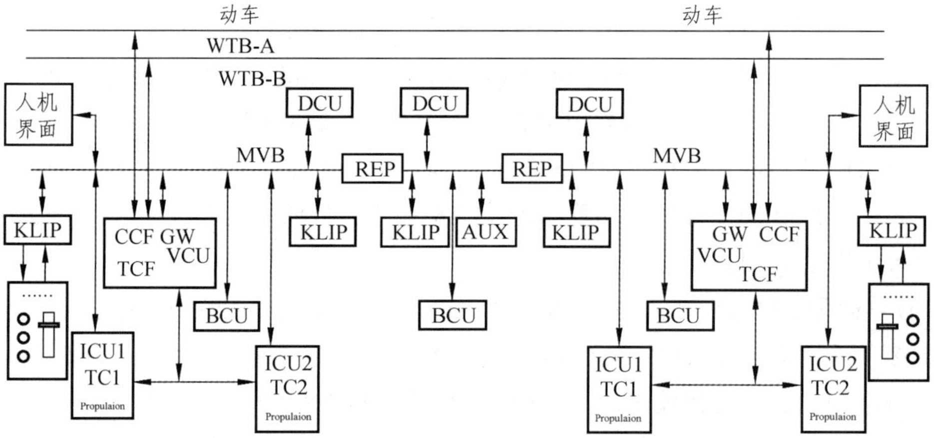


图 5-19　SIBAS-32 系统示意图

## 二、SIBAS-32 系统的主要功能控制单元

功能控制单元是 SIBAS-32 系统的主要组成部件，SIBAS-32 系统控制单元的通用性功能结构如图 5-20 所示，但每个控制单元的实际结构则需要根据该控制单元所需要的具体功能进行设计，SIBAS-32 系统的主要控制单元为车辆控制单元 VCU（中央控制单元 CCU）、牵引控制单元 TCU、列车总线 WTB 和车辆总线 MVB 及其网关 GW、智能外围设备连接终端 KLIP 站等。

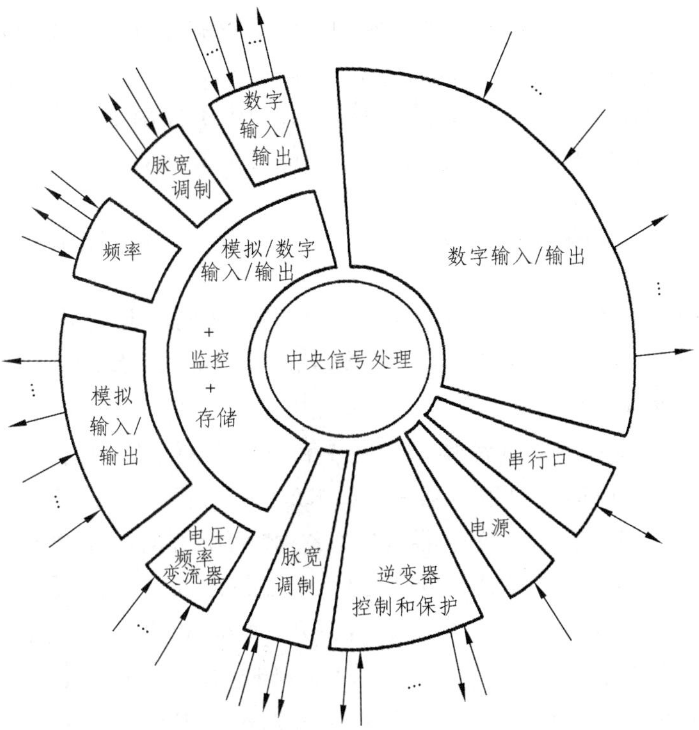


图 5-20　SIBAS-32 系统控制单元的通用性功能结构图

## 三、SIBAS-32 系统的 VCU 和 CCU

车辆控制单元 VCU（ Vehicle Control Unit）是车辆级的控制单元，而中央控制单元 CCU（Central Control Unit）则是增加了列车级控制与管理功能的 VCU。在 SIBAS-32 系统中 CCU 的功能是可以转移的，根据当前运行的需要如换向运行或当前的 CCU 发生故障，其功能可以转移至另一节车辆的 VCU 上。因此，系统中的每个 VCU 都具有 CCU 的列车控制和管理功能，可以在需要的时候予以激活。

中央控制单元 CCU 作为列车层的控制和管理器是 SIBAS-32 的核心控制单元，主要实现列车的集中控制与故障诊断功能（CCF 功能），同时还具有车辆级的牵引控制功能（TCF 功能）。

CCU 的机械结构采用欧洲标准的 6U 机箱，其中，中央处理器、网关和电源为 6U 的插件，串行总线（MVB）和输入/输出插件为 3U 的插件，机箱底部一般还带有风扇层，用于机箱通风和散热。

## 四、SIBAS-32 系统的 TCU

牵引控制单元 TCU（Traction Control Unit）是列车的传动级控制单元，主要功能是实现对牵引变流器的控制。TCU 的结构与 CCU 类似，TCU 在结构上增加了一个牵引处理单元，其中的核心为一个高速信号处理器 SIP（Signal Processor），SIP 承担牵引和电制动的闭环控制并产生逆变器模块 IGBT 的触发脉冲、中间直流环节的闭环控制，以及实施传动部分的监控和保护。

TCU 的机械结构设计与 CCU 的结构设计相同，而牵引控制单元设计为 6U 结构的插件，因此 TCU 可以采用 CCU 的机箱，从而具有同样的抗干扰性能和电气连接性能。

## 五、SIBAS-32 系统的网关 GW

GW 用于 WTB 与 MVB 之间的协议转换，因此 GW 插件上除了具有两组 MVB（A 线和 B 线）接口和两组 WTB（A 线和 B 线）接口、WTB 和 MVB 的协议控制器，还有一个处理协议转换的微处理器。

WTB 的总线（A 线和 B 线）都具有方向 1 和方向 2 两个方向的接口，用于实现 WTB 的初运行。在 WTB 的初运行时继电器 K1 和 K2 是打开的，GW 可以在两个方向上进行总线的连接；初运行完成后闭合继电器 K1 和 K2 使两个方向的总线连接起来，形成完整的 WTB 总线网络。氧化消除功能用于消除总线接插件之间的氧化层以保证接插件连接处的低阻抗。根据 TCN 标准的定义，氧化清除采用 DC60 V 的电压，因此 GW 内部有一个清除电压模块。进行氧化清除时闭合继电器 K3 和 K4 使 DC60 V 电压通过总线作用到接插件上，清除结束断开 K3 和 K4。所有继电器的控制由 FPGA 内的继电器逻辑控制功能实现。

## 六、SIBAS-32 系统的 KLIP 站

KLIP 站是一种信号输入/输出设备，主要功能是采集相关电路的状态信号和输出相关的控制信号。KLIP 站可以分为 CIO（Compact I/O）和 SKS（SIBAS KLIP STATION）两种形式，两种形式的 KLIP 站都具有 MVB 通信能力。CIO 一般主要用于司机操作台，负责采集司控器的信号、司机操作台的控制命令，如升/降弓、分/合主断路器等及向司机操作台输出一些状态指示信号；SKS 主要用于低压电气柜和一些控制逻辑电路，负责采集低压电路（控制电路）的状态信号和相关控制信号的输出。

## 七、SIBAS-32 控制系统的功能模块

SIBAS-32 系统用于轨道交通逻辑控制，该系统在车辆牵引的变流设备方面起控制、监控及保护作用。它也在控制级执行信息处理，使整个车辆类似于一个控制单元。除此之外，系统集成了车辆诊断、调试、维护功能。

系统采用模块化设计，划分为不同的功能模块，如中央处理单元、通信接口、接口模块等。因为它性能稳定，车载模块化装置可以用于各种类型的车辆控制。

各种模块安装在标准的 19 英寸（1 英寸 = 2.54 cm）机箱内，构成控制单元。

系统具有以下基本特点：

（1）划分为中央控制单元和牵引控制单元。

（2）采用模块化设计，功能模块电路板尺寸采用单倍和双倍欧洲格式。

（3）采用 Siemens ES902 装配系统，电磁屏蔽及机械增强设计符合国际标准。

（4）集成的诊断系统对调试、维护、故障检修提供支持。在故障条件下，保存牵引及车辆状态信息。

（5）通过商用 PC 机的诊断接口，使用相关应用软件读取和存储信息。

（6）采用高集成度电路，例如高性能微处理器、各种可编程集成电路。

如图 5-21 所示为重要模块及其与 PC 机的连接情况，列车与车辆通过总线或信号线连接。

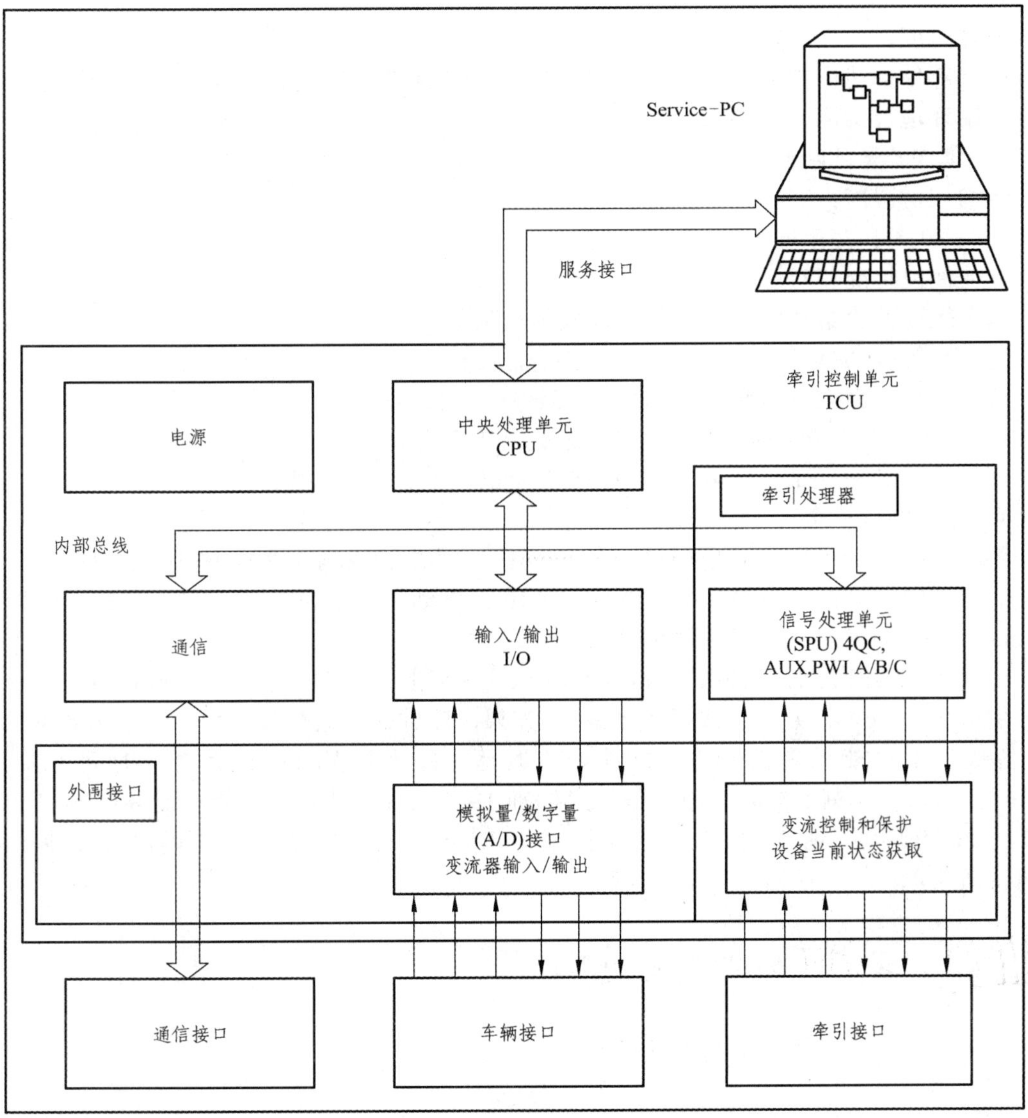


图 5-21　TCU 控制单元结构图

## 八、SIBAS-32 控制单元

1. 应用标准

SIBAS-32 系统是为了轨道运输和长距离铁路运输而开发的，满足欧洲标准 EN 50155 的要求，在产品开发和型式试验中的相关应用场合也参照了下列标准：

BN 411 002（LES-DB）/1996

IEC 60571/1998

EN 50155/1995

EN 50121 Part 3-2/2000

EN 50153/1996

EN 50261/1999

2. 通用技术规范及使用条件

1）允许的温度范围

环境温度：－40 ~ 70 °C。

所有部件都适应铁路运用环境，满足 EN50155 标准中模块周围环境、空气温度和控制系统周围环境、温度等级要求。

2）允许的湿度限值

年均相对湿度：75%。

连续 30 天相对湿度：95%。

其他偶发情况相对湿度：95% ~ 100%。

偶发轻微的冷凝现象不得引起系统故障或失效。

3）允许的电源电压范围

持续电压：额定电压允差－30% ~ ＋25%。

1 s 内允许电压值：－25% ~ ＋40%额定电压不得有损坏。

0.1 s 内允许电压值：－40% ~ ＋40%额定电压下，设备功能正常。

4）允许的机车负荷

控制系统应满足 DIN IEC 68-2-6 和 DIN IEC 68-2-27 标准的振动和冲击要求。

3 个方向上的振动频率范围为 8 ~ 150 Hz，振动加速度为 2*g*，在 5 ~ 8 Hz 的振幅为 7.5 mm，之后频率变化按每分钟 8 倍频上升。

施加 18 次冲击，分别持续 11 ms 和 30 ms，每个坐标轴方向上每个时间段各施加 3 次，冲击加速度为 5*g*（梯形半波或正弦半波），如果出现共振（振幅放大倍数为 5 或更大），在 1 h 内装置必须能承受最大的共振冲击，但是在每个共振点的最大持续时间不能超过 15 min。此后，在剩下的时间内（每个坐标轴 1 ~ 1.75 h）装置必须能承受 8 ~ 150 Hz、加速度为 2*g* 的振动，在 5 ~ 8 Hz 频率范围偏差 7.5 mm。在整个频率范围内以每分钟 1 倍频的速度变化。

5）防护等级

防护等级遵循 IEC 60529 标准：IP20。

6）油漆

模块喷油漆进行防护（表面防护）。

7）安装

控制单元在安装时必须保证其风扇产生的风竖直向上（使冷却气流与自然对流的方向一致）。

8）预防电击伤害的保护措施

（1）通过外壳保护，防止直接接触带电部分。

（2）设备接地以预防间接接触带电部分的保护（接地连接保护）。

（3）只有当前面板上所有连接器都正确连接好后才能对控制单元进行操作。

（4）未与控制单元连接的连接器的触点不能带电。

（5）控制单元前面板上未使用的插座必须用盲插头盖上。

保护接地的连接（保护接线端子）是通过控制单元的紧固螺丝来实现的，也可以采用其他方式，只要确保该方式能有与保护接线端子相同的导电性能。如有必要，必须采用保护导线连接。保护导线的截面积必须至少与回路导线的截面面积相同。

## 九、安全措施——ESD

### 1. ESD 的含义

电子元件的集成度不断提高，导致其对静电敏感。为了确保控制单元功能正常，必须考虑装置对静电的敏感性。因此在部件的制造、加工、运输或储存等环节都必须采取适当的保护措施。对这些部件以及部件上安装的模块采取防静电设计，简称为 ESD。

### 2. ESD 措施

有效的安全措施可以防止静电产生。这些措施是：

（1）划分电子保护区。

（2）工作台 ESD 接地。

（3）采用防静电的包装材料和运输容器。

此外，必须遵守以下一般规则：

（1）不要触摸装置的接地端子，那里不是绝对的基准电位点（例如，在可传导的地表面行走时电位是不均衡的）。

（2）禁止触摸印刷电路板的模块插脚、底板插头的插脚或印刷电路导体。

相当多的电磁放电出现在去除标签或撕掉胶条的时候，因此在靠近 ESD 的地方应该避免这些行为的发生。在不得已这样做的时候，缓慢地拆卸可以减少危险。使用橡胶手套添加或取下这些东西时可以取得同样的效果。

（3）ESD 不接触到可积累电荷的物体（例如大多数的塑胶材料）。

（4）对静电敏感的部件不能靠近数据终端或电视机，它与屏幕的最小间距不能小于 10 cm。

### 3. 维护时应采取的措施

（1）装有静电敏感部件的模块，只允许技术维护人员接触，并且须确认采取了戴防静电手腕、铺防静电地毯、鞋子接地等措施。此外，可传导的工作台外表及模块外壳必须接地。

（2）在测试适配器及测试插座的时候，不能带电插拔。

（3）只使用被认可的试验设备或工具（例如专用烙铁）。

## 十、电磁兼容性（EMC）

车辆上安装的电子设备需要承受各种干扰。为了使设备免受干扰的影响，必须考虑采用宽波段的 EMC 措施，采用 EMC 原理进行设计。

1. 电磁干扰的种类

为了实现车辆的电磁兼容，必须考虑各种干扰源的耦合路径。电磁干扰的种类见表 5-5。

表 5-5　电磁干扰的种类

| 干扰类型 | 措施 |
|---|---|
| 电流型 | 滤波、接地、等电位点 |
| 电容型 | 屏蔽、选择电缆布线路径 |
| 电感型 | 选择电缆布线路径 |
| 电磁辐射 | 屏蔽、接地、等电位点 |

2. EMC 措施

控制装置及信号通路的主要 EMC 措施，包括电源、外部串行总线接口、开关信号、模拟信号、脉宽调制信号的 EMC 措施，如图 5-22 所示。

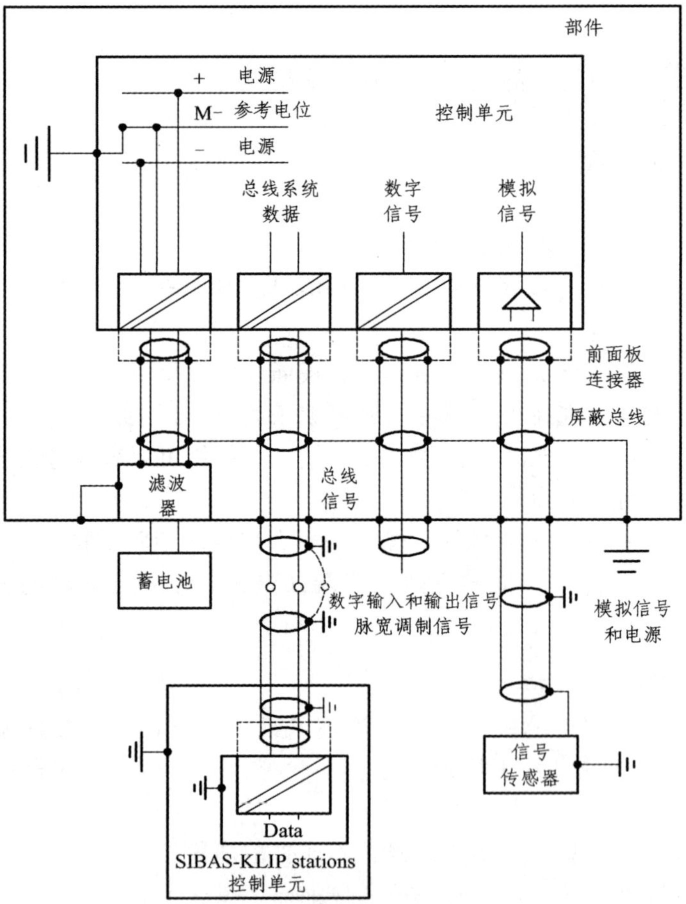


图 5-22　EMC 原理框图

## 十一、控制装置的机箱

中央控制系统 CCU 和牵引控制系统 TCU 都采用单独机箱安装，机械连接采用特殊设计，电气接触优良，抗电磁干扰性能高。

机箱内部有散热风扇，有掉电保护的存储模块及实时时钟。各插件都有防插错的机械编码装置。插件之间通过装置底板进行电气连接。

图 5-23 所示为 CCU 和 TCU 的机箱外形。

图 5-23　CCU 和 TCU 机箱外形

## 十二、CCU 控制单元模块

CCU 的各个模块通过机箱底板连接。模块的布置如图 5-24 所示。

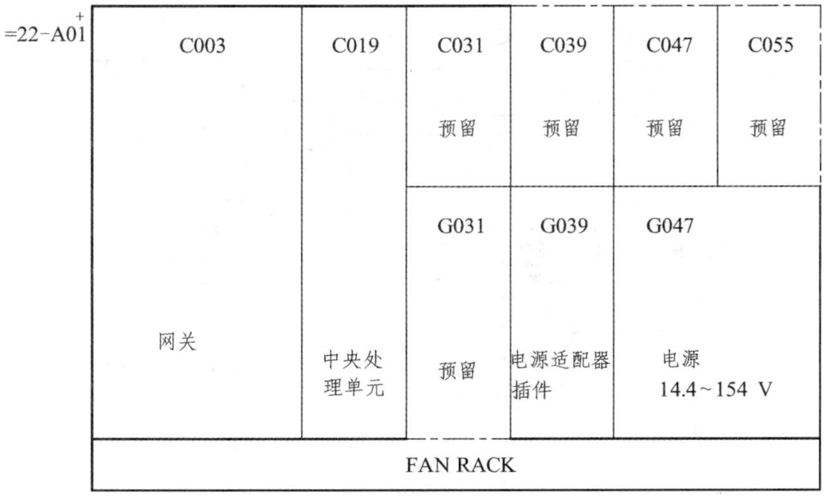


图 5-24　CCU 控制单元模块布置图

模块的型号见表 5-6。

表 5-6　CCU 各模块的型号

| 型号 | 模块名称 | 名称缩写 |
| --- | --- | --- |
| 6FH6037-3A | 风扇模块 | FAN |
| 6FH9151-3A | 开关电源 | PCS 5 V/±15 V |
| 6FH9415-3J | 网　关 | TCN GWM |
| 6FH9433-3A | 变换器 | APCS 15 |
| 6FH9533-3B | 中央处理单元 | CPU |

1. 风扇模块（FAN）

风扇模块安装在 CCU 机箱的底部，用于对 CCU 控制单元进行强迫通风。风扇模块内部有后备电池，对机箱模块的数据提供防掉电保护。电池容量可通过软件检测。风扇的额定工作电压为 $15^{+2}_{-4}$ V。风扇状态由 CCU 软件监控。

风扇模块的面板及电气原理分别如图 5-25 和图 5-26 所示。

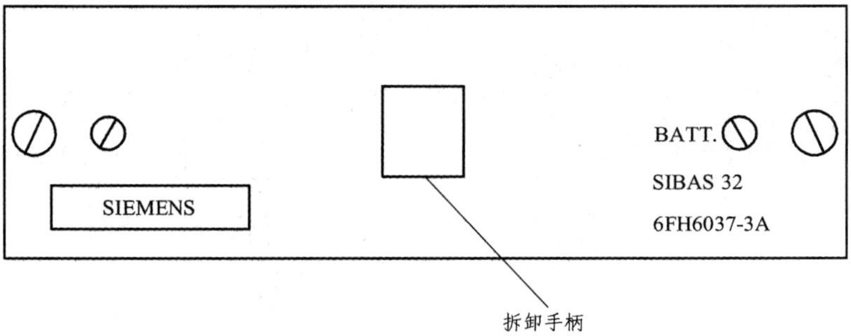


图 5-25　风扇模块的面板示意图

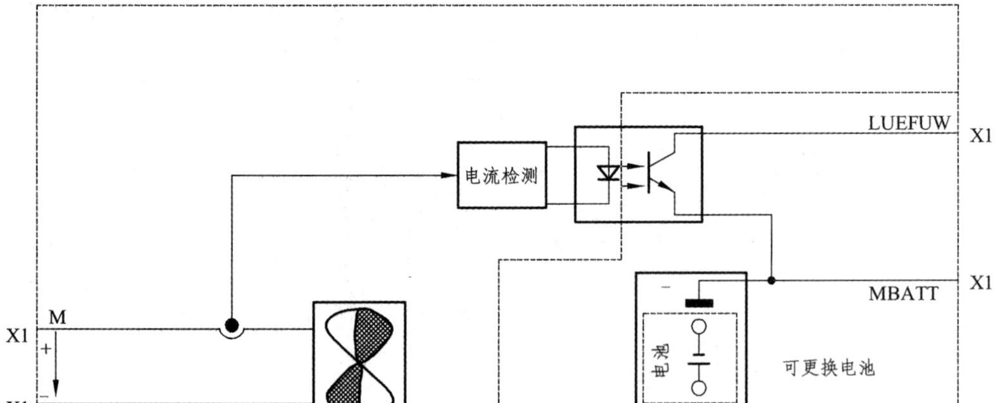


图 5-26　风扇模块电气原理图

2. 开关电源（PCS + 5 V/ ± 15 V）

PCS + 5 V/ ± 15 V 单元（6FH9151-3A）为 SIBAS 机箱提供电源，其主要特性如下：

（1）额定输入电压 UIN = 14.4 ~ 154 V。

（2）输出电压 UOUT = + 5 V / ± 15 V（50 W）。

（3）电气隔离。

（4）输入极性反接保护。

（5）可拆卸，背部有插头。

电源模块的面板及电气原理分别如图 5-27 和图 5-28 所示。

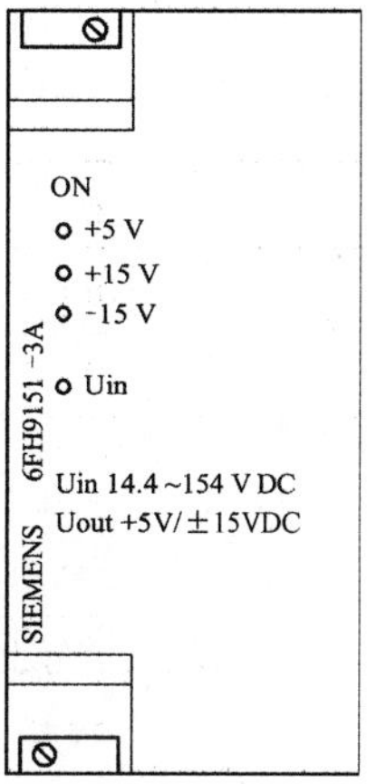


图 5-27 电源模块的面板示意图

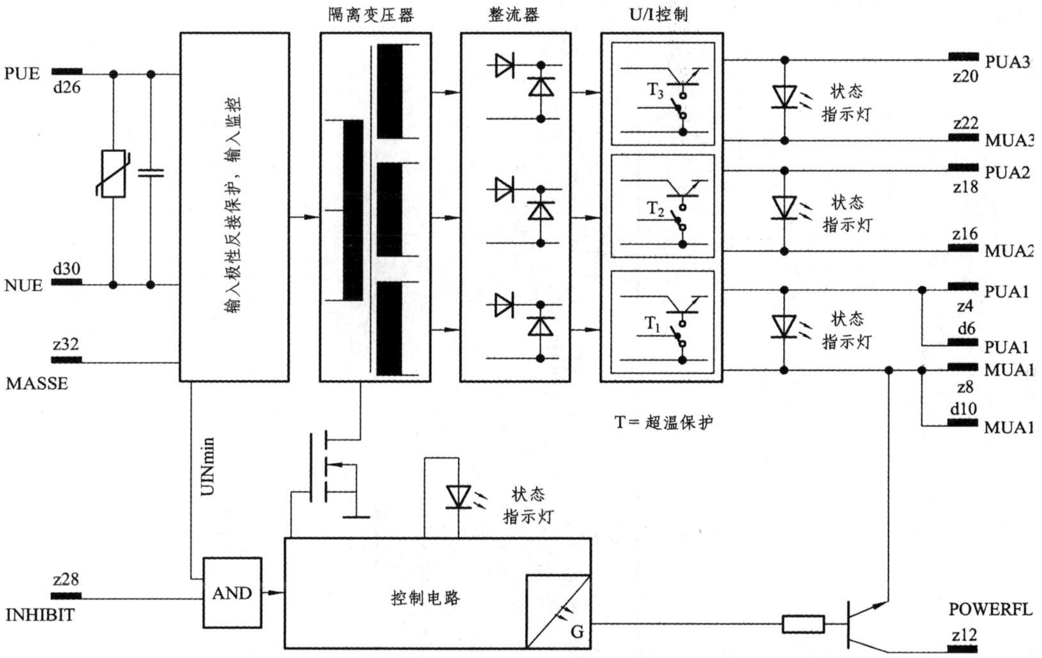


图 5-28 电源模块电气原理图

3. 网关（TCN GWM）

TCN GWM 模块（6FH9415-3J）是用于 TCN 通信协议的微型计算机，它为 WTB 和 MVB 之间提供网关功能。其结构为 2 个槽宽（8 TE）、双倍欧标尺寸，由网关板 Gateway 和 MVB PC/104 板这两个电路板组成。

网关板 Gateway 作为 MVB PC/104 板的母板，通过 64 芯母板连接器与 SIBAS 系统母板总线相连。从正面看，它位于左侧，由下列功能元件组成：WTB 发送/接收器，WTB 短路检测，WTB 总线信号的编码器/解码器 SDSP，LED 数码显示，FPGA 可编程门阵列，14 路数字量输入和 9 位数字量输入（FPGA 处理），继电器驱动电路，15 V 电源监控，SAF C167 微处理器，ESCC SAF 82532 串行通信控制器，RAM，闪存（Flash）EEPROM，FRAM，7 段数码显示，RS-232 接口，看门狗电路和复位电路，9 路数字量输入和 9 位数字量输入（软件处理），引导程序启动开关、板复位按钮和监控模式按钮。

MVB PC/104 板用螺钉固定在网关板 Gateway 上。MVB 板的接口，从前面看位于底部右侧。它包含以下基本部件：MVBCS1 控制器、线路接口、RAM。

TCN 网关模块软件固化在闪存 EEPROM 内，它集成了下列功能：MVB 和 WTB 通信协议软件，过程数据的名称分解器，过程数据的编组，消息数据的路由，列车组映射及配置，控制接口，NSDB 管理，监控软件，待机功能，网络管理连接。

TCN GW 的面板及电气原理分别如图 5-29 和图 5-30 所示。其技术参数见表 5-7。

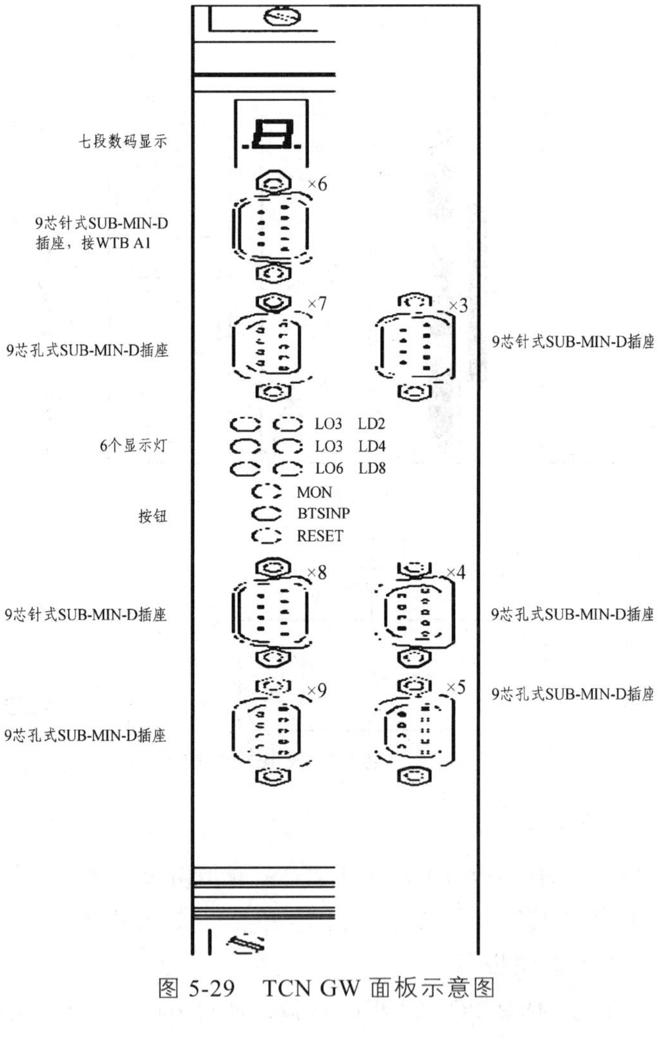


图 5-29　TCN GW 面板示意图

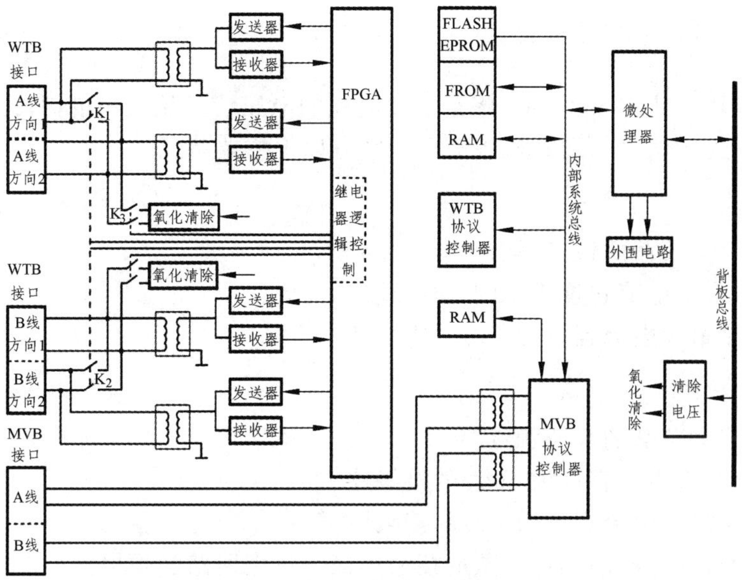


图 5-30　TCN GW 面板示意图

表 5-7　技术参数

| 订货号 | 6FH9415-3J |
|---|---|
| 背板插座编号 | X1，X2：DIN 41612 标准的 64 芯插座 |
| 面板插座编号 | X3：9-pin SUB-MIN-D（male）；X4：9-pin SUB-MIN-D（female）；X5：9-pin SUB-MIN-D（female）；X6：9-pin SUB-MIN-D（male）；X7：9-pin SUB-MIN-D（female）；X8：9-pin SUB-MIN-D（male）；X9：9-pin SUB-MIN-D（female） |
| 槽　宽 | 8 TE |
| 质　量 | 约 800 g |
| 环境温度 | －40～＋85 °C |
| 电　源 | ＋5（1±5%）V，约 1.2 A，450 mA；＋15（1±5%）V，约 260 mA，86 mA；－15（1±5%）V，约 240 mA，76 mA |
| 结　构 | 螺栓固定印制电路板；Gateway-Card 板（233.4 mm×160 mm）；MVB PC/104 Card 板（96 mm×91 mm）；双面浸漆，符合 BN 411 002 标准，铁路应用 |
| 执行标准 | EN 50155；LES-DB；绝缘依据 VDE 0110 和 VDE 0160 标准 |
| 波特率 | X3：300～115 200 baud（服务接口）；X4，X5：1.5 Mbaud（MVB）；X6…X9：1.0 Mbaud（WTB） |
| 处理器 | SAF C167；32 MHz clock frequency（32 MHz 时钟频率） |
| 存储器 | Flash EEPROM（2×1 MB）；FRAM（1×32 kB）；RAM 处理器（内置 16×1 kB，外置 2×1 MB） |
| 其他模块 | MVB PC/104 Card |
| 数字量输入口 X1，X2 | 23 |
| 数字量输出口 X1，X2 | 18 |
| 电气隔离 | 变压器隔离 |

## 十三、变换器（APCS 15）

APCS 15 模块（6FH9433-3A）将来自蓄电池的电压信号从机箱前面传到机箱背面，同时将机箱背面产生的信号传送到机箱前面。它有以下主要特点：

1. 背面连接

（1）有 15 个大负载的快速触点。

（2）有 2 个最大电流容量为 10 A 的接线柱。

（3）有 13 个最大电流容量为 4 A 的接线柱。

2. 正面连接

（1）有 15 个大负载的快速触点。

（2）有 2 个最大电流容量为 10 A 的接线柱。

（3）有 13 个最大电流容量为 4 A 的接线柱。

输入端（面板侧）必须用带屏蔽的接头连接，每个回路必须单独屏蔽。

APCS 15 的面板及接线如图 5-31、图 5-32 所示。其技术参数见表 5-8。

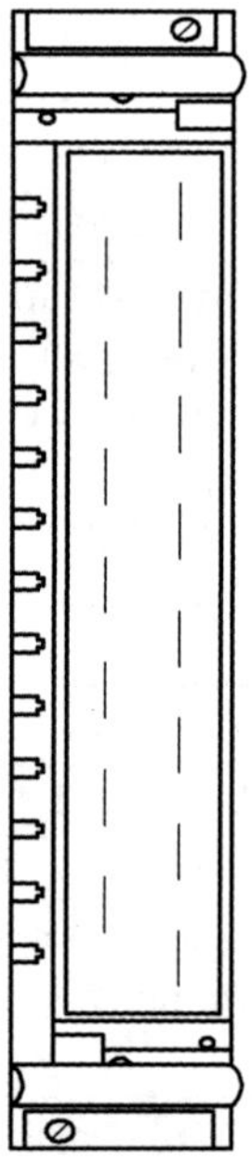

图 5-31　APCS 15 面板示意图

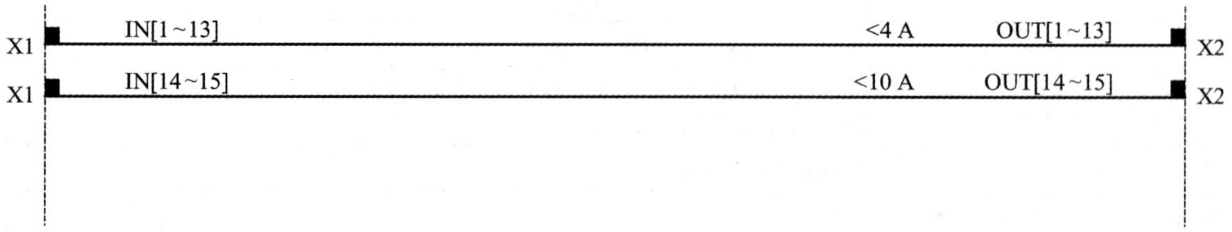


■—重载接头。

图 5-32　APCS 15 接线图

表 5-8 APCS 15 的技术参数

| | |
|---|---|
| 订货号 | 6FH9433-3A |
| 背板插座编号 | X1，DIN 41612 标准 15 芯插座 |
| 面板插座编号 | X2，DIN 41612 标准 15 芯插座 |
| 槽宽 | 4 TE |
| 质量 | 约 150 g |
| 环境温度 | －40～＋85 ℃ |
| 结构 | 欧式印刷电路板；100 mm×160 mm；双面浸漆；2 层板，35 mm 工艺设计，可机械编码；依据 BN 411 002 标准，适合铁路运用 |
| 执行标准（如果有） | EN 50155；LES-DB；绝缘依据 VDE 0110 和 VDE 0160 |
| X1 插座的输入信号数 | 15 |
| X1 插座的输入直流电压 | UIN≤110（1＋30%）V |
| X1 插座的输入电流 | IIN[01～13]≤4 A；IIN[14～15]≤10 |
| X2 插座的输出信号数 | 15 |
| X2 插座的输出电压 | UOUT≤110（1＋30%）V |
| X2 插座的输出电流 | IOUT[01～13]≤4 A 每个重载接头；IOUT[14～15]≤10 A 每个重载接头（Faston） |
| 电气隔离 | 无 |

## 十四、中央处理单元（CPU）

CPU 模块（6FH9533-3B）是 SIBAS-32 控制系统的处理器模块。微处理器采用一块 Am486DX-2。除了逻辑运算和变量存储外，CPU 模块还内置了外围设备。CPU 单元提供了一个插入式模块接口，主要供通信用。

模块通过背板上的两个连接器与系统相连，X1 用于连接 SIBAS 总线（16 位数宽，2 Mbit/s 地址空间）。CPU 是 SIBAS 系统唯一的总线管理者，外围信号通过 X2 连接。

CPU 设有一个 16 Mbit/s FEPROM，1 Mbit/s 高速 SRAM 和 2 Mbit/s BRAM。若想提高其容量（以使 RAM 无等待时间），还可以在闪存 EPROM 区集成 768 Kbit RAM。

实时时钟和电池后备 RAM 作为电池欠压故障时的缓冲，通过一个超级电容，可支撑至少 30 min。外装电池最迟必须在得到 CPU 的相应电路监测信息后更换。外部电池充电状态信息由 CPU 软件判断。

综合开发工具可用于 CPU 编程。

面板上有下列部件：

（1）用于显示程序状态的 7 段数码管。

（2）BCD 开关，可由 CCU 软件读入。

（3）黄色 LED 灯，用于显示 CCU 不在复位状态。
（4）红色 LED 灯，用于显示看门狗电路是否启动。
（5）用于控制闪存 EPROM 写入程序的跳线（必须短接才能写程序）。
（6）红头按钮（凹），用于 CCU 复位。
（7）黑头按钮，用于 Monitor 软件复位。
（8）用于进入引导程序的黑头按钮（凹）。
（9）用于维护的 9 芯串行插座（RS-232）。
（10）用于调制解调器接口的 15 芯插座（RS-232）。
（11）用于插件板直接电缆连接的 9 芯插座。
CPU 模块的面板及电气原理分别如图 5-33 和图 5-34 所示。

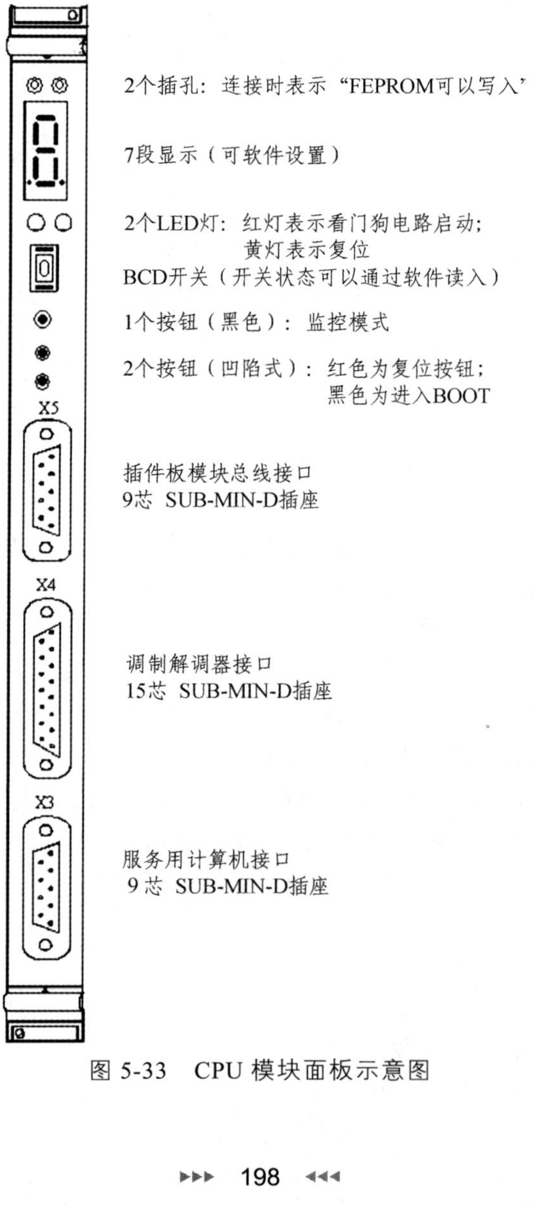


图 5-33　CPU 模块面板示意图

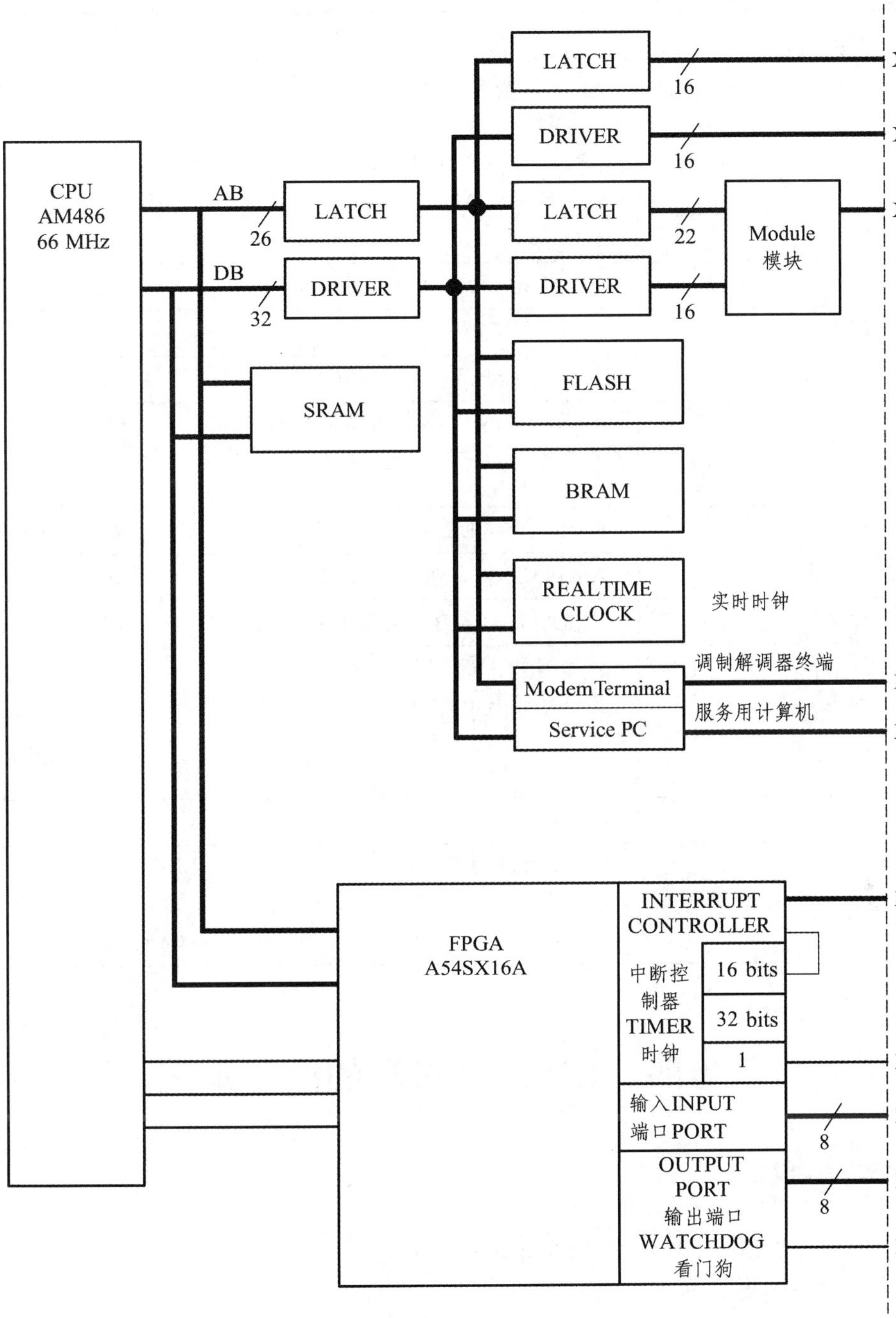


图 5-34　CPU 模块电气原理框图

CPU 模块的技术参数见表 5-9。

表 5-9　CPU 模块的技术参数

| 订货号 | 6FH9533-3B |
|---|---|
| 背板插座 | X1，X2，遵循 DIN 41612 标准的 64 芯插接式连接器，用于 SIBAS 总线系统 |
| 面板插座 | X3，9 芯针式 SUB-MIN-D 插针连接器；X4，15 芯 SUB-MIN-D 插孔连接器；X5，9 芯针式 SUB-MIN-D 插针连接器 |
| 槽宽 | 4 TE |
| 质量 | 约 550 g＋插入式模块质量 |
| 环境温度 | −40～＋85 °C |
| 电源 | ＋5（1±5%）V，约 1 000 mA＋插入式模块消耗 |
| 结构 | 欧式双倍尺寸印刷电路板；160 mm×233.4 mm；双面浸漆；18 mm 工艺设计的 6 层板，可机械编码；依据 BN 411 002 标准，适合铁路运用 |
| 执行标准 | EN 50155；LES-DB；绝缘依据 VDE 0110 和 VDE 0160 |
| CPU 相关数据 | Am486DX-2，频率为 66 MHz |
| 存储模块 | 主 RAM：1 MB；电池 RAM：2 MB；闪存 EPROM：16 MB |
| 其他模块 | 实时时钟 DP8570；带集成总线接口，具有中断控制、看门狗、其他时钟功能和外围功能的 FPGA；两通道串行接口 ID 模块 MVB 接口 |
| 输入 | 8 位输入端口 |
| 输出 | 8 位输出端口 |
| 面板上的显示元件和操作控制 | 2 个 2 mm 衬套；1 个 7 段显示；2 个 LED 灯显：红——看门狗电路动作，黄——复位；1 个 BCD 开关；1 个按钮（黑），用于 Monitor 软件；2 个凹陷式按钮：红——复位；黑——引导程序 |

# 任务四　$HX_D1$ 型机车的控制系统

## 专业能力目标

（1）了解 $HX_D1$ 型机车牵引控制系统的技术特点。
（2）了解列车网络组成。

## 基础知识

$HX_D1$ 型电力机车是用于铁路干线重载货运的交流传动电力机车，能满足在长距离区间和长大坡道上牵引长大编组货运列车运行的需要。

$HX_D1$ 型电力机车是 2 节重联的 8 轴机车，轴式为 2（$B_0$-$B_0$），整车功率 9 600 kW。机车整质质量 184 t，轴重 23 t，需要时加上压铁后轴重可以达到 25 t。每节车均设有司机室和独立的司机操作控制台，实现双向运行。机车设计速度 120 km/h，最高运行速度（新轮）132 km/h；持续牵引力在 23t 轴重下为 494 kN，25 t 轴重下为 532 kN；传动比 6.2353；采用再生制动优先的混合制动方式。

$HX_D1$ 型机车的每节车各设一个牵引变压器，每个变压器的副边有 4 个牵引绕组，连接 4 个四象限变流器；每 2 个四象限变流器共享一个中间直流环节，并连接一个牵引逆变器和一个辅助逆变器；一个牵引变流器向一个转向架的 2 个牵引电动机供电；每个牵引电动机的额定功率为 1 200 kW。

$HX_D1$ 型机车的控制系统

## 思考题

（1）$HX_D1$ 型控制系统的主要部件有哪些？
（2）TCU 主要的控制功能包括哪些？
（3）机车故障诊断包含哪些内容？
（4）微机显示器的主要功能有哪些？
（5）TCN 网络的组成部分有哪些？
（6）什么是列车总线？
（7）$HX_D1C$ 机车报文数据有哪几种类型？
（8）什么是车辆总线？
（9）过程数据编集包括哪些内容？
（10）消息数据怎样进行交换？
（11）SIBAS-32 控制单元由什么组成？
（12）ESD 的含义是什么？
（13）电磁干扰的种类有哪些？
（14）APCS 15 变换器的特点有哪些？
（15）SIBAS-32 控制单元的使用条件有哪些？
（16）简述 AMVB 模块的组成。
（17）压力传感器的工作原理是什么？
（18）机车标签由哪几部分组成？
（19）MVB 集成处理器模块的组成部分有哪些？

# 项目六　$HX_D3$ 型电力机车网络控制系统

## 思政素质目标

（1）培养学生精益求精的大国工匠精神，激发学生科技报国的家国情怀和使命担当。

（2）具有正确的世界观、人生观、价值观，遵纪守法，诚信做人，踏实做事。

（3）具有良好的职业道德和公共道德。

## 职业素质目标

（1）具有铁道机车专业必需的文化基础。

（2）拥有健康的体魄，能适应铁道机车专业岗位对体质及心理素质的要求。

（3）具有健康的心理和乐观的人生态度。

（4）具有勇于创新、敬业乐业、严谨务实的工作作风，具有安全意识、责任意识。

（5）具有文明、友善和团队协作精神。

（6）具有严格执行工作程序、工作规范、工作标准和安全操作规程的识和质量意识。

## 学习任务

（1）能够叙述 TCMS 系统结构各部分功能。

（2）能够正确画出 $HX_D3$ 型电力机车网络拓扑结构图。

（3）能够正确叙述 TCMS 与 CI、APU 的基本通信协议。

## 工具设备

多媒体设备课件、图片、示教板、计算机多媒体设备等。

## 教学环境

多媒体教室、列车智能网络控制仿真实训中心。

# 任务一　$HX_D3$ 型机车 TCMS 概要

## 专业能力目标

（1）掌握 $HX_D3$ 型电力机车控制监视系统结构。

（2）掌握 $HX_D3$ 型电力机车各画面信息。

（3）掌握 $HX_D3$ 型电力机车微机控制系统。

## 基础知识

$HX_D3$ 型电力机车的控制系统是以机车微机控制监视系统（TCMS）为核心，结合目前国内现有的机车行车安全综合信息监控系统和 CCB-Ⅱ空气制动系统，配以机车外围电路来进行设计的。TCMS 包括 1 个主控制装置和 2 个显示单元。其中主控装置采用冗余设计，设有两套控制环节：一套为主控制环节（master），一套为热备控制环节（slave）。当主控制环节发生故障时，备用控制环节立即自动投入工作。

机车的控制电路系统主要完成下列功能：

（1）顺序逻辑控制：如升、降受电弓，分、合主断路器，司机控制器的换向、牵引、制动的转换，主、辅变流器的启停控制，机车库内动车逻辑控制，辅助变流器库内试验逻辑控制等。

（2）机车特性控制：采用恒牵引力/制动力和准恒速特性控制，实现对机车的控制要求。

（3）定速控制：根据机车运行速度，可以实现牵引工况下机车的恒定速度控制。

（4）辅助电动机的控制：除空气压缩机外，机车各辅助电动机根据机车准备情况，在外部条件具备的前提下，由 TCMS 发出指令，与辅助变流器同时启动、运行。空气压缩机则根据总风缸压力情况，通过控制接触器的分合来实现控制。

（5）CCB-Ⅱ制动机的空气制动控制和机车防滑行保护。

（6）机车黏着控制：包括防空转、防滑行控制，以及轴重转移补偿控制。

（7）故障诊断、显示与保护：通过设在司机室的微机屏显示机车正常运行的状态信息（如网压、原边电流、机车工况、级位、机车牵引力、机车速度等）、设备工作状态（如主变流器、辅助变流器等）、设备开关状态（如主断路器、辅助接触器、各种故障转换开关），同时即时显示机车的故障信息，包括发生故障的设备、故障处理的方法等，并记录故障发生时的有关数据。

TCMS 柜由上下两层构成，如图 6-1 所示：

（1）上层：打开上半部分的平开门后，可以看到 TCMS 装置的控制单元主体和继电器盘。

（2）下层：打开下半部分的平开门后，可以看到 LKJ2000 监控装置、机车安全监控装置 TAX2、主体化机车信号车载系统 JT1-CZ2000。

TCMS 柜背面是螺钉固定式的罩，打开这个罩后，接口盘在上下两层配置。TCMS 装置配线用的连接端子在装置背面上部，全部采用 27 芯连接器。

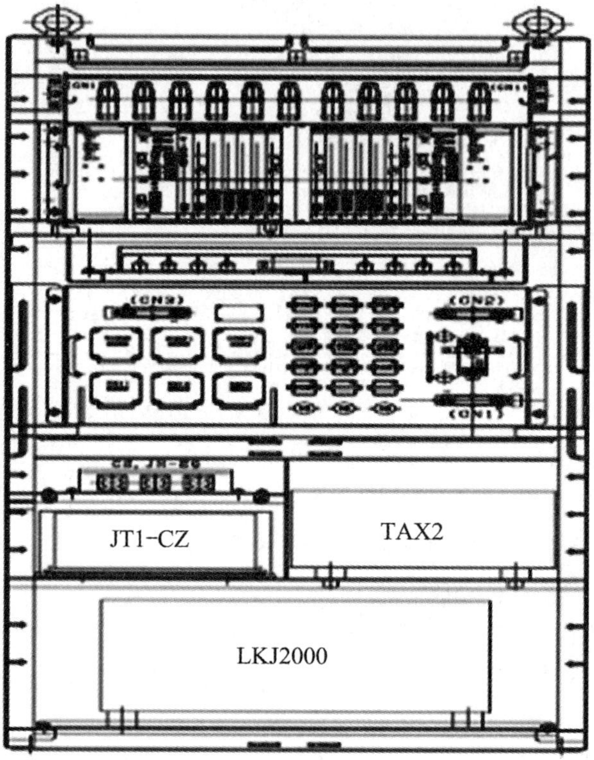


图 6-1　TCMS 柜

## 一、概　述

$HX_D3$ 型电力机车共设置 2 套辅助变流器（APU1、APU2）。辅助变流器是辅助电动机供电电路的核心，分别同 2 套主变流器安装在一起。辅助变流器都有 VVVF 和 CVCF 两种工作方式，可以自动依据连接的辅助电动机的情况进行设置。机车正常运行时，APU1 以 VVVF 方式工作，APU2 以 CVCF 方式工作，分别为机车辅助电动机供电。正常情况下，APU1、APU2 以额定 50%的容量工作。当某一套辅助变流器发生故障时，不需要切除任何辅助电动机，另一套辅助变流器由 TCMS 系统自动转换控制，可以承担机车全部的辅助电动机负载。此时 APU 按照 CVCF 方式工作，辅助电动机系统按全功率运行。在两台压缩机中仅可投入操纵端压缩机。APU1 通过工作接触器 KM11 输出的负载有：牵引风机电动机 MA11、MA12、MA13、MA14、MA15、MA16 和冷却塔风机电动机 MA17、MA18。APU2 通过工作接触器 KM12 输出的负载有：空气压缩机电动机 MA19、MA20，主变压器油泵 MA21、MA22，司机室空调 EV11、EV12，水泵 WP1、WP2，辅助变流器风机 APBM1、APBM2，司机室辅助加热设备，卫生间及压缩机加热设备。

### （一）控制与保护功能

TCMS 将完成机车下列方面的控制和保护功能：主断路器（VCB）控制、机车控制系统的输入/输出、机车的逻辑控制、机车的牵引特性控制、机车的制动特性控制、定速控制、冗余控制、自动过分相控制、主变流器控制、辅助变流器的控制、自动警惕控制及重联控制、智能故障诊断及显示、机车保护控制。

### （二）信息显示

显示部分的设计原则是显示简洁、明了醒目，但又兼顾现有的习惯。画面的上部为常显的信息：显示时间、速度、工况、重联状态等；中间区域为主信息显示区，根据不同的工况、按键的选择，显示牵引/制动的有关参数、机器的状态、开关信息；底部为功能键区，由于采用触摸显示屏，因此它将根据不同的工况和选择，显示出不同的功能键。通过显示屏亦可显示出机车重联与否以及重联机车的故障信息。

显示模式在开机后根据不同工况来转换。模式转换部分框图如图 6-2 所示，牵引制动主画面、变流器、开关状态、辅助电源、故障履历显示画面示例如图 6-3～6-7 所示。

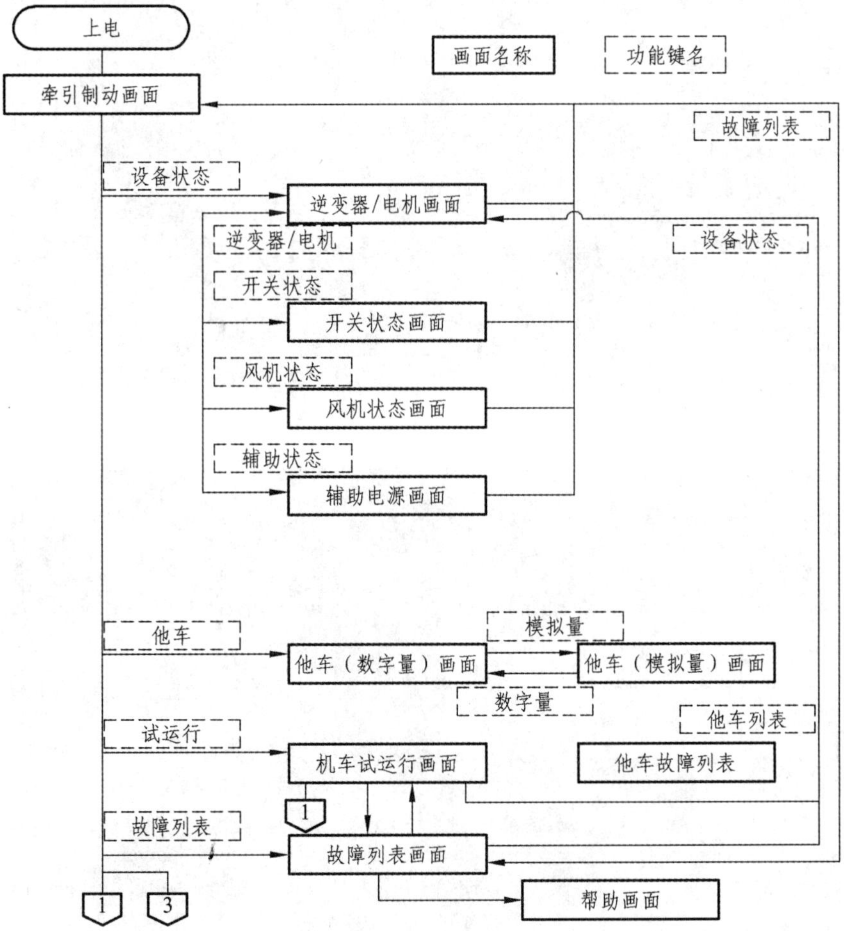


图 6-2　模式转换部分框图

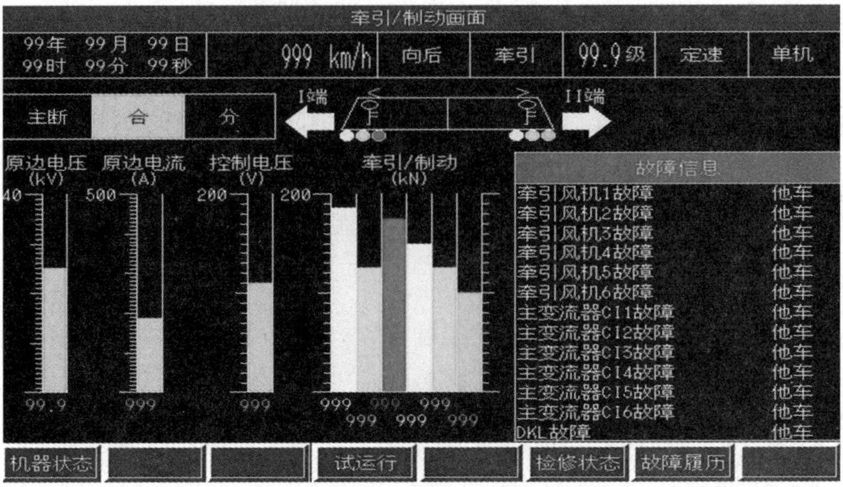

图 6-3　牵引/制动主画面

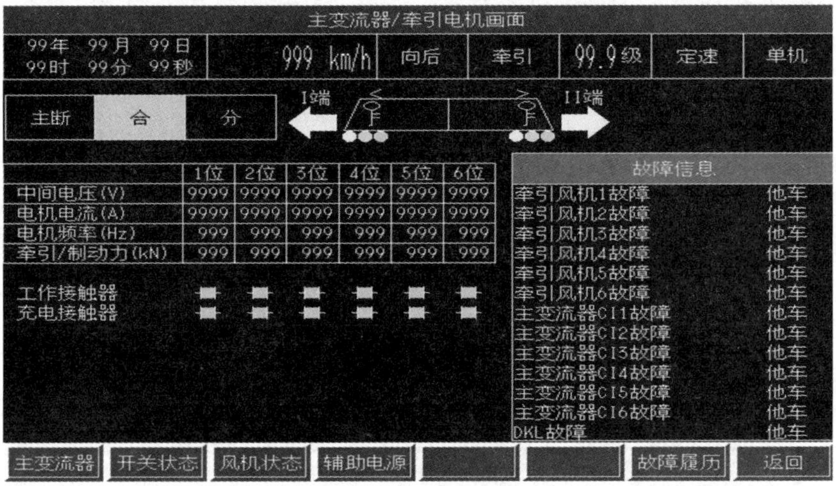

图 6-4　变流器画面

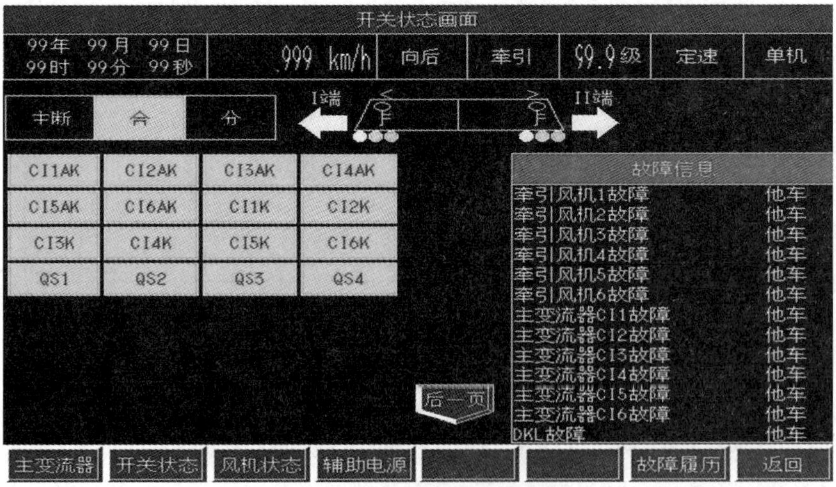

图 6-5　开关状态画面

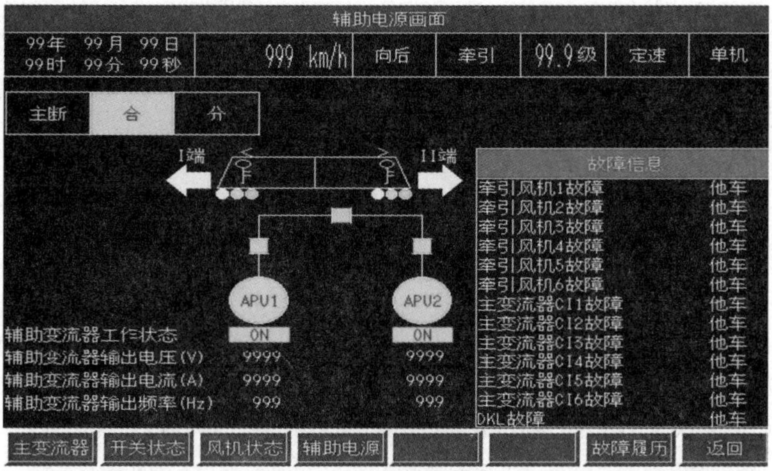


图 6-6　辅助电源画面

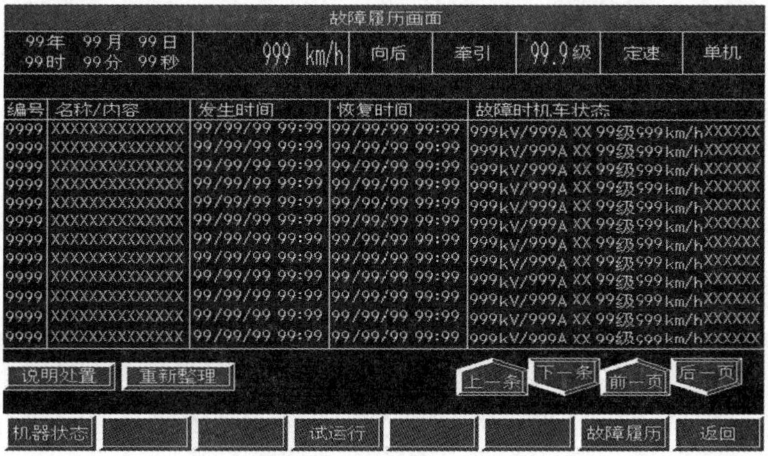


图 6-7　故障履历画面

## （三）微机显示屏

$HX_D3$ 电力机车采用集中式微机控制系统，微机控制柜将机车主变流器、辅助变流器、控制电器柜、司机室控制开关等电器的信息汇总，通过分设在Ⅰ、Ⅱ端司机室的微机显示屏进行各种信息显示。显示模式主要可以分为运行模式和维护模式两大类。

### 1. 运行模式（主显示画面）

运行模式主要显示机车的运行工况：电钥匙位置、受电弓状态、主断路器状态、机车运行方向、牵引/制动工况、机车速度、司机控制器级位、是否定速、是否重联、接触网电压、主变压器原边电流、蓄电池电压以及 6 台牵引电动机牵引/制动力。

机车故障信息：主变压器 MT，6 组主变流器单元 CI1、CI2、CI3、CI4、CI5、CI6，2 组辅助变流器单元 UA11、UA12，6 台牵引通风机 MA11、MA12、MA13、MA14、MA15、MA16，2 台复合冷却器通风机 MA17、MA18，2 台空气压缩机 MA19、MA20，2 台变压器油泵 MA21、MA22，2 台辅助变流器通风机 MA29、MA30，2 台主变流器水泵 MA27、

MA28。机车自身出现故障时，在故障信息区显示相应故障信息，同时蜂鸣器将发出警报。机车自身无故障时，故障信息区无任何显示。

1）主变流器、牵列电机状态画面

该画面主要显示 6 组主变流器单元 CI1、CI2、CI3、CI4、CI5、CI6 的充电接触器 AK 和工作接触器 K 的闭合状态，中间电压，对应的牵引电动机电流、转子频率，电机牵引/制动力。

2）开关状态画面

该画面可以显示的开关有：主变流器各单元的充电接触器 CI1AK、CI2AK、CI3AK、CI4AK、CI5AK、CI6AK，工作接触器 CI1 K、CI2 K、CI3 K、CI4 K、CI5 K、CI6 K，受电弓高压隔离开关 QS1、QS2，主电路入库转换开关 QS3、QS4。

3）风机状态画面

该画面可以显示的风机有：牵引电动机通风机 MA11、MA12、MA13、MA14、MA15、MA16，油泵 MA21、MA22，水泵 MA27、MA28。

4）辅助电源画面

该画面可以显示辅助变流器的工作情况，2 套辅助变流器的输出电压、输出电流、输出频率。同时，以图形显示故障切换接触器 KM11、KM12、KM20 的工作状态和充电单元 PSU1、PSU2 的工作状态。

5）故障履历画面

进入故障履历画面，可以查看机车近期发生的 300 个故障的情况，包括故障编号、故障名称、故障发生时间、故障恢复时间、发生故障时的机车状态（有接触网电压、主变压器原边电流、机车牵引/制动、级位、机车速度）以及故障处理说明。在故障履历画面上有一个“故障处理说明”的触摸键，使用者可以通过触摸进入故障处理画面，机车微机控制系统将会给出针对该故障的几种故障处理建议。

2. 维护模式（辅助显示画面）

进入维护模式（辅助显示画面）必须由专门人员操作，因此设有密码。

1）密码输入画面

通过触摸屏，操作人员输入三位数的密码，按确定后可以进入维护模式。

2）设定菜单画面

在该画面中，可以进行时钟设定、距离设定、车轮直径设定和动作次数设定。

（1）时钟设定画面：可以设定年、月、日、时、分。

（2）距离设定画面：可以设定累计行走距离。

（3）车轮直径设定画面：可以设定车轮直径。设定值必须在 1 150 ~ 1 250 mm，否则，车轮直径默认为 1 250 mm。

（4）动作次数设定画面：可以设定主断路器 QF1，受电弓 PA1、PA2，辅助变流器输出接触器 KM11、KM12、KM20，空气压缩机接触器 KM13、KM14，主变流器各单元的充电接触器 CI1AK、CI2AK、CI3AK、CI4AK、CI5AK、CI6AK，工作接触器 CI1 K、CI2 K、

CI3 K、CI4 K、CI5 K、CI6 K 的动作次数。

3. 状态菜单画面

该画面可以用来查看机车的累计行车距离、电器动作次数、传送信息和信号信息。

1）累计行车距离画面

该画面可以用来查看机车累计行车距离。

2）电器动作次数画面

该画面可以用来查看机车主断路器 QF1，受电弓 PA1、PA2，辅助变流器输出接触器 KM11、KM12、KM20，空气压缩机接触器 KM13、KM14，主变流器各单元的充电接触器 CI1AK、CI2AK、CI3AK、CI4AK、CI5AK、CI6AK，工作接触器 CI1 K、CI2 K、CI3 K、CI4 K、CI5 K、CI6 K 的动作次数。

3）传送信息画面

该画面可以用来查看机车主变流器各单元 CI1、CI2、CI3、CI4、CI5、CI6 和辅助变流器 APU1、APU2 与 TCMS 之间通过通信发送和接收的信息。

需要查看信息时可以通过触摸显示屏上的 CI1、C12、CI3、CI4、CI5、CI6、APU1-1、APU1-2、APU2-1、APU2-2 等十个触摸键进行显示切换。

4）信号信息画面

该画面可以用来查看机车各主要设备同 TCMS 之间通过硬导线发出和接收的信息。在显示屏上有 AUX1、AUX2、DI1、DI2 四个触摸键，查看时，可以进行显示切换。

触摸 AUX1，第 1 页中显示的是输出信息：操纵台辅助显示模块信号灯的输出线 472、473、474、475、476、477，478、479、480、481、482、483、484、485、486、487、489、490、494 的信息；撒砂阀控制信号 810、820 的信息；受电弓控制信号 451、452 的信息。第 2 页中显示的是模拟量输入信息：主变压器的原边电流和控制电压。

触摸 AUX2，第 1 页中显示的是输出信息：制动控制单元 CCBII 的控制信号 831、832、833、495、496 的信息，行车安全综合信息系统的控制信号 963、964、965、966、967 的信息，辅助接触器控制信号 461、462、463、464、465 的信息。第 2 页中显示的是输入信息：主司机控制器的级位信息和机车速度传感器 BV47、BV48 的信息。

触摸 DI1，第 1 页中显示的是输出信息：主变流器 UM1 的信号线 577、578、579、580、581、582、583、584、585 的信息，主变流器 UM2 的信号线 677、678、679、680、681、682、683、684、685 的信息，辅助变流器 APU1 的信号线 590、591 的信息，辅助变流器 APU2 的信号线 690、691 的信息，机车行车安全综合信息系统的信号线 962 的信息，制动控制单元 CCBII 的信号线 821、822、823、824、825、801、802、803、805 的信息，各牵引通风机自动开关的信号线 401、402、403、404、405、406 的信息，受电弓隔离信号线 421、422 的信息。第 2 页中显示的是输入信息：复合冷却器通风机自动开关的信号线 407、408 的信息，空气压缩机 1 的信号线 419 的信息，空气压缩机 2 的信号线 420 的信息，主变压器油泵自动开关的信号线 411、412 的信息，高压隔离开关的信号线 427、428 的信息，空气压缩机自动开关的信号线 409、410 的信息，空调机组自动开关的信号线 413、414 的信息，空气压缩机接触的信号线 429、430 的信息，主断路器的信号线 431 的信息，辅助电路库内试验转换开关的信号线 432 的信息，主变流器试验开关的信号线 434 的信息，原边过流继电器的信号线 435 的信息，压力继电器 440 的信息。

触摸 DI2，第 1 页中显示的是输入信息：Ⅰ端司机室给定 501、502、503、504、506、507、508、514、515、516、517、518、519、520、523、524 的信息，警惕装置开关信号线 521 的信息，主变压器温度继电器信号线 438 的信息。Ⅱ端司机室给定 601、602、603、604、606、607、608 的信息，紧急制动信号 804 的信息，蓄电池充电器的信号线 423、424 的信息，接地开关信号线 425 的信息。第 2 页中显示的是输入信息：Ⅱ端司机室给定 614、615、616、617、618、619、623、624 的信息。

4. 试验状态画面

该画面可以用来进行机车主司机控制器的试验、启动试验、零级位试验、辅助电源试验。首先进行试验选择，然后根据显示屏的提示操作有关开关，进行试验，并通过显示屏的提示，确认机车有关控制、逻辑环节是否工作正常。该功能主要用于机车出车前或故障修复后的控制、逻辑试验检查。

1）主司机控制器的试验画面

在该画面可以进行调速手柄零位确认、制动 1 级手柄确认试验。

2）启动试验画面

在该画面可以进行主变流器各单元 CI1、CI2、CI3、CI4、CI5、CI6 的控制单元试验，检查其输出电流。

3）零级位试验画面

在该画面可以进行主变流器 CI1、CI2、CI3、CI4、CI5、CI6 的工作情况的试验检查。

4）辅助电源试验画面

该画面可以进行试验，检查辅助变流器 1、2 的输出电流、输出电压、输出频率。

## 二、故障现象及判断处理

1. 故障现象

（1）机车在运行中发生主断路器跳闸、受电弓降落，伴随产生列车管减压。

（2）机车状态显示屏、LCDM 制动屏黑屏。

（3）TCMS 屏主界面故障栏提示：受电弓 1、2 故障，空气压缩机 1、2 故障，牵引通风机 1 ~ 6 故障，空调机组 1、2 故障等。主断路器状态栏提示：主断气路压力低。

2. 原因分析

辅助变流器 APU 的工作接触器 KM11 或 KM12 的接触器线圈的整流桥短路，在线圈得电瞬间，355 线过流导致 LV 柜的 QA45 自动开关（机车控制）跳开，造成机车 TCMS 系统的信号输入电源失电。

3. 判断处理

（1）检查 LV 柜 QA45（机车控制）自动开关的闭合状态。

（2）如 QA45 自动开关跳开，则闭合 QA45 自动开关。正常升弓，闭合主断路器，在辅助变流器启动过程中，如同样故障现象再次发生，判断为 KM11 或 KM12 故障。

（3）在 TCMS 屏主界面点击下方“开放状态”，分别进行 APU1、APU2 切除操作，并升弓试验。如隔离一组 APU 后机车正常，则使用单台 APU 维持运行。

4. 故障处理与记录

TCMS 在机车出现故障时，以显示屏显示和报警灯指示两种方式通知操作人员，并自动完成相应的保护动作，记录发生故障时的相关信息，为后期诊断提供有用且必要的信息，而且还可以通过便携式计算机将故障履历下载，以便于分析和保存。

# 任务二　$HX_D3$ 型电力机车微机网络控制系统及信息流向

## 专业能力目标

（1）了解 $HX_D3$ 型电力和机车网络控制系统的组成与功能。
（2）了解 $HX_D3$ 型电力机车网络控制系统的信息流向。

## 基础知识

## 一、网络控制系统

### （一）网络控制系统结构

$HX_D3$ 型电力机车网络控制系统为分布式计算机体系结构，按功能可划分为列车控制级、车辆控制级和传动控制级。网络系统拓扑结构如图 6-8 所示。

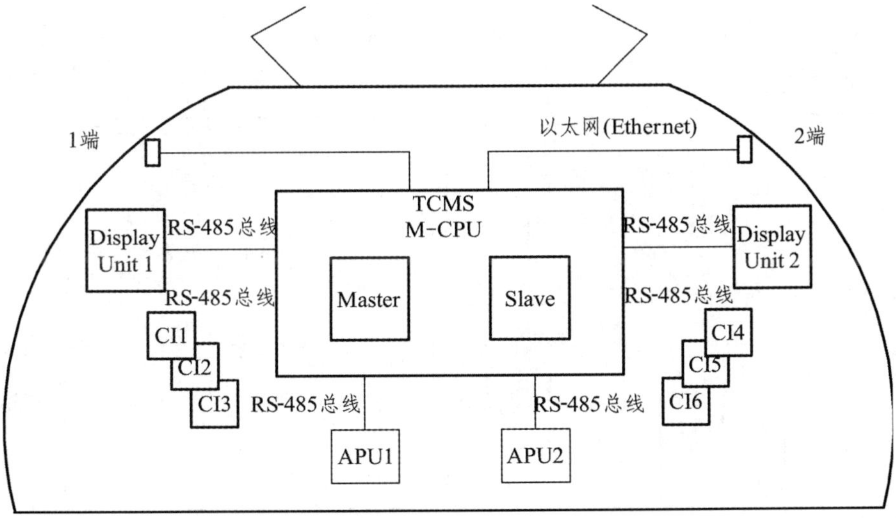


TCMS—控制监视系统装置；Display Unit1、Display Unit2—显示单元 1、2；CI1-CI6—主变流器；APUI、APU2—辅变流器；M-CPU—主控制单元；Master—主系统；Slave—辅系统。

图 6-8　$HX_D3$ 型电力机车网络系统拓扑结构

每台车为1个基本运转单元，车内以TCMS为中心，分别与显示单元、主变流器、辅变流器通过RS-485接口进行通信，构成星形网络。车与车之间采用总线式10 Mb/s以太网进行信息传输。TCMS同时完成列车级信息与车辆级信息的转换。

TCMS的控制单元由完整的2重系统构成。一个系统出现故障，功能不能发挥时，切换到热备状态的辅控系统后，可以继续发挥作用，如图6-9所示。

图6-9 TCMS控制单元的2重完整系统

主控系统和辅控系统每一个都由完全相同的基板构成。输入信号也是完全并列地输入到双系统中，软件处理也是同时动作，如图6-10所示。

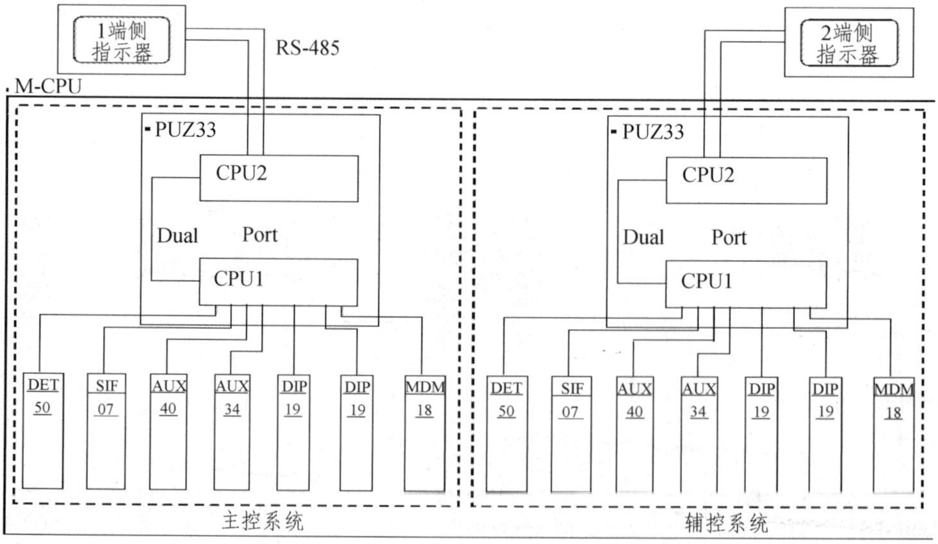

图6-10 TCMS的基板构成

通常主控系统的输出连接到外部，主控系统不能实施功能的时候，辅控系统就与外部连接。辅控系统平时与主控系统同时工作，如图 6-11 所示。

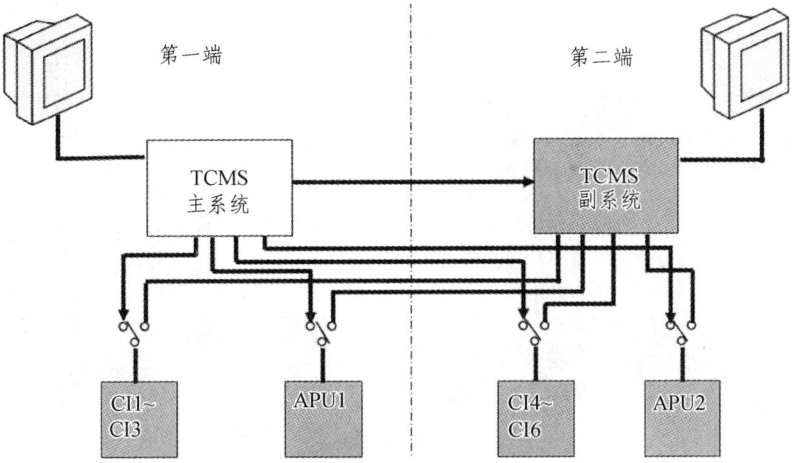


图 6-11　TCMS 的主辅系统连接结构

继电器的作用是通过继电器的动作实现输出信号的变换，控制机车，如图 6-12 所示。

图 6-12　继电器

因为 TCMS 使用的信号是 24 V，外部设备使用的信号是 110 V，所以要通过它来实现信号转换，如图 6-13 所示。

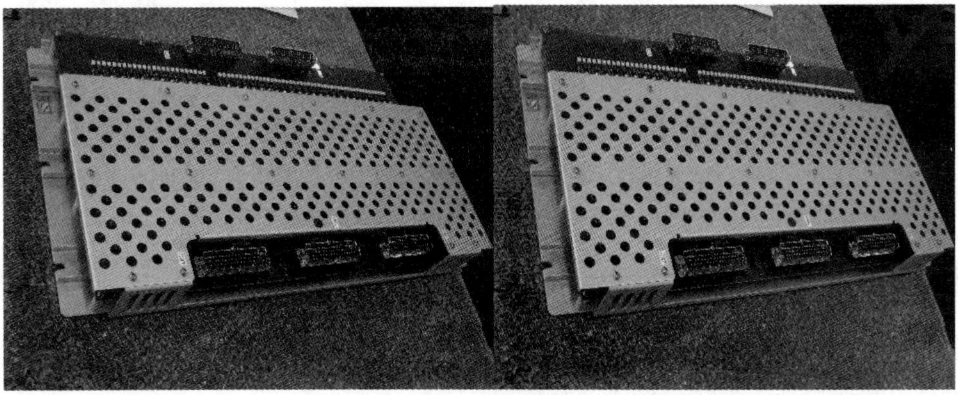

图 6-13　信号转换

装置的左下部插着主控系统用到的基板，从左至右依次为 AVR1，PU1，MDM1，DET1，SIF1-1 ，SIF1-2，AUX1-1，AUX1-2，DI1-1，DI1-2。

装置的右下部插着辅控系统用到的基板，从左至右依次为 DI2-2，DI2-1，AUX2-2，AUX2-1，SIF2-2 ，SIF2-1 ，DET2，PU2，MDM2，AVR2，如图 6-14 所示。

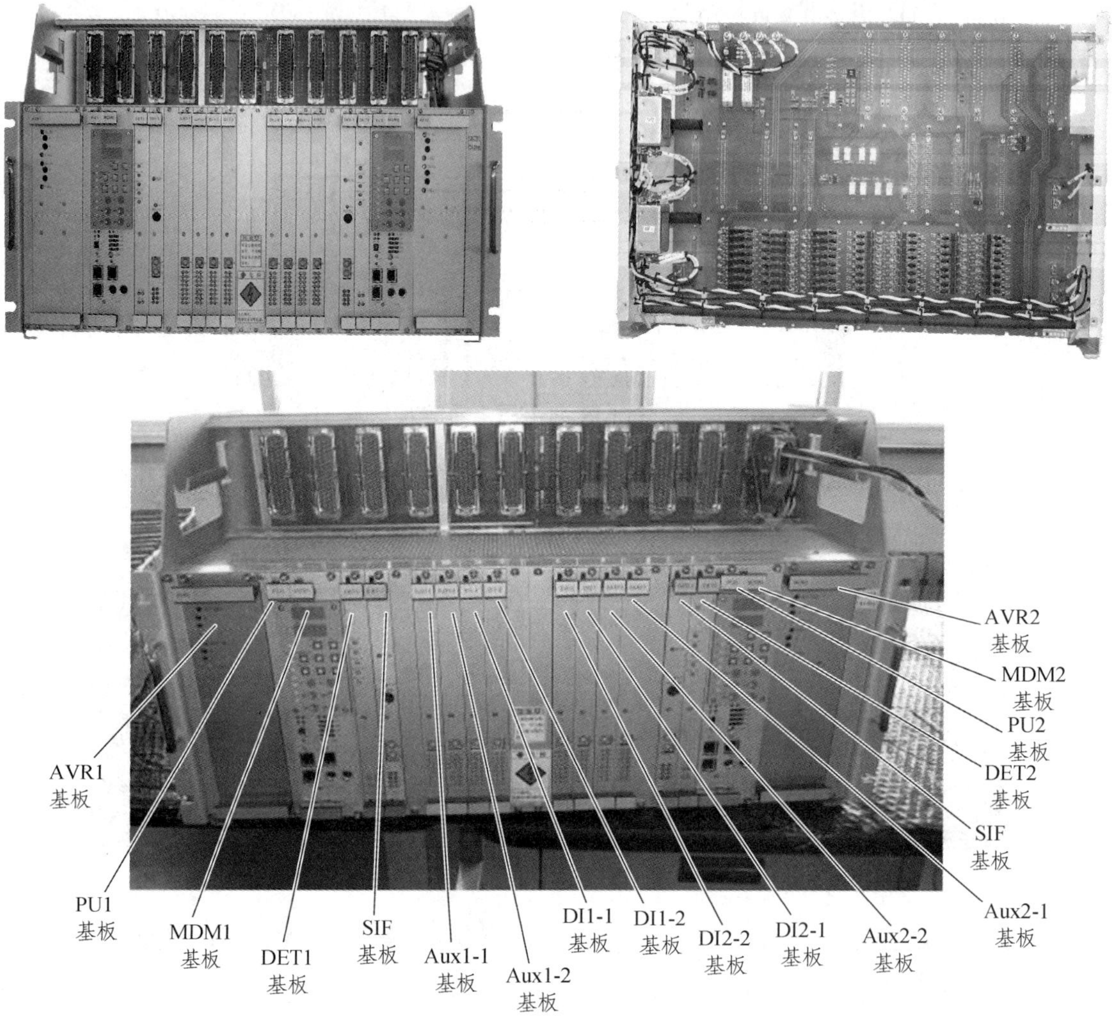


图 6-14　基板位置图

（1）AVR 基板。此基板为电源基板，主要功能是给单元体供电，提供稳压电源。

（2）DET 基板。此基板的主要功能是控制系统间的切换。

（3）PU/MDM 基板。此基板的主要功能是 CPU 程序处理。

（4）MDM 基板。此基板的主要功能是当两车重联时控制两台车的 TCMS 间的重联通信。

（5）DET 基板。此基板的主要功能是控制系统间的切换。

（6）SIF 基板。此基板为传输基板，主要控制 CPU 单元体内部以及 CPU 单元体本身以及整车内其他单元体之间的传输。

（7）AUX 基板。此基板的主要功能是接收动作设备（终端设备）发出的指令，并在 TCMS 的显示器上显示出来。

（8）DI 基板。此基板的主要功能是接收控制信号。

（9）ISO/BBZ 基板重叠，共同传送输入输出信号，及负责执行 DO 信号的输出动作。

### （二）系统特点

（1）$HX_D3$ 网络控制系统是包含列车级功能、车辆级功能和传动控制级功能的多计算机系统。列车及车辆级功能由 TCMS 实现，传动控制级功能由 CI 来实现。

（2）系统具有功能强大的多处理器体系，能进行设备的自诊断。系统配置与编程基于强大的软件工具。

（3）车辆级控制设备构成星形网络，通过 RS-485 接口进行点对点通信。中心结点 TCMS 具有 master、slave 两套系统，采用双机热备的机制，保证了网络系统的可靠性。

（4）机车与机车之间采用总线式 10 Mb/s 实时以太网传输信息，传输速度快，传送数据量大。传统的以太网是一种非集中控制的、基于总线的广播式网络，采用 1-坚持的 CSMA/CD（载波监听与多路访问/冲突检测）工作机制，即总线上的每个节点如果监听到信道空闲就可以传送数据帧，并继续监听下去；一旦监听到发生冲突，就立即放弃该数据帧的发送，并等待一段随机的时间，然后再次尝试发送数据帧。这种机制容易造成数据传输时延，在重载情况下，甚至会使网络崩溃、瘫痪。因此，传统的以太网无法满足列车通信实时性、可靠性的要求。$HX_D3$ 机车采用的实时以太网是基于 UDP/IP 协议开发的半双工通信网络。总线上各个节点信息由令牌控制，按照先后顺序以广播的形式定周期发送，因此避免了冲突的产生。它的传输速率为 10 Mb/s，接口为符合 IEEE 802.3 标准的串行链路，传输介质是屏蔽双绞线。该实时以太网具有传输速率高、实时性强、结构简单、造价低廉、易于维护等特点。

### （三）网络控制系统的组成与功能

$HX_D3$ 机车网络控制系统包含控制监视系统装置（TCMS）、主变流器（CI1 ~ CI6）、辅变流器（APU1、APU2）和显示单元（Display Unit 1、Display Unit 2）。TCMS 既是车辆级控制核心，又是列车级的控制节点，在整个机车控制中占有主导地位。TCMS 与各控制设备的通信接口性能参数如表 6-1 所示。

表 6-1　TCMS 与各控制设备的通信接口性能参数

| 适用范围 | 接　口 | 通信制式 | 传输速率 | 协　议 |
|---|---|---|---|---|
| 与显示单元 | RS-485 串行链路 | 4 线/全双工 | 38.4 kb/s | 东芝标准协议 |
| 与 CI | RS-485 串行链路 | 2 线/半双工 | 100 kb/s | 基于 HDLC 协议的东芝标准协议 |
| 与 APU | RS-485 串行链路 | 2 线/半双工 | 9.6 kb/s | 基于 HDLC 协议的东芝标准协议 |
| 与它车 TCMS | IEEE 802.3 串行链路 | 半双工 | 10 Mb/s | UDP/IP |

## 二、信息流向

TCMS 通过各种人机接口接收司机控制命令，采集各种反馈信号，进行相关运算，生成相应控制命令，通过 RS-485 接口发送给主变流器、辅变流器完成相应的功能；通过实时以太网发送给他车的 TCMS，并由该 TCMS 发送至他车的主变流器、辅变流器，使其执行相应操作。各车内的主变流器、辅变流器的状态信息以相反的方向传输至 TCMS 进行汇总和处理。TCMS 将计算结果、故障信息、有关参数发送至显示单元，从而完成整车的控制、监视和保护功能。信息流向如图 6-15 所示。

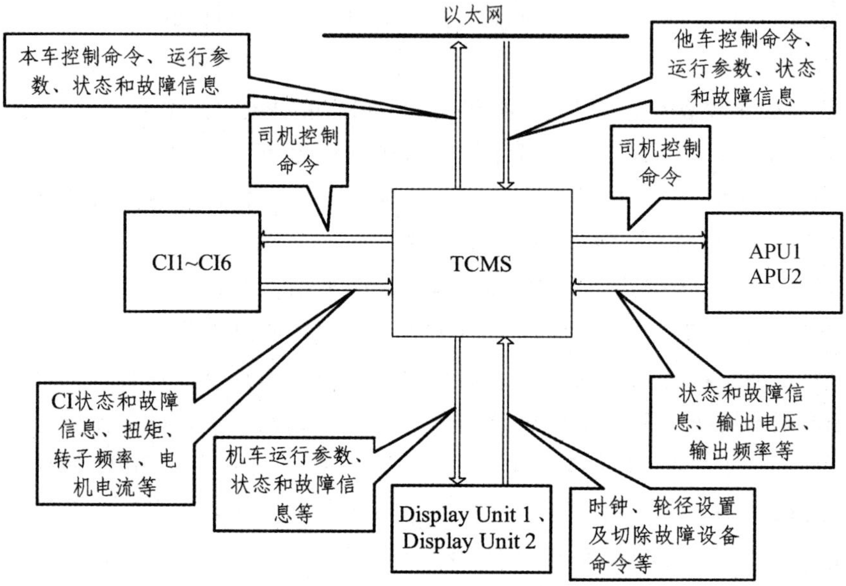


图 6-15　信息流向

## 三、TCMS 与 CI、APU 的基本通信协议

该协议是基于 HDLC 协议的东芝标准协议，是东芝公司借鉴欧洲 IEC 61375 标准，并针对日本铁路机车车辆内部设备互连的实际需求而独立研制开发的。它保证了网络控制系统通信的高可靠性和强实时性。其基本协议如下：

（1）信号采用 NRZI（Non-Return to Zero，Inverted；不归零制倒置）的编码方式，数据帧格式为 HDLC。

（2）数据传输波特率为：100 Kbit/s（CI）；9.6 Kbit/s（APU）。

（3）采用 16 位循环冗余校验（CRC）的方式。

（4）通信接口：光电隔离的 RS-485。

（5）电缆：三绞屏蔽线，包括一对数据线和信号地线。

（6）传输周期：20 ms（CI）；200 ms（APU）。

（7）传输控制（见图 6-16）：

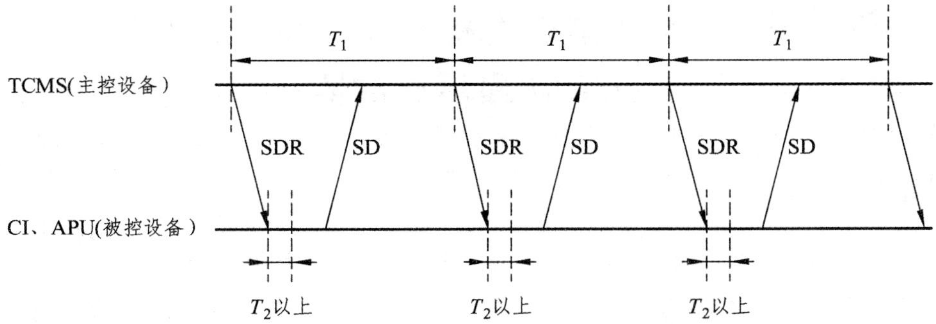


图 6-16 传输控制图

其中，$T_1$：20 ms（CI）或 200 ms（APU）；$T_2$：2 ms（CI）或 10 ms（APU）。

如图 6.16 所示，TCMS 作为主控设备向 CI、APU 等被控设备发送状态数据请求（SDR），被控设备接收到该请求帧并经过 $T_2$ 以上时间间隔后，开始向主控设备发送状态数据（SD）。

（8）传输数据格式：

① TCMS 发送的状态数据请求格式，如表 6-2 所示。

表 6-2 TCMS 发送的状态数据请求格式

| F | 地址 | C | 地址 1 | 类别 1 | 地址 2 | 类别 2 | TEXT 1…$N$ | CRC | F |
|---|---|---|---|---|---|---|---|---|---|
| 8 bits | 8 bits | 8 bits | 8 bits | 8 bits | 8 bits | 8 bits | 8 bits×$N$ | 16 bits | 8 bits |

其中 F——标志，用于确定数据帧的开始与结束；

地址——目的地址（接收设备地址），设置为广播方式；

C——控制字段；

地址 1——下一个源地址（下一级发送设备地址）；

类别 1——发送数据类别编码，设置为一般信息；

地址 2——源地址（发送设备地址）；

类别 2——发送数据类别编码，设置为一般信息；

TEXT 1，…，$N$——TCMS 发送给各个设备的实时数据；

CRC——帧校验序列，采用的生成多项式为 CCITT-1。

② CI、APU 发送的状态数据格式，如表 6-3 所示。

表 6-3 CI、APU 发送的状态数据格式

| F | 地址 | C | 地址 1 | 类别 1 | TEXT 1…$N$ | 帧检验序列 CRC | 标志 F |
|---|---|---|---|---|---|---|---|
| 8 bits | 8 bits | 8 bits | 8 bits | 8 bits | 8 bits×$N$ | 16 bits | 8 bits |

其中 地址——目的地址（接收设备地址），设置为广播方式；

地址 1——源地址（发送设备地址）；

类别 1——发送数据类别编码，设置为一般信息；

TEXT 1，…，$N$——各个设备发送给 TCMS 的实时数据。

# 任务三　$HX_D3$ 型电力机车 TCMS 1/2 系统和 LCDM 显示屏故障

## 专业能力目标

（1）了解 $HX_D3$ 型电力机车 TCMS1/2 系统和 LCDM 屏常见故障。
（2）掌握故障处理流程。

## 基础知识

$HX_D3$ 型电力机车 TCMS 1/2
系统和 LCDM 显示屏故障

## 思考题

（1）$HX_D3$ 型电力机车 TCMS 系统的构成和功能是什么?
（2）$HX_D3$ 型电力机车微机显示屏有哪几类? 简述每种显示屏的功能。
（3）$HX_D3$ 型电力机车网络控制系统的特点是什么?
（4）简述 $HX_D3$ 型电力机车综合无线通信装置各部件的功能。

# 下篇

# 实训篇

| 课程名称 | 现代列车网络技术 | 学习情境 | 列车智能网络控制仿真实训中心 |
| --- | --- | --- | --- |
| 班级 | | 姓名 | |

# 学习情境一　列车组干网 MVB 线缆制作

**【学习情境描述】**

$HX_D1$ 型电力机车、郑州地铁 2 号线和 CR400 AF 动车组列车主干网主要采用的是 MVB 总线，MVB 是特定用于连接同一车厢或不同车厢（这些车厢在运行过程中是一个固定不变的编组）的设备与其传感器和执行机构之间的互连。

MVB 总线上的设备，根据其控制与通信能力分为 5 类，每一类都有其特定的功能，实践证明 MVB 总线在整个运行过程中出现故障率相对多一些。

**【学习目标】**

**1. 知识目标**

掌握 MVB 总线 DB9 连接器内部结构。

**2. 能力目标**

具备正确制作列车主干网 MVB 总线的能力。

**3. 素质目标**

（1）培养获取信息的素质。

（2）培养团队合作精神。

列车组干网 MVB 线缆制作

**【任务书】**

利用现场制作 MVB 总线制作工艺和操作视频，完成 MVB 线缆制作任务。

**【任务分组】**

| 小组成员 | | 任务分工 |
| --- | --- | --- |
| 姓名 | 学号 | |
| | | |
| | | |
| | | |
| | | |
| | | |

【任务分组】

1. MVB 总线连接器内部连接点是哪几个？

2. 如何测试所制作的线缆是否成功？

【任务实施】

## 一、作业前准备

1. 人员准备

两名作业者按规定穿戴劳动保护（劳保）用品（工作服、劳保鞋、安全帽）。

2. 工具准备（见表 1-1）

表 1-1　线缆制作工具清单

| 序号 | 名称 | 型号 | 参考图片 |
|---|---|---|---|
| 1 | 电烙铁 | 936 A | 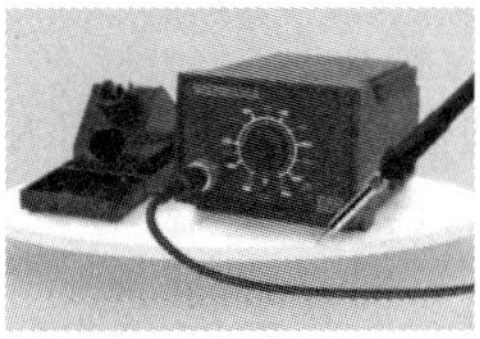 |
| 2 | 焊锡丝 | 0.8 | 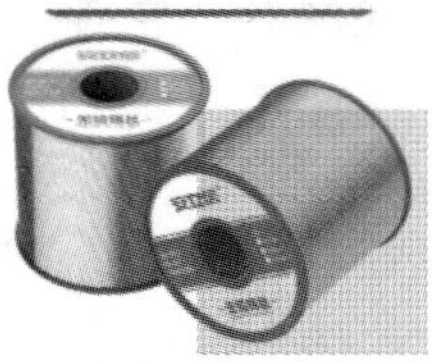 |
| 3 | 美工刀 | 2058 | 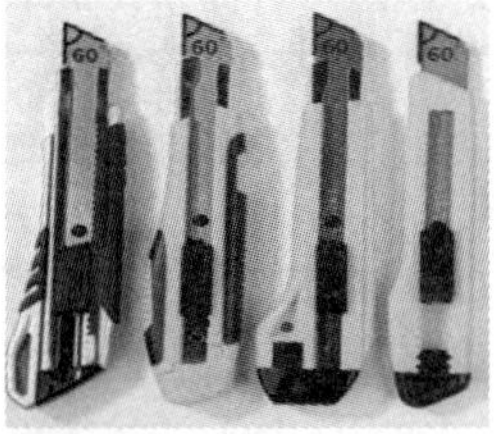 |
| 4 | 压线钳 | 91102 |  |

续表

| 序号 | 名称 | 型号 | 参考图片 |
| --- | --- | --- | --- |
| 5. | 剥线钳 | 91201 | 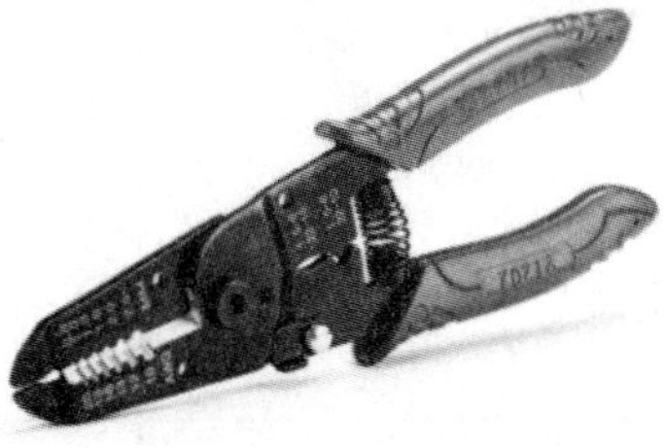 |
| 6 | 一字螺丝刀 | 62202 |  |
| 7 | 十字螺丝刀 | 62302 |  |
| 8 | 万用表 | 通用 | 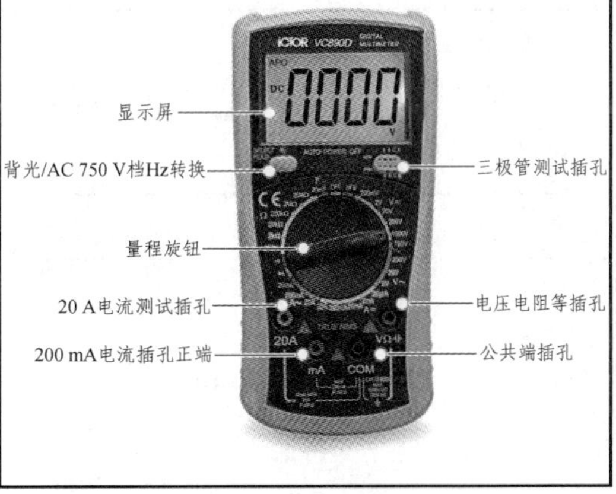  |

续表

| 序号 | 名称 | 型号 | 参考图片 |
|---|---|---|---|
| 9 | 镊子 | 通用 | 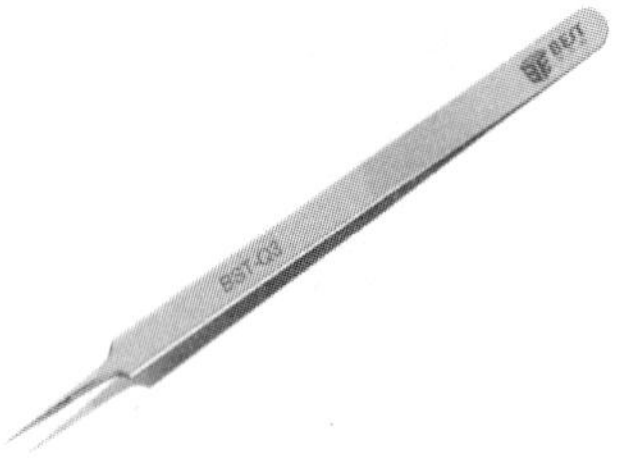 |
| 10 | 卷尺 | 通用 |  |
| 11 | 松香 | 通用 | 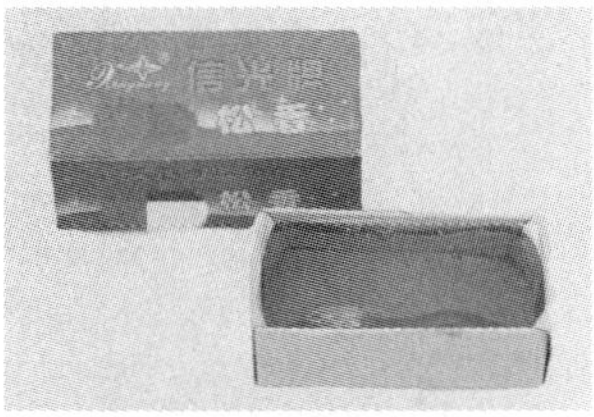 |
| 12 | 热风枪 | |  |

3. 材料

需要准备以下材料：1 个 DB9 公座、1 个 DB9 母座、2 套外壳、号码管（热缩管）、符合要求长度的四芯屏蔽线。

| 序号 | 名称 | 参考图片 |
|---|---|---|
| 1 | DB9 公座/DB9 母座 | 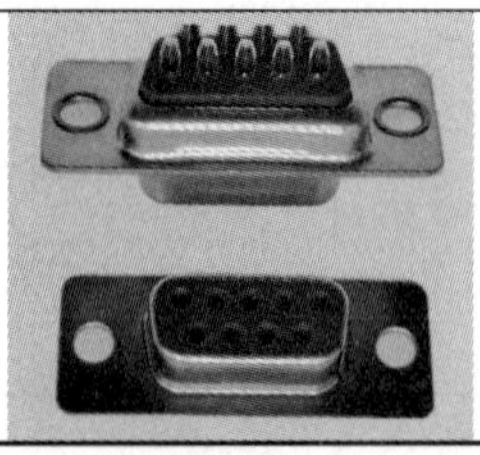 |

续表

| 序号 | 名称 | 参考图片 |
|---|---|---|
| 2 | PET/尼龙/棉线编织网管 |  |
| 3 | 热缩管、绝缘套管 |  |
| 4 | RVVP 屏蔽线 |  |

## 二、作业过程

MVB 线缆制作

1. 按示意图接线（见图 1-1）

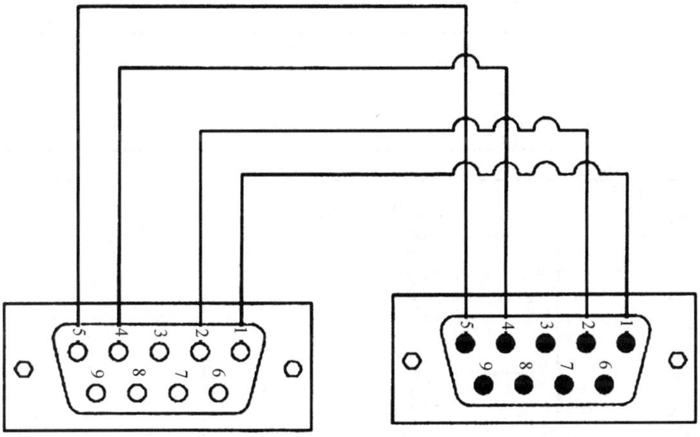


图 1-1　接线示意图

| 过程记录 | |
|---|---|

2. 制作步骤

（1）准备工具与物料。

（2）用美工刀剥除线缆保护层，套上长度约为 15 mm、$\phi 8$ 的号码管。

（3）用一字螺丝刀将屏蔽层与线缆分离，将屏蔽层拧成一股，准备待用。

（4）用剥线钳将 4 根线缆分别剥出 2 mm 线芯，套上 4 mm、$\phi 3$ 的号码管，用电烙铁在线芯上锡，准备焊接点位。

（5）用电烙铁在 DB9 航插上的 1 脚、2 脚、4 脚、5 脚分别上锡。

（6）将线缆根据实际需求分别焊接在 DB9 航插上的 1 脚、2 脚、4 脚、5 脚，轻轻拉动检查焊接是否牢固。

（7）焊接屏蔽层，首先在屏蔽层上套一个约为 15 mm、$\phi 3$ 的热缩管，然后将屏蔽层焊接到 DB9 的外壳上，轻轻拉动检查焊接是否牢固。

（8）将热缩管上推，用热风枪将热缩管紧固防止脱落短路。

（9）使用螺丝刀将外壳装好，并将螺丝紧固。

（10）另一端与之前操作相同，注意引脚接线确保为同一根线缆。

（11）使用万用表测量线缆两端，是否符合图纸要求且没有短路现象。

（12）断开电源，整理工具，并将工具按照原位摆放整齐，清理桌面。

**【任务评价】**

| 过程记录 | |
|---|---|

| 总结 | |
|---|---|

| 小组自评 | 小组互评 | 教师评价 |
|---|---|---|
| | | |

| 课程名称 | 现代列车网络技术 | 学习情境 | 列车智能网络控制仿真实训中心 |
|---|---|---|---|
| 班级 | | 姓名 | |

# 学习情境二　列车网络结构认知

**【学习情境描述】**

在实训系统拓扑图中，虚线框中部分为真车实物模块，均安装在机车 3D 模型侧面。（见图 2-1）。

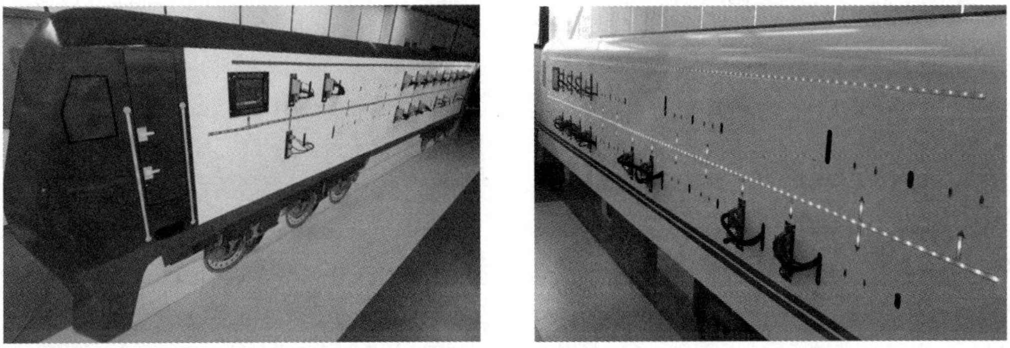

图 2-1　真车实物模块图

HMI 为机车显示屏，DXM 为数字量输入/输出模块，DIM 为数字量输入模块，AXM 为模拟量输入/输出模块，具体模块如文中实物图所示。通过各模块功能结构介绍，理解整车网络拓扑结构。

**【学习目标】**

**1. 知识目标**

掌握列车网络拓扑结构及模块功能。

**2. 能力目标**

具备正确连接各模块端口线缆的能力。

**3. 素质目标**

（1）培养获取信息的素质。

（2）培养团队合作精神。

列车网络结构认知

**【任务书】**

利用 $HX_D1C$ 型电力机车网络拓扑结构、郑州地铁 2 号线网络拓扑结构和 CR 400 AF 型动车组网络拓扑结构界面，理解整车网络拓扑结构中线路连接情况、各模块功能及地址分配。

【任务分组】

| 小组成员 | | 任务分工 |
| --- | --- | --- |
| 姓名 | 学号 | |
| | | |
| | | |

【引导问题】

1. 认知 $HX_D1C$ 型电力机车网络拓扑结构、郑州地铁 2 号线网络拓扑结构和 CR 400 AF 型动车组网络拓扑结构。

2. 各个模块位置在哪里？

【任务实施】

## 一、作业前准备

1. 人员准备

两名作业者按规定穿戴劳动保护用品（工作服、劳保鞋、安全帽）。

2. 工具准备（见表 2-1）

表 2-1　工具表

| 序号 | 名称 | 规格型号 | 单位 | 数量 | 备注 |
| --- | --- | --- | --- | --- | --- |
| 1 | 机车模块供电 | | 把 | 1 | |
| 2 | 地铁模块供电 | | 把 | 1 | |
| 3 | 动车模块供电 | | 把 | 1 | |

## 二、作业过程

1. 各模块结构认知（见图 2-2）

图 2-2　机车网络结构认知

| | |
|---|---|
| 过程<br>记录 | |

2. AXMe 网络模块

（1）功能概述。AXMe 模块为带 MVB 通信接口的模拟量输入/输出模块，主要功能如下：

- 非隔离电压型模拟量输入功能（0～10 V，2 通道）;
- 非隔离电流型模拟量输入功能（0～20 mA，2 通道）;
- 隔离电流型模拟量输入功能（0～20 mA，2 通道）;
- 对外传感器供电功能（DC+15 V、DC-15 V、DC+24 V3 种）;
- 电压型模拟量输出功能（0～10 V，2 通道）;
- 电流型模拟量输出功能（0～20 mA，2 通道）;
- MVB 通信功能（Class0，EMD 接口）。

（2）供电要求。模块外部供电参数如下：

- 额定电压：DC110 V;
- 额定电流：最大 0.15 A;

• 允许的电压波动范围为：DC77 ~ 137.5 V，当超出范围时可能导致模块内部供电保护性中断

（3）模块接口。

- X1:MVB1（9-pin SUB-MIN-D Connector male）
- X2:MVB2（9-pin SUB-MIN-D Connector female）
- X3:Analog Output（9-pin SUB-MIN-D Connector male）
- X4:RS232（9-pin SUB-MIN-D Connector female）
- X5:Power（2W2 SUB-MIN-D Connector male）
- X6:Analog Input（25-Pin SUB-MIN-D Connector male）

（4）MVB 通信接口。模块 MVB 通信接口采用 1 公（X1）、1 母（X2）两个 DB9 连接器，连接器采用英制（UNC4-40）紧固螺钉。

| MVB 通信连接器（X1、X2）点位定义 | | | |
|---|---|---|---|
| 管脚号 | 信号名称 | 信号说明 | 备注 |
| 1 | A.Data_P | A 线差分正线 | |
| 2 | A.Data_N | A 线差分负线 | |
| 3 | — | — | |
| 4 | B.Data_P | B 线差分正线 | |
| 5 | B.Data_N | B 线差分负线 | |
| 6 | A.TERM_P | A 线终端负线 | 终端节点有效 |
| 7 | A.TERM _N | A 线终端正线 | 终端节点有效 |
| 8 | B.TERM_P | B 线终端负线 | 终端节点有效 |
| 9 | B.TERM _N | B 线终端正线 | 终端节点有效 |

（5）模拟量输出接口。

| 模拟量输出连接器（X3）点位定义 | | | |
|---|---|---|---|
| 管脚号 | 信号名称 | 信号说明 | 备注 |
| 1 | — | | |
| 2 | AOUT4_H | 第 4 路模拟量输出正线 | 0 ~ 20 mA 输出 |
| 3 | AOUT3_H | 第 3 路模拟量输出正线 | 0 ~ 20 mA 输出 |
| 4 | AOUT2_H | 第 2 路模拟量输出正线 | 0 ~ 10 V 输出 |
| 5 | AOUT1_H | 第 1 路模拟量输出正线 | 0 ~ 10 V 输出 |
| 6 | AOUT4_L | 第 4 路模拟量输出负线 | 0 ~ 20 mA 输出 |
| 7 | AOUT3_L | 第 3 路模拟量输出负线 | 0 ~ 20 mA 输出 |
| 8 | AOUT2_L | 第 2 路模拟量输出负线 | 0 ~ 10 V 输出 |
| 9 | AOUT1_L | 第 1 路模拟量输出负线 | 0 ~ 10 V 输出 |

（6）电源接口。

| 电源连接器（X5）点位定义 | | | |
|---|---|---|---|
| 管脚号 | 信号名称 | 信号说明 | 备注 |
| A1 | P110 V | DC110 电源正 | |
| A2 | N110 V | DC110 电源负 | |

（7）模拟量输入接口。

| 模拟量输入接口（X6）点位定义 | | | |
|---|---|---|---|
| 管脚号 | 信号名称 | 信号说明 | 备注 |
| 1 | +24 V | 对外+24 V 供电电源 | |
| 2 | AIN1 | 第 1 路模拟量输入 | |
| 3 | AGND | 电源/模拟信号地 | |
| 4 | AGND | 电源/模拟信号地 | |
| 5 | AIN3 | 第 3 路模拟量输入 | |
| 6 | −15 V | 对外−15 V 供电电源 | |
| 7 | −15 V | 对外−15 V 供电电源 | |
| 8 | — | 未定义 | |
| 9 | +15 V | 对外+15 V 供电电源 | |
| 10 | +15 V | 对外+15 V 供电电源 | |
| 11 | AIN4- | 第 4 路模拟量输入负线 | |
| 12 | AIN5- | 第 5 路模拟量输入负线 | |
| 13 | ISOGND | 隔离通道地 | |
| 14 | +24 V | 对外+24 V 供电电源 | |
| 15 | AIN2 | 第 2 路模拟量输入 | |
| 16 | AGND | 电源/模拟信号地 | |
| 17 | AGND | 电源/模拟信号地 | |
| 18 | AIN6 | 第 6 路模拟量输入 | |
| 19 | −15 V | 对外−15 V 供电电源 | |
| 20 | — | — | |
| 21 | +15 V | 对外+15 V 供电电源 | |

续表

| 模拟量输入接口（X6）点位定义 | | | |
|---|---|---|---|
| 管脚号 | 信号名称 | 信号说明 | 备注 |
| 22 | +15 V | 对外+15 V 供电电源 | |
| 23 | AIN4+ | 第 4 路模拟量输入正线 | |
| 24 | AIN5+ | 第 5 路模拟量输入正线 | |
| 25 | ISOGND | 隔离通道地 | |

（8）外部指示灯。

| 灯号 | 灯定义 | 颜色 | 状态说明 |
|---|---|---|---|
| L1 | 模块运行指示灯 | 绿色 | 正常时：此灯周期性闪烁（每秒钟约 3 次）<br>异常时：此灯持续点亮或灭 |
| L2 | 模块模拟采集自检指示灯 | 黄色 | 正常时：此灯灭<br>异常时：此灯亮 |
| L3 | 电源状态指示灯 | 绿色 | 正常时：此灯常亮<br>异常时：此灯常亮或闪烁 |
| L4 | MVB 通信状态指示灯 | 绿色 | 有通信时：此灯闪烁<br>无通信时：此灯常灭或常亮 |

3. DIMe 网络模块

（1）功能概述。

- DIMe 模块主要实现 IO 信号输入功能:
- DC110 V 数字信号输入功能；
- MVB 通信功能（EMD 介质）;
- 设备地址采用地址插头硬线配置方式。

（2）供电要求。模块外部供电参数如下：

- 额定电压：DC110 V;
- 额定电流：最大 0.05 A;

允许的电压波动范围为：DC77 V ～ DC137.5 V，当超出范围时可能导致模块内部供电保护性中断。

（3）模块接口。

- X1:MVB1 （9-pin SUB-MIN-D Connector female）
- X2:MVB2 （9-pin SUB-MIN-D Connector male）
- X3:Power （25W3 SUB-MIN-D Connector male）
- X4:Digital In （48-pin Connector male）

（4）MVB 通信接口。模块 MVB 通信接口采用 1 公（X1）、1 母（X2）两个 DB9 连接器，连接器采用英制（UNC4-40）紧固螺钉。

| MVB 通信连接器（X1、X2）点位定义 | | | |
|---|---|---|---|
| 管脚号 | 信号名称 | 信号说明 | 备注 |
| 1 | A.Data_P | Line_A 线差分正线 | |
| 2 | A.Data_N | Line_A 线差分负线 | |
| 3 | — | — | |
| 4 | B.Data_P | Line_B 线差分正线 | |
| 5 | B.Data_N | Line_B 线差分负线 | |
| 6 | A.TERM_P | Line_A 线终端负线 | 终端节点有效 |
| 7 | A.TERM _N | Line_A 线终端正线 | 终端节点有效 |
| 8 | B.TERM_P | Line_B 线终端负线 | 终端节点有效 |
| 9 | B.TERM _N | Line_B 线终端正线 | 终端节点有效 |

（5）IO 接口

| IO 连接器（X3）点位定义 | | | |
|---|---|---|---|
| 管脚号 | 信号名称 | 方向 | 信号描述 |
| Z2 | CHI（1） | 输入 | 输入通道 1 |
| B2 | CHI（2） | 输入 | 输入通道 2 |
| D2 | CHI（3） | 输入 | 输入通道 3 |
| Z4 | CHI（4） | 输入 | 输入通道 4 |
| B4 | CHI（5） | 输入 | 输入通道 5 |
| D4 | CHI（6） | 输入 | 输入通道 6 |
| Z6 | CHI（7） | 输入 | 输入通道 7 |
| B6 | CHI（8） | 输入 | 输入通道 8 |
| D6 | CHI（9） | 输入 | 输入通道 9 |
| Z8 | CHI（10） | 输入 | 输入通道 10 |
| B8 | CHI（11） | 输入 | 输入通道 11 |
| D8 | CHI（12） | 输入 | 输入通道 12 |
| Z10 | CHI（13） | 输入 | 输入通道 13 |
| B10 | CHI（14） | 输入 | 输入通道 14 |
| D10 | CHI（15） | 输入 | 输入通道 15 |
| Z12 | CHI（16） | 输入 | 输入通道 16 |
| B12 | — | — | |
| D12 | 110 VG_A | 输出 | 1～16 通道 110 V 电源地 |

续表

| | | | |
|---|---|---|---|
| Z14 | — | — | — |
| B14 | — | — | — |
| D14 | 110 VG_A | 输出 | 1～16 通道 110 V 电源地 |
| Z16 | — | — | — |
| B16 | — | — | — |
| D16 | — | — | — |
| Z18 | — | — | — |
| B18 | — | — | — |
| D18 | — | — | — |
| Z20 | — | — | — |
| B20 | — | — | — |
| D20 | 110 VG_B | 输出 | 17～32 通道 110 V 电源地 |
| Z22 | CHI（17） | 输入 | 输入通道 17 |
| B22 | — | — | — |
| D22 | 110 VG_B | 输出 | 17～32 通道 110 V 电源地 |
| Z24 | CHI（18） | 输入 | 输入通道 18 |
| B24 | CHI（19） | 输入 | 输入通道 19 |
| D24 | CHI（20） | 输入 | 输入通道 20 |
| Z26 | CHI（21） | 输入 | 输入通道 21 |
| B26 | CHI（22） | 输入 | 输入通道 22 |
| D26 | CHI（23） | 输入 | 输入通道 23 |
| Z28 | CHI（24） | 输入 | 输入通道 24 |
| B28 | CHI（25） | 输入 | 输入通道 25 |
| D28 | CHI（26） | 输入 | 输入通道 26 |
| Z30 | CHI（27） | 输入 | 输入通道 27 |
| B30 | CHI（28） | 输入 | 输入通道 28 |
| D30 | CHI（29） | 输入 | 输入通道 29 |
| Z32 | CHI（30） | 输入 | 输入通道 30 |
| B32 | CHI（31） | 输入 | 输入通道 31 |
| D32 | CHI（32） | 输入 | 输入通道 32 |

（6）电源接口及 MVB 地址。

| 电源连接器（X4）点位定义 | | | |
|---|---|---|---|
| 管脚号 | 信号名称 | 信号说明 | 备注 |
| A1 | — | — | — |
| A2 | 110- | 输入 | DC110 V 电源地 |
| A3 | 110+ | 输入 | DC110 V 电源正 |
| 1 | MVB_DA4 | 输入 | MVB 地址线 Bit0 |
| 2 | MVB_DA4 | 输入 | MVB 地址线 Bit1 |
| 3 | MVB_DA4 | 输入 | MVB 地址线 Bit2 |
| 4 | MVB_DA4 | 输入 | MVB 地址线 Bit3 |
| 5 | MVB_DA4 | 输入 | MVB 地址线 Bit4 |
| 6 | MVB_DA4 | 输入 | MVB 地址线 Bit5 |
| 7 | MVB_DA4 | 输入 | MVB 地址线 Bit6 |
| 8 | MVB_DA4 | 输入 | MVB 地址线 Bit7 |
| 9 | — | — | — |
| 10 | — | — | — |
| 11 | — | — | — |
| 12 | GND | 输入 | 地址地 |
| 13 | GND | 输入 | 地址地 |
| 14 | GND | 输入 | 地址地 |
| 15 | GND | 输入 | 地址地 |
| 16 | GND | 输入 | 地址地 |
| 17 | GND | 输入 | 地址地 |
| 18 | GND | 输入 | 地址地 |
| 19 | GND | 输入 | 地址地 |
| 20 | — | — | — |
| 21 | — | — | — |
| 22 | — | — | — |

电源连接器（X4）集成设备 MVB 地址配置功能。设备地址线 DA4～DA11 内部加了上拉方式，默认为高电平“1”，当要配置成低电平“0”时，只需要将对应的地址线和地址地短接即可。

（7）外部指示灯。

| 灯号 | 灯定义 | 颜色 | 状态说明 |
| --- | --- | --- | --- |
| 24 V | 24 V 电源 | 绿色 | 常亮：DC+24 V 正常<br>其他：DC+24 V 故障 |
| 5 V | 5 V 电源 | 绿色 | 常亮：DC+5 V 正常<br>其他：DC+5 V 故障 |
| SM | MVB 通信 | 黄色 | 闪烁：MVB 通信正常（闪烁频率与 MVB 端口轮询周期相关）<br>其他：MVB 无通信 |
| SF | FPGA 运行 | 黄色 | 闪烁：运行成功（约每秒闪烁 10 次）<br>其他：运行失败 |

4. DXMe 网络模块

（1）功能概述。DXMe 模块主要实现 IO 信号输入功能：

- DC110 V 数字信号输入功能；
- DC110 V 数字信号输出功能；
- MVB 通信功能（EMD 介质）；

设备地址采用地址插头硬线配置方式。

（2）供电要求。模块外部供电参数如下：

- 额定电压：DC110 V；
- 额定电流：最大 0.05 A；
- 允许的电压波动范围为：DC77 V ～ DC137.5 V，当超出范围时可能导致模块内部供电保护性中断。

（3）模块接口。

- X1:MVB1（9-pin SUB-MIN-D Connector female）；
- X2:MVB2（9-pin SUB-MIN-D Connector male）；
- X3:Power（25W3 SUB-MIN-D Connector male）；
- X4:Digital In（48-pin Connector male）。

（4）MVB 通信接口。

模块 MVB 通信接口采用 1 公（X1）、1 母（X2）两个 DB9 连接器，连接器采用英制（UNC4-40）紧固螺钉。

| MVB 通信连接器（X1、X2）点位定义 | | | |
| --- | --- | --- | --- |
| 管脚号 | 信号名称 | 信号说明 | 备注 |
| 1 | A.Data_P | Line_A 线差分正线 | |
| 2 | A.Data_N | Line_A 线差分负线 | |
| 3 | — | — | |
| 4 | B.Data_P | Line_B 线差分正线 | |
| 5 | B.Data_N | Line_B 线差分负线 | |
| 6 | A.TERM_P | Line_A 线终端负线 | 终端节点有效 |

续表

| | | | |
|---|---|---|---|
| 7 | A.TERM _N | Line_A 线终端正线 | 终端节点有效 |
| 8 | B.TERM_P | Line_B 线终端负线 | 终端节点有效 |
| 9 | B.TERM _N | Line_B 线终端正线 | 终端节点有效 |

（5）IO 接口。

| IO 连接器（X3）点位定义 | | | |
|---|---|---|---|
| 管脚号 | 信号名称 | 方向 | 信号描述 |
| Z2 | CHI（1） | 输入 | 输入通道 1 |
| B2 | CHI（2） | 输入 | 输入通道 2 |
| D2 | CHI（3） | 输入 | 输入通道 3 |
| Z4 | CHI（4） | 输入 | 输入通道 4 |
| B4 | CHI（5） | 输入 | 输入通道 5 |
| D4 | CHI（6） | 输入 | 输入通道 6 |
| Z6 | CHI（7） | 输入 | 输入通道 7 |
| B6 | CHI（8） | 输入 | 输入通道 8 |
| D6 | CHI（9） | 输入 | 输入通道 9 |
| Z8 | CHI（10） | 输入 | 输入通道 10 |
| B8 | CHI（11） | 输入 | 输入通道 11 |
| D8 | CHI（12） | 输入 | 输入通道 12 |
| Z10 | CHI（13） | 输入 | 输入通道 13 |
| B10 | CHI（14） | 输入 | 输入通道 14 |
| D10 | CHI（15） | 输入 | 输入通道 15 |
| Z12 | — | — | — |
| B12 | — | — | — |
| D12 | CHI（16） | 输入 | 输入通道 16 |
| Z14 | 110GND | 输入 | 110 V 电源地 |
| B14 | — | — | — |
| D14 | — | — | — |
| Z16 | 110GND | 输入 | 110 V 电源地 |

续表

| | | | |
|---|---|---|---|
| B16 | — | — | — |
| D16 | — | — | — |
| Z18 | 110GND | 输入 | 110 V 电源地 |
| B18 | — | — | — |
| D18 | — | — | — |
| Z20 | — | — | — |
| B20 | — | — | — |
| D20 | — | — | — |
| Z22 | CHO（8 A） | 输出 | 输出通道 8 常闭端 |
| B22 | CHO（1B） | 输出 | 输出通道 1 负载端 |
| D22 | CHO（1 A） | 输入 | 输出通道 1 电源端 |
| Z24 | CHO（8B） | 输入 | 输出通道 8 电源端 |
| B24 | CHO（2B） | 输出 | 输出通道 2 负载端 |
| D24 | CHO（2 A） | 输入 | 输出通道 2 电源端 |
| Z26 | CHO（8C） | 输出 | 输出通道 8 常闭端 |
| B26 | CHO（3B） | 输出 | 输出通道 3 负载端 |
| D26 | CHO（3 A） | 输入 | 输出通道 3 电源端 |
| Z28 | CHO（7 A） | 输出 | 输出通道 7 常闭端 |
| B28 | CHO（4B） | 输出 | 输出通道 4 负载端 |
| D28 | CHO（4 A） | 输入 | 输出通道 4 电源端 |
| Z30 | CHO（7B） | 输入 | 输出通道 7 电源端 |
| B30 | CHO（5B） | 输出 | 输出通道 5 负载端 |
| D30 | CHO（5 A） | 输入 | 输出通道 5 电源端 |
| Z32 | CHO（7C） | 输出 | 输出通道 7 常开端 |
| B32 | CHO（6B） | 输出 | 输出通道 6 负载端 |
| D32 | CHO（6 A） | 输入 | 输出通道 6 电源端 |

（6）电源接口及 MVB 地址。

| 电源连接器（X4）点位定义 | | | |
| --- | --- | --- | --- |
| 管脚号 | 信号名称 | 信号说明 | 备注 |
| A1 | — | — | — |
| A2 | 110- | 输入 | DC110 V 电源地 |
| A3 | 110+ | 输入 | DC110 V 电源正 |
| 1 | MVB_DA4 | 输入 | MVB 地址线 Bit0 |
| 2 | MVB_DA4 | 输入 | MVB 地址线 Bit1 |
| 3 | MVB_DA4 | 输入 | MVB 地址线 Bit2 |
| 4 | MVB_DA4 | 输入 | MVB 地址线 Bit3 |
| 5 | MVB_DA4 | 输入 | MVB 地址线 Bit4 |
| 6 | MVB_DA4 | 输入 | MVB 地址线 Bit5 |
| 7 | MVB_DA4 | 输入 | MVB 地址线 Bit6 |
| 8 | MVB_DA4 | 输入 | MVB 地址线 Bit7 |
| 9 | — | — | — |
| 10 | — | — | — |
| 11 | — | — | — |
| 12 | GND | 输入 | 地址地 |
| 13 | GND | 输入 | 地址地 |
| 14 | GND | 输入 | 地址地 |
| 15 | GND | 输入 | 地址地 |
| 16 | GND | 输入 | 地址地 |
| 17 | GND | 输入 | 地址地 |
| 18 | GND | 输入 | 地址地 |
| 19 | GND | 输入 | 地址地 |
| 20 | — | — | — |
| 21 | — | — | — |
| 22 | — | — | — |

电源连接器（X4）集成设备 MVB 地址配置功能。设备地址线 DA4 ~ DA11 内部加了上拉方式，默认为高电平“1”，当要配置成低电平“0”时，只需要将对应的地址线和地址地短接即可。

（7）外部指示灯。

| 灯号 | 灯定义 | 颜色 | 状态说明 |
| --- | --- | --- | --- |
| 24 V | 24 V 电源 | 绿色 | 常亮：DC+24 V 正常<br>其他：DC+24 V 故障 |
| 5 V | 5 V 电源 | 绿色 | 常亮：DC+5 V 正常<br>其他：DC+5 V 故障 |
| SM | MVB 通信 | 黄色 | 闪烁：MVB 通信正常（闪烁频率与 MVB 端口轮询周期相关）<br>其他：MVB 无通信 |
| SF | FPGA 运行 | 黄色 | 闪烁：运行成功（约每秒闪烁 10 次）<br>其他：运行失败 |

| | |
| --- | --- |
| 过程记录 | |

| | |
| --- | --- |
| 总结 | |

**【任务评价】**

| 小组自评 | 小组互评 | 教师评价 |
| --- | --- | --- |
| | | |

| 课程名称 | 现代列车网络技术 | 学习情境 | 列车智能网络控制仿真实训中心 |
|---|---|---|---|
| 班级 | | 姓名 | |

# 学习情境三　列车网络虚拟组网

**【学习情境描述】**

在主界面点击“组网模拟系统”，进入组网模拟系统。组网模拟系统功能主要是让学生通过虚拟组网的方式，熟悉整个机车网络系统的硬线连接、地址编码等。通过三维加拖拽方式进行 MVB 组网，如同现实操作一样，让学生所见即所得，真正掌握 MVB 组网技术。

**【学习目标】**

列车网络虚拟组网

**1．知识目标**

掌握各车型模块连接端口模式界面的操作。

**2．能力目标**

具备正确完成整车组网的能力。

**3．素质目标**

（1）培养获取信息的素质。

（2）培养团队合作精神。

**【任务书】**

当需要进行机车组网模拟时，点击“机车组网模拟”按钮，进入机车组网模拟界面（见图 3-1）。

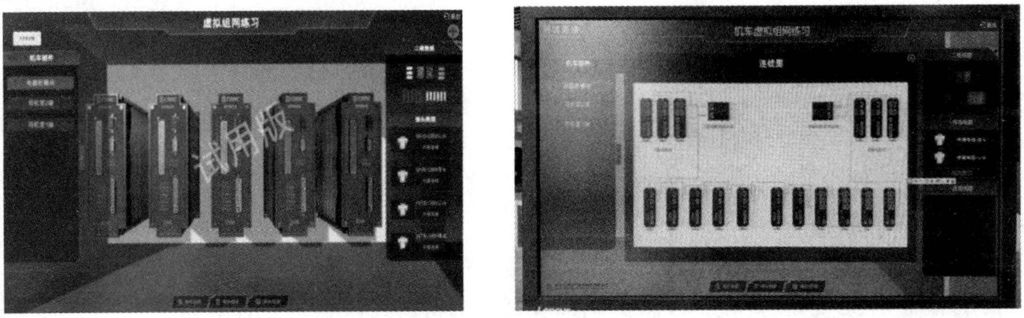


图 3-1　机车组网模拟界面

当需要进行地铁组网模拟时，点击“地铁组网模拟”按钮，进入地铁组网模拟界面（见图 3-2）。

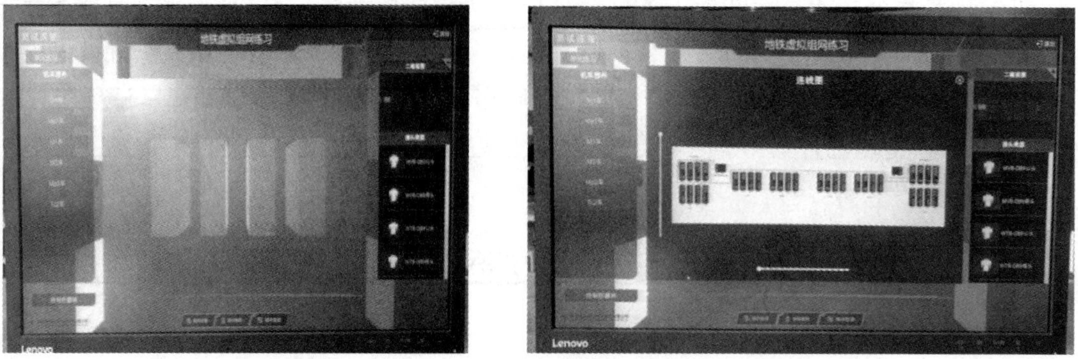


图 3-2　地铁组网模拟界面

【任务分组】

| 小组成员 | | 任务分工 |
|---|---|---|
| 姓名 | 学号 | |
| | | |
| | | |

【引导问题】

1. 绘画各个模块端口结构。

2. 叙述各个模块功能。

【任务实施】

**一、作业前准备**

1. 人员准备

两名作业者按规定穿戴劳动保护用品（工作服、劳保鞋、安全帽）。

2. 工具准备

进入虚拟组网界面，准备组网

**二、各模块知识**

1. 显示器（HMI）（见图 3-1）

机车装有两个智能显示装置 IDU，分别位于两个司机室内，智能显示装置 IDU 通过多功能车辆总线 MVB（ESD+）与其他设备通信。智能显示装置 IDU 是列车控制和诊断系统 TCMS 的终端设备，是司机和维护人员操作机车的窗口等参数进行更改与设定。IDU 具备如下功能。

（1）列车信息显示：向车辆驾驶人员和维护人员提供车辆综合信息，各设备的工作状态，故障信息的综合与处理等功能。

（2）参数设定：对轮径值、列车重量、站点、时间日期等。

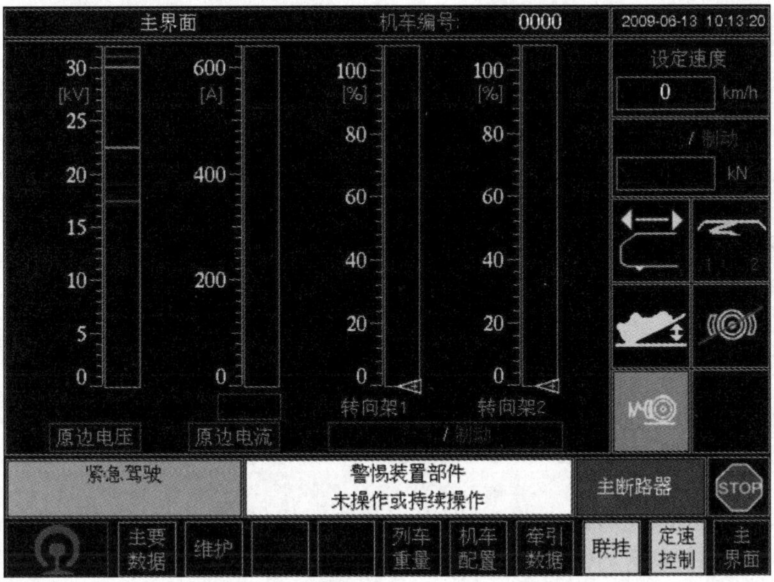


图 3-3　机车显示屏（HMI）主界面

2. VCM 模块（见图 3-4）

1）VCM 模块功能

机车装有两个车辆控制模块 VCM，位于机械间内，车辆控制模块 VCM 通过多功能车辆总线 MVB（ESD+）与其他设备通信。车辆控制模块 VCM 是 TCMS 的核心模块，具备如下功能。

（1）车辆级过程控制：执行诸如牵引/ 制动控制、空电联合控制、超速保护和空调顺序启动等一系列控制功能。

（2）车辆总线管理：具有多功能车辆总线 MVB 的管理能力，并且能够进行主权转移。

（3）数据通信：与 TCMS 系统的其他设备及非 TCMS 的智能设备的数据交换。

2）VCM 具备的接口

（1）调试接口。调试接口在面板上为 X9、RS-232 通信标准，可以直接与计算机的串口进行通信。注意 VCM 模块的串口采用的是 RJ、45 型连接器，而非标准的 DB9 连接器。

（2）USB 接口。USB 接口在面板上为 X8，提供 USB1.1 标准的主机接口外面可以接 U 盘等存储设备，完成程序的转储。

（3）以太网接口。以太网接口在面板上为 X10，提供 10/100 M 自适应的以太网通信。可以用来下载程序和固件。采用的工业以太网专用的 M12 连接器，可以进行网络数据传输。

（4）MVB 通信接口。MVB 接口在面板上为 X4，X5，采用国际标准的车辆总线标准。

VCM 电气接口如图 3-5 所示。

图 3-4　VCM 模块

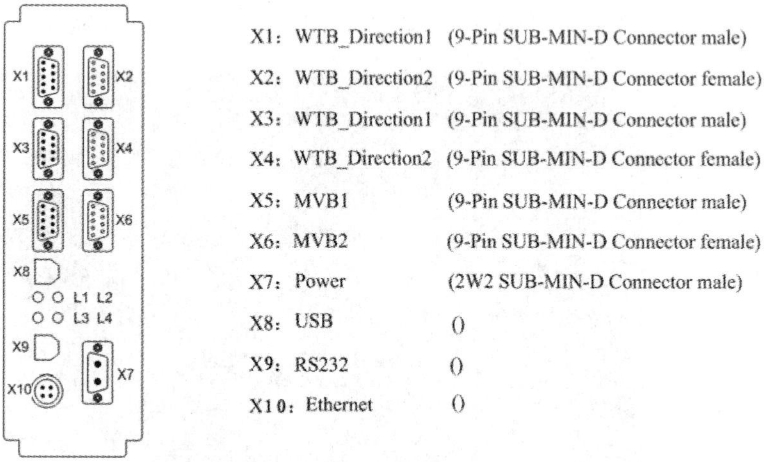


图 3-5　VCM 电气接口图

3. GWM 模块（见图 3-6）

机车装有 1 个 WTB/MVB 网关模块 GWM，位于机械间内，WTB/MVB 网关模块 GWM 通过多功能车辆总线 MVB（ESD+）与车辆控制模块 VCM 通信。WTB/MVB 网关模块 GWM 是 TCMS 实现机车重联运行的核心模块，具备如下功能。

（1）列车级过程控制：执行诸如牵引/制动控制等一系列与机车重联运行有关的控制功能。

（2）列车总线管理：具有绞线式列车总线 WTB 的管理能力。

（3）列车级数据通信：与 TCMS 系统的车辆控制模块 VCM 进行与机车重联运行有关的数据交换。

GWM 模块电气接口与 VCM 完全相同。

4. ERM 模块（见图 3-7）

机车装有 1 个事件记录模块 ERM，位于机械间内，事件记录模块 ERM 通过多功能车辆总线 MVB（ESD+）获取完整其功能的所有数据。事件记录模块 ERM 是 TCMS 完成故障诊断、数据记录与转储的核心模块，具备如下功能。

图 3-6　GWM 模块

图 3-7　ERM 模块

（1）故障诊断：完成车载的故障诊断功能，并通过 IDU 报告给司机。

（2）数据记录：司机操作数据、故障数据、事件数据的记录，将车辆控制模块 VCM 的故障数据具体化。

（3）数据转储：通过车载信息网（工业以太网网）将记录的数据下载，供便携式维护工具分析。

ERM 模块电气接口与 VCM 完全相同。

5. DXM 模块（见图 3-8）

机车装有 8 个数字量输入输出模块 DXM，分别安装于司机室和机械间中，数字量输入输出模块 DXM 通过多功能车辆总线 MVB（ESD+）与车辆控制模块 VCM 交换数据。

- 数字量输入通道数：16；
- 逻辑“0”电压范围：0 ~ 49 VDC；
- 逻辑“1”电压范围：58 ~ 110 VDC；
- 数字量输出通道数：8；
- 通道类型：MOSFET × 6+RELAY × 2；
- 额定负载：1 A/110 VD （MOSFET）0.5 A/110 VDC （RELAY）;
- 短路保护：3 A。

DXM 电气接口如图 3-9 所示。

图 3-8　DXM 实物

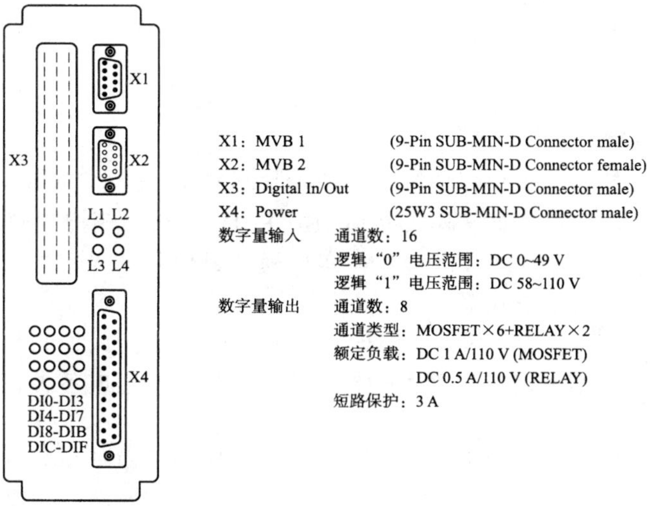


图 3-9　DXM 电气接口图

6. DIM 模块（见图 3-10）

机车装有 3 个数字量输入模块 DIM，分别安装于司机室和机械间中，数字量输入模块 DXM 通过多功能车辆总线 MVB（ESD+）与车辆控制模块 VCM 交换数据。数字量输入模块 DIM 具备如下功能。

（1）输入信号采集：将车辆间电气信号转换成控制信号，经由列车控制网络传送给车辆控制模块 VCM，完成各种控制功能。

（2）设备地址输入：通过外部跳线配置设备地址，维护过程异常容易。

- 数字量输入通道数：32；
- 逻辑“0”电压范围：0-49 VDC ；

- 逻辑“1”电压范围：58-110 VDC。

DIM 电气接口如图 3-11 所示。

图 3-10　DIM 实物

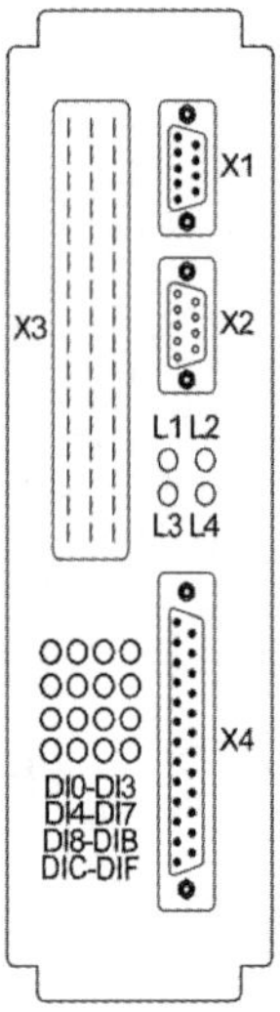


X1：MVB1　(9-Pin SUB-MIN-D Connector male)

X2：MVB2　(9-Pin SUB-MIN-D Connector female)

X3：Digital In/Out　(9-Pin SUB-MIN-D Connector male)

X4：Power　(25W3 SUB-MIN-D Connector male)

图 3-11　DIM 电气接口图

7. AXM 模块（见图 3-12）

机车装有 2 个模拟量输入输出模块 AXM，分别安装于司机室中，数字量输入/输出模块 DXM 通过多功能车辆总线 MVB（ESD+）与车辆控制模块 VCM 交换数据。

模拟量输入输出模块 AXM 实现模拟量信号的采集输入和控制输出，具备如下功能。

（1）输入信号采集 ：将车辆间电气信号转换成控制信号，经由列车控制网络传送给车辆控制模块 VCM，完成各种控制功能。

（2）控制信号输出：将网络控制信号转换成电气信号，控制诸如仪表等设备。

- AXM 模块电气参数：
- 输入接口通道数：6；
- 电压型范围：0 ~ 10 VDC；
- 电流型范围：0 ~ 20 mA；
- 精度：1%；
- 输出接口通道数：4；
- 电压型范围：0 ~ 10 VDC；
- 电流型范围：0 ~ 20 mA；
- 精度：1%。

图 3-12　AXM 模块

| | |
|---|---|
| 过程记录 | |
| 总结 | |

【任务评价】

| 小组自评 | 小组互评 | 教师评价 |
|---|---|---|
| | | |

| | | | |
|---|---|---|---|
| 课程名称 | 现代列车网络技术 | 学习情境 | 列车智能网络控制仿真实训中心 |
| 班级 | | 姓名 | |

# 学习情境四　单模块实验

**【学习情境描述】**

网络模块测试台设计遵循以下原则：

（1）系统以真实机车网络模块测试大纲为准则，设计该测试台。

（2）使用真实网络部件设备进行操作练习，增加学生实做的经验，模拟真实网络系统工作环境的体验。学生使用软件来仿真故障现象，弥补纯硬件教学方式及效果上的不足，并对容易出问题的零部件进行模拟故障分析，形象直观地展现故障起因。软硬件结合使用，在节省设备硬件成本的同时，也增强了培训效果。

（3）按照真实的网络系统检修作业流程及作业规范确定实训内容，构建工学结合的课程体系。使教学课程能更加密切地与实际作业相结合，形成“职业引导、能力递进”的人才培养模式，确立基于工作过程的课程体系，制订专业技能考核标准，真正实现人才培养与实际工作需求完整对接的目标。

（4）教师能够监控与管理整个系统，并负责日常维护、教学组织及考核工作。系统采用高速以太网交换机，网络传输介质具备很强的抗干扰能力，系统预留其他专业仿真实训系统的接口，可以满足扩展、升级的需要。

（5）软件具有高可靠性，遇到干扰而导致软件运行失控后，能自动恢复正常运行，若遇到不可恢复的软件故障，设备将停机或进入故障循环程序。

（6）设计遵循故障导向安全原则，即使有多个故障组合或故障与误操作的组合也不会导致危险，外部环境的影响或使用条件的变化也不会导致危险的发生，系统考虑了极端的电源条件及信号输入条件对系统安全性的影响。

**【学习目标】**

**1. 知识目标**

（1）掌握单模块实验操作台界面的操作规则。

（2）掌握单模块原理分析。

**2. 能力目标**

（1）能够对单模块实验进行编写程序。

（2）能够对单模块进行实验。

**3. 素质目标**

（1）培养学生具有高度责任心。

（2）培养团队合作精神。

单模块实验

【任务书】

利用单模块试验台对 DXM、DIM、AXM 模块进行程序编写和实验。

【任务分组】

| 小组成员 | | 任务分工 |
|---|---|---|
| 姓名 | 学号 | |
| | | |
| | | |

【引导问题】

1. 每种模块的功能和端口是什么？

2. 是否会编写单模块程序？

3. 是否能正确进行实验操作？

【任务实施】

**一、作业前准备**

1. 人员准备

两名作业者按规定穿戴劳动保护用品（工作服、劳保鞋、安全帽）。

2. 工具及设备配置（见表 4-1 ~ 表 4-3）

表 4-1 常用工具清单

| 序号 | 名称 | 规格型号 | 单位 | 数量 | 备注 |
|---|---|---|---|---|---|
| 1 | 一字螺丝刀 | 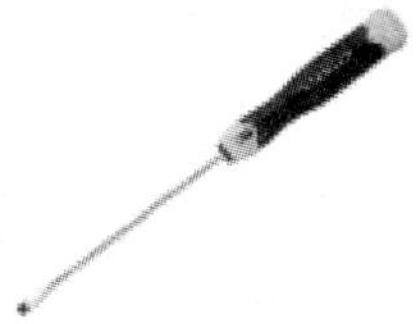 | 把 | 1 | |

| | | | | | |
|---|---|---|---|---|---|
| 2 | 十字螺丝刀 | 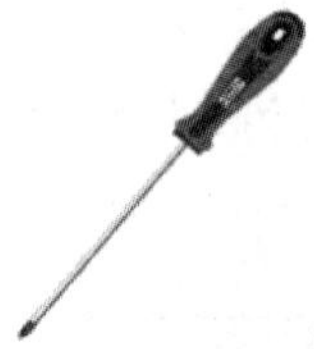 | 把 | 1 | |
| 3 | 万用表 | 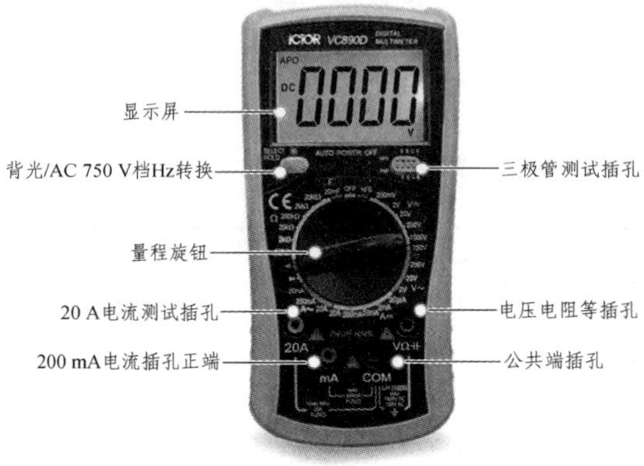<br> | 个 | 1 | |

表 4-2　网络模块试验台主要设备清单

| 序号 | 设备名称 | 规格型号 | 数量 | 单位 |
|---|---|---|---|---|
| 1 | 操作台 | 定制 | 1 | 台 |
| 2 | 工业计算机 | 研华 IPC610L | 1 | 台 |
| 3 | 直流程控电源 | HSPY-150-2 | 1 | 台 |
| 4 | 直流开关电源 | 西门子 PM207/5 A | 1 | 个 |
| 5 | 打印机 | 惠普 MF-PM227 | 1 | 台 |
| 6 | PLC | S7-200SMART | 1 | 套 |

表 4-3　工业计算机配置表

| 序号 | 名称 | 性能参数 |
|---|---|---|
| 1 | CPU | 主频 2.8 GHz，性能不低于 i5 |
| 2 | 内存 | 4 GB |
| 3 | 硬盘 | 500 G |
| 4 | 接口 | 具备打印机接口，以太网通信口（100 Mbps），USB 接口不少于 2 个 |
| 5 | 外设 | 光电键鼠 |
| 6 | 操作系统 | Win 7 |
| 7 | 显示器 | DELL 22 英寸 |

## 二、软件介绍

网络模块测试台软件主界面（见图 4-1）。

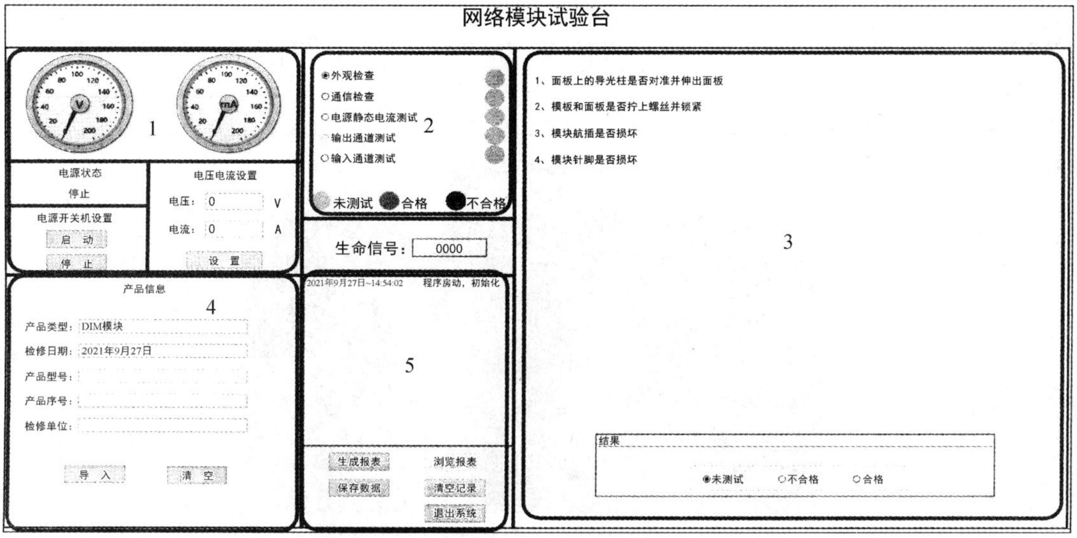


图 4-1　网络模块测试台软件主界面

- 区域 1：模块供电电压电流设置开关（可在此处设置网络模块所需的电压电流）；
- 区域 2：测试项目选择区域（需要测试哪一项就点击哪一项）；
- 区域 3：测试项目主要内容（显示每一项测试需要进行的步骤，是否合格的判断依据）；
- 区域 4：网络模块产品信息；
- 区域 5：数据保存及查看（点击保存数据可保存当前测试数据，点击生成报表可实时查看合格项目及生成表格）。

| | |
|---|---|
| 过程<br>记录 | |

## 三、功能原理及测试项目

满足 $HX_D1$ 机车车辆的网络模块检修功能的测试设备，试验台具有如下功能：

（1）DIM 模块检修试验。

（2）DXM 模块检修试验。

（3）AXM 模块检修试验。

网络模块试验台由直流开关电源、数字量输入/输出单元、模拟量测试的单元、MVB 通信单元以及串口模块组成。其中，直流开关电源为被测试模块提供可调的直流电源；数字量输入单元采集被测试网络模块的输出数字信号，由于输出数字信号的逻辑电平为 DC110 V，因此，配置信号调理板来对信号进行转换，便于 PLC 对数据进行采集；数字输出模块输出 DC110 V 数字信号给被测试网络模块；模拟量测试单元对被测试模拟量输入量进行测试；MVB 通信单元可以与被测试模块之间进行 MVB 通信和测试 MVB 地址状态；串口模块与被试模块之间进行数据通信。

| | |
|---|---|
| 过程<br>记录 | |

**四、DIM 模块测试**

连接好测试台与 DIM 模块的航插（见图 4-2），测试台航插口与模块航插口一一对应即可。

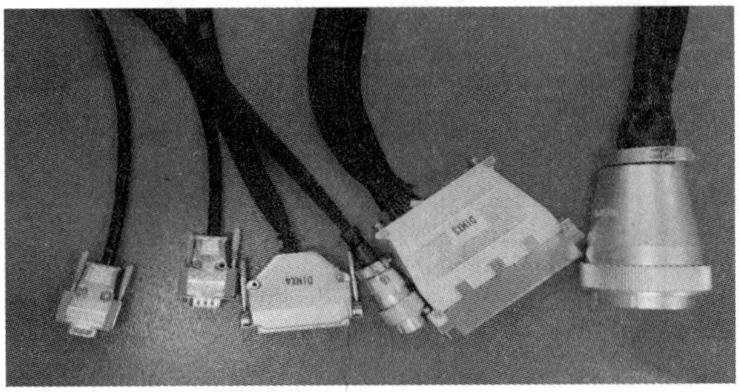

图 4-2　测试台与 DIM 模块连接航插

连接好航插的 DIM 模块（见图 4-3）。

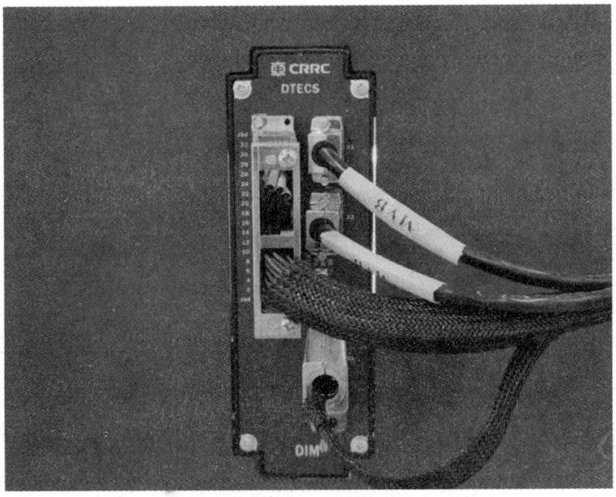


图 4-3　DIM 模块航插位置

连接好测试台与 DIM 模块的航插后，打开测试台界面上的“网络模块测试台”软件，登录后选择需要进行测试的网络模块类型为 DIM 模块，进入测试界面，进行 DIM 模块的分项测试。

1. 外观检查（见图 4-4）

（1）手动检查产品可视器件安装应与实际相符，各器件及附件齐全、安装牢靠，紧固件无短缺、无松动。

（2）检查模块航插与针脚是否完整。

（3）确认合格，手动选择合格/不合格。

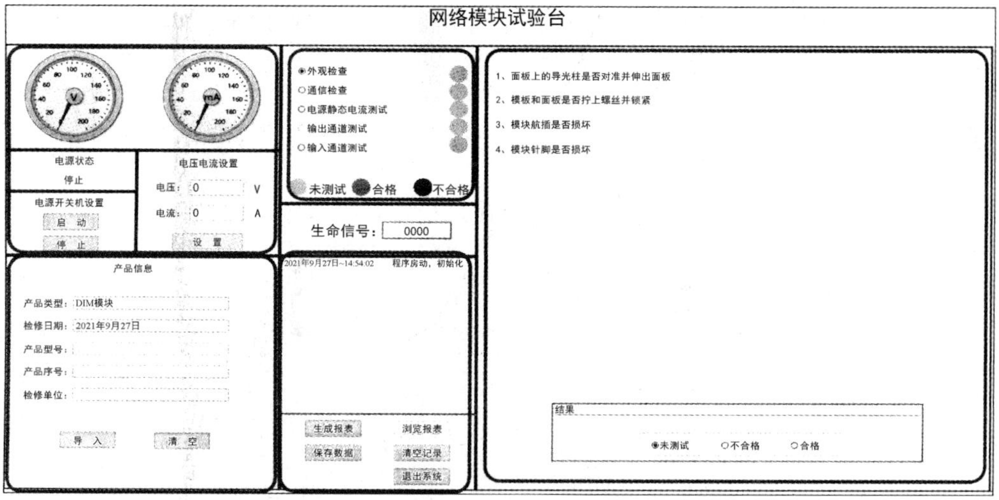


图 4-4　外观检查界面

| | |
|---|---|
| 过程<br>记录 | |

2. 模块通信测试（见图 4-5）

（1）将电源电压设置至 77 V，点击电源开关机设置的电压值按钮，观察 DIM 模块面板上的 P24（+24）和 P5（+5 V）绿色状态灯是否被点亮。

（2）面板上的 SF 灯和 SM 灯是否快速闪烁。

（3）手动选择合格/不合格。

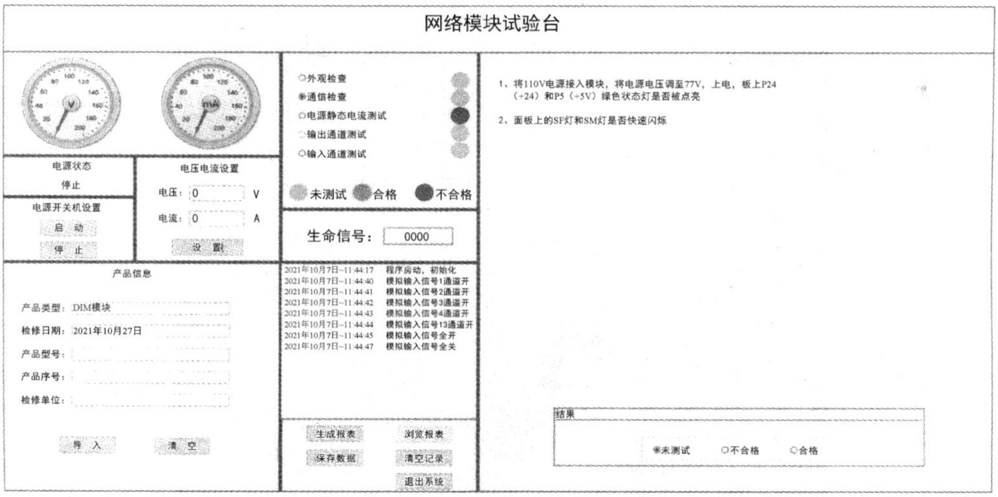


图 4-5　通信测试界面

| | |
|---|---|
| 过程<br>记录 | |

3. 电源静态电流测试（见图 4-6）

（1）电源电压设置至 110 V，点击电源开关机设置的“启动”按钮，然后点击 “电流读数”。

（2）程序记录模块返回电流值。

（3）程序自动记录合格/不合格。

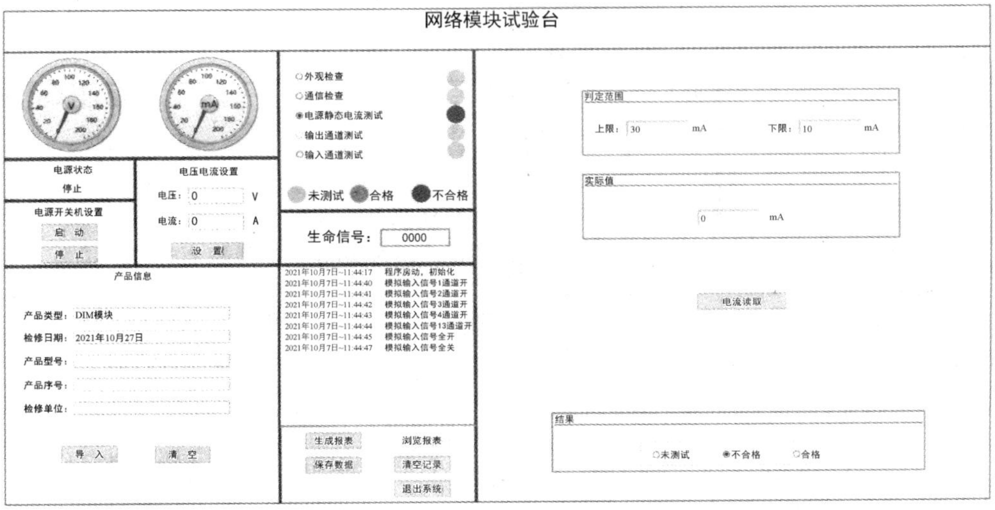

图 4-6 电源静态电流测试界面

| 过程记录 | |
|---|---|

4. DIM 模块输入通道测试（见图 4-7）

（1）点击右边测试内容区域的“全开”按钮，观察状态读取区是否有红灯。

（2）状态读取区全部绿色即为合格。

（3）手动选择合格/不合格。

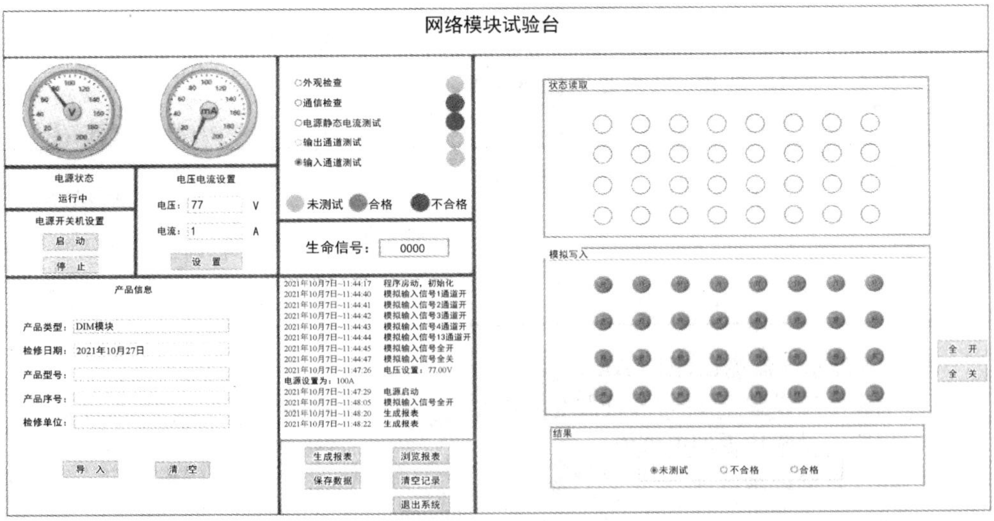

图 4-7 输入通道测试界面

| | |
|---|---|
| 过程<br>记录 | |

| | |
|---|---|
| 总结 | |

【任务评价】

| 小组自评 | 小组互评 | 教师评价 |
|---|---|---|
| | | |

| 课程名称 | 现代列车网络技术 | 学习情境 | 列车智能网络控制仿真实训中心 |
|---|---|---|---|
| 班级 | | 姓名 | |

# 学习情境五　$HX_D1C$ 型电力机车故障排查

**【学习情境描述】**

司机室安装了两台显示器，显示器用来显示运用数据。显示器通过提供功能故障、机车限制信息，以及提供可能的补救措施来支持司机。能实时显示车辆运行过程中的相关数据并记录相应的运行数据，在乘务员室内也有一台显示器，司乘人员可通过触摸显示器，来实现控制指令的传送，了解车辆实时运行状态；地面检修人员可通过对显示器的触摸实现车上的检查功能，使检查自动化且通过车上操作发现实时故障和部分故障履历，并指导故障的处理。

**【学习目标】**

**1. 知识目标**

（1）掌握 $HX_D1C$ 型电力机车显示器主界面。

（2）掌握受电弓升弓和故障处理的逻辑关系。

（3）掌握主断路器闭合和故障处理的逻辑关系。

**2. 能力目标**

（1）正确使用显示器获取所需信息的能力。

（2）能够处理受电弓故障。

（3）能够处理主断路器故障。

**3. 素质目标**

（1）培养学生处理问题的应急能力。

（2）培养团队合作、创新思想。

**【任务书】**

利用司机驾驶台、司机模拟驾驶台或模拟软件操作司机模式界面，包含牵引数据界面、辅助系统界面、故障信息界面、受电弓状态界面、主断路器状态界面等。

**【任务分组】**

| 小组成员 | | 任务分工 |
|---|---|---|
| 姓名 | 学号 | |
| | | |
| | | |

【引导问题】

1. $HX_D1C$ 型电力机车显示模式的信息有哪些？

2. 如何处理受电弓和主断路器的故障？

【任务实施】

## 一、作业前准备

1. 人员准备

两名作业者按规定穿戴劳动保护用品（工作服、劳保鞋、安全帽）。

2. 绘画 $HX_D1C$ 型电力机车网络拓扑结构图（见图 5-1）。

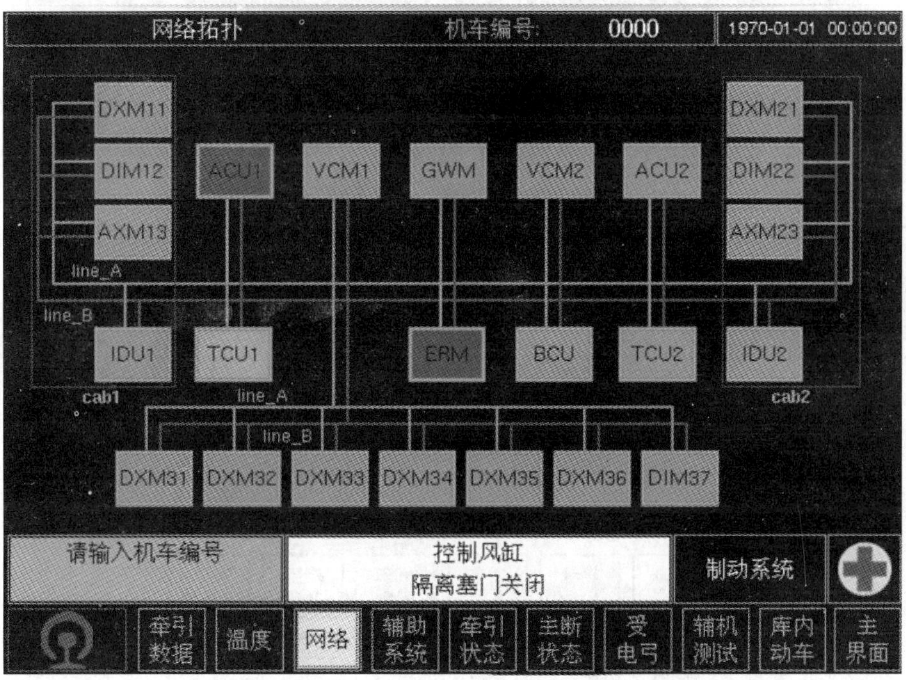


图 5-1　机车显示屏网络拓扑界面

## 二、作业过程

1. 显示器主界面（见图 5-2）

进行车辆的 WTB 连接，通过此控制级别，识别本务车和组内有多少台机车重联。

（1）检查微机显示屏，是否组内的所有机车都已识别。

（2）主显示界面的顶部显示识别的机车编号。

（3）如果编组内的所有机车都已经识别且在微机显示屏上无故障信息显示，车辆的WTB 连接成功完成。

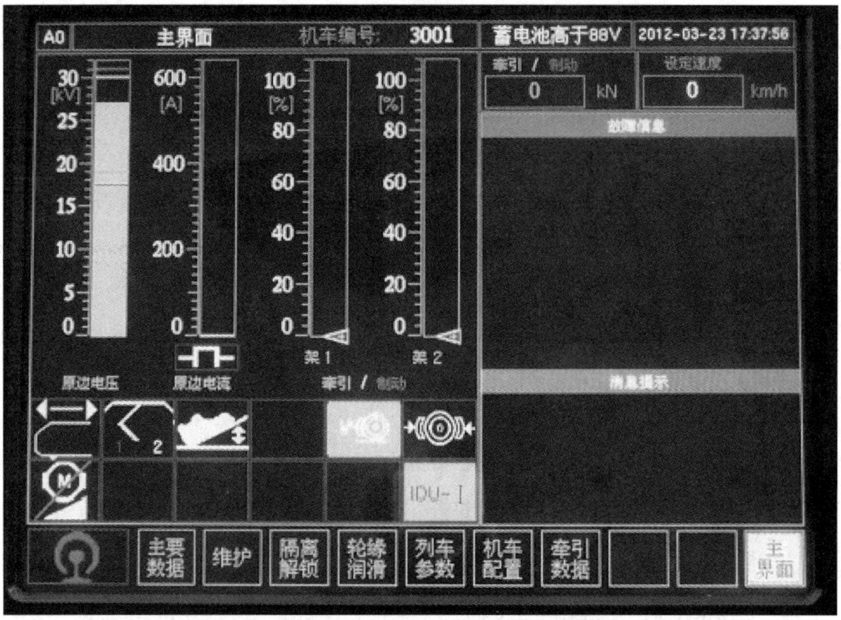


图 5-2　显示器主界面

如果车辆 WTB 连接过程不成功，以下情形可能发生：

- 机车不能参与牵引及在控制级上出现故障。
- 车辆故障产生的原因：电气连接故障式或启动过程不正确等。

| | |
|---|---|
| 过程<br>记录 | |

2. 显示器界面功能块（见图 5-3）

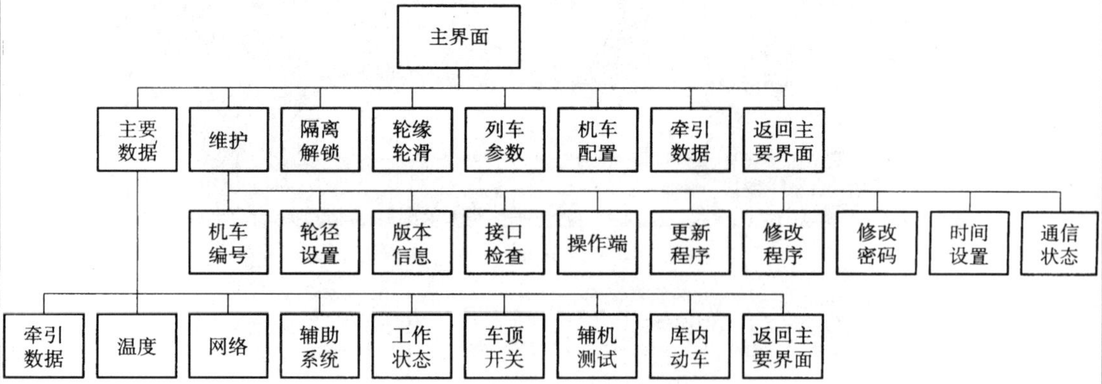


图 5-3　显示器界面功能块

（1）显示器面板按钮（见表 5-1）。

表 5-1　显示器面板按钮含义

| 图标 | 释义 | 图标 | 释义 |
|---|---|---|---|
|  | 显示器<br>内部温度 |  | 关闭<br>背光灯 |
|  | 背光调节 |  | 昼夜切换 |
|  | 音量调节 |  | 事件查询 |
|  | 信息查询 |  | 帮助 |
|  | 取消 |  | 上 |
|  | 下 |  | 左 |
|  | 右 |  | 确认 |

（2）显示主要数据界面（见图 5-4）。

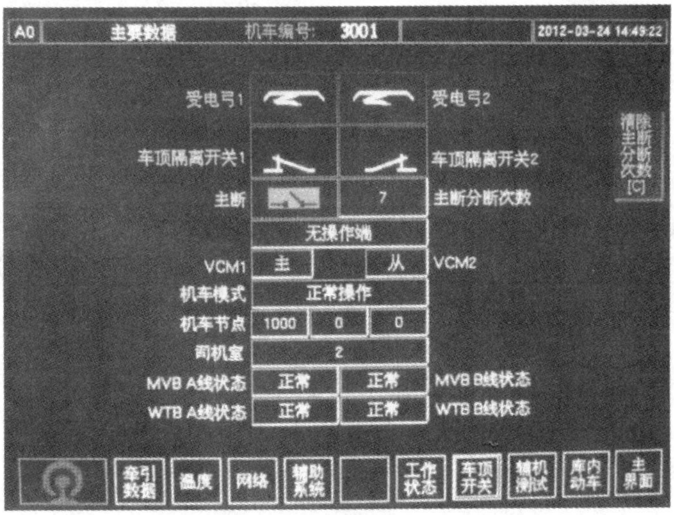


图 5-4　显示主要数据界面

（3）主要数据界面图标含义（见表 5-2）。

表 5-2　主要数据界面图标含义

| 编号 | 显示内容 | | 显示颜色 | 状态 | 说明 |
|---|---|---|---|---|---|
| 1 | 受电弓 |  | 黄色 | 升起 | |
| | |  | 黄色 | 降下 | |
| | |  | 黄色+红色 | 锁死 | |
| 2 | 车顶隔离开关 | 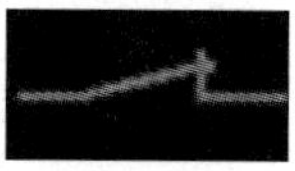 | 灰色 | 闭合 | |
| | |  | 灰色 | 断开 | |
| 3 | 主断状态 |  | 黄色 | 闭合 | |
| | |  | 黄色 | 断开，无缓解 | |
| | |  | 绿色底黑色图形 | 断开，已缓解 | |
| | |  | 红色底黑色图形 | 锁死 | |
| 4 | 操作端显示 | 文字显示 | 白色 | 显示有无操作端 | |
| 5 | VCM | 文字显示 | 白色 | 显示主从 VCM | |
| 6 | 机车模式 | 文字显示 | 白色 | 显示机车模式 | |
| 7 | 机车节点 | 文字显示 | 白色 | 显示节点使用情况 | |
| 8 | 司机司占用 | 文字显示 | 白色 | 显示司机室占用端 | |
| 9 | MVB 状态显示 | 文字显示 | 白色 | 显示 MVB 工作情况 | |
| 10 | MTB 状态显示 | 文字显示 | 白色 | 显示 MTB 工作情况 | |

| | |
|---|---|
| 过程记录 | |

3. 显示列车配置界面（见图 5-5）

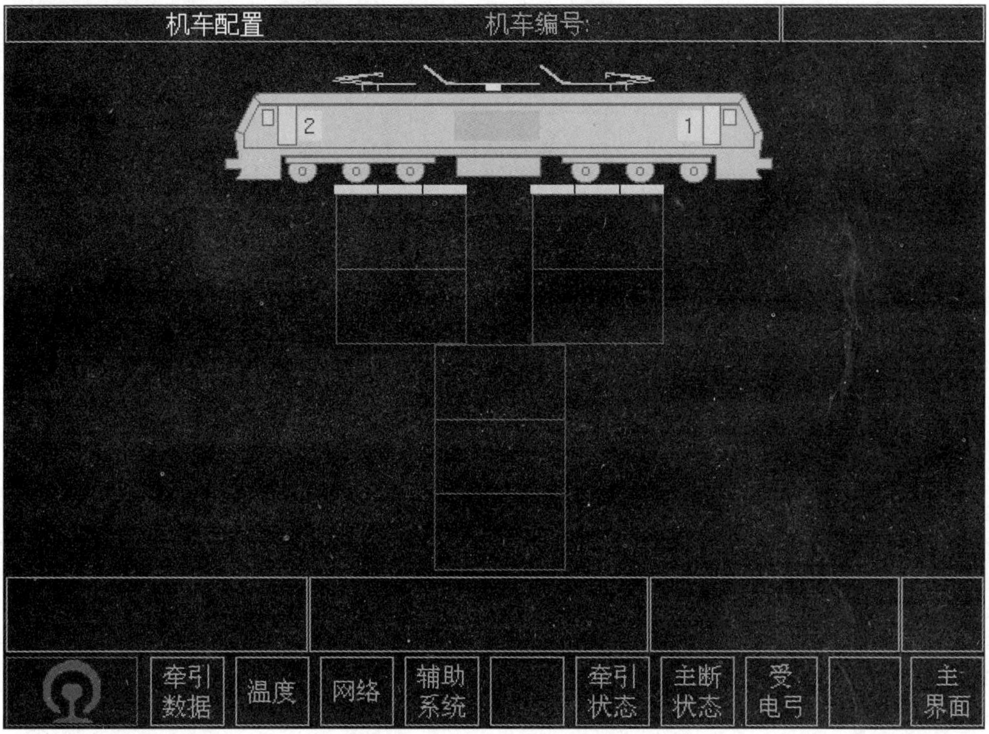


图 5-5　显示屏机车配置界面

（1）机车配置界面说明（见表 5-3）。

表 5-3　机车配置界面说明

| 编号 | 条目 | 说明 |
|---|---|---|
| 1 | 入口 | 主界面中按下“6”键，进入此界面 |
| 2 | 出口 | 按“1”键，进入“牵引数据界面”;<br>按“2”键，进入“温度显示界面”;<br>按“3”键，进入“网络界面”;<br>按“4”键，进入“辅助系统界面”;<br>按“6”键，进入“牵引状态界面”;<br>按“7”键，进入“主断状态界面”;<br>按“8”键，进入“受电弓状态界面”;<br>按“”键，进入“故障查询界面”;<br>按“”键，进入“事件及诊断信息界面” |
| 3 | 操作要求 | 按压各按键，听到嘟声后，说明键已按下，界面会有跳转响应 |
| 4 | 性能要求 | 按键应立即响应 |
| 5 | 错误处理 | 无 |

（2）机车配置界面图标含义（见表 5-4）。

表 5-4　机车配置界面图标含义

| 显示内容 | | | | | |
|---|---|---|---|---|---|
| 编号 | 显示内容 | | 显示颜色 | 状态 | 说明 |
| 1 | 受电弓 | 线条显示 | 黄色 | 升起 | |
| | | | 灰色 | 降下 | |
| | | | 红色 | 锁死 | |
| 2 | 车顶隔离开关 |  | 灰色 | 闭合 | |
| | |  | 灰色 | 断开 | |
| 3 | 主断状态 |  | 黄色 | 闭合 | |
| | |  | 黄色 | 断开，无缓解 | |
| | |  | 绿色底黑色图形 | 断开，已缓解 | |
| | |  | 红色底黑色图形 | 锁死 | |
| 4 | 司机室占用 | 占用 | 黄色 | 车门、车床、端号黄色显示 | |
| | | 非占用 | 灰色 | 车门、车床、端号灰色显示 | |
| 5 | 电机状态<br>停放制动<br>CCBII 信息 | 图形显示 | | | 界面中的其他图标信息见其他图表 |

| | |
|---|---|
| 过程<br>记录 | |

4. 显示牵引数据界面（见图 5-6）

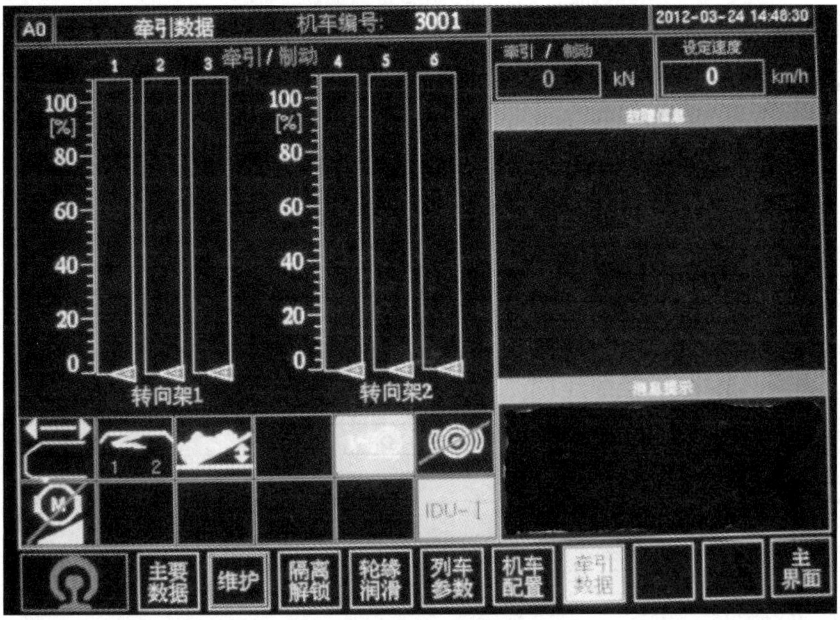


图 5-6 显示屏牵引数据界面

（1）牵引数据界面说明（见表 5-5）

表 5-5 牵引数据界面说明

| 编号 | 条目 | 说明 |
|---|---|---|
| 1 | 入口 | 主界面中按下“7”键，进入此界面 |
| 2 | 出口 | 按“1”键，进入“主要数据界面”；<br>按“2”键，进入“维护界面”；<br>按“5”键，进入“列车重量输入界面”；<br>按“6”键，进入“机车配置界面”；<br>按“7”键，进入“牵引数据界面”；<br>如果速度控制设置允许，按“9”键，可进行速度控制设置，见图 106；<br>按“”键，进入“故障查询界面”；<br>按“”键，进入“事件及诊断信息界面”； |
| 3 | 操作要求 | 按压各按键，听到嘟声后，说明键已按下，界面会有跳转响应 |
| 4 | 性能要求 | 按键应立即响应 |
| 5 | 错误处理 | 无 |

（2）牵引数据界面图标含义（见表 5-6）

表 5-6　牵引数据界面图标含义

| 显示内容 | | | | | |
|---|---|---|---|---|---|
| 编号 | 显示内容 | | 显示颜色 | 状态 | 说明 |
| 1 | 转向架 1、2 | 三角符号 | 蓝色+ | 牵引力给定值 | |
| | | | 红色- | 制动力给定值 | |
| | | 柱状图 | 蓝色 | 牵引力实际值 | |
| | | | 红色 | 制动力实际值 | |
| 2 | 其他图标 | 图形显示 | | | 界面中的其他图标信息见其他图表。 |

| | |
|---|---|
| 过程记录 | |

5. 显示辅助系统界面（见图 5-7）

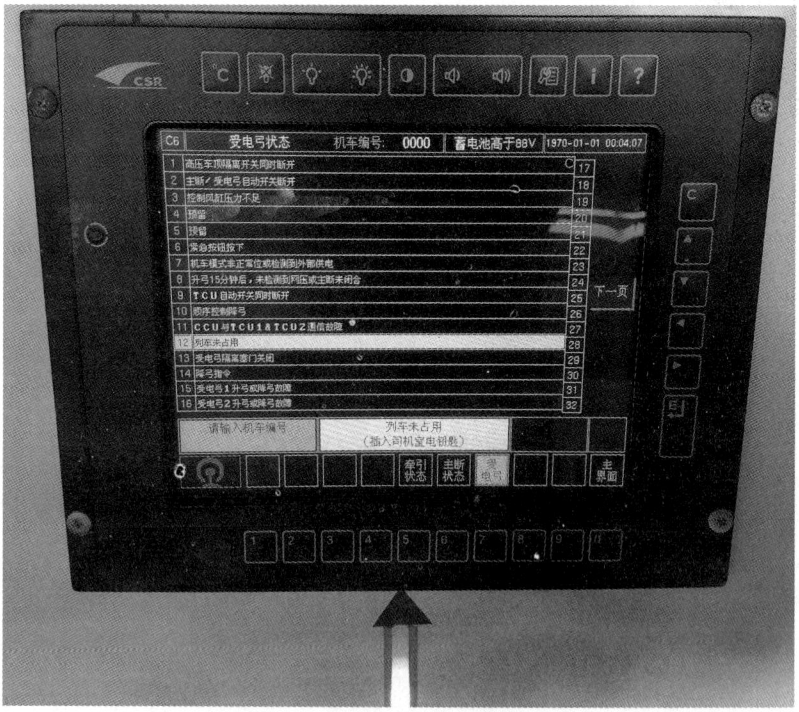


图 5-7　显示辅助系统界面

6. 显示所有故障信息界面（见图 5-8）

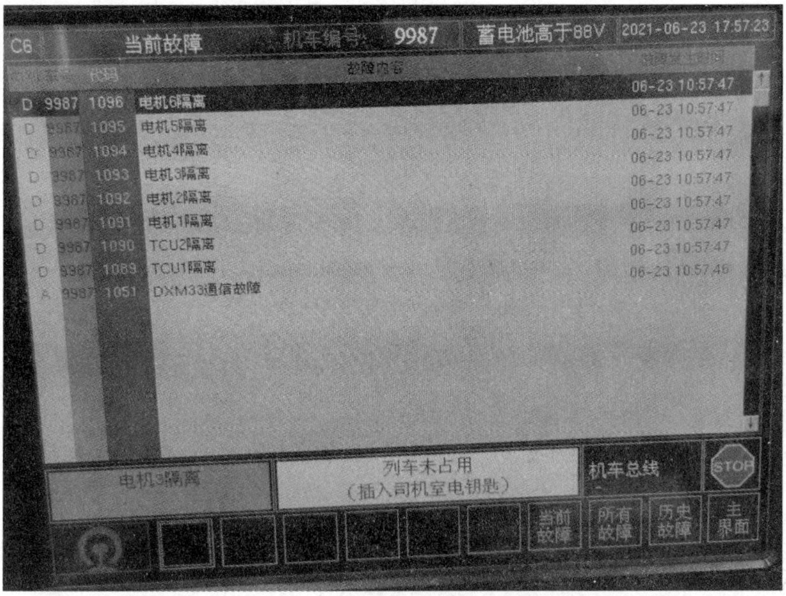


图 5-8　显示所有故障信息界面（所有故障）

| | |
|---|---|
| 过程记录 | |

7. 升起受电弓

（1）通过按下受电弓扳键开关置“升弓”位，升起受电弓（见图 5-9）。

图 5-9　受电弓扳键开关

升弓需要满足以下条件:

- 受电弓/主断路器的小自动开关闭合；
- 受电弓升弓截止阀在正常位；
- 所有辅助压缩机的小自动开关没有断开；

- 紧急制动按钮没有按下；
- 司机室内没有降弓的命令；
- 在升弓命令最晚 15 min 之后，必须闭合主断路器，否则降弓以保护蓄电池。运用时需要新的升弓指令；
- 机车模式开关（=21-S54）必须在正常位；
- 在司机室内没有降弓命令；
- 蓄电池电压应超过 77 V；
- 如果在 CCU 和 MIO 之间无通信，通知维护人员，本台机车不能进行牵引；
- 在风压低时，由辅助压缩机提供升弓所需的风压，在按下受电弓扳键开关时，自动启动辅助压缩机。如果受电弓已经升起，此命令无效。

（2）通过按下微机显示屏上的软键 1 将主画面切换到主要数据画面（见图 5-10）。

- 在主要数据画面的“受电弓”行显示了受电弓的状态；
- 如果不是所有选择的受电弓都升起，检查状态信息和诊断信息；
- 如果一个主断路器指示为红色，相应的整台车的受电弓不能升起。

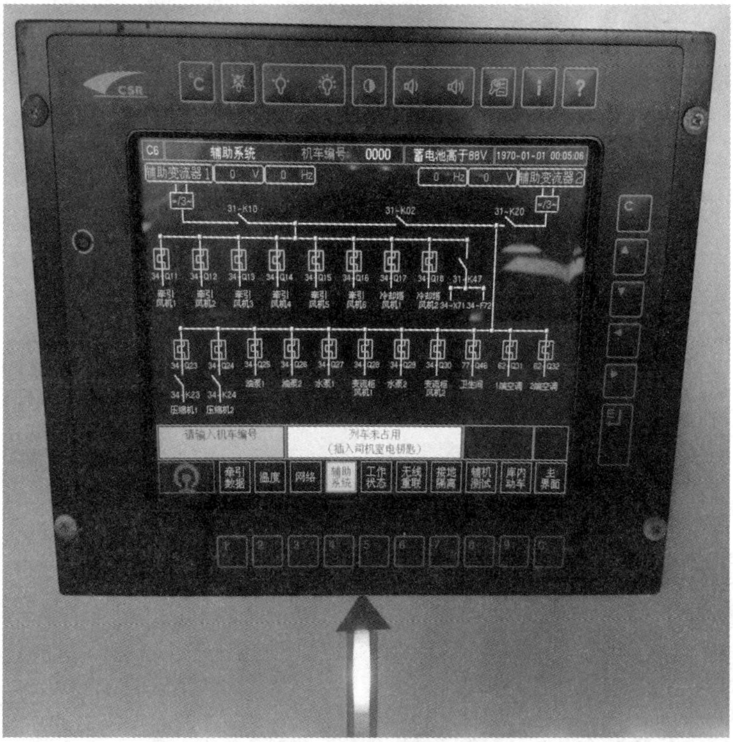


图 5-10　受电弓的状态

一旦受电弓区域变白，主断路器准备闭合。

8. 闭合主断路器

（1）通过按下微机显示屏上的软键 0，将主要数据画面切换到主界面。

- 检查网压：网压值 17 ~ 31.5 kV；
- 通过扳键开关（见图 5-11）（位置 1）来闭合主断；
- 如果所有闭合主断的条件满足了，在占用端司机室，司机可以通过推动“合主断”

扳健开关给出“合主断”命令，这个命令在重联的所有机车都有效；

- “合主断”命令通过 WTB 传送到重联车，为了避免给供电网带来过大的合闸电流，在 WTB 重联车上主断路器将顺序延迟 5 s 闭合。
- 如果主断已经闭合，“合主断”命令将不起作用。
- 每一台机车的合主断条件应在占用端司机室的 IDU 上采用“状态总览”的方式显示，CCU 控制 MIO 模块去闭合主断。

图 5-11　主断路器的扳键开关

（2）闭合主断路器条件：

- 主断/受电弓自动开关断开；
- 控制风缸压力不足；
- 紧急按钮按下；
- 受电弓隔离塞门闭合；
- 过分相分主断；
- 原边电压过压；
- 原边电压欠压；
- TCU 分主断请求；
- 变压器油温过高；
- 变压器油温过低；
- 主断闭合/断开故障；
- 主变流器水位保护；
- 机车模式开关不在正常模式或检测到有外部供电；
- 顺序控制分主断；
- 转向架/电机隔离；
- 蓄电池电压低于 77 V；
- 受电弓未升起；
- 主司控器手柄不在 0 位；
- TCU1&2 被隔离；
- VCM 主权转移分主断。

主断状态界面（见图 5-12）。

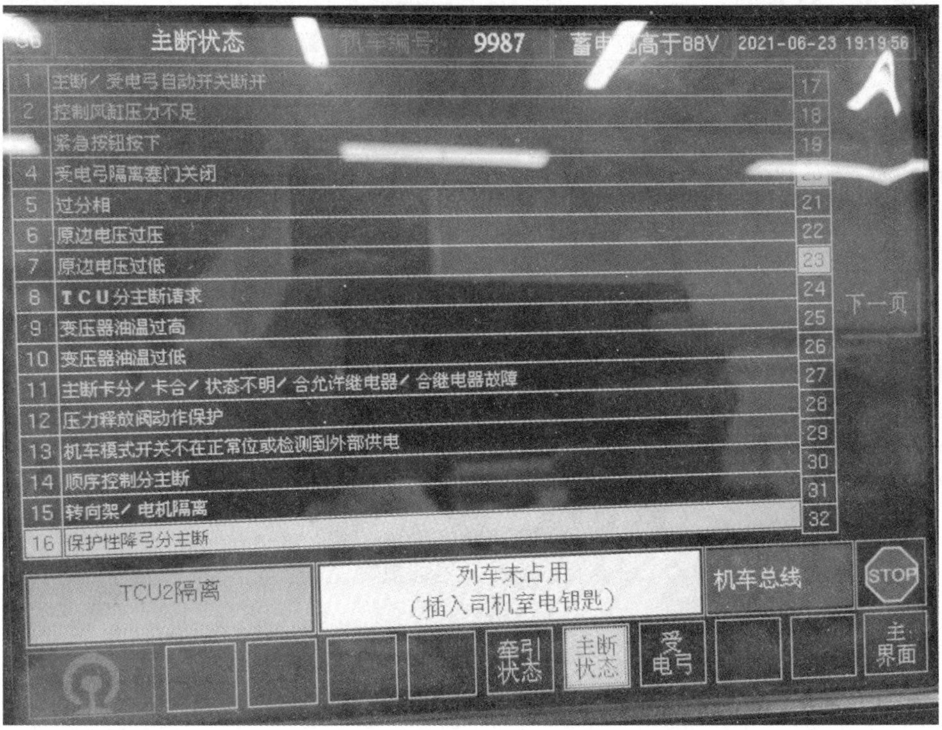


图 5-12　主断状态

进行牵引时需要先按“停放缓解”将其缓解。

| | |
|---|---|
| 过程记录 | |

8. 分主断路器

每一个失效的允许闭合主断路器条件都导致主断路器断开；同样来自司机的指令或者过分相请求也能分断主断路器。

如果主断路器已经由 CCU 控制分断，当引起分断的原因消失后主断路器应不能自动合上，它应由司机控制手动合上。

9. 停放缓解（见图 5-13）

进行牵引时需要先按“停放缓解”将停放制动缓解。

图 5-13　停放缓解

10. 牵引操作（见图 5-14）

升弓、闭合主断、缓解完成后，方向手柄向前，缓慢向前牵引，牵引电机即可正传，方向向后则反转。（出现紧急情况，可按右侧急停按钮）

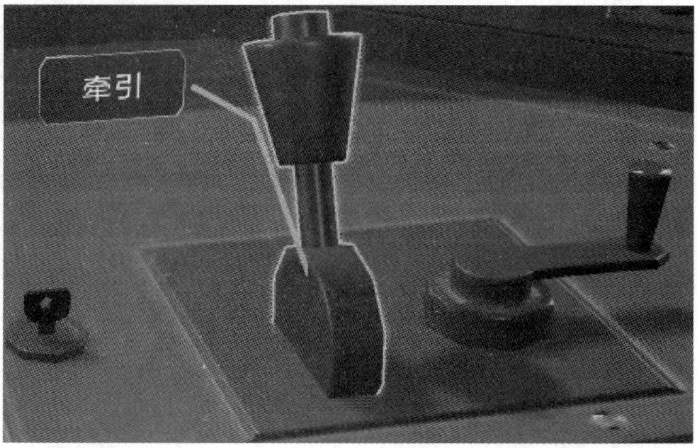


图 5-14　牵引操作

| | |
|---|---|
| 过程记录 | |

| | |
|---|---|
| 总结 | |

【任务评价】

| 小组自评 | 小组互评 | 教师评价 |
| --- | --- | --- |
| | | |

| 课程名称 | 现代列车网络技术 | 学习情境 | 列车智能网络控制仿真实训中心 |
| --- | --- | --- | --- |
| 班级 | | 姓名 | |

# 学习情境六　地铁网络设备连接实操

**【学习情境描述】**

列车控制与管理系统（TCMS）采用分布式控制技术，划分为两级：列车控制级、车辆控制级。列车控制级总线和车辆控制级总线均采用 EMD 电器中距离介质的 MVB 多功能车辆总线。中继模块 REP 作为列车级总线和车辆级总线的网关，实现列车级总线到车辆级总线的数据转发功能。事件记录模块 EDRM 具备以太网接口，TCMS 可以通过 EDRM 的以太网接口或者车辆总线 MVB-EMD 接口借助车载无线传输系统将 MVB 总线上的列车状态和故障数据实时传输到地面运营控制中心，实现列车远程监控功能。

按照不同的功能与硬件配置分为两种车型：带司机室的拖车（Tc）、带受电弓的动车（Mp）和不带受电弓的动车（M）。不同车型由数量不同的车辆控制模块（VCMe）、事件记录模块（EDRM）、中继器模块（REP）、数字量输入/输出模块（DXMe）、数字量输入模块（DIMe）、模拟量输入/输出模块（AXMe）、人机接口模块（MMI）和必要的总线终端器构成。

**【学习目标】**

**1. 知识目标**

（1）掌握地铁网络设备的种类和功能。

（2）掌握地铁网络设备的接口使用与故障分析。

**2. 能力目标**

（1）具备正确使用网络设备的能力。

（2）掌握网络设备故障分析与解决的能力。

**3. 素质目标**

（1）培养运用知识、分析解决问题的素质。

（2）具有良好有效的沟通素质。

（3）培养团队合作精神。

**【任务书】**

依据地铁网络拓扑结构图（见图 6-1），将网络设备：车辆控制模块、事件记录模块、中继器、人机交互接口、数字量输入/输出模块、模拟量输入/输出模块等通过正确接口的线进行连接（一辆车或多辆车），并依据实验平台进行故障模拟，分析、解决故障（如无实验平台则可根据实际情况进行模拟连接）。

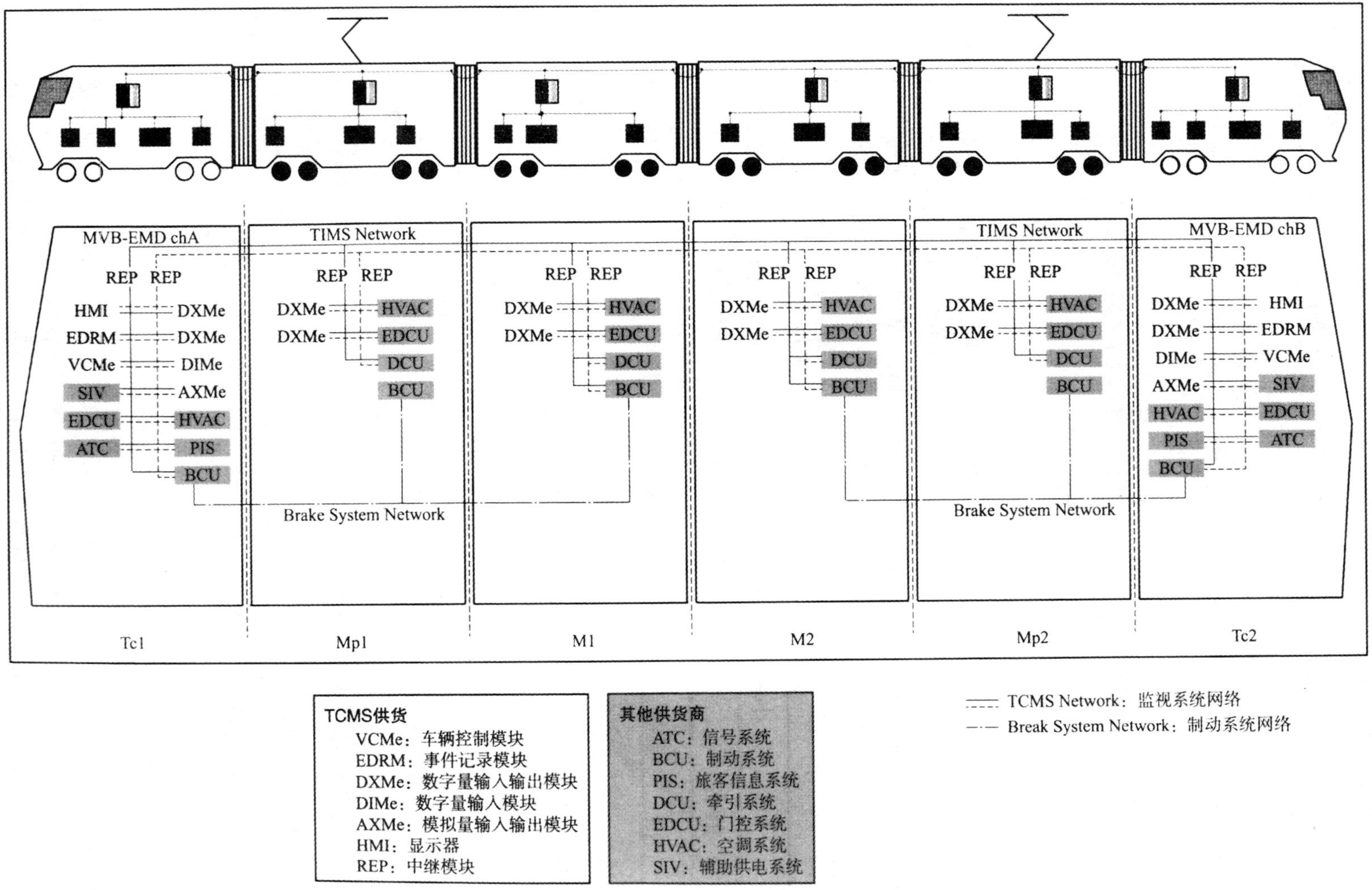
MVB-EMD chA
TIMS Network
MVB-EMD chB
REP
HMI
EDRM
VCMe
SIV
EDCU
ATC
DXMe
DIMe
AXMe
HVAC
PIS
BCU
DCU
Brake System Network
Tc1
Mp1
M1
M2
Mp2
Tc2
TCMS供货
VCMe：车辆控制模块
EDRM：事件记录模块
DXMe：数字量输入输出模块
DIMe：数字量输入模块
AXMe：模拟量输入输出模块
HMI：显示器
REP：中继模块
其他供货商
ATC：信号系统
BCU：制动系统
PIS：旅客信息系统
DCU：牵引系统
EDCU：门控系统
HVAC：空调系统
SIV：辅助供电系统
TCMS Network：监视系统网络
Break System Network：制动系统网络

图 6-1　网络拓扑结构

TCMS 所需硬件配置如表 6-1 所示。

表 6-1　TCMS 所需硬件配置

| | Tc1 | Mp1 | M1 | M2 | Mp2 | Tc2 |
|---|---|---|---|---|---|---|
| VCMe | 1 | – | – | – | – | 1 |
| HMI | 1 | – | – | – | – | 1 |
| EDRM | 1 | – | – | – | – | 1 |
| REP | 2 | 2 | 2 | 2 | 2 | 2 |
| DXMe | 2 | 2 | 2 | 2 | 2 | 2 |
| DIMe | 1 | – | – | – | – | 1 |
| AXMe | 1 | – | – | – | – | 1 |
| RCMe | 1 | – | – | – | – | 1 |

【任务分组】

| 小组成员 | | 任务分工 |
|---|---|---|
| 姓名 | 学号 | |
| | | |
| | | |

【引导问题】

1. TCMS 包含的功能有哪些?

2. 各个模块的定义和功能是什么?

【任务实施】

一、作业前准备

1. 人员准备

两名作业者按规定穿戴劳动保护用品（工作服、劳保鞋、安全帽、防护镜）。

2. 工具准备（见表 6-2）

表 6-2　工具清单

| 序号 | 名称 | 规格型号 | 单位 | 数量 | 备注 |
|---|---|---|---|---|---|
| 1 | 万用表 | FLUKE 15B | 台 | 1 | |
| 2 | 一字头螺丝刀 | | 把 | 1 | |
| 3 | 十字头螺丝刀 | | 把 | 1 | |
| 4 | 活动扳手 | | 把 | 1 | |
| 5 | 毛刷 | | 把 | 1 | |

## 二、作业过程

1. 车辆控制模块（VCMe）（见图 6-2）

VCMe 模块的电气接口（见表 6-3）。

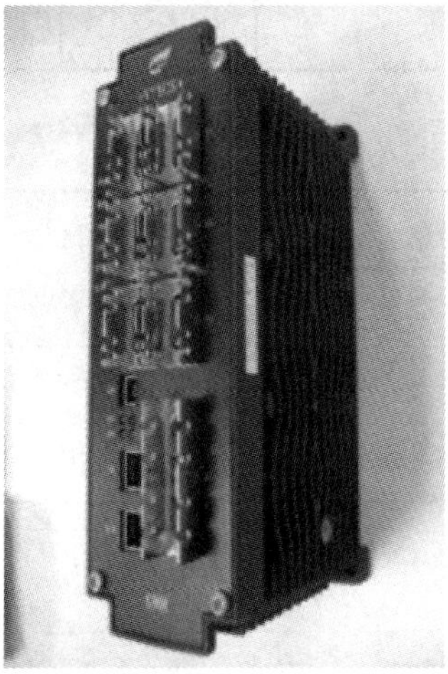

图 6-2　车辆控制模块（VCMe）

表 6-3　VCMe 模块的电气接口

| 连接器 | 电气功能 | 管脚 | 信号名 | 电气参数 | 信号说明 |
|---|---|---|---|---|---|
| X1 | WTB_A1 | 1 | A1X | | WTB_A1 正线 |
| | | 2 | A1Y | | WTB_A1 负线 |
| X2 | WTB_A2 | 1 | A2X | | WTB_A2 正线 |
| | | 2 | A2Y | | WTB_A2 负线 |
| X3 | WTB_B1 | 1 | B1X | | WTB_B1 正线 |
| | | 2 | B1Y | | WTB_B1 负线 |
| X4 | WTB_B2 | 1 | B2X | | WTB_B2 正线 |
| | | 2 | B2Y | | WTB_B2 负线 |

续表

| 连接器 | 电气功能 | 管脚 | 信号名 | 电气参数 | 信号说明 |
|---|---|---|---|---|---|
| X5<br>X6 | MVB | 1 | A.Data_P | | A 组 MVB 正线 |
| | | 2 | A.Data_N | | A 组 MVB 负线 |
| | | 4 | B.Data_P | | B 组 MVB 正线 |
| | | 5 | B.Data_N | | B 组 MVB 负线 |
| | | 6 | | | |
| | | 7 | | | |
| | | 8 | | | |
| | | 9 | | | |
| X7 | PS | A1 | 110 V+ | | 110 VDC 电源正 |
| | | A2 | 110 V- | | 110 VDC 电源地 |
| X8 | USB | 1 | VCC | | 5 V 电源正 |
| | | 2 | Data- | | 数据线负线 |
| | | 3 | Data+ | | 数据线正线 |
| | | 4 | GND | | 5 V 电源地 |
| X9 | RS232 | 1 | GND | | 信号地 |
| | | 2 | TXD | | |
| | | 3 | RXD | | |
| | | 4 | GND | | |
| X9 | RS232 | 5 | GND | | |
| | | 6 | GND | | |
| | | 7 | CTS | | |
| | | 8 | RTS | | |
| X10 | Ethernet | 1 | ETX+ | | 发送数据+ |
| | | 2 | ERX+ | | 接收数据+ |
| | | 3 | ETX- | | 发送数据- |
| | | 4 | ERX- | | 接收数据- |

| 过程<br>记录 | |
|---|---|

2. 数字输入/输出模块（DXMe）（见图 6-3）

图 6-3　数字输入/输出模块（DXMe）

DXMe 模块电气的接口（见表 6-4）。

表 6-4　DXMe 模块的电气接口

| 连接器 | 电气功能 | 管脚 | 信号名 | 电气参数 | 信号说明 |
|---|---|---|---|---|---|
| X1<br>X2 | MVB | 1 | A.Data_P | | A 组 MVB 正线 |
| | | 2 | A.Data_N | | A 组 MVB 负线 |
| | | 4 | B.Data_P | | B 组 MVB 正线 |
| | | 5 | B.Data_N | | B 组 MVB 负线 |
| | | 6 | | | |
| | | 7 | | | |
| | | 8 | | | |
| | | 9 | | | |
| X3 | IO | Z2 | IN01 | | 数字量输入通道 01 |
| | | B2 | IN02 | | 数字量输入通道 02 |
| | | D2 | IN03 | | 数字量输入通道 03 |
| | | Z4 | IN04 | | 数字量输入通道 04 |

续表

| 连接器 | 电气功能 | 管脚 | 信号名 | 电气参数 | 信号说明 |
| --- | --- | --- | --- | --- | --- |
| X3 | IO | B4 | IN05 | | 数字量输入通道 05 |
| | | D4 | IN06 | | 数字量输入通道 06 |
| | | Z6 | IN07 | | 数字量输入通道 07 |
| | | B6 | IN08 | | 数字量输入通道 08 |
| | | D6 | IN09 | | 数字量输入通道 09 |
| | | Z8 | IN10 | | 数字量输入通道 10 |
| | | B8 | IN11 | | 数字量输入通道 11 |
| | | D8 | IN12 | | 数字量输入通道 12 |
| | | Z10 | IN13 | | 数字量输入通道 13 |
| | | B10 | IN14 | | 数字量输入通道 14 |
| | | D10 | IN15 | | 数字量输入通道 15 |
| | | D12 | IN16 | | 数字量输入通道 16 |
| | | Z14 | 110 V- | | 110 V 电源地 |
| | | Z16 | 110 V+ | | 110 V 电源正 |
| | | D16 | 110 V- | | 110 V 电源地 |
| X3 | IO | Z18 | 110 V+ | | 110 V 电源正 |
| | | D18 | 110 V- | | 110 V 电源地 |
| | | Z22 | OUT8_NC | | 数字量输出通道 8 常闭端 |
| | | B22 | OUT1- | | 数字量输出通道 1 输出端 |
| | | D22 | OUT1+ | | 数字量输出通道 1 输入端 |
| | | Z24 | OUT8+ | | 数字量输出通道 8 输入端 |
| | | B24 | OUT2- | | 数字量输出通道 2 输出端 |
| | | D24 | OUT2+ | | 数字量输出通道 2 输入端 |
| | | Z26 | OUT8_NO | | 数字量输出通道 8 常开端 |
| | | B26 | OUT3- | | 数字量输出通道 3 输出端 |
| | | D26 | OUT3+ | | 数字量输出通道 3 输入端 |
| | | Z28 | OUT7_NC | | 数字量输出通道 7 常闭端 |
| | | B28 | OUT4- | | 数字量输出通道 4 输出端 |

续表

| 连接器 | 电气功能 | 管脚 | 信号名 | 电气参数 | 信号说明 |
|---|---|---|---|---|---|
| X3 | IO | D28 | OUT4+ | | 数字量输出通道 4 输入端 |
| | | Z30 | OUT7+ | | 数字量输出通道 7 输入端 |
| | | B30 | OUT5- | | 数字量输出通道 5 输出端 |
| | | D30 | OUT5+ | | 数字量输出通道 5 输入端 |
| | | Z32 | OUT7_NO | | 数字量输出通道 7 常开端 |
| | | B32 | OUT6- | | 数字量输出通道 6 输出端 |
| | | D32 | OUT6+ | | 数字量输出通道 6 输入端 |
| X4 | PS+CFG | 1 | MVB_DA4 | | MVB 地址 Bit4 |
| | | 2 | MVB_DA5 | | MVB 地址 Bit5 |
| | | 3 | MVB_DA6 | | MVB 地址 Bit6 |
| | | 4 | MVB_DA7 | | MVB 地址 Bit7 |
| | | 5 | MVB_DA8 | | MVB 地址 Bit8 |
| | | 6 | MVB_DA9 | | MVB 地址 Bit9 |
| | | 7 | MVB_DA10 | | MVB 地址 Bit10 |
| | | 8 | MVB_DA11 | | MVB 地址 Bit11 |
| | | 12 | GND | | 信号地 |
| | | 13 | GND | | 信号地 |
| | | 14 | GND | | 信号地 |
| | | 15 | GND | | 信号地 |
| | | 16 | GND | | 信号地 |
| | | 17 | GND | | 信号地 |
| | | 18 | GND | | 信号地 |
| | | 19 | GND | | 信号地 |
| | | A2 | 110 V- | | 110 V 电源地 |
| | | A3 | 110 V+ | | 110 V 电源正 |

| | |
|---|---|
| 过程记录 | |

3. 数字输入模块（DIMe）（见图 6-4）

图 6-4　数字输入模块（DIMe）

DIMe 模块的电气接口（见表 6-5）。

表 6-5　DIMe 模块的电气接口

| 连接器 | 电气功能 | 管脚 | 信号名 | 电气参数 | 信号说明 |
| --- | --- | --- | --- | --- | --- |
| X1<br>X2 | MVB | 1 | A.Data_P | | A 组 MVB 正线 |
| | | 2 | A.Data_N | | A 组 MVB 负线 |
| | | 4 | B.Data_P | | B 组 MVB 正线 |
| | | 5 | B.Data_N | | B 组 MVB 负线 |
| | | 6 | | | |
| | | 7 | | | |
| | | 8 | | | |
| | | 9 | | | |
| X3 | IO | Z2 | IN01 | | 数字量输入通道 01 |
| | | B2 | IN02 | | 数字量输入通道 02 |
| | | D2 | IN03 | | 数字量输入通道 03 |
| | | Z4 | IN04 | | 数字量输入通道 04 |
| | | B4 | IN05 | | 数字量输入通道 05 |
| | | D4 | IN06 | | 数字量输入通道 06 |

续表

| 连接器 | 电气功能 | 管脚 | 信号名 | 电气参数 | 信号说明 |
|---|---|---|---|---|---|
| X3 | IO | Z6 | IN07 | | 数字量输入通道 07 |
| | | B6 | IN08 | | 数字量输入通道 08 |
| | | D6 | IN09 | | 数字量输入通道 09 |
| | | Z8 | IN10 | | 数字量输入通道 10 |
| | | B8 | IN11 | | 数字量输入通道 11 |
| | | D8 | IN12 | | 数字量输入通道 12 |
| | | Z10 | IN13 | | 数字量输入通道 13 |
| | | B10 | IN14 | | 数字量输入通道 14 |
| | | D10 | IN15 | | 数字量输入通道 15 |
| | | D12 | 110 V- | | 110 V 电源地 |
| | | Z12 | IN16 | | 数字量输入通道 16 |
| | | D14 | 110 V- | | 110 V 电源地 |
| | | Z14 | 110 V+ | | 110 V 电源正 |
| | | Z20 | 110 V+ | | 110 V 电源正 |
| | | D20 | 110 V- | | 110 V 电源地 |
| | | Z22 | IN17 | | 数字量输入通道 17 |
| | | D22 | 110 V- | | 110 V 电源地 |
| | | Z24 | IN18 | | 数字量输入通道 18 |
| | | B24 | IN19 | | 数字量输入通道 19 |
| | | D24 | IN20 | | 数字量输入通道 20 |
| | | Z26 | IN21 | | 数字量输入通道 21 |
| | | B26 | IN22 | | 数字量输入通道 22 |
| | | D26 | IN23 | | 数字量输入通道 23 |
| | | Z28 | IN24 | | 数字量输入通道 24 |
| | | B28 | IN25 | | 数字量输入通道 25 |
| | | D28 | IN26 | | 数字量输入通道 26 |
| | | Z30 | IN27 | | 数字量输入通道 27 |
| | | B30 | IN28 | | 数字量输入通道 28 |
| | | D30 | IN29 | | 数字量输入通道 29 |
| | | Z32 | IN30 | | 数字量输入通道 30 |
| | | B32 | IN31 | | 数字量输入通道 31 |
| | | D32 | IN32 | | 数字量输入通道 32 |

续表

| 连接器 | 电气功能 | 管脚 | 信号名 | 电气参数 | 信号说明 |
|---|---|---|---|---|---|
| X4 | PS+CFG | 1 | MVB_DA4 | | MVB 地址 Bit4 |
| | | 2 | MVB_DA5 | | MVB 地址 Bit5 |
| | | 3 | MVB_DA6 | | MVB 地址 Bit6 |
| | | 4 | MVB_DA7 | | MVB 地址 Bit7 |
| | | 5 | MVB_DA8 | | MVB 地址 Bit8 |
| | | 6 | MVB_DA9 | | MVB 地址 Bit9 |
| | | 7 | MVB_DA10 | | MVB 地址 Bit10 |
| | | 8 | MVB_DA11 | | MVB 地址 Bit11 |
| | | 12 | GND | | 信号地 |
| | | 13 | GND | | 信号地 |
| | | 14 | GND | | 信号地 |
| | | 15 | GND | | 信号地 |
| | | 16 | GND | | 信号地 |
| | | 17 | GND | | 信号地 |
| | | 18 | GND | | 信号地 |
| | | 19 | GND | | 信号地 |
| | | A2 | 110 V- | | 110 V 电源地 |
| | | A3 | 110 V+ | | 110 V 电源正 |

| | |
|---|---|
| 过程记录 | |

4. 模拟输入/输出模块（AXMe）（见图 6-5）

图 6-5　模拟输入/输出模块（AXMe）

AXMe 模块的电气接口（见表 6-6）。

表 6-6　AXMe 模块的电气接口

| 连接器 | 电气功能 | 管脚 | 信号名 | 电气参数 | 信号说明 |
|---|---|---|---|---|---|
| X1<br>X2 | MVB | 1 | A.Data_P | | A 组 MVB 正线 |
| | | 2 | A.Data_N | | A 组 MVB 负线 |
| | | 4 | B.Data_P | | B 组 MVB 正线 |
| | | 5 | B.Data_N | | B 组 MVB 负线 |
| | | 6 | | | |
| | | 7 | | | |
| | | 8 | | | |
| | | 9 | | | |
| X3 | AO | 2 | OUT4+ | | 模拟量输出通道 04 正端 |
| | | 3 | OUT3+ | | 模拟量输出通道 03 正端 |
| | | 4 | OUT2+ | | 模拟量输出通道 02 正端 |
| | | 5 | OUT1+ | | 模拟量输出通道 01 正端 |
| | | 6 | OUT4- | | 模拟量输出通道 04 负端 |
| | | 7 | OUT3- | | 模拟量输出通道 03 负端 |
| | | 8 | OUT2- | | 模拟量输出通道 02 负端 |
| | | 9 | OUT1- | | 模拟量输出通道 01 负端 |
| X4 | RS232 | 2 | TX | | 发送 |
| | | 3 | RX | | 接收 |
| | | 4 | P0.14 | | 程序 ISP 下载 |
| | | 5 | GND | | 信号地 |
| X5 | PS | A1 | 110 V+ | | 110 V 电源正 |
| | | A2 | 110 V- | | 110 V 电源地 |
| X6 | AI | 1 | +24 V | | 24 V 电源 |
| | | 2 | AIN1 | | 模拟量输入通道 01 |
| | | 3 | GND | | 电源地 |
| | | 4 | GND | | 电源地 |
| | | 5 | AIN3 | | 模拟量输入通道 03 |

续表

| 连接器 | 电气功能 | 管脚 | 信号名 | 电气参数 | 信号说明 |
|---|---|---|---|---|---|
| X6 | AI | 6 | −15 V | | −15 V 电源 |
| | | 7 | −15 V | | −15 V 电源 |
| | | 9 | +15 V | | +15 V 电源 |
| | | 10 | +15 V | | +15 V 电源 |
| | | 11 | AIN4- | | 模拟量输入通道 04 负端 |
| | | 12 | AIN5- | | 模拟量输入通道 05 负端 |
| | | 13 | ISOGND | | 隔离地 |
| | | 14 | +24 V | | 24 V 电源 |
| | | 15 | AIN2 | | 模拟量输入通道 02 |
| | | 16 | GND | | 电源地 |
| | | 17 | GND | | 电源地 |
| | | 18 | AIN6 | | 模拟量输入通道 06 |
| | | 19 | −15 V | | −15 V 电源 |
| | | 21 | +15 V | | +15 V 电源 |
| | | 22 | +15 V | | +15 V 电源 |
| | | 23 | AIN4+ | | 模拟量输入通道 04 正端 |
| | | 24 | AIN5+ | | 模拟量输入通道 05 正端 |
| | | 25 | ISOGND | | 隔离地 |

| | |
|---|---|
| 过程记录 | |

5. 中继器模块（REP）（见图 6-6）

图 6-6　中继器模块（REP）

REP 模块的电气接口如表 6-7 所示。

表 6-7　REP 模块的电气接口

| 连接器 | 电气功能 | 管脚 | 信号名 | 电气参数 | 信号说明 |
|---|---|---|---|---|---|
| X1<br>X2<br>X3<br>X4 | MVB | 1 | A.Data_P | | A 组 MVB 正线 |
| | | 2 | A.Data_N | | A 组 MVB 负线 |
| | | 4 | B.Data_P | | B 组 MVB 正线 |
| | | 5 | B.Data_N | | B 组 MVB 负线 |
| | | 6 | | | |
| | | 7 | | | |
| | | 8 | | | |
| | | 9 | | | |
| X5 | RS232 | 2 | TX | | 发送 |
| | | 3 | RX | | 接收 |
| | | 5 | GND | | 信号地 |
| X6 | PS | A1 | 110 V+ | | 110 VDC 电源正 |
| | | A2 | 110 V- | | 110 VDC 电源地 |

| | |
|---|---|
| 过程<br>记录 | |

6. 人机接口模块（HMI）（见图 6-7）

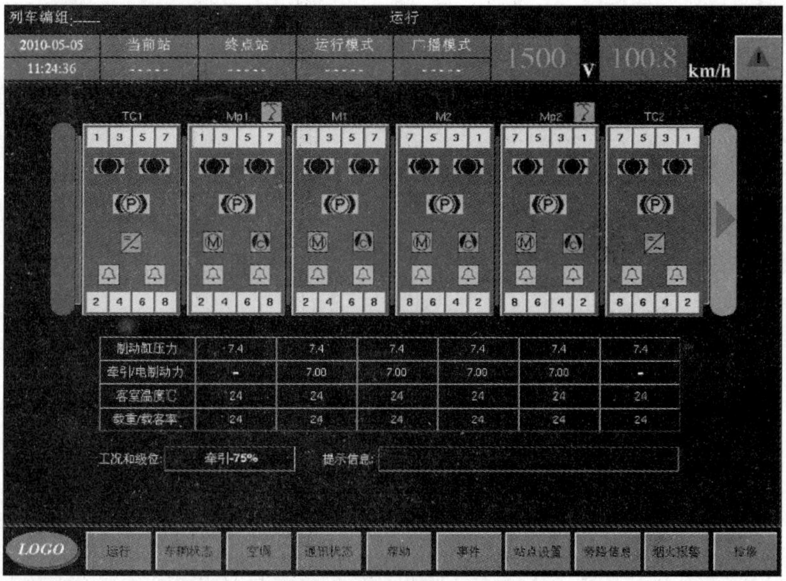


图 6-7　HMI 界面

HMI 的电气接口（见表 6-8）。

表 6-8　HMI 电气接口

| 连接器 | 电气功能 | 管脚 | 信号名 | 电气参数 | 信号说明 |
|---|---|---|---|---|---|
| X1 | 电源连接器（M23 7 芯针） | 1 | 110 VDC+ | | 输入电源+ |
| | | 2 | 110 VDC- | | 输入电源- |
| | | 3～7 | NC | | — |
| X7 | MVB 连接器（D-Sub 9 芯孔） | 1 | A.DATA_P | | A 路数据+ |
| | | 2 | A.DATA_N | | A 路数据- |
| | | 3 | NC | | 保留 |
| | | 4 | B.DATA_P | | B 路数据+ |
| | | 5 | B.DATA_N | | B 路数据- |
| | | 6 | A.TEDRM_P | | A 线端接器的正极 |
| | | 7 | A.TEDRM_N | | A 线端接器的负极 |

续表

| 连接器 | 电气功能 | 管脚 | 信号名 | 电气参数 | 信号说明 |
|---|---|---|---|---|---|
| X7 | MVB 连接器（D-Sub 9 芯孔） | 8 | B.TEDRM_P | | B 线端接器的正极 |
| | | 9 | B.TEDRM_N | | B 线端接器的负极 |
| X8 | MVB 连接器（D-Sub9 芯针） | 1 | A.DATA_P | | A 路数据+ |
| | | 2 | A.DATA_N | | A 路数据- |
| | | 3 | NC | | 保留 |
| | | 4 | B.DATA_P | | B 路数据+ |
| | | 5 | B.DATA_N | | B 路数据- |
| | | 6 | A.TEDRM_P | | A 线端接器的正极 |
| | | 7 | A.TEDRM_N | | A 线端接器的负极 |
| | | 8 | B.TEDRM_P | | B 线端接器的正极 |
| | | 9 | B.TEDRM_N | | B 线端接器的负极 |
| X22 | USB 连接器（M12 5 芯孔 A 编码） | 1 | USB5 V | | USB 电源 |
| | | 2 | USB1- | | USB 数据- |
| | | 3 | USB1+ | | USB 数据+ |
| | | 4 | GND | | 信号地 |
| | | 5 | NC | | 预留 |
| X23 | 以太网连接器（M12 4 芯孔 D 编码） | 1 | ETH_TX+ | | 以太网发送数据+ |
| | | 2 | ETH_RX+ | | 以太网接收数据+ |
| | | 3 | ETH_TX- | | 以太网发送数据- |
| | | 4 | ETH_RX- | | 以太网接收数据- |

| | |
|---|---|
| 过程记录 | |

7. 网络控制系统常见故障分析与对策（见表 6-9）

表 6-9　网络控制系统故障分析与对策表

| 序号 | 故障名称 | 故障等级 | 故障定义 | 故障动作 | 处理方案 |
|---|---|---|---|---|---|
| 1 | VCMe 通信故障 | 2 | 显示器报“无通信”故障；<br>BE 黄灯常亮 | 显示器提示 | 1. 确认所有 DXMe、DIMe、AXMe、VCMe、EDRM、REP、HMI 模块的 MVB 插头以及 SIV 箱通信插头、BCU 箱通信插头、VVVF 箱的通信插头锁紧。<br>2. 确认 REP 的 MVB 终端连接器锁紧。<br>3. 确认所有 MVB 连接器锁紧。<br>4. 重启列车控制和诊断系统。<br>5. 如果故障依旧，请更换 VCMe 模块 |
| | | | 软件配置错误，SE 红灯常亮 | | 重新下载 VCMe 模块软件 |
| | | | VCMe 电源故障，所有指示灯不亮 | | 1. 确认 VCMe 电源插头锁紧且得到 110 V；<br>2. 更换 VCMe 模块 |
| 2 | EDRM 通信故障 | 2 | 显示器报“EDRM 通信故障”；<br>BE 黄灯常亮 | 显示器提示 | 1. 确认 VCMe 得电且指示灯显示通信正常；<br>2. 确认 EDRM 的 MVB 通信插头锁紧；<br>3. 更换 EDRM 模块 |
| | | | EDRM 电源故障，所有指示灯不亮 | | 1. 认 EDRM 电源插头锁紧且得到 110 V；<br>2. 更换 EDRM 模块 |
| 3 | DXMe 通信故障 | 2 | 显示器报“DXMe 通信故障”；<br>SM 通信指示灯不闪烁 | 显示器提示 | 1. 确认 VCMe 得电且指示灯显示通信正常。<br>2. 确认 DXMe 的 MVB 通信插头锁紧。<br>3. 更换 DXMe 模块 |
| | | | DXMe 电源故障，所有指示灯不亮 | | 1. 确认 DXMe 电源插头锁紧且得到 110 V。<br>2. 更换 DXMe 模块 |

续表

| 序号 | 故障名称 | 故障等级 | 故障定义 | 故障动作 | 处理方案 |
|---|---|---|---|---|---|
| 4 | DIMe通信故障 | 2 | 显示器报“DIMe通信故障”；SM通信指示灯不闪烁<br>DIMe电源故障，所有指示灯不亮 | 显示器提示 | 1. 确认VCMe得电且指示灯显示通信正常。<br>2. 确认DIMe的MVB通信插头锁紧。<br>3. 更换DIMe模块<br>1. 确认DIMe电源插头锁紧且得到110 V。<br>2. 更换DIMe模块 |
| 5 | AXMe通信故障 | 2 | 显示器报“AXMe通信故障”；L4通信指示灯不闪烁<br>AXMe电源故障，所有指示灯不亮 | 显示器提示 | 1. 确认VCMe得电且指示灯显示通信正常。<br>2. 确认AXMe的MVB通信插头锁紧。<br>3. 确认AXMe的地址设定正确。<br>4. 更换AXMe模块<br>1. 确认AXMe电源插头锁紧且得到110 V。<br>2. 更换AXMe模块 |
| 6 | HMI通信故障 | 2 | 显示器报“无通信”故障；<br>HMI电源故障，显示器不亮 | 显示器提示 | 1. 确认VCMe得电且指示灯显示通信正常。<br>2. 确认HMI的MVB通信插头锁紧。<br>3. 更换HMI显示器<br>1. 确认HMI电源插头锁紧且得到110 V。<br>2. 更换保险。<br>3. 更换HMI显示器 |
| 7 | SIV通信故障 | 2 | 显示器报“SIV通信故障” | 显示器提示 | 1. 确认VCMe得电且指示灯显示通信正常。<br>2. 确认SIV箱通信插头锁紧。<br>3. 确认SIV箱内通信接口板通信插头锁紧。<br>4. 确认SIV箱得到110 V。<br>5. 重启SIV控制电源。<br>6. 更换SIV箱内通信接口板 |

续表

| 序号 | 故障名称 | 故障等级 | 故障定义 | 故障动作 | 处理方案 |
| --- | --- | --- | --- | --- | --- |
| 8 | DCU 通信故障 | 2 | 显示器报“DCU 通信故障” | 显示器提示 | 1. 确认 VCMe 得电且指示灯显示通信正常。<br>2. 确认 DCU 箱通信插头锁紧。<br>3. 确认 DCU 箱内通信接口板通信插头锁紧。<br>4. 确认 DCU 箱得到 110 V。<br>5. 重启 DCU 控制电源。<br>6. 更换 DCU 箱内通信接口板 |
| 9 | BCU 通信故障 | 2 | 显示器报“BCU 通信故障” | 显示器提示 | 1. 确认 VCMe 得电且指示灯显示通信正常。<br>2. 更换 BCU 箱内通信接口板。<br>3. 确认 BCU 箱通信插头锁紧。<br>4. 确认 BCU 箱内通信接口板的通信插头锁紧且 MVB 终端连接器锁紧。<br>5. 确认 BCU 箱得到 110 V。<br>6. 重启 BCU 控制电源 |

| | |
| --- | --- |
| 总结 | |

**【任务评价】**

| 小组自评 | 小组互评 | 教师评价 |
| --- | --- | --- |
| | | |

| 课程名称 | 现代列车网络技术 | 学习情境 | 列车智能网络控制仿真实训中心 |
| --- | --- | --- | --- |
| 班级 | | 姓名 | |

# 学习情境七　CR400 AF 动车组关键网络设备连接实操

**【学习情境描述】**

列车控制与管理系统（TCMS）通过贯穿列车的总线实现信息传输，对车辆运行和车载设备动作的相关信息进行集中管理，为司机和乘务员的操作提供有效指导，为设备的维护保养和乘客的服务提供支持。

TCMS 系统主要组成设备为：中央控制单元模块（CCU 或 EVCM），网关模块（GW 或 EGWM），输入/输出模块（DXMe/DIMe/AXMe），事件记录模块（EDRM 及 WTD），中继器模块（REPs），以太网交换机模块（ECNN 及 ETBN），以及人机交互显示屏模块（HMI）等。将各模块通过不同接口的线进行连接，并由实验系统进行模拟信息传送。

**【学习目标】**

**1. 知识目标**

（1）掌握 CR400 AF 动车组关键网络设备的种类和功能。

（2）掌握 CR400 AF 动车组关键网络设备的接口使用与故障分析。

**2. 能力目标**

（1）正确使用关键网络设备的能力。

（2）关键网络设备故障分析与解决的能力。

**3. 素质目标**

（1）培养运用知识、分析解决问题的素质。

（2）培养团队合作精神。

**【任务书】**

依据 CR400 AF 动车组网络拓扑结构图，将关键网络设备：中央控制单元、网关模块、中继器、人机交互接口、数字量输入输出模块、模拟量输入/输出模块等通过正确接口进行连接（一辆车或多辆车），并依据实验平台进行故障模拟，分析、解决故障（如无实验平台则可根据实际情况进行模拟连接）。CR400AF 动车组网络拓扑结构（见图 7-1）。

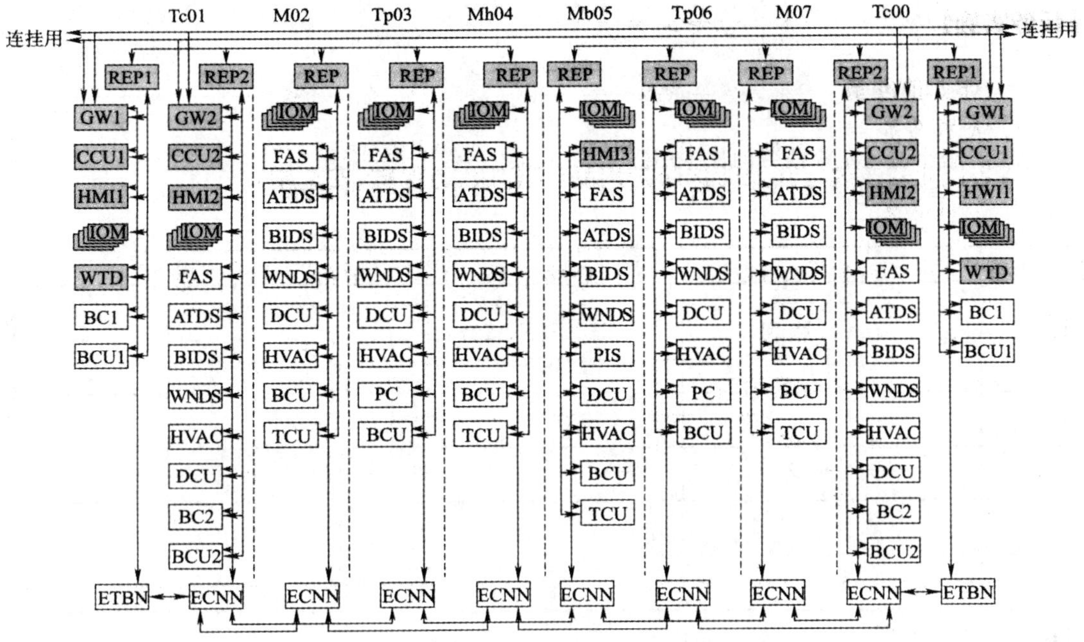


图 7-1　CR400 AF 动车组网络拓扑结构

**【任务分组】**

| 小组成员 | | 任务分工 |
| --- | --- | --- |
| 姓名 | 学号 | |
| | | |
| | | |

**【引导问题】**

1. 中央控制单元的功能有哪些？

2. 中继器与网关的功能有何区别？

【任务实施】

## 一、作业前准备

1. 人员准备

两名作业者按规定穿戴劳动保护用品（工作服、劳保鞋、安全帽）。

2. 工具准备（见表 7-1）

表 7-1　工具清单

| 序号 | 名称 | 规格型号 | 单位 | 数量 | 备注 |
|---|---|---|---|---|---|
| 1 | 万用表 | FLUKE 15B | 台 | 1 | |
| 2 | 一字头螺丝刀 | | 把 | 1 | |
| 3 | 十字头螺丝刀 | | 把 | 1 | |
| 4 | 活动扳手 | | 把 | 1 | |
| 5 | 毛刷 | | 把 | 1 | |

## 二、作业过程

1. 中央控制单元连接（见图 7-2）

图 7-2　EVCM 模块接口

EVCM 面板指示灯含义（见表 7-2）。

表 7-2　EVCM 面板指示灯含义

| 名称 | 颜色 | 类型 | 含义 |
|---|---|---|---|
| SE | 红 | 系统运行错误指示灯 | 亮：系统故障 |
| DE | 绿 | 网口通信状态指示灯 | 闪烁：以太网通信正常 |
| BA | 绿 | MVB 状态指示灯 | 常亮：总线主；熄灭：MVB 无通信 |
| BE | 绿 | MVB 错帧指示灯 | 闪烁：MVB 通讯有错帧；熄灭：MVB 通信正常 |
| RL1-RL4 | 绿 | 预留 | 预留 |
| LK | 绿 | 网口连接指示灯 | 闪烁：以太网建立连接 |
| DA | 绿 | 网口数据收发指示灯 | 常亮：以太网正在通信 |
| PS | 绿 | 电源指示灯 | 常亮：表示供电正常 |
| ST | 绿 | 系统运行指示灯 | 闪烁：运行正常 |

| | |
|---|---|
| 过程记录 | |

2. 中继器连接（见图 7-3）

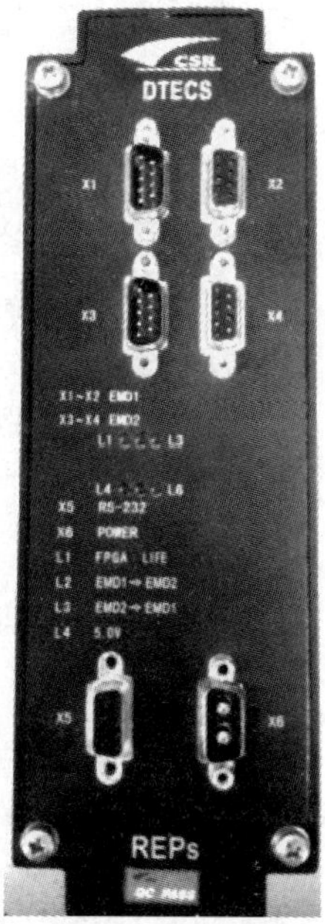


图 7-3　2REPs 模块接口

REPs 模块的指示灯含义（见表 7-3）。

表 7-3　REPs 模块的指示灯含义

| 标号 | 名称 | 颜色 | 描述 |
|---|---|---|---|
| L1 | FPGA 指示灯 | 绿 | 灯亮，FPGA 工作正常 |
| L2 | MVB 通信指示灯 | 黄 | 灯闪，MVB 通信建立 |
| L3 | 备用 | | |
| L4 | 5 V 电源 | 绿 | 灯亮，5 V 电源工作 |
| L5 | 备用 | | |
| L6 | 备用 | | |

| | |
|---|---|
| 过程<br>记录 | |

3. 以太网交换机连接（见图 7-4）

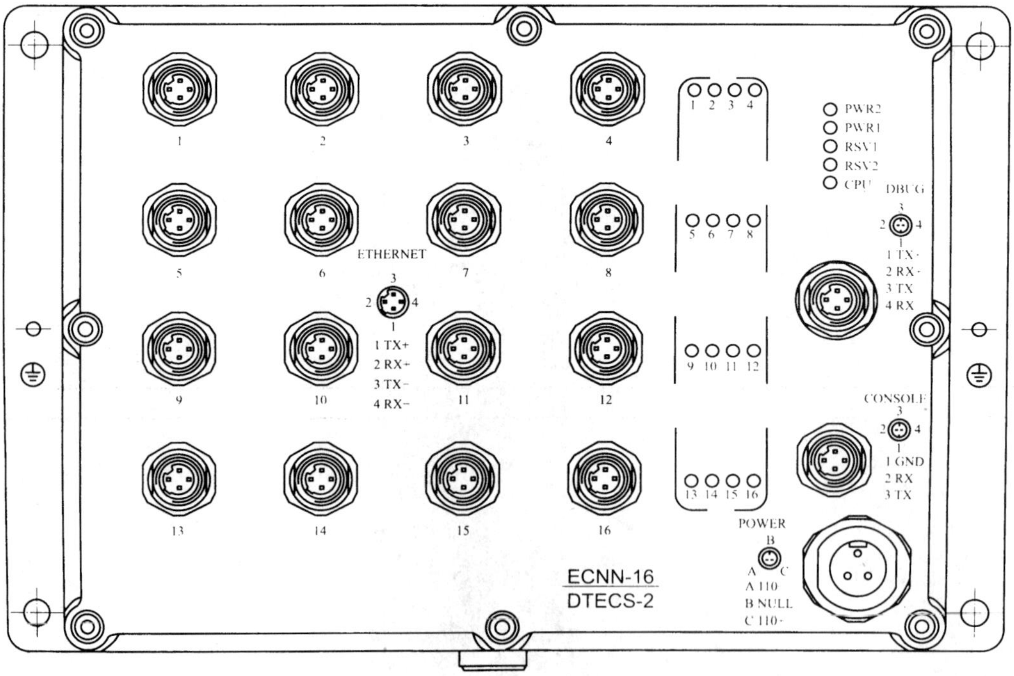


图 7-4　ECNN 模块接口图

ECNN 模块的指示灯含义（见表 7-4）。

表 7-4　ECNN 模块的指示灯含义

| 代号 | 颜色 | 类型 | 状态 | 含义 |
|---|---|---|---|---|
| 1～16 | 绿 | 分别对应网口 1～16 | 灭 | 无连接 |
| | | | 闪烁 | 数据通信 |
| | | | 亮 | 网口连接上 |
| PWR1 | 绿 | 电路指示灯 1 | 灭 | 电源故障 |
| | | | 亮 | 供电正常 |
| PWR2 | 绿 | 电路指示灯 2 | 灭 | 电源故障 |
| | | | 亮 | 供电正常 |
| RSV1 | 绿 | 环网状态指示灯 | 灭 | 没有成环 |
| | | | 亮 | 成环网 |
| | | | 快闪（1 Hz） | 主交换机 |
| | | | 慢闪（0.5 Hz） | 从交换机 |
| RSV2 | 绿 | 保留 | — | — |
| | | | — | — |
| | | | — | — |
| CPU | 绿 | CPU 状态运行指示灯 | 灭 | CPU 没有运行或故障 |
| | | | 闪烁 | CPU 运行 |
| | | | 亮 | CPU 没有运行或故障 |

| 过程记录 | |
|---|---|

4. 骨干网交换机连接（见图 7-5）

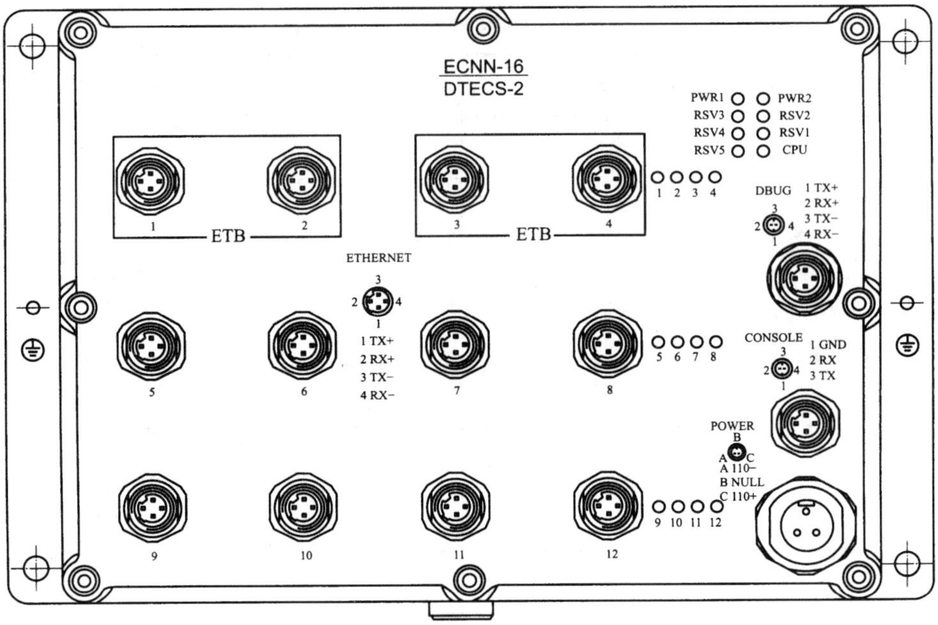


图 7-5　ETBN 模块接口

ETBN 模块的指示灯含义（见表 7-5）。

表 7-5　ETBN 模块的指示灯含义

| 代号 | 颜色 | 类型 | 状态 | 含义 |
|---|---|---|---|---|
| 1～12 | 绿 | 分别对应网口 1～12 | 灭 | 无连接 |
| | | | 闪烁 | 数据通信 |
| | | | 亮 | 网口连接上 |
| PWR1 | 绿 | 电路指示灯 1 | 灭 | 电源故障 |
| | | | 亮 | 供电正常 |
| PWR2 | 绿 | 电路指示灯 2 | 灭 | 电源故障 |
| | | | 亮 | 供电正常 |
| RSV1 | 绿 | 初运行状态指示灯 | 灭 | 程序运行故障 |
| | | | 亮 | NOT INAUG |
| | | | 快闪（2 Hz） | READY FOR |
| | | | 慢闪（1 Hz） | INAUGED |
| RSV2 | 绿 | 编组 ID 指示灯 | ID 为几就闪烁几次，停止闪灯 2 s 再继续循环 | CN ID |

续表

| 代号 | 颜色 | 类型 | 状态 | 含义 |
|---|---|---|---|---|
| RSV3 | 绿 | ETBN ID 指示灯 | ID 为几就闪烁几次，停止闪灯 2 s 再继续循环 | ETBN ID |
| RSV4 | 绿 | 保留 | | |
| RSV5 | 绿 | ETBN 冗余状态指示灯 | 灭 | ETBN 冗余程序没有运行或故障 |
| | | | 常亮 | 无冗余 |
| | | | 快闪（2 Hz） | 主 ETBN |
| | | | 慢闪（1 Hz） | 从 ETBN |
| CPU | 绿 | CPU 状态运行指示灯 | 灭 | CPU 没有运行或故障 |
| | | | 闪烁（2Hz） | CPU 运行 |
| | | | 亮 | CPU 没有运行或故障 |

| 过程记录 | |
|---|---|

5. 网关连接（见图 7-6）

图 7-6　EGWM 模块接口

EGWM 模块的指示灯含义（见表 7-6）。

表 7-6　EGWM 模块的指示灯含义

| 名称 | 颜色 | 类型 |
| --- | --- | --- |
| WA | 绿色 | WTB 主 |
| WE | 绿色 | WTB 干扰 |
| BA | 绿色 | MVB 主 |
| BE | 绿色 | MVB 干扰 |
| LK2 | 绿色 | 以太网 2 连接指示 |
| LK1 | 绿色 | 以太网 1 连接指示 |
| DA | 绿色 | TRDP 初始化成功 |
| DE | 绿色 | TRDP 数据 |
| SE | 绿色 | 系统故障指示灯 |
| ST | 绿色 | 系统状态指示灯 |

| 过程记录 | |
| --- | --- |

6. 数字量输入/输出模块连接（见图 7-7）

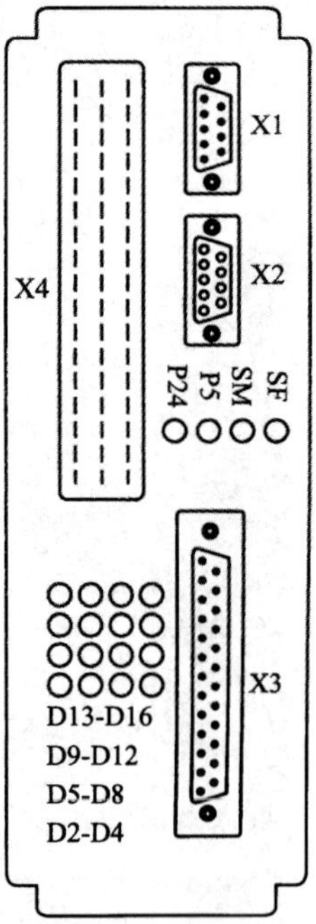


图 7-7　DXMe 模块接口

DXMe 模块指示灯含义（见表 7-7）。

表 7.7　DXMe 模块指示灯含义

| 标号 | 名称 | 颜色 | 描述 |
|---|---|---|---|
| SF | FPGA 运行 | 黄色 | 闪烁：运行成功<br>常灭：运行失败 |
| SM | MVB 通信 | 黄色 | 闪烁：MVB 通信正常<br>常灭：MVB 无通信 |
| P5 | 5 V 电源 | 绿色 | 常亮：DC+5 V 正常<br>常灭：DC+5 V 故障 |
| P24 | 24 V 电源 | 绿色 | 常亮：DC+24 V 正常<br>常灭：DC+24 V 故障 |
| D1-D16 | 通道 n 输入状态 | 绿色 | 常亮：输入逻辑“1”<br>常灭：输入逻辑“0” |

| 过程记录 | |
|---|---|

7. 模拟量输入/输出模块连接（见图 7-8）

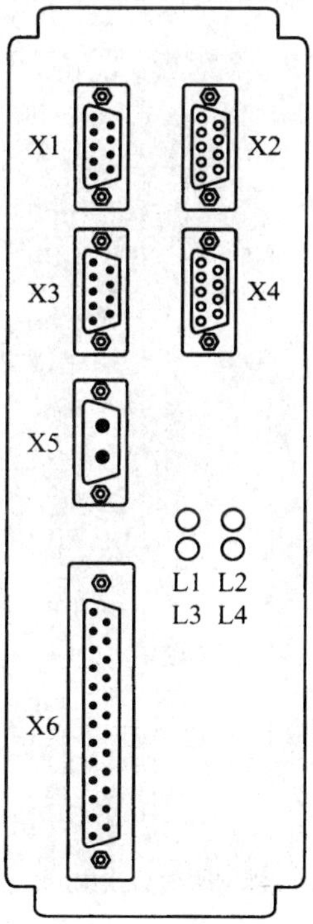


图 7-8　AXMe 模块接口

AXMe 模块指示灯含义（见表 7-8）。

表 7-8　AXMe 模块指示灯含义

| 代号 | 状态 | 说明 |
|---|---|---|
| L1 | 闪烁 | CPU 运行指示灯 |
| L2 | 亮 | 自检错误指示 |
| L3 | 亮 | 电源指示 |
| L4 | 闪烁 | MVB 数据进行通信 |

| | |
|---|---|
| 过程记录 | |

8. 人机交互接口连接（见图 7-9）

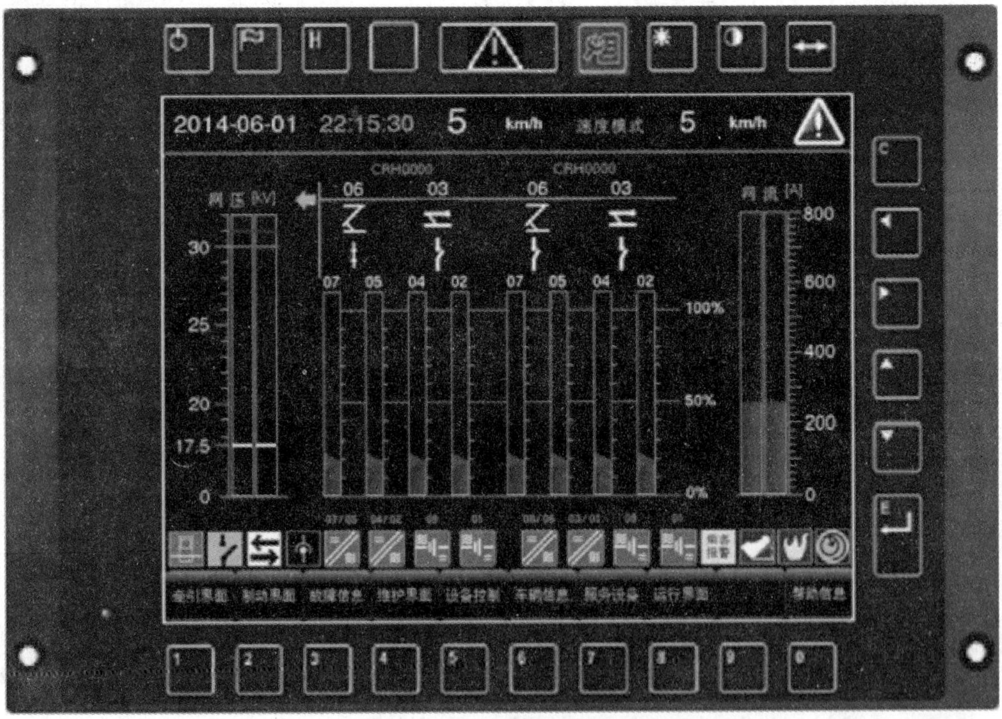


图 7-9　HMI 界面示意图

HMI 界面颜色含义（见表 7-9）。

表 7-9　HMI 界面颜色含义

| 颜色 | | R | G | B | 描述 |
|---|---|---|---|---|---|
| BLACK | 黑色 | 0 | 0 | 0 | 背景色 |
| YELLOW | 黄色 | 240 | 240 | 0 | 一般操作信息、警示信息、按键选择后键的显示颜色 |
| GREEN | 绿色 | 0 | 240 | 0 | 专有的信息显示色 |
| DARK BLUE | 蓝色 | 0 | 0 | 240 | 专有的信息显示色 |
| CYAN | 青绿 | 0 | 240 | 240 | 专有的信息显示色 |
| RED | 红色 | 240 | 0 | 0 | 故障、需要引起注意的信息显示色 |
| GRAY1 | 灰色 1 | 128 | 128 | 128 | 操作信息、图标框、活动窗口等信息显示色 |
| GRAY2 | 灰色 2 | 192 | 192 | 192 | 标签、标题、刻度、界面框等信息显示色 |
| WHITE | 白色 | 248 | 248 | 248 | 数字等信息显示色，大部分文字显示色 |

显示屏底部共计 10 个按键，从左到右依次是 1、2、3、4、5、6、7、8、9、0；显示屏右侧共 6 个按键，从上到下依次是 C、←、→、↑、↓、E；显示屏左侧不设置按键。显示屏顶部共计 9 个按键（10 个键位）：从左到右依次是电源键、语言切换键、帮助键（图标为 H）、预留键（用于自定义）、故障查询键（图标为！，占用两个键位）、故障维修提示键、亮度调节键、昼夜模式切换键、左右屏切换键。

| | |
|---|---|
| 过程记录 | |

9. 网络控制系统常见故障分析与对策（见表 7-10）

表 7-10 网络控制系统故障分析与对策表

| 序号 | 故障名称 | 故障等级 | 故障定义 | 故障动作 | 处理方案 |
|---|---|---|---|---|---|
| 1 | EGWM（或 CCU）通信故障 | 2 | 显示器报“无通信”故障；BE 黄灯常亮（或 CCU 内 GW 板卡 D1 灯不闪烁） | 显示器提示 | 1. 确认所有 DXMe、DIMe、AXMe、EGWM、EDRM、REP、RCMe、HMI 模块 MVB 插头以及 TCU/A 箱通信插头、BCU 箱通信插头、TCU/M 箱的通信插头锁紧。<br>2. 确认 REP 的 MVB 终端连接器锁紧。<br>3. 确认所有 MVB 连接器锁紧。<br>4. 重启列车控制和诊断系统。<br>5. 如果故障依旧，请更换 EGWM（或 CCU）模块 |
| | | | 软件配置错误，SE 红灯常亮（或 8 段数显非 A/S） | | 重新下载 EGWM（或 CCU）模块软件 |
| | | | EGWM（或 CCU）电源故障，所有指示灯不亮 | | 1. 确认 EGWM（或 CCU）电源插头锁紧且得到 110 V。<br>2. 更换 EGWM（或 CCU）模块 |
| 2 | EDRM 通信故障 | 2 | 显示器报“EDRM 通信故障”;BE 黄灯常亮。 | 显示器提示 | 1. 确认 EGWM 得电且指示灯显示通信正常。<br>2. 确认 EDRM 的 MVB 通信插头锁紧。<br>3. 更换 EDRM 模块 |
| | | | EDRM 电源故障，所有指示灯不亮 | | 1. 确认 EDRM 电源插头锁紧且得到 110 V。<br>2. 更换 EDRM 模块 |
| 3 | DXMe 通信故障 | 2 | 显示器报“DXMe 通信故障”；SM 通信指示灯不闪烁 | 显示器提示 | 1. 确认 EGWM 得电且指示灯显示通信正常。<br>2. 确认 DXMe 的 MVB 通信插头锁紧。<br>3. 更换 DXMe 模块 |
| | | | DXMe 电源故障，所有指示灯不亮 | | 1. 确认 DXMe 电源插头锁紧且得到 110 V。<br>2. 更换 DXMe 模块 |
| 4 | DIMc 通信故障 | 2 | 显示器报“DIMe 通信故障”；SM 通信指示灯不闪烁 | 显示器提示 | 1. 确认 EGWM 得电且指示灯显示通信正常。<br>2. 确认 DIMe 的 MVB 通信插头锁紧。<br>3. 更换 DIMe 模块 |
| | | | DIMe 电源故障，所有指示灯不亮 | | 1. 确认 DIMe 电源插头锁紧且得到 110 V。<br>2. 更换 DIMe 模块 |

续表

| 序号 | 故障名称 | 故障等级 | 故障定义 | 故障动作 | 处理方案 |
|---|---|---|---|---|---|
| 5 | AXMe 通信故障 | 2 | 显示器报“AXMe 通信故障”；L4 通信指示灯不闪烁。 | 显示器提示 | 1. 确认 EGWM 得电且指示灯显示通信正常。<br>2. 确认 AXMe 的 MVB 通信插头锁紧。<br>3. 确认 AXMe 的地址设定正确。<br>4. 更换 AXMe 模块 |
| | | | AXMe 电源故障，所有指示灯不亮。 | | 1. 确认 AXMe 电源插头锁紧且得到 110 V。<br>2. 更换 AXMe 模块。 |
| 6 | HMI 通信故障 | 2 | 显示器报“无通信”故障。 | 显示器提示 | 1、确认 EGWM（或 CCU）得电且指示灯显示通信正常。<br>2. 确认 HMI 的 MVB 通信插头锁紧。<br>3. 更换 HMI 显示器 |
| | | | HMI 电源故障，显示器不亮。 | | 1. 确认 HMI 电源插头锁紧且得到 110 V。<br>2. 更换保险。<br>3. 更换 HMI 显示器 |
| 7 | EVCM（或 CCU）通讯故障 | 2 | 显示器报“EVCM 或（CCU）通信故障”。 | 显示器提示 | 1. 确认 EVCM（或 CCU）得电且指示灯显示通信正常。<br>2. 确认 EVCM（或 CCU）的 MVB 通信插头锁紧。<br>3. 更换 EVCM（或 CCU）模块 |
| | | | EVCM（或 CCU）电源故障，所有指示灯不亮。 | | 1. 确认 EVCM（或 CCU）电源插头锁紧且得到 110 V。<br>2. 更换 EVCM（或 CCU）模块 |

| | |
|---|---|
| 总结 | |

**【任务评价】**

| 小组自评 | 小组互评 | 教师评价 |
|---|---|---|
| | | |

| 课程名称 | 现代列车网络技术 | 学习情境 | 列车智能网络控制仿真实训中心 |
|---|---|---|---|
| 班级 | | 姓名 | |

# 学习情境八　CRH380 A 动车组司机模式界面实操

**【学习情境描述】**

车载信息系统由列车信息中央装置和终端装置构成，同时还有车辆信息显示器、显示控制装置、卡读写装置等附属设备。在司机室有两台显示器，能实时显示车辆运行过程中的相关数据以及记录相应的运行数据，在乘务员室内也有一台显示器，司乘人员可通过触摸显示器，来实现控制指令的传送，了解车辆实时运行状态；地面检修人员可通过对显示器的触摸实现车上的检查功能，使检查自动化，通过车上操作发现实时故障和部分故障履历，并指导故障的处理。

**【学习目标】**

**1. 知识目标**

掌握 CRH380 A 动车组司机模式界面的操作。

**2. 能力目标**

正确使用显示器获取所需信息的能力。

**3. 素质目标**

（1）培养获取信息的素质。

（2）培养团队合作素精神。

**【任务书】**

利用司机驾驶台、司机模拟驾驶台或模拟软件操作司机模式界面，包含行驶状态页面、车辆信息页面、切除状态页面、制动信息页面、牵引变流器信息页面、车门信息页面、车次设定页面等。

**【任务分组】**

| 小组成员 | | 任务分工 |
|---|---|---|
| 姓名 | 学号 | |
| | | |
| | | |

【引导问题】

1. CRH380 A 动车组车载信息系统的显示模式有哪几种？

2. 如何选中司机模式？

【任务实施】

## 一、作业前准备

1. 人员准备

两名作业者按规定穿戴劳动保护用品（工作服、劳保鞋、安全帽）。

2. 工具准备（见表 8-1）

表 8-1　工具清单

| 序号 | 名称 | 规格型号 | 单位 | 数量 | 备注 |
|---|---|---|---|---|---|
| 1 | 主控钥匙 | | 把 | 1 | |
| 2 | 通用钥匙 | | 把 | 1 | |

## 二、作业过程

1. 司机模式主页面操作（见图 8-1）

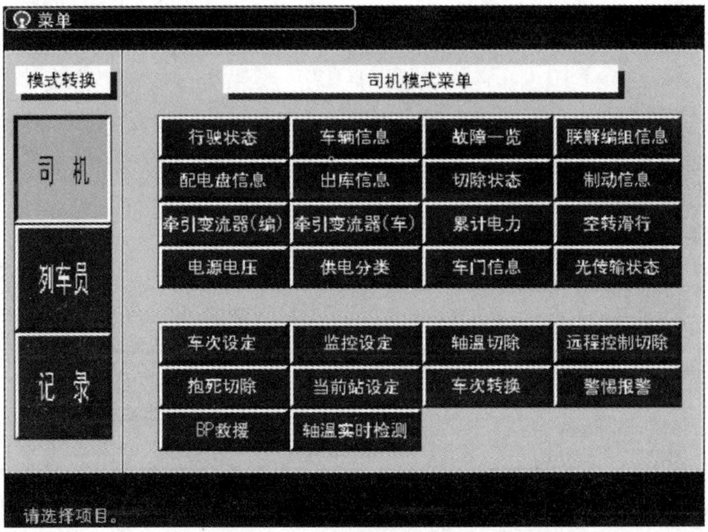


图 8-1　司机模式页面

| | |
|---|---|
| 过程<br>记录 | |

2. 行驶状态页面（见图 8-2）操作

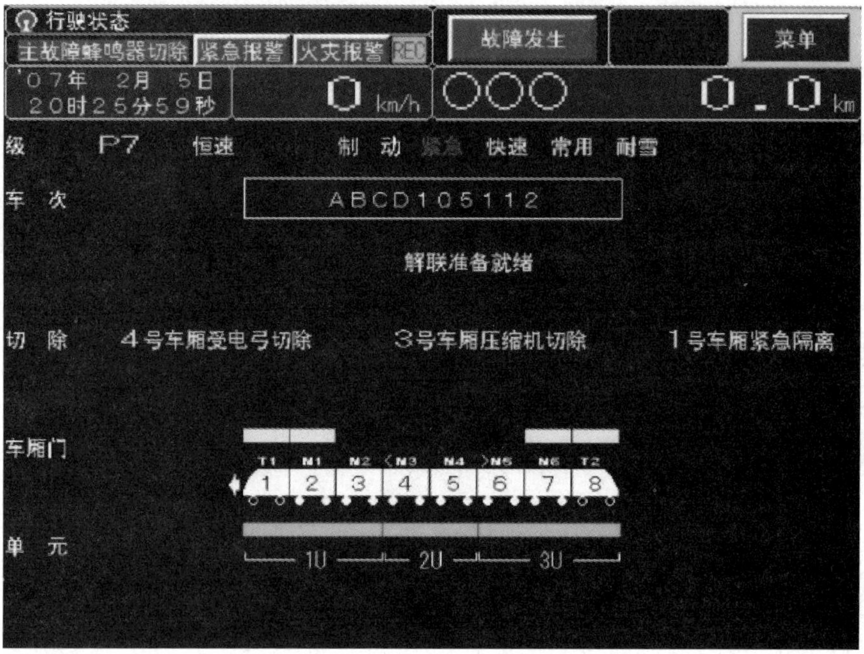


图 8-2　行驶状态页面

行驶状态页面说明

- 级：牵引级（P1-P10）、制动级（B1-B7、快速）；
- 恒速：恒速时显示；
- 制动：分为：紧急、快速、常用、耐雪；
- 车次：最多可由 4 个英文和 6 个数字组成；
- 解联准备就绪：解联准备就绪时显示；
- 切除：显示设备切除信息，无切除信息时不显示；
- 车厢门：打开时显示，关闭时无显示；
- 单元：正常时绿色显示，异常时红色显示。

| | |
|---|---|
| 过程<br>记录 | |

3. 车辆信息页面操作（见图 8-3）

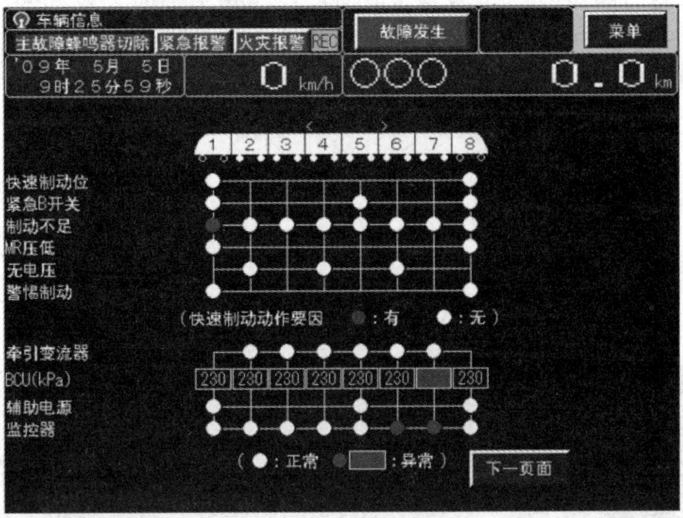


图 8-3　车辆信息页面

各车的制动、牵引变流器等是否有故障，可通过页面查看对应位置的颜色，如对应位置为红色则说明出现此种异常。

| | |
|---|---|
| 过程<br>记录 | |

4. 切除状态页面操作（见图 8-4）

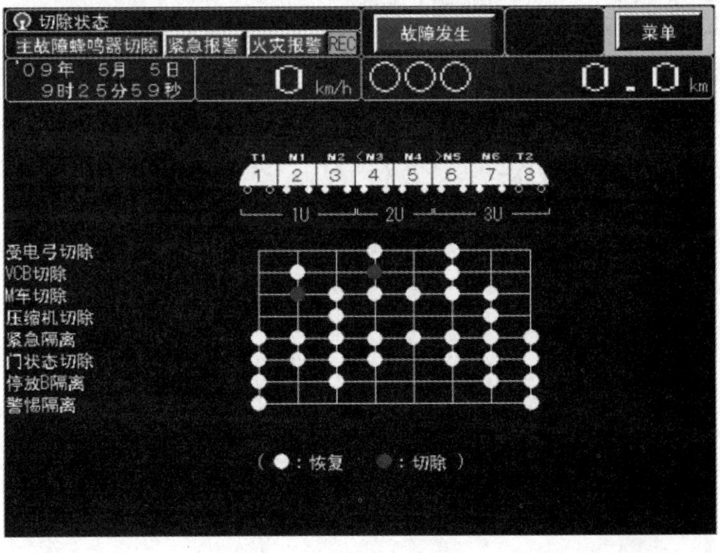


图 8-4　切除状态页面

切除页面是用来展示各车主要设备的切除状态信息，展示的设备有：受电弓、VCB、M 车、压缩机、紧急隔离、门状态等，可通过切除状态页面查看具体车辆的具体设备对应位置的颜色，如对应位置为红色则说明该车该设备当前处于切除状态或隔离状态，如对应位置为白色则说明该车该设备当前未切除。

| | |
|---|---|
| 过程记录 | |

5. 制动信息页面操作（见图 8-5）

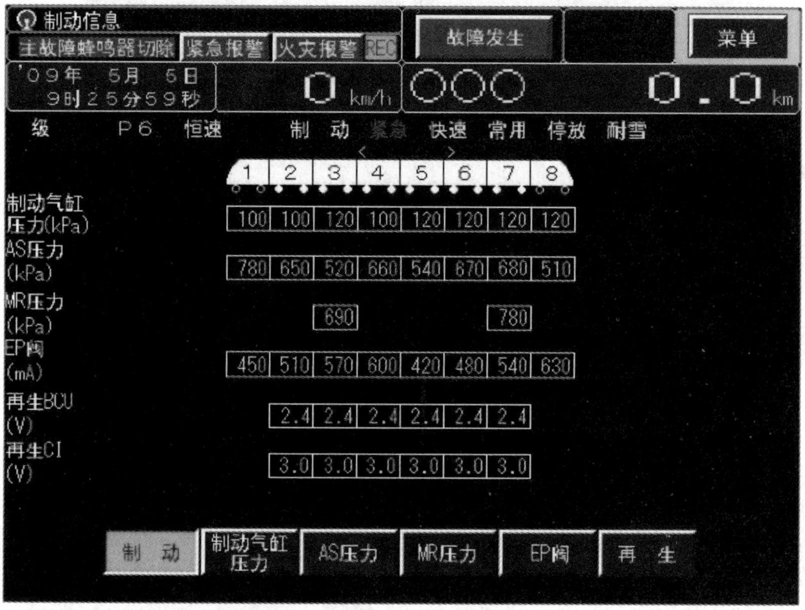


图 8-5　制动信息页面

制动信息相关参数：

- 制动气缸压力：显示范围：0 ~ 780 kPa，分辨率 10 kPa；
- AS 压力：显示范围：0 ~ 780 kPa，分辨率 10 kPa；
- MR 压力：显示范围：0 ~ 1000 kPa，分辨率 10 kPa；
- EP 阀：显示范围：0 ~ 700 mA，分辨率 1 mA；
- 再生 BCU：显示范围：0 ~ 20.4 V，分辨率 0.1 V；
- 再生 CI：显示范围：0 ~ 10.0 V，分辨率 0.1 V。

| | |
|---|---|
| 过程记录 | |

6. 牵引变流器信息页面操作（见图 8-6）

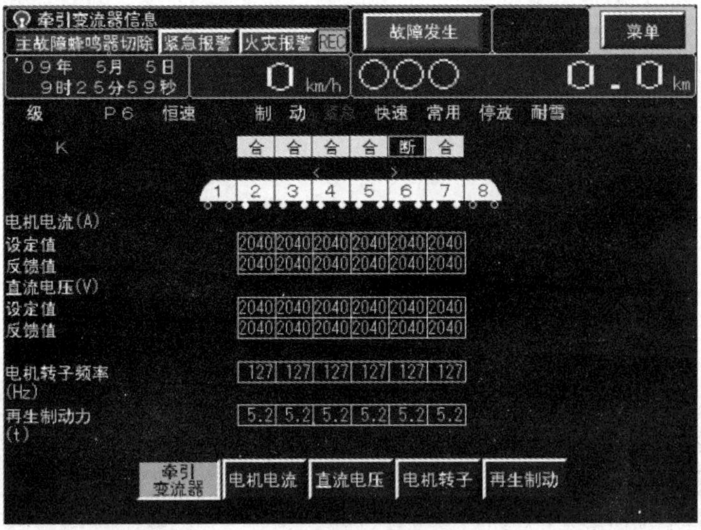


图 8-6 牵引变流器（编组）页面

列车编组各车的断流器的状态（开/合）、电机电流的设定值和反馈值（A）、直流电压的设定值和反馈值（V）、电机转子频率（Hz）、再生制动力（t）等参数在对应位置进行显示，可总览显示整个编组各车的牵引变流器信息。

| | |
|---|---|
| 过程<br>记录 | |

7. 车门信息页面操作（见图 8-7）

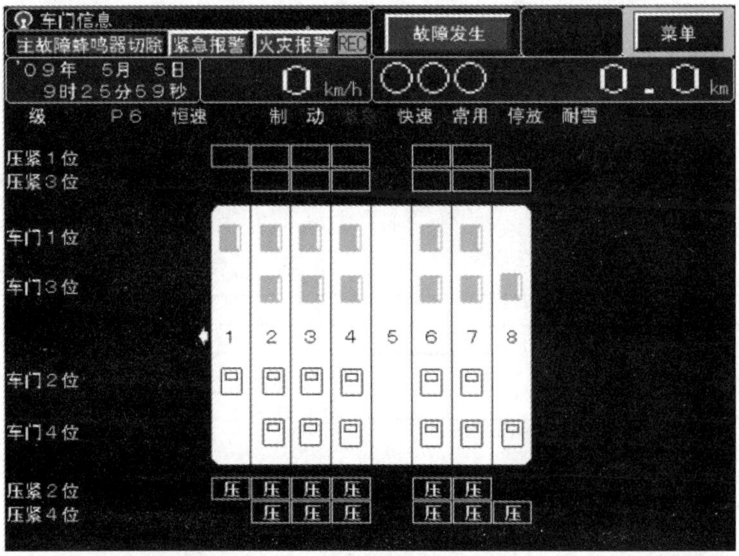


图 8-7 车门信息页面

该页面主要显示列车各车车门的打开与否、压紧与否等信息。该页面将列车所有车门，根据车号和所处的方位分布在一个页面中。如车门打开，则对应位置车门为绿色；如车门关闭，则对应位置车门为黑框。如车门未压紧，则对应位置为空框；如车门压紧，则对应位置有“压”字。根据此页面，可以快速判断出是否有异常车门，并能在异常时快速找出异常车门。

| | |
|---|---|
| 过程<br>记录 | |

8. 车次设定页面操作（见图 8-8）

图 8-8　车次设定页面

车次最多由 4 个字母和 6 个数字组成，通过触摸页面【向左】或【向右】按键，可调整光标左右移动，再按动键盘上字母或数字即可对车次进行更改。如在设定过程中有输入错误，可触摸删除按键将输入内容删除。

| | |
|---|---|
| 过程<br>记录 | |

| | |
|---|---|
| 总结 | |

【任务评价】

| 小组自评 | 小组互评 | 教师评价 |
| --- | --- | --- |
| | | |

# 附录　名词术语中英文及缩写对照表

名词术语中英文及缩写对照表

# 参考文献


[ 1 ] 路向阳. 我国列车通信网络的发展与应用[J]. 机车电传动，2001（6）：1-5.

[ 2 ] 张元林. 列车控制网络技术的现状与发展趋势[J]. 电力机车与城轨车辆，2006（4）：1-4.

[ 3 ] Tanenbaum A S. 计算机网络[M]. 4 版. 潘爱民，译. 北京：清华大学出版社，2004.

[ 4 ] 吴迎年，张建华，侯国莲. 网络控制系统研究综述（Ⅰ）[J]. 现代电力，2003（10）：74-81.

[ 5 ] 杨守君，刘会岩. HXD3 型交流传动电力机车[J]. 电力机车与城轨车辆，2007（4）：9-13.

[ 6 ] 罗军舟. TCP/IP 协议及网络编程技术[M]. 北京：清华大学出版社，2005.

[ 7 ] 武奇生. 计算机网络与通信[M]. 北京：清华大学出版社，2009.

[ 8 ] 倪文波，王雪梅. 高速列车网络与控制技术[M]. 成都：西南交通大学出版社，2008.

[ 9 ] 何成才，黄秀川. 动车组网络技术[M]. 成都：西南交通大学出版社，2009.

[10] 刘庆，曾鸣. 用 VB 实现局域网通信[J]. 计算机与现代化，2006（7）：32-35.

[11] 钱清泉. 电气化铁道微机监控技术[M]. 北京：中国铁道出版社，2011.

[12] 雷霖. 现场总线网络控制技术[M]. 北京：电子工业出版社，2004.

[13] 李正军. 现场总线及其应用技术[M]. 北京：机械工业出版社，2005.

[14] 阳宪惠. 现场总线技术及应用[M]. 北京：清华大学出版社，2001.

[15] 阳宪惠. 工业数据通信与控制网络[M]. 北京：清华大学出版社，2003.

[16] 郭俊强，李成. 移动通信[M]. 北京：北京大学出版社，2008.

[17] 谢维达，钱存元. 列车通信与网络[M]. 北京：中国铁道出版社，2014

[18] 冯江华，郭其一. 现代列车牵引控制技术[M]. 北京：科学出版社，2017.

[19] 陈永疆. $HX_D1C$ 型机车预充电接触器故障分析及改进建议[J]. 电力机车与城轨车辆，2014（5）：86-88.

[20] 朱红姣，贺强等. 城轨车辆常见网络故障分析与检查[J]. 技术应用，2021（5）：101-102.

[21] 曹成鹏. 城市轨道交通列车网络控制系统可靠性提升的对策[J]. 仪器仪表与分析监测，2021（2）：7-13.

[22] 盛忠明. 地铁列车 FIP 网络通信故障起因判别及解决方法[J]. 应用技术，2021：132-136.

[23] $HX_D1C$ 型机车预充电接触器故障分析及改进建议[J]. 电力机车与城轨车辆，2014（5）：86-88.

[24] 石艳红，陈谦. 高速列车总线式与交换式网络控制系统重联设计[J]. 机车电传动，2021（5）：108-112.

[25] 孙昊雯，张福景等. 高速智能列车网络控制系统的可靠性建模与预计[J]. 铁道机车与动车，2021（4）18-21.

[26] 项颖. 关于 CRH1 型动车组 TCMS 系统故障分析方法的应用[J]. 铁道车辆，2021（3）：51-54.

[27] 邓建芳，李志明. 基于 5G 网络的地铁列车定位技术研究[J]. 网络信息工程，2021.10：86-88.

[28] 杨凯，罗帅等. 基于 Encoder-Decoder 网络的列车轮对激光曲线提取[J]. 光电子·激光，2021.6：602-612.

[29] 周学勋，陆琦. 基于 FPGA 的列车网络地址转换的设计与实现[J]. 机车电传动，2021.3：52-59

[30] 周志恒,贺德强等. 基于 GA-BP 神经网络的列车关键部件预防性维修优化模型及应用[J]. 铁道科学与工程学报，2021.6：1382-1393.

[31] 张传凯，刘佳龙. 基于 LSTM 网络高速列车悬挂系统故障预测方法研究[J]. 现代城市轨道交通，2021.2：31-35.

[32] 郭文韬,李常贤. 基于 TRDP 的动车组单车网络调试软件设计[J]. 工业控制计算机，2021.（2）：21-23.

[33] 张大林，郝梓腾等. 基于 TRDP 协议的高速动车组列车通信网络检测平台[J]. 高速铁路技术，2021.4：91-95.

[34] 邓建芳，李志明. 基于 5G 网络的地铁列车定位技术研究[J]. 网络信息工程，2021.10：86-88.

[35] 曾艳华，韩通等. 基于列车活塞效应的多坚井铁路隧道自然通风网络解算分析[J]. 铁道学报，2021.5：183-189.

[36] 赵强. 基于蒙特卡罗算法的列车网络控制系统可靠性仿真分析[J]. 铁道车辆，2021.4：23-28.

[37] 单正辉. 基于全以太网的列车网络控制系统在美国地铁列车上的应用[J]. 铁道车辆，2021.2：53-63.

[38] 张旭，马可. 基于时间敏感网络的列车以太网通信技术研究[J]. 铁道机车车辆，2021.3：1-4.

[39] 李元轩. 列车车辆以太网拓扑可靠性分析研究[J]. 铁道机车车辆，2021.6：58-64.

[40] 师帅. 列车多网融合以太网技术在西安地铁中的应用[J]. 设计制造，2021.4：64-68.

[41] 翟国锐，徐燕芬等. 全自动无人驾驶城轨车辆列车网络控制系统研究[J]. 铁道车辆，2021.6：17-20.

[42] 黄赫、张森. 全自动无人驾驶地铁列车安全型网络控制系统设计[J]. 电力机车与城轨车辆，2021.3：18-24.

[43] 薛树坤，徐燕芬. 时速 250 公里 CR300 复兴号动车 ETB 初运行及控制服务研究[J]. 工业控制计算机，2021.（4）：41-45.